U0613455

图书馆规范管理指南

（实战篇）

东莞图书馆 ◎ 编

国家图书馆出版社

图书在版编目（CIP）数据

图书馆规范管理指南．实战篇 / 东莞图书馆编．—北京：国家图书馆出版社，2023.12

ISBN 978-7-5013-7633-9

Ⅰ.①图… Ⅱ.①东… Ⅲ.①图书馆管理—指南 Ⅳ.①G251-62

中国版本图书馆 CIP 数据核字（2022）第 220858 号

书　　名　**图书馆规范管理指南（实战篇）**
　　　　　TUSHUGUAN GUIFAN GUANLI ZHINAN (SHIZHANPIAN)
编　　者　东莞图书馆　编
责任编辑　王炳乾
封面设计　耕者设计工作室

出版发行　国家图书馆出版社（北京市西城区文津街 7 号　100034）
　　　　　（原书目文献出版社　北京图书馆出版社）
　　　　　010-66114536　63802249　nlcpress@nlc.cn（邮购）
网　　址　http://www.nlcpress.com
排　　版　九章文化
印　　装　河北鲁汇荣彩印刷有限公司
版次印次　2023 年 12 月第 1 版　2023 年 12 月第 1 次印刷

开　　本　787mm×1092mm　1/16
印　　张　26.5
字　　数　525 千字
书　　号　ISBN 978-7-5013-7633-9
定　　价　198.00 元

《图书馆规范管理指南》编委会

主　　编：李东来

副 主 编：冯　玲　蔡　冰　莫启仪　杜燕翔　李映嫦

执行主编：李正祥　邱建恒

编　　委（按姓氏音序排列）：

陈本峰　黄群娣　黄文镝　黄玉凤　李晓辉　刘小斌　罗婉娜

麦志杰　彭康通　施志唐　温慧仪　吴玥虹　奚惠娟　熊剑锐

徐　黎　杨晓伟　叶少青　张利娜　赵爱杰　钟敬忠　钟新革

周崇弘

图书馆在制度建设中完善并发展自己

（代前言）

制度建设是一项事业稳定、持续发展的基础，图书馆事业更依赖制度的创设与保障。英国是世界上最早颁布公共图书馆法的国家，1850 年，英国首部公共图书馆法——《1850 年公共图书馆法》（The Public Libraries Act 1850）诞生，英国依照此法律制度在工业城市曼彻斯特创办公共图书馆，随后近代图书馆在各地不断拓展开来。近代图书馆的核心业务——图书文献组织与管理，就是建构在基础业务制度之上，包括一系列规定、规则、规范，如图书分类法、著者号码表等的发表与实施。而在今天，现代图书馆所强调的规范管理，更需要以制度建设为前提和根本，不断将日益丰富和逐步发展的工作内容和新的功能纳入管理制度，促进图书馆事业进一步完善和发展。

进入 21 世纪以来的 20 年中，东莞图书馆坚持在专业化的道路上探索，重视规范管理的基础性作用，通过制度建设规范工作过程、巩固工作成效，同时也将制度作为进一步工作的指南和参照，有效保证和推进了图书馆事业持续、健康发展。

制度在于积累。制度的制定要根据实际情况不断调整、补充和完善，要为作为有机体的图书馆的成长不断裁剪、制作新衣。东莞图书馆重视制度建设，注重引导各部门将有关岗位的日常工作进行提炼，加以规则化、规范化，将建章立制作为规范管理的核心内容。此外，全馆先后开展了四次大规模的制度修订工作。第一次修订是在 2004 年。彼时正值东莞图书馆新馆各项基础建设和业务建设全面展开之际，此次修订工作中形成《东莞图书馆规章制度》，其基本沿袭当时馆内制度汇编的框架结构，分为业务建设和行政管理两大块内容，由 5 章 64 项构成。第二次修订是在 2008 年。2008 年是东莞图书馆"规范年"，此次修订在 2007 年"管理年"制度建设成果的基础上提升制度的规范性并进行文本固化，修订了各项制度，完善和增补了相关业务规范，满足了新馆开馆后诸多工作变化带来的实际需要。此次修订中，东莞图书馆聘请甘肃省图书馆原馆长潘寅生为指导专家，他为我们确立了由行政管理、业务规范、绩效考核三大块内容组成的制度框架结构，形成由 3 编 19 章 137 项构成的《东莞图书馆规范管理工作手册》（2009）。我认为，潘馆长将其深厚的理论功底和丰富的管理实践以及 40 余年的图书馆专业思想积淀，凝聚在此版手册之中，这是东莞图书馆的偏得，该手册是图书馆管理思想在制度方面的集大成之作。第三次修订是在 2015 年。彼时图书馆引进和吸收了一些新的管理思想和方法，如引入卓越绩效模式（Performance Excellence Model）、开展 ISO9001:2008 质量管理体系认证、创建“标准化良好行为企业”等，在实践中产生了一大批新的制度、规范、标准等，需要加以归纳和整理以丰富和完善原有的制度体系。本次修订的《东莞图书馆规范管理工作手册》（2015）增加了组织文化的内容，形成由组织文化、制度管理、业务规范、绩效测评四大块内容组成的框架结构，由 4 编 19 章 199 项构成。国家图书馆出版社以此版手册为基础，作必要的通用化处理，正式出版《图书馆规范管理工作手册》，获得了很好的行业反响。第四次修订是在 2020 年。2020 年是东莞图书馆“规范治理年”，东莞图书馆正在紧锣密鼓地编制“十四五”战略规划，制度的修订和完善作为战略规划编制的配套工作也被提上日程。东莞图书馆对《图书馆规范管理工作手册》的篇章内容进行调整、更新、完善，在国家图书馆出版社积极支持下，以《图书馆规范管理指南》之名、分为《规范篇》和《实战篇》出版（东莞图书馆内部仍使用工作手册旧名）。《规范篇》有 4 编 18 章 205 项，《实战篇》有 6 章 75 篇工作案例。这四次制度修订不只是工作手册所收录制度篇章项目数量的增加，更是图书馆制度体系在框架、结构、内容、思想等方面质的飞跃和提升，这一过程清晰地反映出图书馆工作内容、管理思想、理性认知的不断完善和深化。图书馆制度建设体现出来的管理思想的继承和延续，应该成为图书馆行业共有的财富。

制度在于执行。如何将制定好的制度落实到实际工作之中、落实到图书馆岗位内容之中、落实到日常图书馆运作之中，是图书馆应该重视的问题。在包括制度制定在内的规范管理制度建设的全过程中，图书馆都应该为制度执行作好设计与谋划，应该将实施规范管理、推进规范管理、完善规范管理作为制度建设的重要内容。首先，制度是由人来执行的，因此图书馆员的普遍参与和制度的健全对于规范管理制度建设很重要。2009 年版《东莞图书馆规范管理工作手册》体现了规范管理的基本特征：①全员参与。图书馆让每个员工都参与到规则、规范的制定中来，保证其理解、认同和支持，制度成型后又组织多种形式的学习、讨论，在工作中对照应用。②制度健全。工作手册收录的制度规范涉及图书馆工作的各个方面，手册结构严谨、内容丰富，思想具有前瞻性，这些特点有助于馆员在工作中参照执行。其次，制度执行应具备可操作性、可监测性、可比较性，因此制度执行流程的标准化和制度执行结果的数字化展示成为提升规范管理的重要方式。2015 年版《东莞图书馆规范管理工作手册》重视过程管理，增加了大量岗位和项目的工作细则、工作规程，从仅关注结果发展到既关注结果也关注过程；同时突出绩效评价，加强绩效指标监测，注重数据管理意识，建立了图书馆的绩效指标体系和评价系统。再次，制度执行需要方法和实际案例做指引。随着东莞图书馆管理实践的增加，我们对规范管理的认知不断提升、完善，我们认为，对具体而丰富的实践案例的归纳、分析有利于图书馆工作制度的落地生效，而丰富、鲜活的案例对于新开展的业务工作具有实际的指导意义。近年来图书馆行业中有许多讨论是以案例的形式出现的，例如武汉大学和南京农业大学组织了案例征集与评选，中国图书馆学会阅读推广委员会组织编纂的“阅读推广人系列教材”中的部分内容是“以案说事、以案说理”。此次《图书馆规范管理指南（实战篇）》收录东莞图书馆规范管理中具有特色和实操意义的业务建设与读者服务案例 75 篇，分为战略管理、绩效管理、业务管理、体系管理、科研管理、行政管理 6 章，希望本书对于东莞图书馆、对于全国同行都更能成为鲜活而实用的实践指南。

新时代、新阶段的图书馆事业既有伴随中国社会发展而生发出的自信与豪迈，也有环境变迁、技术冲击带来的迷惘和苦恼，在矛盾交织中探索前行。我们需要开展“再发现图书馆”行动，在行动中充实图书馆的内容，重塑图书馆的形象，展现图书馆的功能，揭示图书馆的内涵和人文价值。图书馆中专业化的业务体系的建构和规范管理制度的建设应该是“再发现图书馆”的重要组成部分，也是图书馆发现自己、认识自己，进而完善自己、发展自己的重要实现方式。此次推出的《图书馆规范管理指南》仍以东莞图书馆制度实践为地基，我们希望通过个案反映出普遍性的专业价值。具体的才是鲜活的，实际工作中的细节能够呈现图书馆工作丰富的内涵，展现图书馆事业的发展活力，并帮助图书馆人直面图书馆管理中的问题。图书馆工作中常常应用人文社会科学，其专业性往往体现在现实的工作环节之中，而图书馆学归属于管理学，图书馆的制度建设体现其成熟程度。因此，我们依然不揣浅陋，“端出”基本原汁原味的工作形态，求教于同行方家，也希望在大家的审视和帮助中让我们再认识自己，然后洗去尘垢再出发。

李东来

2022 年 9 月

目　录

图目录

表目录

第一章　战略管理

战略规划是组织成功的关键。东莞图书馆重视战略规划，先后制定过 4 个战略规划，还参与制定东莞市地方性行业法规，同时实施主题年战略，每年设置一个主题，与长期的战略规划相得益彰。本章收录的就是图书馆发展指导性法规、战略管理等方面的条文、方案和案例。

东莞市公共图书馆管理办法

一、编制说明

（一）必要性

2001 年，东莞市委、市政府提出实施“文化新城”战略，作为东莞市“三城一读”建设之一的“图书馆之城”建设在东莞市全面铺开，东莞市图书馆事业得到了快速发展，并取得了显著成效，东莞图书馆进入了国内一流图书馆的行列，实现了全市 32 个镇（街道）24 小时自助借阅服务全覆盖，形成了“一馆办证，多馆借书；一馆借书，多馆还书”的服务模式，较好地保障了公众的基本文化需求。但随着经济社会的进一步发展，东莞市图书馆事业发展也出现了一些新情况、新问题，如：镇（街道）投入经费不均衡，持续发展保障不稳定；公共图书馆藏书基础薄弱，藏书质量参差不齐；基层图书馆人员素质不高，制约图书馆服务水平的提升；图书馆总分馆体系统筹管理力度不够，基层图书馆建设相对薄弱；基层图书馆服务单一，服务水平不高。这些都影响了公共图书馆服务的普遍性和均等化，制约了图书馆事业的进一步发展，急需通过立法予以解决。

东莞是全国首批、广东省第一个“国家公共文化服务体系示范区”，是“国家公共文化服务标准化试点城市”，在保障和改善文化民生、推进公共文化服务均等化、增强城市文化软实力上更应发挥领先和表率作用，为此急需通过立法将东莞市图书馆事业发展纳入法治化、规范化的轨道，进一步保障和满足人民群众的基本文化权益和文化需求，助力东莞城市文化建设。

（二）起草过程

按照《东莞市人民政府 2015—2016 年度制定地方性法规草案和政府规章计划》（东府〔2015〕63 号）安排，《东莞市公共图书馆管理办法》（以下简称《办法》）被纳入市政府规章预备项目并立项，由市文广新局负责起草。2015 年 10 月，《办法》起草工作正式启动。为确保《办法》编制内容的高质量和专业性，东莞市委托中山大学图书馆与资讯科学研究所开展相关起草和论证工作，并通过召开专家论证会、座谈会以及公开征求意见等方式，广泛征求了相关专家、市直各部门、各镇街和社会公众意见，修改完善后于 2016 年 8 月初报送市法制局审查。2016 年 11 月 21 日,《办法》通过市法制局合法性审查。

（三）主要特色

《办法》共分 5 章 57 条，除按照立法惯例设置了总则、法律责任和附则外，重点就公共图书馆的设立与管理、公共图书馆的服务与用户权益等方面进行了规范。《办法》表现出四方面东莞特色：

（1）根据东莞外来人口多、流动性大、素质参差不齐的现状,《办法》在“公共图书馆服务与用户权益”方面充分体现了“普遍、平等、免费”服务的先进理念。

（2）根据东莞特殊的行政架构,《办法》明确了市、镇（街道）、村（社区）三级架构的公共图书馆总分馆体系，进一步强化了镇（街道）分馆的统筹职能，在指标设定上，从“每千人建筑面积”“人均图书藏书量”“年人均入藏文献”等方面分市、镇两级设定目标值，有效促进镇级图书馆带动村（社区）图书馆的发展。

（3）《办法》提出并强调了“数字公共空间服务”和“延伸服务”等特色、亮点服务，符合现代公共图书馆发展的趋势。

（4）《办法》是我国第一部地级市图书馆法规。我国共有 12 个省份颁布了地方性图书馆法规或政府规章，但尚未有地级市的图书馆法规出现。

二、文本内容

第一章　总则

第一条　为了促进公共图书馆事业的发展，满足公众对知识、信息及相关文化活动的需求，实现与保障公众的基本文化权益，根据有关法律、法规的规定，结合本市实际，制定本办法。

第二条　本办法适用于本市行政区域内的公共图书馆的设立、管理与服务等活动。

本办法所称公共图书馆，是指市、镇人民政府（街道办事处、园区管委会）兴办，面向社会公众开放的，收集、整理、保存、研究和利用文献信息资源的公益性服务机构和社会教育设施。

前款所称文献信息资源包括图书、报纸、期刊、缩微制品、音像制品、电子出版物、数字信息资源等。

第三条　市文化行政主管部门负责全市公共图书馆事业的管理工作，并组织实施本办法。

各镇人民政府（街道办事处、园区管委会）负责本行政区域内公共图书馆事业的管理工作。

市发展和改革、财政、教育、城乡规划、国土资源、人力资源、住房和城乡建设、交通运输等行政管理部门根据各自职责，协同实施本办法。

第四条　市、镇人民政府（街道办事处、园区管委会）应当将公共图书馆事业纳入国民经济和社会发展规划和年度计划，将所需经费列入本级财政预算，使财政投入与经济社会发展和公共图书馆的服务人口、服务范围、服务需求、服务功能等相适应。公共图书馆的经费应当根据国民经济和公共图书馆事业的发展，逐年有所增加。

公共图书馆经费包括设施、设备、人员、文献信息资源、图书馆运行与维护等方面的费用。

公共图书馆经费应当专款专用，不得挪作他用。

第五条　鼓励和支持自然人、法人或者其他组织以捐赠资金、文献、设施、设备或者其他形式支持公共图书馆的发展。

鼓励和支持自然人、法人或者其他组织兴办公益性图书馆，与公共图书馆合作提供或者单独提供公益性阅读服务。

自然人、法人或者其他组织按照本条第一款、第二款规定的方式参与图书馆建设或者提供公益性阅读服务的，依照有关法律、法规的规定，享受税收等方面的优惠。公共图书馆可以以捐赠人的名字命名或者以其他适当方式给予捐赠人相应荣誉。

第六条　市、镇人民政府（街道办事处、园区管委会）可以依法发起设立公共图书馆发展社会基金。

鼓励自然人、法人或者其他组织依法设立公共图书馆发展社会基金，或者向公共图书馆发展社会基金进行捐赠。

公共图书馆发展社会基金的设立、运作和管理依照有关法律、法规的规定执行。

第七条　市、镇人民政府（街道办事处、园区管委会）应当推动公共图书馆建立和运行法人治理机制，建立和完善理事会等法人治理机构。理事会由文化行政主管部门、有关行政管理部门、公共图书馆、专业人士、市民等有关方面代表组成。

第八条　市、镇人民政府（街道办事处、园区管委会）应当对为繁荣发展公共图书馆事业和公众阅读作出突出贡献的组织和个人，按照国家有关规定予以表扬或者奖励。

第九条　文化行政主管部门、公共图书馆等单位应当通过各种形式组织开展全民阅读推广活动，每年举办东莞读书节。

第二章　公共图书馆的设立与管理

第十条　市、镇人民政府（街道办事处、园区管委会）应当根据本地区服务人口分布情况和经济、社会、文化发展的需要，按照普遍均等的原则，统筹规划、合理布局，建立覆盖城乡的公共图书馆服务体系。

市文化行政主管部门应当根据国民经济和社会发展规划、城乡总体规划以及土地利用总体规划编制公共图书馆事业发展规划，经市发展和改革、城乡规划、国土资源等行政管理部门审查后，报市人民政府审批。

第十一条　市文化行政主管部门组织成立公共图书馆专家委员会。对公共图书馆的发展规划、业务规范和涉及公共图书馆事业发展的其他重大事项，市文化行政主管部门应征询公共图书馆专家委员会的意见。

第十二条　公共图书馆选址应当位于人口相对集中、交通便利、配套设施良好的区域，符合安全、卫生、环保标准和服务半径合理的要求。

本办法实施前已经建成或者已经开工建设的公共图书馆选址不符合前款规定的，属地镇人民政府（街道办事处、园区管委会）应当逐步完善公共图书馆的配套公共交通、市政设施，并按照有关标准改善公共图书馆周边的安全、卫生和环境状况。

第十三条　市、镇人民政府（街道办事处、园区管委会）应当设立本级公共图书馆，建立市、镇（街）、村（社区）三级架构的公共图书馆总分馆体系。

市人民政府设立的东莞图书馆为全市公共图书馆总分馆体系的总馆，市总馆可以根据公共图书馆发展规划和实际需要，按规定设立直属综合性分馆或者专业性分馆。

镇人民政府（街道办事处、园区管委会）设立的公共图书馆为全市公共图书馆总分馆体系的镇（街）分馆。

镇人民政府（街道办事处、园区管委会）应当统筹本行政区域内村（社区）图书馆（室）或者服务网点的建设，可以在学校、企业、地铁站、火车站、汽车站等人口密集区域设立图书馆（室）或者服务网点。市、镇（街）公共图书馆所在地的村（社区）可以不设立图书馆（室）。

有关单位应当根据实际情况为图书馆（室）或者服务网点建设在场地、配套设施设备等方面提供必要支持。

第十四条　市人民政府设立的少年儿童图书馆为市总馆的专业性分馆。

市、镇（街）公共图书馆应当设置少年儿童服务区域，村（社区）图书馆（室）原则上应当设置少年儿童服务区域。

第十五条　市、镇（街）公共图书馆馆舍应当相对独立建设。村（社区）图书馆（室）可以与其他文化设施合建，或者利用其他现有建筑建设。

公共图书馆（室）与其他文化设施合建的，应当满足图书馆（室）的使用功能和环境要求，自成一区，设置单独出入口。

第十六条　公共图书馆建设应当遵循公共图书馆建设标准和图书馆建筑设计规范。公共图书馆的建筑面积依据服务范围内的常住人口数量并适当考虑人口增长因素确定。公共图书馆每千人建筑面积应当符合下列要求：

（一）市级公共图书馆达到十平方米以上；

（二）镇（街）公共图书馆与村（社区）图书馆（室）合计达到三十平方米以上，市级公共图书馆所在地的镇（街）可以适当低于上述标准。

市、镇（街）公共图书馆的建筑面积不得低于国家最低标准。

公共图书馆的少年儿童阅览区域面积应当不低于全馆借阅服务区域面积的百分之二十。

第十七条　任何单位和个人不得擅自拆除公共图书馆（室）或者改变其使用功能、用途。

经批准拆除公共图书馆（室）或者改变其功能、用途的，应当依照有关法律、法规和规章完善相关手续后，根据本办法的规定原址重建或者迁建。原址重建或者迁建的公共图书馆（室）应当符合规划要求，并不得小于原有规模。公共图书馆（室）迁建应当在新馆（室）建成后再拆除旧馆（室）。

第十八条　全市公共图书馆实行统一标志，并纳入路标、路牌、公共交通等城市标志系统。

第十九条　市总馆应当履行下列职责：

（一）负责全市公共图书馆业务的统筹、指导、管理和协调；

（二）根据市文化行政主管部门编制的公共图书馆事业发展规划，负责制订全市公共图书馆的具体发展目标和年度工作计划；

（三）负责制定和组织实施全市公共图书馆统一的业务标准和服务规范；

（四）负责统筹全市公共图书馆通借通还服务网络、信息化管理系统和数字图书馆建设，实现全市的信息资源共享；

（五）负责组织全市公共图书馆工作人员专业培训工作；

（六）开展公共图书馆领域的国内外业务交流与学术合作。

第二十条　镇（街）分馆在市总馆的业务指导下，履行下列职责：

（一）负责本馆和村（社区）图书馆（室）或服务网点的统一管理；

（二）按照全市统一的业务标准，负责本馆和村（社区）图书馆（室）或服务网点文献信息资源的采购、编目和物流配送；

（三）按照全市统一的服务规范，负责组织开展本馆和村（社区）图书馆（室）或服务网点的服务工作；

（四）负责本馆和村（社区）图书馆（室）或服务网点工作人员的统筹调配。

第二十一条　公共图书馆应当加强数字信息资源共建共享。市总馆应当建立全市统一的数字信息资源管理与服务平台，对数字信息资源与传统载体资源进行整合，为全市公共图书馆用户提供数字化、网络化服务。

在数字信息资源建设中应当注重信息技术的应用，根据数字信息资源的用途，确定相应的加工级别和保存期，优秀文化遗产应当长期保存。

公共图书馆应当加强数字信息资源管理与服务，实现对数字信息资源的科学管理，加强知识产权保护，保证数字信息资源的合法使用。

第二十二条　公共图书馆的藏书总量应当高于国家标准。以公共图书馆服务范围内常住人口为基数计算，全市人均图书藏书量达到 1.6 册以上，各级公共图书馆应达到下列要求：

（一）市级公共图书馆人均图书藏书量达到 0.6 册以上；

（二）镇（街）公共图书馆与村（社区）图书馆（室）人均图书藏书量合计达到 1 册以上。

第二十三条　公共图书馆应当不断完善、丰富馆藏信息资源，保证图书馆年入藏文献逐年增长。以公共图书馆服务范围内常住人口为基数计算，全市公共图书馆年人均入藏文献应当不少于 0.06 册，各级公共图书馆应达到下列要求：

（一）市级公共图书馆年人均入藏文献不少于 0.02 册；

（二）镇（街）公共图书馆与村（社区）图书馆（室）年人均入藏文献合计不少于 0.04 册。

公共图书馆应当制定馆藏发展目标和年度采购计划，逐步构建科学合理的馆藏文献信息资源体系。

第二十四条　公共图书馆应当提高图书馆空间和馆藏文献的利用率，定期对馆藏文献进行清点，对于有利用价值但利用率相对较低的文献，可以在图书馆之间调配使用，或者建立贮存图书馆进行收藏；对于破损严重或者陈旧等原因而无法使用的馆藏文献可以根据有关程序予以剔除。

公共图书馆应当制定与本馆馆藏发展需要相适应的文献剔除规定，报文化行政主管部门批准后执行。

第二十五条　公共图书馆应当做好文献信息资源的保存和保护工作，配备防火、防盗、防潮、防有害生物、消毒等必要设施，建立应急预案，落实有关的安全管理制度。

市总馆应当做好容灾备份工作，保证全市公共图书馆服务的正常运行。

第二十六条　公共图书馆应当遵守国家知识产权保护的法律法规，依法保护和合理使用各种类型的信息资源。

第二十七条　公共图书馆应当加强对地方文献的搜集、整理和保护，逐步形成资料齐全、体系完整、具有地方特色的馆藏体系或者专题系列。

第二十八条　公共图书馆是地方文献资料呈缴本的收藏单位和政府信息公开的重要渠道。

市、镇人民政府（街道办事处、园区管委会）以及有关部门编印的主动公开的资料性出版物，应当在编印之日起六十日内，向本级公共图书馆呈缴四册（件）作为资料保存。

鼓励自然人、法人或者其他组织通过各种方式向公共图书馆捐赠其出版或者编印的各类出版物和资料。

受缴、受赠公共图书馆应当向出版、编印单位出具接受呈缴或者捐赠凭证，定期编制呈缴本、受赠本目录并向社会公布，免费向公众提供利用。

第二十九条　市级公共图书馆按照有关规定与国内外图书馆或文献资源单位开展文献信息资源的交换业务。

第三十条　市、镇人民政府（街道办事处、园区管委会）应当根据服务时间、馆舍规模、馆藏资源数量、用户服务量等因素，结合实际工作情况并参考国家、省、市相关规范合理配备公共图书馆工作人员。工作人员可以多形式、多类型配备。

公共图书馆新进管理人员和专业技术人员应当具备相应学历和与工作岗位相适

应的专业知识与技能，市级图书馆要求具备大学本科以上学历，镇（街）公共图书馆要求具备大专以上学历，并按照相关规定实行公开招聘，具体要求由市文化行政主管部门另行规定并向社会公布。

公共图书馆应当根据图书馆事业发展和业务要求，建立和健全工作人员业务培训和继续教育制度。

第三十一条 公共图书馆实行馆长负责制。

市级公共图书馆的馆长应当具有相应专业的正高级专业技术职称或者具有五年以上图书馆工作经验的相应专业副高级专业技术职称。

镇（街）公共图书馆的馆长应当具有相应专业中级以上专业技术职称或者具有三年以上图书馆工作经验。

第三十二条 公共图书馆应当建立常态化志愿服务机制，加强与志愿服务组织的合作，根据需要组织志愿者参与公共图书馆的日常运行和服务工作。

第三十三条 市文化行政主管部门应当制定公共图书馆考核标准，建立第三方评估机制。

市文化行政主管部门应当定期组织对公共图书馆的设立、管理与服务情况进行考核。

第三十四条 鼓励建立公共图书馆行业组织，支持行业组织发挥行业自律、行业代表、行业服务、行业指导和行业协调作用。

公共图书馆行业组织的职责、议事规则等由其章程规定。

第三章 公共图书馆服务与用户权益

第三十五条 公共图书馆应当坚持普遍、平等、免费、开放和便利的服务原则。

第三十六条 公共图书馆应当免费为公众提供下列基本服务：

（一）文献信息资源的阅览、外借、查询、参考咨询等服务；

（二）政府公开信息的查询服务；

（三）开展全民阅读推广活动和信息素养教育，举办公益讲座、展览、培训等社会教育活动，为公众终身学习提供条件和支持；

（四）提供学习、交流和相关公共文化活动的空间、平台；

（五）其他基本服务。

第三十七条 公共图书馆提供文献复制、文本打印、即时付费数据库检索、科技查新、专题信息服务、文献信息资源开发等服务时，应坚持成本服务的原则，按照有关规定和收费标准向用户收取成本费用，不得收取其他费用。

第三十八条　公共图书馆除按照本办法第三十六条规定提供基本服务外，还应当根据自身的业务能力提供下列专项服务：

（一）为公众提供专题信息服务；

（二）为政府部门以及其他机构提供信息服务；

（三）为开展地方文献与地方历史文化研究提供服务。

第三十九条　公共图书馆应当利用信息技术和各种媒体，通过新型公共电子阅览室、创意空间等为用户提供必要的数字公共空间服务和设施设备。

第四十条　公共图书馆应当制定全民阅读计划，通过组织阅读活动、推荐优秀读物、开展阅读辅导等多种形式，向公众宣传和推荐优秀作品，开展阅读推广，最大限度地吸引公众利用图书馆。

公共图书馆应当为未成年人提供阅读辅导服务，培养其阅读兴趣和阅读习惯。

第四十一条　公共图书馆应当通过通借通还，以及服务点、图书流动车、自助图书馆与图书自助服务站等服务方式，为不能到馆的用户提供延伸服务，为公众提供快捷、便利的服务。

第四十二条　公共图书馆应当为老年人士、残障人士等特殊群体提供设施、设备、文献信息资源等方面的便利服务。

市级图书馆应当设置视障人士阅览室和残障人士专座，鼓励符合条件的镇（街）和村（社区）图书馆（室）设置视障人士阅览室和残障人士专座。

第四十三条　除国家规定禁止公开传播的文献信息资源外，公共图书馆不得限制文献信息资源的利用。

对于古籍和其他珍贵、易损文献，应当按照法律、法规的规定采取保护措施，提供保护性使用。对于其他不宜外借的文献，用户可以在馆内阅览。

第四十四条　公共图书馆不得将馆内场地提供给第三方举办与公共图书馆功能和服务无关的商业性活动。经公共图书馆同意举办相关活动的，不得影响用户对公共图书馆的正常使用。

第四十五条　市级公共图书馆每周的开放时间不少于七十二小时，镇（街）公共图书馆每周的开放时间不少于五十六小时，村（社区）图书馆（室）每周的开放时间不少于三十六小时。

少年儿童图书馆（室）每周的开放时间不少于四十八小时，在学校寒暑假期间，每天开放时间应当适当延长。

在国家法定节假日，公共图书馆可以根据实际情况调整开放时间。

第四十六条　公共图书馆应当将本馆的服务范围、服务指南、开放时间等服务事项进行公示。除不可抗力和意外事件外，因故变更开放时间或者闭馆的，应提前七天公示。

第四十七条　公共图书馆应当通过组建图书馆联盟或者其他方式，加强与其他类型图书馆的交流与合作，实现资源共享与联合服务。

镇（街）公共图书馆与少年儿童图书馆应当推进与中小学校图书馆的合作，通过服务点、图书流动车等方式向中小学生提供服务。

鼓励学校图书馆、科学与专业图书馆及其他类型图书馆参与设立公共图书馆（室），提供公益性服务。

第四十八条　公共图书馆可以向社会购买服务，吸纳社会力量参与公共图书馆的运营与管理。

公共图书馆购买服务应当有助于提升服务效能。

第四十九条　公共图书馆用户享有下列权利：

（一）平等获取信息和知识；

（二）免费获得公共图书馆基本服务；

（三）向公共图书馆或者文化行政主管部门提出建议和意见，并及时获得回复；

（四）依照有关规定获得公共图书馆提供的其他专项服务。

第五十条　公共图书馆用户应当遵守下列规定：

（一）自觉遵守公共图书馆有关维护公共秩序的各项制度；

（二）合理利用并爱护公共图书馆的文献信息资源、公共设施设备；

（三）妥善保管并按规定日期归还所借文献信息资源。

第五十一条　公共图书馆应当依法保护和使用用户信息，未经用户同意，不得擅自向第三方披露或者泄露。

第五十二条　公共图书馆应当在馆舍显著位置设立用户意见箱（簿），公开监督电话，开设网上投诉通道，组建社会监督员队伍，定期召开用户座谈会。

公共图书馆应当自收到意见或者投诉之日起五个工作日内将答复意见或者处理情况向提出意见的人员或者投诉人反馈。

第四章　法律责任

第五十三条　文化行政主管部门和相关行政管理部门及其工作人员有下列行为

之一的，由上级行政部门或者监察部门责令改正、通报批评；情节严重的，对直接负责的主管人员和其他直接责任人员依法给予处分；构成犯罪的，依法追究刑事责任：

（一）违反本办法第四条第三款规定，挪用公共图书馆经费的；

（二）违反本办法第十条第二款规定，未按规定编制公共图书馆事业发展规划的；

（三）违反本办法第三十三条规定，未制定考核标准，未定期对公共图书馆进行考核，或者未进行第三方评估的；

（四）其他违反本办法规定的行为。

第五十四条　公共图书馆及其工作人员有下列行为之一的，由文化行政主管部门责令限期改正；情节严重的，由文化行政主管部门对负有直接责任的主管人员和其他直接责任人员依法给予处分：

（一）违反本办法第二十五条规定，未按照规定做好文献信息资源的保存和保护工作，导致信息资源损毁或者灭失的；

（二）违反本办法第四十三条规定，未按规定向用户开放或者任意限定借阅范围的；

（三）违反本办法第四十四条规定，将馆内场地提供给第三方举办与公共图书馆功能和服务无关的商业性活动的；

（四）违反本办法第四十六条规定，未按规定将有关事项进行公示的；

（五）违反本办法第五十一条规定，未按规定保护用户个人隐私的；

（六）其他不履行图书馆服务要求或者损害用户权益的。

公共图书馆及其工作人员违反本办法第三十七条，擅自向用户收取本办法规定以外费用的，由价格行政主管部门依法查处。

第五十五条　用户违反本办法第五十条第（二）项规定，损毁公共图书馆文献信息资源、公共设施设备的，应当依法赔偿；违反治安管理规定的，由公安机关依法给予治安管理处罚；构成犯罪的，依法追究刑事责任。

用户违反本办法第五十条第（三）项规定，逾期未归还所借文献信息资源的，公共图书馆按照规定收取滞还费；经公共图书馆催告后仍不归还的，公共图书馆可以暂停其读者证的使用权限，并记入个人信用记录；丢失所借文献信息资源的，应当依法赔偿。

第五十六条　违反本办法第十七条规定，自然人、法人或者其他组织未经批准擅自拆除公共图书馆（室）或者改变其使用功能、用途，或者未按规定原址重建或者迁建公共图书馆（室）的，根据有关法律法规的规定处理；构成犯罪的，依法追究刑事责任。

第五章　附则

第五十七条　本办法自 2017 年 3 月 1 日起施行。

东莞图书馆“十四五”战略规划

一、背景

（一）应对未来发展的需要

战略规划是组织对未来发展的系统谋划与战略部署。自2002年以来，东莞图书馆先后制定和实施过3个战略规划，分别是《东莞市图书馆新馆建设与发展规划纲要（2002—2010）》《东莞图书馆“十二五”发展规划（2011—2015）》《东莞图书馆“十三五”战略规划（2016—2020）》，东莞图书馆正是在这些战略规划的指引下取得跨越式的发展。“十四五”时期，图书馆面临新的环境和新的要求，必须制定新的符合自身发展特点和需要的战略规划，以期为东莞公共文化事业高质量发展贡献力量。

（二）“湾区都市、品质东莞”建设的需要

为贯彻落实党的十九届五中全会精神，同时按照国家“粤港澳大湾区建设”方针指引，东莞市提出“湾区都市、品质东莞”的战略任务，要把东莞建设成为国际一流湾区和世界级城市群中宜居宜业的高品质现代化都市。城市品质内涵的提升，离不开城市软实力的提高，东莞图书馆作为全市公共文化服务体系建设的重要组成部分，要充分发挥公共文化引领作用，大力推进“书香东莞”和“品质文化之都”建设，更好地成为“湾区都市、品质东莞”强有力的智力支撑。这就要求图书馆合理制定“十四五”战略规划，强调和突出公共文化的价值，促进文旅融合，为全市文化事业发展作出贡献。

（三）延续成熟且稳定的“馆校合作”组织模式

南开大学信息资源管理系柯平教授带领的研究团队于2008—2013年依托国家社科重点项目“公共文化服务体系中的图书馆战略规划模型与实证研究”，形成了一系列有关图书馆战略规划的理论研究成果。2014年10月，东莞图书馆与南开大学信息资源管理系以馆校合作的方式，启动了东莞图书馆“十三五”战略规划制定工作，并

于 2015 年底顺利完成，所制定的《东莞图书馆“十三五”战略规划（2016—2020）》得到了东莞图书馆的高度认可，彼此已具有良好的合作基础，形成了紧密的合作关系。这为本馆再次合作开展“十四五”战略规划的编制工作奠定了基础，提供了成熟的合作模式。

二、规划文本内容

（一）概述

该部分内容包括前言、战略规划过程、“十三五”工作回顾与总结、最新成就等内容。规划是在现有基础上对未来事业的展望和规划，因此需要全面而凝练地回顾现有工作，该部分以概要性文字辅以简洁的图表，对规划的来龙去脉进行了梳理。

（二）使命、愿景、核心价值观

战略规划编制小组在仔细斟酌、研讨后，决定延续“十三五”的内容，保持东莞图书馆最重要的三个理念。使命：知识惠东莞。愿景：建设成为国内一流、国际知名的现代化城市中心图书馆。核心价值观：学习成长、智慧奉献、业务创新、服务惠民。

（三）目标体系概要

表 1-1 《东莞图书馆“十四五”战略规划》目标体系概要

战略主题：城市竞争力支撑与助力品质东莞	
目标一：服务大湾区建设，促进东莞产业发展 策略 1：构建支持产业发展的资源服务体系 策略 2：优化升级产业知识服务平台 策略 3：大湾区资源整合与共建共享	目标二：增强创新孵化功能，助力城市能级和核心竞争力提升 策略 1：参与广深科技创新走廊建设 策略 2：培育创新文化和氛围 策略 3：加强科技创新服务
目标三：发挥智库参鉴作用，促进城市发展 策略 1：深化决策咨询服务 策略 2：拓展智库服务路径 策略 3：公众建言城市建设	目标四：紧密连接企业与社区，培育知识型城市建设者 策略 1：加强图书馆与企业、社区连接 策略 2：培养适应新时代的知识型城市建设者 策略 3：加强城市创业 / 就业支持

续表

战略主题：书香东莞建设与文旅融合发展	
目标一：营造书香东莞，提升城市文化软实力 策略 1：完善全民阅读组织与制度保障 策略 2：推进书香镇街建设 策略 3：培育社会阅读力量 策略 4：注重书香东莞成效评价与宣传	目标二：升级阅读品牌，扩大影响力 策略 1：统筹推进东莞读书节活动品牌 策略 2：打造数字阅读之门 策略 3：提升少儿阅读活动品质
目标三：建设新型阅读空间，提升服务体验 策略 1：城市阅读空间建设与升级 策略 2：阅读空间功能拓展与服务体验优化	目标四：文旅融合拓展阅读服务，营造品质文化 策略 1：开展文旅智慧服务 策略 2：弘扬地方传统与文化 策略 3：擦亮城市文化 IP 策略 4：传承伦明读书爱书藏书精神
战略主题：高质量发展与体系化完善	
目标一：建设更具特色的城市中心图书馆 策略 1：推进东莞第二图书馆建设 策略 2：打造国际一流漫画图书馆 策略 3：打造湾区粤剧图书馆	目标二：推动更高质量的图书馆服务体系建设 策略 1：强化法治保障和理论支撑 策略 2：指导片区引领型图书馆建设 策略 3：提升体系整体服务品质
目标三：构建全国首个绘本专题图书馆服务体系建设模式 策略 1：以“全覆盖、增资源、强培训”完善体系 策略 2：以“联动 + 特色 + 研究”提升效能	
战略主题：资源开发与服务升级	
目标一：加强资源建设，丰富东莞“精神食堂”供给 策略 1：纸电结合进行优质馆藏建设 策略 2：加强特色多媒体资源建设，实现知识产品增值开发 策略 3：加大资源整合揭示力度	目标二：加强地方文献开发，挖掘灰色文献资源 策略 1：“东莞文库”建设 策略 2：推进地方文献资源建设与服务 策略 3：推进灰色文献资源建设
目标三：强化服务体验，升级新型学习中心 策略 1：建设智慧总馆，增强新技术服务体验 策略 2：以读者需求为导向，提升资源服务效能 策略 3：持续推进图书馆学习中心建设	目标四：完善读者分类精准服务，加强特殊群体服务 策略 1：完善读者分类服务体系 策略 2：建立重点读者与特殊群体服务机制

续表

战略主题：组织文化提升与治理能力现代化	
目标一：深化卓越绩效管理，推广公共图书馆影响力评估标准 策略 1：质量管理全面升级 策略 2：推进公共图书馆影响力评估研究与实践	目标二：强化常态化应急管理，构建安全保障体系 策略 1：建立健全应急管理机制，深化应急管理体系建设 策略 2：加强整体应急力量，完善应急管理团队建设 策略 3：强化应急管理能力，提升应急管理效果
目标三：构建赋能型组织，提升图书馆体系治理能力 策略 1：健全赋能机制，提升组织内驱力 策略 2：提升中心图书馆业务管理能力 策略 3：提升战略规划执行力 策略 4：提升图书馆协同治理能力	目标四：保持研究优势，加强图书馆事业宣传与交流 策略 1：深化科研管理，推进专业化发展 策略 2：立足“理论 + 实践”，丰富研究成果 策略 3：加强图书馆事业宣传与交流

（四）详细目标体系与行动计划

《东莞图书馆“十四五”战略规划》的目标体系由五大战略主题、19 个目标、56 个策略、189 个行动、92 个指标组成。

（1）为每一个目标设定考核指标，并明确目标值落实部门，并对部分指标进行必要说明。

（2）在每个目标下设置若干策略。

（3）为每个策略设置若干行动计划，并明确主要负责部门、协助部门、完成年份。

（五）附录

包括《东莞图书馆“十四五”战略规划之情境规划分析报告》《东莞图书馆“十四五”战略规划之定标比超报告》《东莞图书馆“十四五”战略规划之赋能分析报告》等内容。

（六）规划组织与致谢

包括东莞图书馆领导班子、东莞图书馆“十四五”战略规划编制小组成员等。

三、规划编制特点

（一）全新的战略观念

首先，图书馆具备强烈的战略规划意识，“十四五”战略规划研制工作启动早，2019 年 11 月就已和南开大学柯平教授战略规划团队签订项目委托合同。其次，本次战略规划更具有全局意识，一方面，战略规划从偏重中心馆的单馆规划扩展到立足全市图书馆事业规划统筹；另一方面，战略规划的编制不仅面向“十四五”时期，更考虑面向 2035 的远景目标。

（二）先进的合作模式

首先是扎实的合作基础。2015 年，南开大学柯平教授带领研究团队顺利完成了“东莞图书馆‘十三五’发展规划制定”项目，与东莞图书馆已具有良好的合作基础，形成了紧密的合作关系，这为《东莞图书馆“十四五”战略规划》的编制工作奠定扎实的合作基础。其次是成熟的组织模式。此次合作是东莞图书馆第二次委托南开大学柯平教授战略规划团队开展规划制定研究。柯平教授战略规划团队既有丰富的理论研究成果，又有丰富的图书馆战略规划编制经验，且充分了解东莞图书馆的发展情况，因此，此次规划编制具有十分成熟且稳定的“馆校合作”组织模式基础。第三是高度的合作契合。由于合作基础好，组织模式成熟，东莞图书馆与南开大学柯平教授战略规划团队项目合作契合度很高，对项目研究过程中各项工作都能配合默契，工作效率高。

（三）完备的组织保障

本战略规划制定前期就成立了图书馆战略规划编制组，分别是由柯平教授带领的南开大学组和冯玲副馆长牵头的图书馆组。项目研制过程中，南开大学组与图书馆组充分沟通，配合默契，紧密联系。值得一提的是，此次战略规划编制不仅是编制组的成员参与，领导班子以及全体馆员都充分地参与到规划编制过程中，为规划编制提供既有一定高度又贴合实际的建议与意见，确保东莞图书馆“十四五”战略规划能够符合实际发展情况。

（四）科学的理论指导

本战略规划是以科学的图书馆战略管理理论为指导，坚持科学原则编制的。编制工作依据国家社科基金重点项目“公共文化服务体系中的图书馆战略规划模型与实证研究”中制定的战略规划流程模型、组织结构模型、影响因素模型、战略规划文本模型，遵循南开大学战略规划团队研制的中国第一部《图书馆战略规划指南》。

（五）充分的战略研究

首先是多种调查相互补充。南开大学组进行了多种调查研究：一是文献调查研究，获得一手数据和材料；二是网络调查研究，充分收集国内外相关数据；三是问卷调查与访谈，通过线上发布、微信语音 / 视频等方式进行；四是实地考察调研，通过深入镇街图书馆与高新企业，了解发展中的问题以及需求；五是多次召开部门研讨会、双方座谈会、员工座谈会，保障战略目标体系既有高度又能落地。其次是先进的工具应用。本战略规划运用了国际先进的图书馆战略规划工具，广泛借鉴国外公共图书馆战略规划编制经验，运用一对一访谈和焦点小组访谈法深入分析读者需求、内部组织需求、外部组织需求，既让读者积极参与到图书馆战略规划过程，也保证图书馆战略重点与目标体系符合促进东莞市文化发展的需要。另外，还综合利用了定标比超法、SWOT 分析方法和情景规划法展开研究。

（六）丰富的成果积累

东莞图书馆的战略规划编制工作拥有丰富的成果积累：一方面，既有先进、规范的战略规划成果，又有丰富的研究成果；另一方面，形成了诸如东莞图书馆卓越绩效管理模式的丰富实践经验，为战略规划的编制提供很好的铺垫。

（七）广泛的社会参与

本战略规划广泛征询图书馆利益相关者的各方意见，通过网上征求社会意见、组织读者焦点小组研讨等，保证图书馆战略规划编制的多方参与，即图书馆全员参与、理事会与领导参与、市民参与、相关组织参与和图书馆学专家参与。

（八）翔实的项目方案

在项目启动初期，南开大学组就制订了翔实的《东莞图书馆“十四五”战略规划制定之整体方案》，明确规划编制中的重点研究工作，合理分配南开大学组与图书馆组的任务；2020 年 2 月，由于受到疫情影响，南开大学组及时制订《东莞图书馆“十四五”战略规划制定之补充方案》，指导线上任务的开展，保证规划编制工作的顺利进行。

（邱建恒整理）

东莞图书馆主题年工作方案（2019，资源整合年）

2019 年，根据《东莞图书馆“十三五”战略规划（2016—2020）》“丰富资源 创新服务”战略方向，结合工作发展要求，本馆将主题年定为“资源整合年”。在新的一年，本馆将认真开展学习贯彻习近平新时代中国特色社会主义思想主题教育，围绕东莞市打造“湾区都市、品质东莞”目标，全面提升执行力，以“资源整合”为抓手，扎实做好各项工作，迎接中华人民共和国成立 70 周年，增强人民群众获得感、幸福感，助推东莞城市品质提升。

一、整合优化文献资源，夯实品质服务根基

立足城市文化服务、推广和保护的视角，加强对现有文献资源的管理、对潜在可挖掘文献资源的开发保藏，夯实城市品质服务的根基。一是整合基础馆藏文献资源。以整合、优化馆藏地点为抓手，清点馆藏文献，整合、优化馆藏地点，完善馆藏文献制度，规范典藏权限，夯实馆藏文献管理细节；将 2015 年以来馆内自建的音频、视频等数字资源进一步整合，统一在网站、微信公众号、App 呈现，促进数字资源有序展现。二是深化特色馆藏体系建设。制定专题文献管理研发方案，明晰专题馆藏体系的管理、开发方向；对标国际一流的日本东京漫画图书馆，加大动漫文献积累，继续补编《动漫文献总览》；加强与深圳、广州互动合作，策划以东莞为主编纂综合性的粤剧文献总汇；依托《绘本文献总览》，对“绘本数据库”进行整理与维护，并制定“世界经典绘本书目”，增加特色馆藏资源的深度与广度。三是挖掘传承地方文化。促进《东莞文库概览》出版，并加强《东莞文库》全文数字系统平台资源的建设；联合各镇（街道、园区），围绕魅力小城建设，根据地方文化特色，做好专题图书馆的建设工作，多途径加强地方灰色文献的搜集、整理和开发利用，为未来保存现在。

二、补足技术资源短板，加强效益服务支撑

补齐技术资源短板，实现图书馆科学化、智能化发展，让市民坐拥现代化文化休闲

中心。一是推进中心馆政务上云。积极响应政府“智网工程”号召，推进中心馆服务器及存储设备整合上云，2019年内完成30%以上。二是促进图书馆资源管理系统建设与应用。根据调查需求，搭建图书馆资源管理系统，高效有序地管理和利用馆内图片、音视频及文档等内部资源。三是推行实施RFID计划。总分馆体系实施RFID技术，并起草制定《东莞图书馆RFID实施方案》《关于镇街分馆实施RFID技术指导意见》《东莞地区图书馆RFID技术标准与规范》，促进智能化服务管理。四是探索图书馆智能化服务的多样性。紧跟读者新型消费习惯，实现手机借书、扫码借还、人脸识别等现代化借还书方式；拓展图书快递到家服务，利用微信公众号、微博、图书馆App及网站加强宣传，全面促进图书馆智能化建设。

三、挖掘推广品牌资源，引领城市阅读风尚

加强对基层民众的阅读推广服务，彻底打通基层文化品位，提升“最后一公里”的服务，统筹安排，协调推进，全面打造东莞阅读之城，形成全民阅读新格局。一是加强阅读推广的组织与引导。在市委宣传部、市文明办和市文化广电旅游体育局等支持下，继续组织举办东莞读书节等系列全民阅读品牌活动，开展全城爱阅读推广行动。二是系列品牌活动融入群众生活。利用“悦读·在路上”活动增强市民文旅融合发展的观念；利用“动漫之夏”活动增强读者暑期阅读生活的丰富性；利用“‘我讲书中故事’儿童故事大王比赛”活动讲好东莞故事、传播东莞声音；利用莞芽少儿阅读品牌系列活动和“悦读起步走”计划促进基层绘本阅读推广服务，增强分级阅读成效；坚持定期举办巡回展览、讲座等活动，让更多的基层群众共享图书馆服务。三是拓展数字阅读推广活动内容、形式及范围。将扫码听书、扫码看视频等不同类型的资源一并纳入扫码活动宣传推荐，升级“扫码看书”活动；立足图书馆数字资源与平台，以QQ阅读、声音图书馆、CNKI机构库、粤语学习视频等为重点内容，持续推进数字阅读进企业、进社区、进家庭服务，促进图书馆在教育补充、科技信息服务及市民信息素养提升等方面的职能发挥。四是加强松山湖科技园区阅读推广服务。围绕松山湖图书馆“科技＋人文”的自身定位，依托青少年科普专题馆藏资源，积极与园区内中子科学城、科研机构保持联系，面向园区推出系列化科普主题活动，推进湾区知识品牌建设。

四、充分利用社会资源，形成更高质量的开放型服务力量

着眼经济社会发展的新情况，把握时代特点，有效融合社会资源，开放共建共享，

扩大城市文化发展格局，增强文化服务能力，提升阅读服务实效。一是利用读者资源，引导参与图书馆共建。引导读者志愿参与书库整理、系列公益课堂、主题展览及其他专题活动的策划和组织工作，增强市民对图书馆的资源建设与阅读推广的支持度。二是借助社会机构资源，加强公益讲座的联办力度。以“品质东莞”为总体要求，进一步加强与社会机构的合作，扩大市民学堂等公益讲座的师资资源，全年拟推出“阅读·教育”“文学·经典”“人物·历史”等系列讲座。三是丰富媒体合作范畴，强化图书馆宣传。充分利用电视、报纸、网络、广播平台等新闻媒体以及微信公众号、微博、直播平台等其他媒体的力量，扩大对专题文献推介和阅读推广工作的宣传。四是继续推进阅读联盟发展。进一步整合读书会资源，招募第二批 4 家主题读书会并组织第一、第二批主题读书会全年开展 80 场以上阅读推广活动，凭借东莞阅读联盟大平台促进对馆内外读书会资源的充分利用。五是扩大行业平台影响力。积极主动发挥图书馆学会阅读推广委员会挂靠本馆的优秀，组织举办图书馆行业年会、协助各专业委员会开展阅读推广活动和相关学术研究，借用水滴奖等活动契机继续寻求跨界合作，以增强图书馆在其他行业影响力。

五、有效管理体系平台资源，促进基层全面发展

针对东莞市图书馆体系发展现阶段存在的问题，加强总馆扶持和分馆自我管理力度，实现城市图书馆体系精细化管理网络全覆盖，促进体系大平台品质提升。一是督促检验《中华人民共和国公共图书馆法》落实情况。借助第三方对标检查体系，各级图书馆落实自身法治建设和服务品质提升的情况，全面促进依法办馆。二是完善体系网络及业务系统规则。基于安全、稳定和规范性需求，对全市新旧自助设备的网络配置，制定统一适用的工作流程、故障处理流程及日常监管办法；梳理调整 Interlib 业务系统中诸多参数，实现总分馆读者借阅权限一致。三是优化基层图书馆培训工作。充分重视各镇（街道）分馆对系列培训的意见和建议，总结经验，以需求导向、问题导向和结果导向为指引，优化 2019 年基层图书馆培训方案和计划，实现“对口援建、对口帮扶”。四是引导强化镇（街道）自我管理意识。引导各镇（街道）对照各项法律法规、东莞市镇（街道）领导班子年度工作考评量化指标及市文化广电旅游体育局的公共文化绩效评估指标中涉及图书馆的重点指标，加大建设与服务力度；结合村（社区）综合文化服务中心情况，研究制定适合本镇（街道）图书馆服务体系的发展政策规划；督促各镇（街道）分馆加强业务系统数据及月报表的统计工作，强化自查自析，发现问题及时解决。五是实现总分馆服务信息共享。有效利用中心馆阵地、技术及读者流量大等优势，同步

发布总分馆服务即时动态信息；在微信公众平台同时推送总分馆重大活动及特色活动信息，并制定规范条文，逐步实现信息共享常态化。六是继续推进松山湖图书馆委托管理工作。有序筹备实施开馆系列工作，加强园区内图书馆服务体系建设，做好园区科技信息服务及地方文献开发等工作，并依照园区特色创建系列阅读推广品牌活动，切实促进科技园区文化软实力的提升。

六、高效配置组织资源，打造优质服务队伍

全面落实新时代党的建设总要求，有效加强队伍执行力建设，深化专业研究，促进行业纵深发展。一是加强思想建设。以党建为统领，以制度建设为抓手，开展网络学习、集中学习、参观调研等学习教育，落实“三会一课”、组织生活会、学习研讨会等制度；以读者监督为助力，通过及时发布服务信息、读者满意度调查、加强宣传等形式促进党务服务公开。二是优化组织架构及空间环境。将同质化的服务、工作内容及空间资源整合调整，充分利用自助借还设备、线上服务等现代化服务手段，提高资源集中管理和使用效率，以促进读者体验感升级。三是深化专业研究。通过常态化业务培训、业务兴趣小组、项目研究管理等多元化形式夯实干部梯队基础；充分发挥本馆作为广东省博士后创新实践基地的作用，继续实施项目管理，提高研究成果质量；设立公共图书馆卓越绩效管理研究基地或与高校院系合作，加强公共图书馆卓越绩效管理研究与推广工作。

（王金丽撰）

主题年管理与实施案例

主题年是东莞图书馆战略管理的一个有机组成部分。从时间跨度来讲，主题年战略属于短期战略，它以一年为时间段设立短期目标，并为之匹配最佳资源，促使其顺利落地完成。主题年战略是东莞图书馆中长期战略分解、分步实施和推进的一个重要抓手，在全馆重点工作的短期聚焦和落实中发挥着重要作用。

一、背景、发展历程

2002 年，启动新馆建设的同时，《东莞图书馆新馆建设与发展规划纲要（2002—2010）》制定出炉。为帮助新馆建设发展规划的落地，一步一个脚印走向规划目标，馆领导创新性地提出主题年构想和工作思路，首先将接下来的 2003 年确定为“培训年”，以人才培育作为新馆业务准备的第一步。之后主题年逐年延续和推进，根据战略目标，立足实际，从长规划，每年围绕一个主题部署全馆工作，从而形成了东莞图书馆的战略管理的一大特色，具体发展情况可参见附表。其中：

2003—2005 年，分别从人力资源、馆藏、服务平台方面筑牢新馆的业务基础，为新馆建成和开馆做好业务准备；

2006—2010 年，分别从读者活动开展、业务管理规范、业务研究方面不断提升办馆水平，强化新馆的业务基础；

2011—2015 年，进入“十二五”阶段，主题年管理从故事年的沉淀之后再次出发，从管理到服务，追求卓越；

2016—2020 年，主题年的年度主题则分别对应“十三五”战略规划中的“提升体系化公共服务能力”“全面促进城市阅读”“助推东莞社会建设”“丰富资源　创新服务”“规范管理　专业成长”5 个战略方向，进一步强化了主题年战略实施与中长期战略规划实现之间的联系。

二、实施过程

东莞图书馆主题年战略的实施符合战略管理从战略制定、战略实施到绩效考核的一般过程。具体到主题年战略，这 3 个阶段则以一年为期限要求完成，具体过程如下：

（一）年初：主题年战略制定

（1）馆领导班子确立年度主题和总体要求；

（2）各部门策划主题年工作项目，纳入部门工作目标责任制一览表；

（3）办公室汇总统筹制订主题年工作方案。

（二）期间：主题年战略实施

各部门主题年工作项目具体策划和展开。

（三）年末：主题年绩效考核

（1）各部门填报主题年工作完成情况；

（2）办公室汇总报馆领导班子进行主题年工作考核；

（3）根据考核结果对优秀项目进行表彰和奖励。

其中对主题年工作完成情况主要考察两个方面：一是工作完成的数量、质量，一是工作完成效果和亮点。具体考核形式可参见表 1–2 中的样例：

表 1-2　××××年部门、管理单元项目成效上报表样例

部门或管理单元：××××

<table>
<tr><td colspan="6">一、主题年、重点工作、临时交办工作</td></tr>
<tr><td>序号</td><td>项目</td><td>工作内容</td><td colspan="2">年度完成情况（数量、质量）</td><td>完成效果、亮点</td></tr>
<tr><td>1</td><td>主题年工作</td><td>古诗词文化多媒体资源制作发布</td><td colspan="2">对“声光色影读经典”栏目升级，以经典系列形式推出“二十四节气与古诗词”，结合节气节点，介绍节气来源故事、气象特点、民俗风气、饮食养生，搭配节气古诗词讲解和图书馆App上相关数字图书推介，由馆员及儿童全文朗读、由馆员绘制插图。截至2019年10月，共推送10期，介绍古诗17首，完成节气插图20幅，剪辑音频朗读10个，推荐图书11本，推文阅读量超1.6万人次。</td><td>栏目在授予读者文本、知识的同时，引导读者了解并使用东莞图书馆数字资源，并盘活图书馆录播室相关设施设备，扩大微服务相关方范围，加强阅读推广力量。
1. 经典阅读与数字阅读相结合。每篇推文均挑选经典节气古诗进行讲解，且在推文最后提示免费阅读相关图书全文的方式，引导读者下载东莞图书馆App，快速获取该数字图书。
2. 馆员参与，亲子阅读。邀请馆员进行亲子朗读，馆员朗读正文、儿童诵读古诗，有效营造亲子阅读氛围，这种馆员亲子参与栏目制作的方式，让他们成为图书馆服务宣传的主动者，有助于将宣传扩大到学校等其他领域。
3. 注重结合时间节点，富趣味。每期推出时间均选择在节气期间，利用节气知识、注意事项以引起读者阅读兴趣，而在内容选择上，则尽量做到简明易懂、通俗而富趣味，如穿插节气的来源传说，与碎片、读屏阅读方式的轻松相契合。
4. 自制音频、图片。栏目全文朗读，通过馆员和小孩分别阅读，再配置轻音乐，使读者放下手机，也能轻松享受阅读的快乐。正文穿插的节气图片全由馆员根据节气特点、推文内容进行绘制，色彩鲜明、主题突出。避免图片侵权问题同时丰富了图书馆自建资源。</td></tr>
<tr><td colspan="6">二、创新工作</td></tr>
<tr><td>序号</td><td>项目</td><td>工作内容</td><td>其他馆状况</td><td>创新点</td><td>创新效果（数量、质量）</td></tr>
<tr><td></td><td></td><td></td><td></td><td></td><td></td></tr>
</table>

三、实施成效

东莞图书馆主题年战略明确了图书馆年度的中心工作，以中心工作凝聚了全馆人心，保障全馆有重点、有亮点地开展实际工作。例如：

2003 年培训年，东莞图书馆共组织不同类型的员工培训和外出考察、学习等形式 19 次，62 人次参加，提前感受现代图书馆的空间设施、服务形态发展，为新馆的业务项目策划、空间布局规划奠定了思维基础。

2006 活动年，各部门组织开展了大大小小 180 多项读者活动，极大地带动了图书馆人气，也帮助图书馆真正走进市民生活。

2007 管理年，在分管馆长制、首问责任制基础上，馆内又确立了职能部室承担制、部门基准制、项目负责制、岗位责任制，确保了图书馆业务和管理责任从高层领导、中层干部到基层员工的层层分解和落实。

2008 规范年，以规范文本写作、业务流程梳理为中心，各部门和员工个人踊跃参与规范项目申报，其中 36 个项目获得规范年项目奖，为全馆规章制度的成文汇编奠定了内容基础。

2009 研究年，馆内 4 个部级以上课题项目取得阶段性成果，并在总分馆启动图书馆之城建设项目研究，全市图书馆 20 个项目顺利结项；东莞图书馆馆内有 24 个部（室）研究项目获得年度业务研究成果项目奖；全馆全年公开发表专业学术论文 61 篇、会议交流论文 3 篇、研究报告 30 篇，有效提升了队伍研究能力，并通过学术研究扩大了东莞图书馆的行业影响力。

2013 效益年，馆内卓越绩效核心小组重新梳理了关键业务，建立了关键绩效指标体系和个人工作记录表填报制度，将关键绩效指标完成情况、个人工作成果与部门、个人绩效考评挂钩，进一步完善了考评机制。

2014 推广年，各部门立足业务职责、属地区域和服务特点，自办了 40 项内容丰富、形式多样的展览，赢得了读者和媒体的关注，取得了较好的宣传成效，并且推出官方微博、微信公众号、App、总分馆活动专刊《连线》，奠定了图书馆“两微、三网、三刊”媒体平台格局。

2018 城市服务年，打造了城市阅读新形态，建成“城市阅读驿站”试点 5 个并开展服务，构建东莞机构知识服务平台，以松山湖为试点开展企业、科研机构信息服务，与电台《城市的声音》节目达成合作每周推出一期共享阅读栏目，传递图书馆“阅读之声”……

“合抱之木，生于毫末”，长期战略需要渐进式的短期战略累加来实现。这些围绕主题年目标要求开展的实际工作、取得的成效使得东莞地区图书馆事业能够循序渐进、扎扎实实朝着中长期战略规划目标稳步前进。

附表：

表 1-3　东莞图书馆主题年战略发展一览表

阶段		年份	年度主题	目标
新馆建设阶段	筑基	2003	培训年	通过定期讲座、交流研讨、参观考察等方式加大员工培训力度，拓宽业务视野，培养现代图书馆服务新思维。
		2004	基础建设年	以馆藏建设为核心，加大文献信息资源的采选，为复合图书馆奠定馆藏基础。
		2005	服务年	铺设图书流动车、东莞学习论坛、漫画馆、粤剧馆等新服务平台，开展服务培训，做好新馆开馆前后的业务过渡。
	强基	2006	活动年	在新馆第二个战略发展阶段的开局之年，通过引进来、走出去等办法，广泛开展内容丰富、形式多样的活动，扩大活动范围，拓展服务内涵，提升新馆人气和影响力。
		2007	管理年	规范管理，固化以往成功经验和做法，强壮馆员队伍，完善从小馆到大馆、从单馆到多馆的管理方式转变。
		2008	规范年	加强制度规范和执行规范的制定，从管理制度上进一步充实完善和规范总分馆建设，加大执行力度，稳固业务工作秩序。
		2009	研究年	深入开展业务研究，不断提高员工业务素质，推动业务工作再上新台阶。
		2010	微笑年	作为新馆 8 年建设的小句号，加强团队文化建设，落脚到组织文化八字方针“和谐　高校　认真　愉快”的“愉快”。加深职业认知，以微笑面对读者；肯定自我，以微笑面对成就。

续表

阶段	年份	年度主题	目标
“十二五”规划阶段	2011	故事年	以员工从业感想、故事为载体，沉淀个人和集体智慧，传承职业精神，为理想再次起航。
	2012	交流年	以承办中图学会年会为契机，完善馆内业务工作，展现员工良好精神面貌，促进与同行的交流。
	2013	效益年	强化2012年政府质量奖成果，深入实施卓越绩效管理，进一步规范管理流程，助推“效率东莞”建设。
	2014	推广年	整合设施空间、服务活动、优势资源，以展览为抓手，加大设施、环境推广；打造“两微、三网、三刊”媒体品牌。
	2015	读者年	强化“读者第一”理念，围绕新馆开馆十周年纪念，进一步完善读者服务及宣传，广泛开展读者调查、访谈、交流工作，深入了解核心读者需求，明确下一步服务发展创新方向。
“十三五”规划阶段	2016	体系提升年	从设施、管理、科研、读者活动、媒体宣传等多方面开展有助于体系化进一步发展的工作，提升图书馆体系服务效能。
	2017	阅读促进年	以公共文化服务法律法规贯彻落实、阅读组织建设、阅读品牌塑造、新媒体阅读推广为着力点，推动业务工作再上台阶。
	2018	城市服务年	围绕城市服务体系化建设、城市阅读推进、知识服务助推城市发展等行动，服务城市发展，满足人民群众对美好生活的需要。
	2019	资源整合年	整合文献、数字、服务、用户资源，加强管理，创新服务，促进人民群众在文化品质、精神内涵方面的提升
	2020	规范治理年	优化服务组织架构，深化学习型、研究型组织建设，推进图书馆专门法和相关法的学习和贯彻，修订规范管理工作制度，夯实规范治理基石。

（奚惠娟撰）

第二章　绩效管理

东莞图书馆导入卓越绩效模式，实施绩效管理，建立绩效考核机制和绩效指标体系，开展绩效分析和绩效考核，并取得良好效果，绩效理念深植人心。本章从战略绩效、年度绩效、岗位绩效、个人绩效等方面，以分析报告和案例的形式，呈现东莞图书馆所开展和实施绩效管理的过程。

《东莞图书馆“十三五”战略规划》中期检查报告

一、中期检查背景

《东莞图书馆“十三五”战略规划（2016—2020）》（以下简称《规划》）于2016年开始实施。两年多来，《规划》的执行情况和效果到底如何？为此，业务部按照战略管理部署，开展《规划》中期检查，并于2018年11月发布“关于开展《东莞图书馆‘十三五’战略规划（2016—2020）》实施情况调查的通知”，要求各主要负责部门提交战略规划中所负责的各项“行动”和“指标”的落实与完成情况。对已完成的，要简要介绍完成情况和完成时间；对未完成的，则填写下一步的完成时间及计划。

《规划》共有五大战略方向、20个目标、63个策略、192条行动、120个指标。本次中期检查，主要是考察“行动”的实施与落实以及“指标”的完成状况，由“主要负责部门”作为第一责任人来填写报告。

各部门按照要求，提交了截至2018年底各自所承担的“行动”和“指标”的完成情况，业务部汇总各部门所提交的材料，提出中期检查意见，指出《规划》执行过程中的问题，并撰写中期检查报告。

二、《规划》执行情况

（一）整体状况

《规划》中的“行动”总体执行情况良好，基本符合时间进度要求。从各个部门反馈的情况来看，到规划期末（2020年），除个别“行动”有所调整外，基本能够顺利完成《规划》全部的“行动”。

（二）执行效果较好的“行动”

《规划》的192条“行动”中，截至2018年底，已完成的共178项，完成率达到

92.71%。其中，完成较好的“行动”如下：

1. 主题年行动计划

各部门、管理单元协助馆领导制定年度主题，根据主题年制定来年工作目标及绩效指标，办公室汇总后供班子讨论，再整理汇总成主题年工作方案，下发给各部门、管理单元实施。

2. 手机随拍——记录东莞

活动于 2016 年 7 月 7 日开始，7 月 15 日结束，共收到 150 多件作品，参与作品评选投票读者 2621 人。

3.《漫画文献总览》项目

《漫画文献总览》是我国第一部漫画专题类书目汇总，其续编本《漫画文献总览（2014/2015）》已完成，于 2017 年正式出版。计划于 2019 年编辑出版《漫画文献总览（2016/2017）》。

4.《伦明全集》的编辑、出版与研究

《伦明全集》于 2017 年 12 月完成出版，2018 年 4 月举行了出版发布会和专家研讨会以及一系列的宣传推荐活动。

5. 读者需求调查与研究

每年开展读者满意度调查并进行分析，撰写调查报告。相关服务部门每年还定期开展细分群体的读者满意度调查、读者座谈会等，了解读者的需求，推动工作的持续改进。少儿馆每年进行各种读者需求调查，包括悦读积分卡读者调查问卷、0 ～ 3 岁婴幼儿服务调查问卷等。

6. 4·23 世界读书日系列活动

每年的 4·23 世界读书日，策划开展丰富多彩的读者活动。2016 年开展的“悦读在路上”活动，有二维码“书墙”、宣传视频播映、情景短剧表演、听阅数字资源发布等；2017 年开展骑行文化启动仪式、骑阅总分馆、图书放漂、骑行阅读月、自行车文化活动等；2018 年开展《伦明全集》发布仪式、捐书换书晒书会、自行车展览与相关活动等。

7. 镇统筹村（社区）图书馆体系建设

加强镇（街道）图书馆的管理意识和职责，以各镇（街道）分馆为骨干，进一步完善镇（街道）统筹辖区内村（社区）、企业（工业园区）图书馆（室）及公共电子阅览室的管理机制，积极发展基层服务点，推动社区图书馆按服务人口优化布局，提升基层文化服务成效，建设公益、就近、便利的公共文化服务网络。截至 2018 年 11 月，全市已建成联网村（社区）服务点350个，2019年计划新建联网的村（社区）服务点50个，全市村（社区）基层服务点达400个。

8.“东莞动漫之夏”品牌建设

持续推进“东莞动漫之夏”活动，并不断得到强化和完善，2016—2018年共策划45项活动，参与读者18万余人次。

9.“儿童礼仪”、莞芽故事会等少儿活动品牌

在周末、节假日、寒暑假等，策划和组织“莞芽”系列活动，包括亲子故事会、手工等活动。同时，组织开展“儿童礼仪”、义务小馆员等培训工作，2016—2018年共举办了448场次，参与读者近12.6万人次。少儿馆还持续推出“悦读积分卡”系列活动。

10.“我讲书中的故事”儿童故事大王比赛活动品牌

从单一的讲故事比赛向系列活动发展，每年设定不同的主题活动。

11. 区域图书馆集群管理技术平台建设

2016年底，馆内完成区域图书馆集群管理系统Interlib3.0升级及人员培训。2017年，对系统进行优化，提升系统稳定性和运行速度，引入“互联网+”，实现微信支付、电子证借书等功能。2018年，结合“城市服务”主题年，通过系统对接实现在自助借还机上增加二维码识别和人脸识别功能，方便读者，提升服务；开展分馆新系统培训和考核，实现分馆持证上岗。

12. 数字图书馆保障体系建设

数字图书馆保障体系建设是一项持续、长期的工作。

2016年主要开展了以下工作：一是数字图书馆网站改版，改版后网站资源存储在市政府信息中心；二是硬件升级，新增3台高性能服务器和3台存储设备，增加了万兆交换机和更换部分弱电井交换机；三是完善无线网络，漫画馆增加无线网络，微信公众号增加无线网络账号密码获取功能；四是网站及数字资源的24小时自动检测。

2017年主要开展了以下工作：一是新增6台服务器；二是中心机房核心网络调整，机柜配置交换机光纤连接主干交换机，为核心业务机柜配备万兆交换机，避免因数据迁移、备份引起的网络堵塞；三是服务器和存储虚拟化已正式投入使用。

2018年主要开展了以下工作：一是东莞漫画图书馆网站改版；二是数字资源认证平台分布式部署；三是微信公众号微服务大厅升级改版，提供14种数字资源服务；四是总馆少儿馆完成光纤切换升级，带宽由100兆升级到1000兆，新的移动300兆宽带出

口定在少儿馆，作为总馆的异地出口，停用联通宽带；五是购置两台 H3C S5820X 数据中心级万兆以太网交换机，一台作为核心交换机，一台作为服务器汇聚层交换机兼核心交换机备机，对图书馆主干网络进行了相应的调整；六是实现虚拟服务器按需求自动备份，实现数据总馆和少儿馆间的异地容灾备份。

13. 东莞特色视频学习资源建设

已自建粤语微视频课程 32 集、形体微视频课程 10 集、礼仪微视频课程 12 集，制作“学粤语知文化”音频 13 期、“听音频学粤语”25 集、“听歌学粤语”14 期。

14. “声光色影读经典”多媒体导读活动

每月举办“声光色影读经典”线下活动，开设微信公众号“微阅读——声光色影读经典”专栏，定期进行推文宣传，诠释文学艺术经典、引导大众阅读经典；探索图书馆传统馆藏与数字资源整合服务的新方式，举办“声光色影读经典”活动 51 场、服务 1760 人次，发布微信公众号推文 39 期，阅读量达 69226 次。

15. 协助《东莞市公共图书馆管理办法》的制定与出台

2016 年 12 月 30 日，东莞市人民政府正式颁布《东莞市公共图书馆管理办法》，并于 2017 年 3 月 1 日起施行。

16. 城市阅读组织（读书会、书友会等）联动平台的建设与完善

2014 年成立易读书友会，至今举办 50 多期读书活动，其中与多家读书会、民间阅读组织联合举办读书活动，如城南诗社、云上书屋、美利国学社、约读书房、炼钢读书会等。2018 年东莞图书馆启动东莞阅读联盟主题读书会项目，确定启智学校读书会、炼钢读书会、阳光读书会、云上读书会等为东莞阅读联盟首批合作读书会，并在 2018 年开展了 50 多场读书活动。

（三）完成不够全面的“行动”

本次调查发现，虽然有些“行动”实施完成，但完成的效果有待改进和提高。

1. 馆员交换学习

2016 年开展了莞韶文化交流活动，乐昌市图书馆、韶关市曲江区图书馆、仁化县图书馆等共两批人员来本馆学习，本馆没有外派馆员到其他馆开展学习活动。

2. 少儿好书互换、图书漂流活动社区行

少儿馆每年寒暑假都开展好书互换活动，但没有开展图书漂流进社区活动。接下来，少儿馆需要拟订一个工作计划，将图书漂流进社区活动落到实处。

（四）未完成的“行动”及拟采取的措施

调查显示还有一些“行动”没有付诸实施，有的是长期的，有的则是某个年度的。具体来说，主要在以下 6 个方面：

1. 建立理事会决策咨询专家委员会，确保理事会的决策科学有效

图书馆成立了理事会，但还没有建立理事会决策咨询专家委员会。计划将其纳入 2019—2020 年办公室工作目标。

2. 记录东莞印迹

建议将主要负责部门由原来的采编中心更改为现在的读者服务中心，具体由参考咨询和地方文献收集工作小组来承担这项任务。

3. 完善专题文献收集与整理的相关制度

已列入 2019 年采编中心工作目标责任制。

4. 开展推选东莞图书馆“十大品牌”活动

已纳入读者服务中心 2019—2020 工作计划。

5. 信息素养教育新支持计划

已纳入 2019 年东莞图书馆少儿馆工作目标责任制中，并对该“行动”的内容和要求作了适当的调整与完善。

6. 关注特色城市图书馆，建立跟踪研究机制

关注过一些网红特色图书馆，但未建立跟踪机制，缺乏持续关注力。2019 年，业务部已将此纳入年度重点工作计划。

三、规划调整

由于外部环境的变化，如工作计划的改变、上级要求的变化或馆内各部门的调整等，相关部门希望对少数“行动”的内容和实施方式进行调整，以适应新的形势。通过沟通，建议对以下 4 项“行动”作出全部或部分调整。见表 2–1。

表 2-1 《东莞图书馆“十三五”战略规划（2016—2020）》“行动”调整一览表

序号	原“行动”	调整后“行动”	主要负责部门	协助部门	实施年份
1	建设“水乡特色发展经济区”的图书馆服务计划	松山湖图书馆共建管理项目	分馆发展部	读者服务中心、少儿馆等	2016
2	实施总分馆上岗资格评定新制度	实施总分馆人员业务系统账号使用权限考核评定新制度	分馆发展部	读者服务中心、学习中心、各镇（街道）分馆	2016
3	研究制定卓越绩效管理图书馆行业标准	开展图书馆卓越绩效管理标准化研究	业务部	办公室	2017
4	每季度对规划的实施效果进行评估，同时根据内外环境的变化对规划进行动态调整	每半年对规划的实施效果进行评估，同时根据内外环境的变化对规划进行动态调整	战略规划小组	业务部	长期

四、指标完成情况

《规划》中，有些指标是年度的，有些指标是累积性的。调查显示有些年度指标完成较好，有些接近指标值，有些则离指标值有些差距。根据各负责部门上报的截至 2018 年底的数据，预计到 2020 年已完成和可达到指标值的有 106 项，完成率约为 88.33%。

（一）没有达到要求的指标

经统计，共有 14 个指标完成情况欠佳或没有达到指标要求，见表 2-2。

表 2-2　未完成的年度指标一览表

序号	指标	目标值（2020）	2018 年底完成情况	现落实部门
1	调剂书库面积	2 万平方米	0	办公室
2	调剂书库库藏量	200 万册	0	办公室
3	定题追踪服务	40 项	33 项	读者服务中心
4	镇街特色读书活动	450 次	420 次	读者服务中心
5	媒体宣传报道	750 次	700 次	读者服务中心
6	主题活动推荐次数	150 次	145 次	读者服务中心
7	服务政府 / 企业报告数量	30 个	23 个	读者服务中心、分馆发展部
8	少儿窗口流通人次	140 万人次	138.2 万人次	读者服务中心、少儿馆
9	少儿活动场次	570 场次	500 场次	读者服务中心、少儿馆
10	展览参观人次	55 万人次	54.03 万人次	读者服务中心、少儿馆
11	创业 / 就业讲座	10 次	6 次	读者服务中心、学习中心
12	粤剧图书馆资源年增量	660 册 / 件	463 册 / 件	少儿馆（粤剧馆）
13	微信公众平台年推送量	1100 条	784 条	学习中心、读者服务中心、少儿馆
14	官方微博、微信公众号推文发布量	1200 条；1000 条	857 条；784 条	学习中心、少儿馆

（二）指标的说明和调整

1. 有关调剂书库的面积和库藏量

调剂书库工作 2016 年 3 月开始进行前期调研，经过近三年时间对选址、项目规模、形态等方面完成了前期立项准备工作，于 2018 年 8 月通过市发改局对该工程项目建设书的评审。但是鉴于目前市财政资金较为紧张，暂缓实施该项目。待资金条件允许，尽快启动项目建设。

2. 粤剧图书馆资源年增量（册 / 件）

粤剧馆建议将指标目标值从 660 调整为 50。2014 年的指标值为 654 册，是因为当年接受了一批较大量的赠书，但根据实际情况，每年新增的粤剧书在 50 册左右，很难达到 660 册 / 件的标准。

3. 微信公众平台年推送量（条）

2014 年的目标值为 900 条，是因为当时的公众号还是订阅号，每天可以发一次，一次推送多条推文。2016 年 1 月开始，东莞图书馆官方微信公众号从订阅号改为服务号，一个月只能发布四次，每次推送 8 条推文，2018 年完成量是 784 条，没有达到年度指标。因此，建议将 780 条设为目标值，作为 2019 年和 2020 年的指标。

五、发布中期调整版

通过中期检查，并经过沟通与讨论，4 个“行动”和 2 个指标需要调整，2 个指标待定。为此，中期检查之后，形成并发布了《详细目标体系与行动计划》中期调整版（略）。

（李正祥、邱建恒撰）

第六次公共图书馆评估定级自评报告

根据《文化部办公厅关于开展第六次全国县级以上公共图书馆评估定级工作的通知》（办公共函〔2017〕5号）的要求，东莞图书馆着手准备迎接评审工作，并对照《地市级图书馆评估标准》开展自评。

一、学习领会文件精神，部署迎评工作

一是深入学习相关文件精神。本馆通过组织开展领导班子学习、中层干部讨论、基层员工贯彻等方式，围绕《文化部办公厅关于开展第六次全国县级以上公共图书馆评估定级工作的通知》《东莞市开展2017年东莞市公共图书馆评估定级工作的通知》等相关文件精神，着重研究吃透“地市级图书馆标准”内容，在馆内形成了良好的迎评氛围。

二是加强领导，落实责任。为了更好地迎接本次评估工作，本馆成立以馆长为组长，副馆长为副组长并作为三大部分的统筹人，各部门负责人作为一级指标责任人的评估定级小组，落实各小组具体分工。此外，本馆对照全国评估定级时间进度要求，制定适合本馆实际的“工作进度表”，有序开展各项工作。

三是科学部署迎评工作。为了规范评估定级指标填写、佐证材料格式等，评估小组编制“自评分填写案例表”“佐证材料目录表”“失分项自评分析表”等相关表格，科学地做好迎评工作。

二、对照评估标准，全面总结各项工作

（一）基本情况

2013年以来，本馆积极拓展服务范围、创新服务形式，各项工作得到上级部门及市民的广泛肯定，财政保障稳中有升，基础业务建设良性发展。一是馆藏文献资源总量不断扩充。2013—2016年，本馆年均新增文献入藏量为429798.5册/件，年人均新增文献入藏量为0.052册/件。截至2016年底，东莞图书馆文献资源馆藏总量为6090828册/件，

其中纸本文献 2670638 册 / 件、电子图书 758975 册、电子期刊 2595700 册、电子音视频 65515 件。二是人员队伍素质不断提高。全馆大学本科学历人数 150 人，占全馆职工总数 84.27%；中、高级职称以上人数占全馆职工总数 56% 以上。三是服务效果不断提升。2016 年，累计持证读者 53.24 万人，接待读者 315.74 万人次，文献外借 282.34 万册次，全市 32 个镇（街道）实现通借通还和 24 小时自助借阅服务。

（二）工作亮点和成效

1. 良好的建筑设施

东莞图书馆新馆 2005 年建成投入使用，建筑面积 44654 平方米，规模在全国地级市居前列。新馆除按国家标准配套图书馆建筑通用设备外，还装备了楼宇自动化控制系统、智能大厦集成管理系统、综合布线系统等智能化建筑设备，配置了先进的图书馆计算机系统和网络设备。依托大型现代化图书馆基础设施优势，通过布局模式、特色资源、配套设施体现现代图书馆的多样功能。在兼顾特殊群体的基础上设置了展览厅、报告厅、书店、咖啡厅等配套功能设施，营造了舒适的文化休闲空间，实现藏、借、阅、查一体化管理。图书流动车、24 小时自助图书馆、图书自助设备等有效地延伸了图书馆的服务时间和空间，图书馆设施成功地“活”了起来。

2. 有力的政策和制度保障

政策保障方面：东莞市高度重视图书馆工作，2004 年市政府出台《关于印发〈东莞地区图书馆总分馆制实施方案〉的通知》；2005 年出台了“图书馆之城”建设的系列政府文件；2011 年，又出台《东莞市建设国家公共文化服务名城实施意见（2011—2020）》，对公共文化服务体系建设作出了整体部署，“图书馆之城”建设作为重要组成部分纳入政府重要议事日程。2011 年，东莞市成功创建国家首批公共文化服务体系示范区，其中，在文化部验收组专家高度肯定的“二十大亮点”中，与图书馆事业成就相关的就达到 8 个。2016 年 12 月 13 日，《东莞市公共图书馆管理办法》经东莞市政府十五届第 166 次常务会议审议通过，并于 2016 年 12 月 30 日正式印发，自 2017 年 3 月 1 日起施行，是《中华人民共和国公共文化服务保障法》颁布后首个出台的地方性图书馆政府规章。

制度方面：一是审议通过了《东莞图书馆章程》。根据《中共东莞市委关于全面深化改革的实施意见》（东委发〔2014〕1 号）的要求，东莞图书馆“推行法人治理结构改革”。2014 年 10 月，东莞图书馆理事会成立，同时召开了第一届理事会第一次会议，审议通过了《东莞图书馆章程》。二是编撰《东莞图书馆规范管理工作手册（2015）》。为了更好地做好本馆的规范管理，2015 年，本馆以《东莞图书馆规范管理工作手册

（2009）》为基础，删除了一些陈旧过时的制度，增加新的管理办法和工作规范，并对相关制度的编排顺序进行调整，形成了《东莞图书馆规范管理工作手册（2015）》，收入管理制度和业务规范199项。国家图书馆出版社还将之修订正式出版，深受业界同行欢迎，入选图书馆管理类图书销售榜前列。

3. 丰富多元的基本服务

在服务项目、免费开放方面：2005 年 9 月 28 日新馆开馆以来，东莞图书馆以读者需求为导向，细分读者类型，除设立了常规的图书阅览室、报刊阅览室、参考阅览室、自修室等 20 余个服务窗口外，还设立了全国第一家自助图书馆、全国第一家漫画图书馆、全国第一家粤剧图书馆等 10 个专题图书馆，建立起了市、镇（街道）、村（社区）三级结构，总馆、镇（街道）分馆、村（社区、企业、学校）分馆、图书馆流动车服务站、24 小时自助图书馆（图书馆自助借还设备）五种形态的东莞地区公共图书馆集群服务体系，为读者提供“一馆办证，多馆借书；一馆借书，多馆还书”的总分馆联动的文献借阅服务，充分满足读者查、借、阅一体化和个性化的学习需求。2013—2016 年，东莞图书馆每周开放时长 168 小时，年均接待读者 262 万余人次，年均文献外借量 256.64 万册次。自 2005 年以来，东莞图书馆实现所有空间、所有设施、所有服务项目、所有辅助服务功能全免费服务，是国内免费服务早、免费服务范围广、免费服务时间长的公共图书馆之一。

在特殊群体服务方面：针对未成年人、老年人、农民工、残障人士等特殊群体，东莞图书馆从制度、设施、经费、人员等方面进行保障，除提供传统的文献借阅和活动服务外，还为 6 ～ 12 岁儿童提供交友、进餐、接待等礼仪培训服务，为动漫爱好者提供 Cosplay 表演、在线涂鸦等健康时尚的动漫服务，为粤剧爱好者提供阅、听、演的粤剧文化服务，为老年读者提供棋、琴、书、画一体化的服务，为部队、学校、企业、监狱提供送书上门的图书流动车零距离服务，为残疾人提供才艺表演、计算机培训等特殊关怀服务，为外来务工人员提供“线上＋线下”的粤语、创业、就业、法律、维权等方面的技能培训服务。2013—2016 年，东莞图书馆年均外借少儿文献 67 万余册，年均接待少儿群体 108 万余人次，年均举办特殊群体活动 526 场次，年均参与的特殊群体读者 11 万余人次。

在社会教育和阅读推广方面：东莞图书馆充分发挥场馆优势，常年持续举办图书推荐、知识培训、读书比赛、少儿教育、论坛讲座、文化展览、专题动漫活动等丰富多彩的社会教育和阅读推广活动，不仅丰富了城市文化生活，而且还产生了良好的社会效益。2013 年至 2016 年：年均讲座、培训次数 295.75 次，是基本分满分指标值 70 次的 4.2 倍；年均展览次数 112 次，是基本分满分指标值 15 次的 7.5 倍；年均阅读推广活动次数

124.25次，是基本分满分指标值20次的6.2倍；年均每万人参加读者活动93.55次，是基本分满分指标值25次的3.7倍。此外，东莞图书馆还通过经典书目与主题图书推荐，举办阅读方法展览与讲座，编辑刊物《易读》《书讯》《连线》和丛书“成长图书馆”，设立阅览室导读专岗等多种方式，加强读者阅读指导。同时通过服务宣传周、世界图书与版权日、各大节假日和纪念日等节点，全年持续不间断地开展丰富多彩的服务宣传推广活动，不断提升图书馆的知名度和美誉度。

在参考咨询方面：东莞图书馆信息咨询服务除采用现场咨询解答，表单式咨询解答，电话、邮件等远程咨询解答，QQ实时咨询解答以及网络化联合参考咨询服务外，还进一步深化服务内容，拓展服务范围。2013—2016年，每年均成立两会信息服务小组，前往两会现场，为人大代表和政协委员提供现场办证、书刊借阅、信息查询、资料赠阅等服务，多次受到东莞市政协、东莞市工商联等单位的表彰和感谢。与此同时，还主动为市人大法工委提供立法相关文献与案例的查找服务，常年坚持为市委宣传部、社科联、市委政策研究室、科技局、宗教局、教育局、社工委等机关单位提供决策信息资料编辑等服务，多次受到上述单位的肯定和感谢。此外，东莞图书馆还编制《漫画文献总览》《东莞地方文献目录》《东莞读书节推荐书目》等检索和参考类工具27种53册，充分满足读者多途径学习研究的需求。

4. 成效显著的“东莞读书节”等品牌服务与创新服务

东莞读书节是东莞市全力打造的一项全民阅读活动品牌。自2005年起，一年一度的东莞读书节方案经市委、市政府同意并以文件形式发文推动，并建立健全了“政府主导、市镇联动、社会支持、专家指导、市民参与”的活动机制，在全社会掀起了读书求知、读书成才、读书明理的热潮。2005—2016年12年间，东莞读书节累计举办市镇两级读书文化活动逾5200项，其中全市性重点活动共274项，参与群众近4400万人次。东莞图书馆一直是东莞读书节工作办公室，承担起全市读书节活动的方案起草、活动统筹、宣传推广等工作，成为联系、聚集、指导各单位以及各种社会组织共建此项跨市镇、跨行业、跨单位的大型全民阅读活动的重要运作枢纽，在城市阅读推广中起到关键的统筹推动作用。

与此同时，东莞图书馆在服务创新过程中，除注重培育和巩固“东莞读书节”服务品牌外，“我讲书中的故事”儿童故事大王比赛、市民学堂、东莞学习中心、“东莞动漫节”以及“悦读在路上”等品牌活动均具有较高的社会认知度且成效显著。其中，“我讲书中的故事”儿童故事大王比赛、市民学堂分别荣获2015年、2016年中共东莞市委宣传部颁发的“全民阅读优秀学习品牌”。

此外，在提升常规服务同时，东莞图书馆非常注重服务创新推广。例如，自2004

年起开创性地建立漫画图书馆后，就紧紧围绕“一个动漫文献信息中心、一个创意活动场所、一个产业服务基地、一个动漫发展研究平台”等定位，形成融合动漫文献服务、动漫专业活动、动漫产业展示及动漫深度研究的建设模式，成效显著，受到上级单位的表彰并予以示范推广。

5. 不断完善的文献资源保障

在文献资源建设方面，制定《东莞图书馆馆藏发展政策》，明确各类文献资源的采购原则，规范各类文献采集的工作要求。文献采访工作能依照文献采选条例、采选工作流程和各类文献采访细则认真执行，各类型文献无重大缺藏，工作程序规范、严格。文献采访工作按计划进行，并把总目标值分解到各季度，保持新书入藏的平稳、持续，及时采购各类文献，无集中突击性采购情况。在文献编目加工方面，通过Interlib集群管理系统，实现文献组织的自动化和网络化管理，提高文献分编的效率。通过加入全国性图书馆联合联机编目体系，确保书目数据的标准和规范，提高图书分编的数据质量。2012—2016年期间，多次被国家图书馆全国图书馆联合编目中心授予数据质量监督奖。在文献组织管理方面，制定《东莞图书馆藏书组织规则》《东莞图书馆藏书排架规则》《东莞图书馆馆藏文献剔旧工作规程》《东莞图书馆藏书保护制度》等，文献组织与馆藏布局规范合理。按照文献用途及其使用方式，实行分级图书典藏制度。为满足读者对专题文献的需求，建立多种专题阅览室，如漫画图书馆、粤剧图书馆等，按专题集中各种载体文献。在流通服务区域提供文献检索设备，实行藏、借、阅、查一体化的馆藏布局形式。至2016年底，东莞图书馆文献资源馆藏总量为609万册/件。

6. 逐步拓展的网络资源与新媒体服务

一是东莞图书馆网络资源丰富，服务平台点击率高。2015年，东莞图书馆网站完成改版，新改版的网站页面美观，结构合理，内容丰富，管理规范。平台拥有可远程访问的数据库74个，占数字资源总量的89.7%。一站式检索服务和东莞学习中心平台虚拟学习服务保障市民随时、随地的读书学习需求。2013—2016年，东莞图书馆网站年均读者点击率为285万次，东莞人均点击量0.34次。

二是东莞图书馆微信公众号、微博等新媒体活动影响范围广。自2014年推出官方微博账号、微信公众号、App后，除了为读者提供信息推送、微阅读、馆藏书目及借阅查询、图书续借转借、滞纳金缴纳、移动数字阅读等服务外，还开展了“声光色影读经典”“扫码看书　全城共读”“智能生活课堂”等活动。其中，“声光色影读经典”荣获中国图书馆学会全民阅读案例一等奖，“扫码看书　全城共读”被中国图书馆学会以“扫码看书　百城共读”项目向全国推广。

7. 健全完善的读者评价机制

东莞图书馆非常重视读者投诉管理，并将其作为提升读者满意度和图书馆发展的重要信息参考。一是多渠道接受读者意见和建议。在总服务台设置现场受理、服务热线、留言电话，在网站设置读者留言入口、专用邮箱，并提醒读者通过微信、微博、App 留言；在各服务窗口和活动现场设置留言本，多渠道接受读者意见和建议。二是规范处理读者意见和建议。建立起“受理—分类登记—送相关部室—调查分析处理—72 小时内回复—读者满意—终止归档”的处理流程，制定了《东莞图书馆读者意见处理办法》，采用首问负责制、专人跟进处理等方式，3 个工作日内形成处理意见并反馈至读者。三是建立起读者意见与建议档案的利用机制。设置专人每月对用户意见和建议进行整理与分析，将重大投诉案例发放给领导层和相关部门学习、讨论，制定整改措施，并通过定期检查实现系统性改进。当月全部投诉汇总后发送给馆领导和中层，作为馆内绩效考核的参考依据。

8. 走在前列的科技创新成果

一是公共文化科技创新走在领先行列，创造了图书馆界的多项第一，“Interlib 图书馆集群网络管理平台”、24 小时自助图书馆、新型公共电子阅览室等业务创新理念和技术应用产品辐射到全国。二是积极开展公共数字文化研究。2012 年，被全国文化信息资源建设管理中心授予全国首个“公共数字文化体验区”；2013 年，“公共电子阅览室的新形态实现研究”获国家文化科技提升计划项目立项，并于 2015 年 10 月 30 日通过项目验收；2013 年，“公共数字文化体验区的模式研究与示范”获国家文化创新工程项目立项；2015 年 5 月，本馆提交的“东莞图书馆数字化建设”被省文化厅评为“公共文化建设现场——2015 广东公共文化研讨会优秀案例”。三是着力打造高端人才高地。2012 年，东莞图书馆凭借较好的科研人力基础、资源设备条件及丰富的项目研究经验，被省人力资源和社会保障厅纳入第三批“广东省博士后创新实践基地”。目前，基地已出站博士后 1 人，在站博士后 2 人。四是员工科研工作稳步提升。2013—2016 年，本馆员工共出版专著 10 部，发表论文 137 篇，其中核心论文 45 篇，在全国地级市图书馆中名列前茅。

（三）存在问题和改进措施

1. 数字阅读仍需引导

根据本次评估要求，2013 年至 2016 年，东莞图书馆年数字资源借阅总次数为 42.84 万册次，只占年各类文献借阅总册次的 16.12%。虽然除电子书以外的其他数字资源在 2013—2016 年的平均年下载量为 374.64 万篇（次），但电子书的下载量仍没有达到指标 50% 的要求。为此，应针对网络用户开展数字资源需求调研，有针对性地购买数字资源；建设一体化图书馆服务平台，让读者通过网络、手机客户端自由切换使用网站、微博、微信公众号、App 等平台上的数字资源；完善学习中心公共数字文化体验空间，通过最新技术及设备的展示，加大图书馆数字资源推介及多媒体导读，并通过开展“悦读，在路上”“扫码看书 全城共读”“东莞电视图书馆”“数字阅读进社区、进企业、进学校、进家庭”等活动，引导市民新媒体阅读。

2. 微信公众号、微博用户仍需拓展

截至 2017 年 6 月中旬，微信公众号、微博用户 7.98 万人，占持证读者的 24%，未达到最高 70% 的指标要求。为此，在现有举措持续推广的基础上，还应加大微信支付接入范围，如：办证押金、复印、打印费用的微信支付，增强读者的关注和利用；应加大活动宣传推广，将微信公众号、App 推广作为读者活动开展的固定环节；应考虑适度付费推广或激励推广等方式，与其他媒体、单位合作进行宣传推广。

3. 自建数字资源总量不足

东莞图书馆自建数字资源主要有绘本数据库、动漫资料库、东莞地方特色数据库等，总量为 2.368TB，与满分指标值 15TB 的指标相比还有一定的差距。接下来，东莞图书馆将加大自建数字资源建设的力度，特别要加强地方文献和特色馆藏数据库建设，促进有本馆特色的文献资源保障体系的进一步发展。

（张艳嫦整理）

主要绩效指标分析报告（2018）

一、关键绩效指标

绩效指标是衡量和考核图书馆业务工作效果的重要依据。图书馆设计和制定了一套绩效指标体系，包括关键绩效指标和业务统计指标两个部分。各部门都设有一定数量的关键绩效指标和业务统计指标，其中，关键绩效指标纳入考核范畴，业务统计指标只用于统计，不进行考核。

2018 年，各部门、管理单元共有关键绩效指标 67 个，其中书刊文献外借册次、流通人次、新增读者证数量、读者活动场次及人次等指标，由于业务功能和工作内容存在重合，因而为多部门所共有。

二、整体完成情况

纵观 2018 年各部门、管理单元关键绩效，对绝大部分指标均超额完成任务。其中，“基层图书馆培训场次”“学习中心各平台访问量”“流动车馆际物流册次”“市民空间参与人次”等指标完成情况较好。而完成最好的指标是分馆发展部的“基层图书馆培训场次”，指标量为 18 场次，实际完成 91 场次，完成率达 506%。另外，由于各种原因，有 6 个关键绩效指标未能完成年初的指标量，分别为儿童和报刊服务部的“期刊文献外借量”“流通人次”，综合服务部的“总馆用水量”“少儿馆用电量”“24 小时自助图书馆流通人次”“24 小时自助图书馆外借册次”。

由于 2018 年 11 月至 12 月总馆临时闭馆维修，对图书馆的流通人次和书刊文献外借阅册次有较大影响，致使指标完成均比 2017 年有所下降。此外，由于总馆因工程施工、洗手间自动冲水阀及天气等原因，导致“总馆用水量”“少儿馆用电量”同比增长。

三、主要绩效指标分析

各部门对各个关键绩效指标从完成情况、存在问题、主要原因、解决措施及下一步改进计划等方面进行分析，以便为下一年度关键绩效指标的指标量设定及完成提供依据。这里，仅对部分关键绩效指标展开分析：

（一）书刊文献外借册次

1. 完成情况

2018 年，图书馆书刊文献外借册次为 2222153 册，相比 2017 年的 2549176 册，下降了 12.38%。

2. 存在问题

书刊文献外借册次数据下降的主要原因是，从 2018 年 11 月起，总馆开始为期 3 个月的闭馆维修，主要外借业务暂停，仅提供 24 小时自助图书馆借阅服务，因而导致书刊文献外借数据有所下降。

3. 改进措施

（1）进一步推广支付宝和微信的借书功能，提高图书借阅率。

（2）继续加强书库的管理与维护，优化馆藏，书库排架准确率保持在 99% 以上。

（3）利用大数据分析，依托社会时事热点、各大畅销书排行榜、名师名人荐书、热搜新书等，做好图书推荐工作，推送读者关注的图书信息。

（4）通过微信公众号、图书馆网站等渠道加大临时服务地点服务宣传，加大流动服务开展力度，通过服务进基层、线上宣传等活动突破临时服务场所条件限制。

（二）总流通人次

1. 完成情况

2018 年，图书馆共接待读者 3191474 人次，相比 2017 年的 3504989 人次，下降了 8.94%。

2. 存在问题

2018 年，图书馆总流通人次相比 2017 年下降，主要原因有：①从 2018 年 11 月起，总馆开始为期 3 个月的闭馆维修，虽然 24 小时自助图书馆继续对外开放，但由于空间和藏书量的限制，接待人数也有限。②随着万江绘本馆等陆续开放，分馆及服务点扩充，部分读者被分流，一定程度上影响了总流通人次。

3. 改进措施

（1）继续通过各种阅读推广活动吸引更多的读者到馆，围绕科技、传统文化等主题，通过手工、讲故事等方式，策划和组织丰富多彩的活动。

（2）配合读者服务部做好 4・23 世界读书日的换书、晒书、捐书活动的策划和宣传。

（3）利用图书馆服务宣传周、寒暑假等图书馆人流高峰期，开展与读者互动交流活动，如针对新读者和中老年读者开展图书馆使用方法宣传等。

（4）在闭馆期间，组建基层活动小分队，把活动送至基层；

（5）通过微信公众号、网站等渠道加强宣传，吸引更多读者到馆。

（三）网站访问量

1. 完成情况

2018 年指标量为 312 万人次，实际完成量为 324 万人次，与去年同期对比上升 3.8%（2017 年完成量为 312 万人次）。

2. 存在问题

东莞图书馆网站访问量相比 2017 年增长持续缓慢，主要原因是当下阅读行为习惯的改变，读者更加频繁地使用移动端，导致 PC 端的访问量分流到手机移动端，从而使得东莞图书馆网站访问量逐渐减少。

3. 解决措施

（1）通过各种方式加大东莞图书馆网站的宣传力度。

（2）根据实际情况不断优化东莞图书馆网站的功能。

4. 下一步工作计划

（1）加强东莞图书馆网站的宣传力度，配合移动端、微信公众号进行更多的活动宣传和线上线下活动开展，同时结合东莞图书馆各个部门提升东莞图书馆网站的宣传力度。

（2）不断优化网站的整体功能，以读者为本，增加更多可读性的内容，丰富东莞图书馆网站的内容和功能，以满足更加多元化的读者需求。

（四）新增普通图书藏量

1. 完成情况

2018 年新书计划目标入藏量为 14 万册，实际入藏量为 70088 种 172264 册，完成率为 123.05%，超出指标值 32264 册。与 2017 年入藏量（52823 种 157277 册）相比，增加了 14987 册，增长 9.53%。

2. 存在问题

（1）部分供应商未按时间要求配送图书，影响到图书的验收、分配、移交等工作；

（2）8 月份开展“你看书，我买单”活动，仍有部分图书未归还，影响到后期的加工整理工作。

3. 解决措施

（1）加强供应商采购、分编加工、配送等各环节工作的跟踪管理，及时发现问题，尽快沟通解决。

（2）督促供应商对已订购的普通图书及时配送入藏，向各书商强调图书加工细则，保证图书录入的准确性及加工质量。

（3）对于“你看书，我买单”活动未归还的图书，加强跟进。

4. 下一步工作计划

在确保总量的前提下，做好新书入藏补充，确保质与量的平衡发展，重点配合绘本馆建设，及时采购所需图书。

（五）流动车图书外借册次

1. 完成情况

2018 年，图书流动车图书外借册次指标量为 90000 册，实际完成外借量为 96915 册，完成年度的工作目标 107.68%。同 2017 年对比，图书外借册次增加 5003 册，增长 5.44%。

全年完成 535 次流动服务站的图书服务工作，按计划完成了全市 26 支部队（武警）及 27 个企事业单位的图书更新工作，约有 50000 余册图书 33 个镇（街道、园区）分馆的馆际图书接送运输工作，并做到全部送书上门服务。

2. 存在问题

部分服务点服务效果不理想，原因在于部分服务点范围内读者较分散以及停车位置不方便。

3. 解决措施

（1）流动服务站：加强与流动服务站所在的镇（街道）分馆联系沟通，听取建议，分析原因，有针对性地改进。对于服务效果不理想以及停车位置不方便的服务点进行调整。

（2）固定服务站：加强与各固定服务站的联系沟通，改善图书的配送，根据固定服务站的读者需求有针对性地进行配送，增加固定服务站读者的读书学习兴趣，提高图书的使用率。

（六）基层图书馆培训场次和人次

1. 完成情况

2018 年本馆主要针对各镇（街道）分馆的业务需求，开启“分馆点餐、总馆配餐——订制服务”新模式，针对各镇（街道）分馆的业务需求，在各分馆、各部门招募26名具有中高级职称的馆员作为业务主讲老师，开设包括新版业务系统（Interlib3.0）在内的24门课程，分片分批在各镇（街道）开展“2018年东莞图书馆总分馆‘点餐式’培训”。同时，探索建立总分馆上岗资格评定新制度，以专业化管理提升服务质量，满足公众阅读新需求，实现服务效益最大化。此外，通过组织分馆业务骨干来总馆参加业务专题讲座、总馆工作人员前往分馆现场培训指导等方式开展业务培训。2018年，基层图书馆培训场次指标量是18场次，实际完成91场次，完成年度的工作目标506%，培训人次为5897人，与去年同期（1639人次）相比增加259.8%。

2. 存在问题

部分分馆馆员尤其是一些新进图书馆的馆员，对于新版业务系统操作不熟练，需要进行进一步实践操作练习。

3. 解决措施

在下一阶段工作中，本馆将进一步理清思路，通过讲座培训与现场操作相结合的培训方式，加强对各分馆新版业务系统（Interlib3.0）课程的学习和培训，以先进带动后进的方式，加强各分馆工作人员的培训，提高业务技能水平，并做好效果反馈的收集，抓好绩效工作，激励各分馆提高服务水平。

4. 下一步工作计划

2019年，本馆将继续加大力度采用多种形式开展专业培训，实行基层图书馆工作人员培训规范化、系统化，提高人员专业知识水平和业务工作水平，树立良好的队伍形象，为不断满足基层广大群众的精神文化需求提供人才保障。一是在2018年“东莞市图书馆总分馆‘点餐式’培训”及考核的基础上总结经验，通过调查问卷收集分馆工作人员对于“2018年东莞市图书馆总分馆‘点餐式’培训”的意见和建议，并制作培训简报专刊。二是在基层培训中增加绘本阅读推广人的培训。2019年，结合本馆“十三五”战略规划中关于“面向社区图书馆管理员开展少儿阅读活动轮训”的工作任务，计划在基层图书馆培训中增加绘本阅读推广人培训的相关内容。三是邀请专家学者，开展专业技术讲座。继续发挥总馆的职能优势，邀请国内外著名专家学者，不定期开设图书馆专业技术讲座，组织总馆全体员工及全市各镇（街道）图书馆工作人员参与学习，提高工作人员的专业技术水平。四是因地制宜，开展其他形式的培训。

（七）人均培训学时

1. 完成情况

在培训方面，通过邀请馆外专家学者、组织馆内业务能手和专长员工等方式举办各种知识讲座、专业交流与业务培训，同时还定期组织员工收看空中文化大讲堂视频讲座。全年开展或组织参与选修课、专业课和公需课等培训 35 场，培训人次 2261 人。在创建学习型组织方面，组织全馆员工集体学习《习近平讲党史故事》《旅行之阅　阅读之美》《想象图书馆的未来：图书馆与信息机构情境规划》以及员工自选学习用书，开展学习分享会 4 期，参加学习分享会人次达 260 余人。

2018 年，人均培训学时指标量为 95 学时，实际完成量为 105.2 学时，完成率达 110.7%，与去年同期基本持平。

2. 存在问题

由于每月举办 2 ～ 3 场讲座、学习活动，部分员工对参与培训的积极性不高。

3. 解决措施

一是开展学习与教育培训需求调查，有针对性地制订教育培训计划；二是加强讲座现场管理，严格课堂纪律；三是面策划和组织员工比较感兴趣的讲座与学习活动，提高积极性；四是举办季度学习分享会，尽量让不同的人上台分享学习感想，确保更多的人有锻炼和提升的机会。

4. 下一步工作计划

（1）策划员工素质提升行动计划。2018 年 11 月开始，本馆将开展为期近三个月的闭馆维修工程，为此，业务部制订《员工素质提升行动计划》，策划一系列培训活动，包括岗位培训和知识学习，预计开展 10 多场培训讲座，举办一个大型学习班。

（2）开展员工学习与培训需求调查，根据 2019 年主题年要求，制订 2019 年学习与教育计划，并使教育培训计划尽量满足员工需求，提升员工参与度。

（侯雪整理）

部门季度关键绩效指标分析报告（2019）

一、部门关键绩效指标完成情况

表 2-3　2019 年部门关键绩效指标完成情况

关键绩效指标	季度指标量	完成量	完成率 /%
东莞学习中心各平台访问量	4950187 次	4963553 次	100.27
微信公众号阅读量	139170 次	138010 次	99.17
公益课堂培训场次	34 场	35 场	102.94
公益课堂培训人次	850 人	978 人	115.05
数字图书阅读推广活动场次	6 场	7 场	116.67
自建音视频资源量个数	9 个	9 个	100

二、关键绩效指标完成量同比 2018 年增减情况

表 2-4　2019 年部门关键绩效指标完成量同比 2018 年变化

关键绩效指标	2018 年完成量	2019 年完成量	增加数量	增长比率 /%
东莞学习中心各平台访问量	4241716 次	4963553 次	721837 次	17.02
微信公众号阅读量	141256 次	138010 次	−3246 次	−2.30
公益课堂培训场次	42 场	35 场	−7 场	−16.67
公益课堂培训人次	1152 人	978 人	−174 人	−15.10
数字图书阅读推广活动场次	—	7	—	—
自建音视频资源量个数	—	9	—	—

注：数字图书阅读推广活动、自建音视频资源量为 2019 年新增关键绩效指标。

三、情况说明（与 2018 年同期对比）

除微信公众号阅读量未达标外，其余均达标。

平台访问量比 2018 年同期上升，对比同期增长 17.02%。移动端持续加大宣传力度，继续做好平台宣传单发放到全馆各服务窗口，官方微信公众号“微阅读”栏目线上宣传带动各终端点击量增长；微信公众号阅读量基本达标，与去年同期相比略有下降；公益课堂活动人次、场次均达标，但对比去年同期减少 15% 左右。

数字图书阅读推广活动、自建音视频资源量为 2019 年新增关键指标，每月由员工根据主题自建，还在摸索阶段。

四、存在问题及原因

（1）官方微信公众号中数字资源商的推文和格式编辑器中有网络图片，由于第三方版权未明确等原因，2019 年 1 月推文数量对比同期减少 7 条（2019 年 1 月推文总数是 2018 年 1 月推文数量的 78.1%），因此阅读总量下降。此外，读者的微信使用习惯会导致服务号新消息沉底，近两年微信多次改版，服务号图文消息群发后只显示前 2 条，剩余 6 条折叠起来，不利于粉丝阅读。多方面原因导致第一季度微信公众号阅读量指标完成量与同期对比略有不足。

（2）公益课堂活动场次、人次比去年同期少的主要原因：2018 年公益课堂的活动数据统计包括电子服务区活动，而 2019 年 1 月电子服务区整合到读者服务中心，活动数据不再计入，对全年指标量也进行了重新核算，按照基本固定全年场次、人次指标（平均每周 3.5 场，每场 25 人次，全年按 48 周计）的标准设定 2019 年新的指标量。

五、解决措施

（1）新推出微信端资源新语“听书”、博看期刊“期刊速递”、QQ 阅读在线阅读栏目，3 月底联系试用“中华诗词库”资源，增加“中华诗词”菜单，刺激粉丝关注和使用数字资源。

（2）研究微信公众号图文阅读量的规律，向其他公共馆学习经验，举办更多有奖线上活动吸引读者参与，提高粉丝互动活跃度和图文阅读量。

（3）公益课堂在完成指标量的基础上注重课程设置的推陈出新和多渠道宣传，注重特色课程产品的积累。

（陈柳红撰）

员工个人岗位绩效分析报告

一、指标完成情况

指标名称：综合阅览室藏书清点量
指标量：11000 册
时间：2016 年 5 月

表 2-5　综合阅览室藏书清点量完成情况

清点人	完成量 / 册	指标量 / 册	完成比例 /%
陈 **	5729	5500	104.16
吴 *	6920	5500	125.81
合计	12469	11000	113.35

二、成效分析

（1）指标完成情况：个人指标完成比例分别为 104.16% 和 125.81%，整体指标完成比例是 113.35%，能够超量完成指标。

（2）质量分析：本次清点查漏补缺，既摸清了综合阅览室的藏书家底，也发现了存在的问题，如部分图书年代过于久远，应及时剔旧；部分图书遗失等。经过总结和分析改进典藏工作。

三、存在问题

（1）图书清点结束后，已清点册数与馆藏在馆册数不一致。主要原因如下：①图书清点是采取分批下架，扫描条码后马上上架的方法，过程中可能有读者取阅了原架上的图书，没有及时归架；②图书乱架；③图书遗失；④图书由工作人员登记借阅后没有及时归还。

（2）清点数据在 Interlib 系统中显示不一致，个人清点数量在“馆藏处理统计”模块和“日志查询统计”模块中的统计结果不一致。出现此类情况时，需要对业务系统模块的统计功能进一步完善。

（3）清点后的图书重新上架，部分架标对应不上。主要原因是清点时剔旧了部分图书，重新上架时对排架进行了调整。

四、改进措施

针对存在的问题，典藏岗位拟定改进措施如下：

（1）清点前划定分区和批次，图书提前集中下架，减少漏点率；

（2）清点前抽出时间集中整架，减少乱架带来的漏点；

（3）逢周一、周五闭馆时间申请人手增援，集中清点，提高效率；

（4）检查图书登记借阅记录，发现有工作人员未归还图书时马上催促其及时归还并清点；

（5）针对清点后上架图书架标不对应，应统一记录下来反馈给部门领导后重新制作架标；

（6）将清点数据反馈给网络部，根据网络部生成的清点状态清单在综合阅览室、总馆外借处、流转书库查找漏点的图书，若确定图书遗失，做好记录进一步处理。

（吴纯撰）

重点质量指标及考核要求（2021）

谋求高质量发展，实现从重视数量到量质并重的转变，更好地为“湾区都市、品质东莞”提供智力支撑，是《东莞图书馆“十四五”战略规划》的核心目标之一。2021 年是“十四五”战略规划的开局之年，也是“知识生产年”主题年，为深化质量管理，现试行以质量考核为主的指标体系（见表 2–6），引导提升业务工作质量，并加大质量考核、评比、奖励力度。本年度共设立 8 个指标，以服务绩效和知识生产为重点，涵盖从资源建设到产品开发、读者服务、技术支持、体系化建设等方面，涉及全馆各部门、管理单元。各部门、管理单元要认真对照指标考核内容与要求，深化质量意识，努力完善和改进工作，取得良好效益。

表 2–6　2021 年重点质量指标及考核要求

序号	指标名称	指标级别	责任部门	相关部门	考核内容与要求
1	业务系统运行保障情况	1	网络中心		通过对各类业务系统故障发生次数的统计和发生故障的原因分析，制定相应的管理和优化办法，落实具体措施，降低故障发生率，保障业务系统的稳定运行。
2	新增图书外借情况	1	读者服务中心、少儿馆、松山湖图书馆	采编中心等	提高过去某一段时间内（一般为一年）新增图书利用率，特别是用于外借图书的流通率；了解和掌握利用率较低乃至零借阅图书的状况，降低零借阅图书比例。建立前台、后端连接通道，畅通读者需求反馈渠道，有针对性地开展图书推介与宣传活动，提高图书采购质量，提高馆藏纸本图书利用率。

续表

序号	指标名称	指标级别	责任部门	相关部门	考核内容与要求
3	有效利用图书馆的读者人数增长情况	1	读者服务中心	少儿馆，松山湖图书馆，学习中心推进部等	通过各种手段提高书刊外借人数、进馆人数、参与阅读活动人数以及推进发展读者、拓展服务网点等，有效促进服务人数的持续增长。重视服务人口数，推进由服务“人次”到服务“人数”效能评价的转变。
4	知识产品质量	1	各部门		按照“知识生产年”要求，结合部门工作，开发和生产各类知识产品，包括图书、音视频、展览、文创等，并从编辑质量、内容价值、推广方式、利用效果、社会影响等方面提升和评价知识产品的质量。
5	重点读者服务档案建设情况	1	读者服务中心、少儿馆、松山湖图书馆	其他各部门	采用专业馆员跟踪、读者需求分析和精准服务等方式，配套扩充文献权益、个性化服务定制、空间资源支持等内容，建设和完善重点读者服务档案，提高服务成效和质量。
6	专题文献资源建设质量	1	灰色文献、地方文献、其他特色专题文献等相关部门		加大专题文献资料建设力度，通过调研、分析等手段，广泛征集灰色文献、地方文献、粤剧文献及其他相关专题文献，自成体系，形成特色，提高专题文献建设的质量，并通过各种方式对专题文献进行宣传、推广、开发和利用。
7	线上用户增长情况	1	学习中心推进部	读者服务中心，少儿馆，松山湖图书馆，网络中心等	通过内容建设、功能完善、服务宣传、精准推广等各种措施有效提高本馆数字（资源）平台在线服务用户数，如数字资源单点登录系统、学习中心网站、App、微信公众号、数字阅读小程序等，提高数字平台日活用户量。

续表

序号	指标名称	指标级别	责任部门	相关部门	考核内容与要求
8	图书馆服务点覆盖面拓展情况	1	分馆发展部	读者服务中心，学习中心推进部，绘本馆项目组等	通过图书馆服务体系的拓展和优化，引导各镇（街道）分馆提高服务人口的覆盖面。引导镇（街道）分馆增加村（社区）服务点和城市阅读驿站建设数量；引导镇（街道）分馆优化城市阅读驿站等服务网点的选址布局，扩大网点服务半径，提高服务人口覆盖率；引导镇（街道）分馆积极整合利用本镇街公共服务资源，加强与教育、团委、智网办等相关部门的合作，扩大服务覆盖面；选择2～3个镇（街道）作为试点，探索联合村（社区）网格员推送图书馆数字资源及总分馆联动活动信息等进家庭的服务模式。

注：1. 指标为年度考核指标，并实行单独考核。

2. 责任部门为必须参与考核的部门，相关部门则根据自己的情况选择申报考核。

3. 考核方式：撰写分析、研究报告，包括指标完成结果、有效措施、成效展现、同行数据对比等。

少儿馆新增图书外借情况分析报告（2021）

伴随馆藏文献种类和数量的不断丰富，新增图书出现低外借甚至零外借现象。如何破解这一难题已成为东莞图书馆提升管理效能的重要考验。本分析报告从实证研究和数据分析的角度对东莞图书馆少儿分馆新增图书的外借数据展开统计分析，以期提高2021年少儿馆新增图书利用率，特别是用于外借图书的流通率，试图了解和掌握利用率较低乃至零借阅图书的状况，降低零借阅图书比例。建立前台、后端连接通道，畅通读者需求反馈渠道，有针对性地开展图书推介与宣传活动、创新图书采选模式、优化图书流通服务等措施，提高馆藏纸本图书利用率。

一、指标数据分析

（一）数据采集

2020年由于疫情和水灾，少儿馆开馆时间较短，我们利用“图书馆集群系统”提取2019年、2021年相关数据（见表2-7、表2-8），并根据下列计算公式进行数据处理：

新书外借率 = 新书外借册次 ÷ 可外借新书册数 ×100%

新书外借占比 = 新书外借册次 ÷ 图书外借册次 ×100%

表2-7　2019年少儿馆各类别新书外借统计一览表

类别	可外借新书量 / 册	新书外借册次 / 册	新书外借率 /%	新书外借册次 / 册	新书外借占比 /%
A	1	0	0.00	65	0.00
B	139	228	164.03	4662	4.89
C	15	18	120.00	729	2.47
D	24	23	95.83	1115	2.06
E	91	244	268.13	1991	12.26

续表

类别	可外借新书量 / 册	新书外借册次 / 册	新书外借率 /%	新书外借册次 / 册	新书外借占比 /%
F	92	402	436.96	2069	19.43
G	2030	2635	129.80	31900	8.26
H	967	1250	129.27	11384	10.98
I	20945	32777	156.49	298194	10.99
J	1306	4015	307.43	37439	10.72
K	993	1593	160.42	12261	12.99
N	193	235	121.76	2654	8.85
O	212	192	90.57	4701	4.08
P	459	837	182.35	4198	19.94
Q	691	956	138.35	10537	9.07
R	291	365	125.43	4024	9.07
S	76	80	105.26	1083	7.39
T	302	528	174.83	4735	11.15
U	127	344	270.87	1302	26.42
V	75	92	122.67	661	13.92
X	52	80	153.85	2783	2.87
Z	513	720	140.35	12869	5.59
总计	29594	47614	160.89	451356	10.55

表 2-8　2021 年少儿馆各类别新书外借统计一览表

类别	可外借新书量 / 册	新书外借册次 / 册	新书外借率 /%	新书外借册次 / 册	新书外借占比 /%
A	52	124	238.46	159	77.99
B	160	240	150.00	1571	15.28
C	47	108	229.79	438	24.66
D	194	426	219.59	873	48.80
E	51	145	284.31	1646	8.81
F	26	45	173.08	599	7.51
G	1396	2036	145.85	20669	9.85

续表

类别	可外借 新书量 / 册	新书外借 册次 / 册	新书外借率 /%	新书外借 册次 / 册	新书外借 占比 /%
H	525	498	94.86	7216	6.90
I	19338	35327	182.68	254843	13.86
J	970	2339	241.13	19013	12.30
K	1469	1800	122.53	8675	20.75
N	195	171	87.69	1854	9.22
O	284	495	174.30	3158	15.67
P	369	479	129.81	2416	19.83
Q	471	521	90.40	5760	9.05
R	329	371	112.77	2147	17.28
S	15	20	133.33	448	4.46
T	429	412	96.04	2088	19.73
U	125	337	269.60	949	35.51
V	82	180	219.51	618	29.13
X	383	495	129.24	1553	31.87
Z	607	994	163.76	6737	14.75
总计	27517	47563	172.85	343430	13.85

（二）数据分析

在疫情的影响下，2021 年少儿馆图书外借册次比疫情前出现明显回落，下降幅度达到 24%。由于购书经费的缩减，可外借的新书入藏量也有所下降，2021 年新书外借册次仍与 2019 年持平，新书外借率和外借占比率都有相应的提高，如表 2–9 所示。

表 2–9　2019、2021 年少儿馆新书外借对比一览表

年份	可外借 新书量 / 册	新书外借册 次 / 册	新书外借率 /%	新书借 册次 / 册	新书外占比 /%
2019	29594	47614	160.89	451356	10.55
2021	27517	47563	172.85	343430	13.85

在购书经费缩减的情况下，图书馆调整了各类别图书的采购比重，减少了库存量较

大类别的图书，如G、H、I、J等。加大红色主题文献（涵盖类别A、B、C、D、K）、科普读物（涵盖类别U、V、X、Z）的采购，这些类别图书新书外借率和新书外借占比率都有所提升。而I类图书在采购量减少的情况下，新书外借率和新书外借占比率也得到了相应的提升。这表明我们在新书采选模式、图书流通服务、图书推介与阅读推广服务等方面采取的优化措施取得明显的成效，促进少儿馆2021年新增图书外借率和占比率的提高。

二、有效措施

（一）创新新书采选模式

1. 鼓励一线工作人员参与新书采选

为迎接建党100周年，少儿馆建立“悦读·家”红色书坊，工作人员通过各种途径挖掘、收集和整理少儿红色文献订购信息，向采编部门提交新书采购清单3份，并在当当网上直购1000多种新书，提高少儿新书的精选力度和采购质量。

2. 开展各种形式的读者荐购活动

读者可选择在服务台线下登记荐购，也可通过QQ群、微信公众号等线上平台进行荐购。本馆对收集荐购信息进行整理，对一些读者需求比较热门图书，如“寻宝记系列图书”、杨红樱作品、郑渊洁作品、曹文轩作品等，向采编部门建议加大复本采购，共采购新书1200多册，满足读者对热门图书的需求，还采购200册家长读物，以满足家长育儿的需求。

3. 开展数据分析，优化采购计划

采访计划的调整和完善与图书流通的整体情况有着直接密切的关系，作为一线窗口部门的少儿馆每年对馆藏整体图书借还与当年入藏新书的借还情况的比对进行分析，获得一些翔实和必要的参考数据，及时反馈给采编部，方便采编部门动态调整各类采购图书在整体采购计划中的比重。选书的针对性增强，图书采访择优性就能得到较好体现。

（二）优化图书流通服务

1. 设立专架或专题区域集中展示

各主题少儿文献分散在各大类中，不利于读者快速地查找、获取需要的文献。为了解决这一问题，我们设立主题专架图书区，并贴上各种色标和图标，方便读者快速找到所需图书。

2. 完善自助借还设备

2021 年少儿馆采用 RFID 开展自助借还服务，这种时尚轻巧的便捷式自助借还机方便读者随时使用，读者无须带证，用微信扫码即可登录，通过设备接触图书即可借还多本书。“手机借书模式”让读者只需在图书馆 App 或者微信公众号上绑定读者证，即可实现手机扫图书条码借书，直接将已借图书带出图书馆，减少排队借书的现象，大幅度地减少图书馆在人力、物力和财力上的投入。

3. 调整借阅权限

一方面推出免押金读者证（社保卡、借阅宝、粤读通），允许读者免押金借阅更多数量和更多种类的图书；另一方面开放全市通借通还服务，允许外馆读者与本馆读者拥有相同的借阅权限，加快本馆可外借图书的流动性。

（三）加强图书推介与阅读推广服务

加大主题图书推介和阅读推广服务，特别是基于图书资源打造新的阅读推广活动品牌，如立足于“悦读·家”红色书坊，推出“悦读·家”书单、悦读成长标尺和故事大王推荐书目。通过故事大王、红色之旅打卡等品牌活动的宣传推广，吸引更多读者到图书馆借阅红色主题图书。

三、建设成效

（一）扩大少儿主题图书的选购范围

对于主题图书在挑选上尽可能从儿童需求的角度，挑选绘本、儿童文学、人物传记、知识性类读物等。根据调研读者需求确定 20 多个主题，根据主题内容向采编申请选书范围。由于定位精准，少儿新书更能满足读者的需求，新书外借占比稳步提高。

（二）专架图书外借量大幅度提升

从 2019 年开始我们设立主题图书专架区，设有拼音主题书，凯迪克大奖图书，故事大王，“曹文轩、杨红樱、郑渊洁、秦文君”等著名作家图书专架，深受读者喜欢。2021 年，在此基础上新增主题专区，如垃圾分类、安全教育、纽伯瑞国际大奖图书、寻宝记、红色经典、中国经典故事、中国传统节日、中国四大名著低幼版、迪士尼系列、小猪佩奇等多个主题图书专架或专题区域集中展示，不仅方便读者快速找到图书，节省时间，而且也大大提高了图书的借阅率和利用率。多个主题专架图书上架不到一星期就图书就被借走，出现架位空置现象。

（三）运用各种宣传媒介加强新书导读力度

主要从以下三个方面强化了宣传：

（1）馆内的新书宣传海报、新书展示墙、新书展示架。

（2）文创产品的宣传，如“悦读·家”书单、悦读成长标尺等。

（3）各种新媒介的宣传：利用官网、QQ 群、微信公众号等新媒介向读者推送专题图书、新书信息和季度借阅排行榜，吸引读者注意。

图书推荐除了要向读者推广新书和热门图书外，还开展“绘本猜猜猜”，每季度从外借馆藏图书中挖掘、筛选被读者忽略但内容优质的书籍，以图书内容让读者猜猜书名的方式，吸引孩子们的关注度，降低零借阅图书比例。

（四）开展“展览＋荐书”少儿图书推荐创意活动

1.“赏年俗，品书香”春节主题少儿图书推荐活动

春节前后，通过“线上＋线下”的形式，开展“赏年俗，品书香”春节主题少儿图书推荐活动。该活动结合中国年节的习俗，以图书推荐展和线上答题等形式，引导读者阅读绘本及了解中国传统节庆文化。

2.“花花世界”童趣作品展

3 月初，开始开展了该展览活动。展览中的画作均是小朋友们根据《本草纲目》中提到的多种花卉植物草药进行创作而来，各种珍贵有趣的“草药花”在孩子们笔下增添了童趣和幻想。展览的同时，我们还向读者推荐了“植物王国里的本草故事”系列图书，提高科普图书的外借率。

3.“奇幻的童书世界——国际儿童图书节（ICBD）海报展”

在 2021 年国际儿童图书节来临之际，少儿分馆举办了“奇幻的童书世界——国际儿童图书节（ICBD）海报展”。本次展览精选出 53 幅切合主题、构思精巧的国际儿童图书节宣传海报，按时间顺序串联出一条“阅读时空隧道”。展览的同时，我们还整理了一份“奇幻的童书世界”主题书单，方便大家观展后与孩子一同阅读“奇幻”主题的童书，感受阅读的乐趣。

4.“绘阅读　绘创作”主题画展

展览中的画作均是小朋友们阅读自己喜爱的绘本书之后，结合自己所想进行的手工绘画等美术创作。大家在创作中加深了对绘本书的理解，获得了不一样的创作乐趣。读者们通过展览，也认识了很多有趣的绘本。

三、优势与改进

（一）优势

1. 荐书形式多样化，激发读者阅读需求

荐书的形式多样，不仅停留在单纯推荐图书的层面上，还与馆内的其他活动联合，产生“1+1>2”的效应，推动馆藏图书的借阅率稳步提升。借助展览的形式，从引起读者对知识与世界的好奇心入手，点燃读者主动探索知识的内驱力；而在展览的同时，推出相应主题的馆藏图书（特别是新增图书）推荐，则恰好“接住”了读者的阅读需求，图书外借率提升成了水到渠成的结果。

2. 加强对馆藏数据分析，动态调整采购计划

通过调研、读者意见调查等方式了解读者需求后，加大新书采选阶段的参与度也是新书借阅率提升的一大重要原因。经常在一线接触读者，对读者的读书品位、意愿和需求等比较了解，加上多年的岗位工作经验，对选书也具备一定的专业性，所以对于哪些书具有高借阅率的潜质是具有一定的预判。新书采购阶段提升一线馆员的参与度，是真正从“用户思维”出发的举措。

（二）努力方向

1. 加强馆员技能培训

提升馆员运用统计方法管理图书的能力，便于馆员在工作中及时迅速发现外借率低的图书，并根据图书利用率情况及时调整图书采选策略和优化架上图书流通管理。

2. 开展分级阅读指导

加强对新书的分类和精细化推荐，即不仅仅是把所有新到的图书全部一起推荐给读者，而可以按主题、按年龄等细分，然后推送给特定的目标人群。

3. 挖掘读者的潜在需求

针对低外借率图书，应根据图书类型、内容和阅读群体设计阅读推广主题，并通过各种渠道向读者宣传推广。学习和借鉴深圳图书馆“书海拾遗”书单，定期从外借馆藏图书中挖掘、筛选被读者忽略但内容优质的书籍，以“书海拾遗”书单的方式将这些书呈现给读者。每季度更新一期，吸引读者借阅，降低零借阅比例。

（周崇弘撰）

有效利用图书馆的读者人数增长情况分析报告（2021）

“有效利用图书馆读者人数增长”，就是通过各种手段提高书刊外借人数、进馆人数、参与阅读活动人数，发展读者，拓展服务网点等，有效促进服务人数的持续增长。

读者证是读者打开图书馆服务之门的钥匙；读者借阅人数体现了文献服务成果。结合主要业务功能、统计手段，读者服务中心采用 OKR（目标与关键成果法）管理工具，以定量评价方式，确定读者证新增数量和读者借阅人数为主要绩效指标，并据此开展工作。

一、读者证新增数量

（一）基本情况分析

读者证办理数量直观地反映图书馆服务人数情况。许多图书馆受当地财政等政策限制，在办理读者证方面无法做到完全免除押金，携带证件、押金，线上办理未能得到全面普及。东莞图书馆从 2018 年起总馆和部分分馆提供芝麻信用办证，尝试开展线上办证服务，受到广大年轻读者的申请办理，但还有个别分馆条件不成熟，没有启用此项服务。在推广线上数字资源阅读时，数字资源提供商要求注册读者才可以阅读全文，读者想办证进一步阅读时，没有网上可申请办理方式，这容易打消了读者阅读兴趣，影响推广效果。

（二）采取措施

1. 信用阅读产品持续升级

东莞图书馆从 2018 年启用借阅宝开启信用借阅服务，2020 年 10 月配合市人社局开展社保卡读者证；2021 年 4 月，配合省馆启用粤读通读者证服务；同期配合市政数局开展实现电子市民卡（码）借阅功能，不断升级办证途径，逐渐完善信用办证服务。结合传统缴纳押金办证和信用办证等多种办证方式，实现线上线下相结合办理渠道，满足不同群体读者办理需求，提高办证人数。

2. 标准化

第一，全面梳理东莞地区总分馆所有读者类型种类，进行优化整理。据系统统计共有 81 种读者类型，通过分析、归纳、合并等方式，调整后读者类型共 19 种，其中提供新办理读者证和借阅服务有 12 种，分别是普通读者证 3 种、免费读者证 3 种、积分卡类型 3 种、集体读者证 3 种；第二，取消总分馆之间的馆际限借 2 册图书的借阅规则，即读者在可借册数范围内，不区分总馆和分馆，也不区分图书和期刊，只计累计册数，进一步推动总分馆一体化服务，不断完善业务流程与规范化管理；第三，针对实施社保卡读者证项目，沿用已有读者类型；第四，取消芝麻信用办证条件限制和取消数字账户申请。前期对全市总分馆读者证类型进行梳理过程中，个别分馆没有信用办证和社保卡读者证两种类型，只需在系统中增加读者类型配置和流通规则，全市形成统一标准，总分馆体系之间办证无差异，便于全市图书馆读者证业务的推广。

3. 体系化

全面梳理和统一规范总分馆体系读者证业务，读者在总分馆体系中任一分馆办理的读者证，都可以享受在办证馆同等服务，即可以借阅相同等级数量的文献。一是明确“谁推广谁受益”推广职责。在申请页面加入所属馆（开户馆）选项，在选项中列出分馆名称，让读者在办理过程中自行选择分馆，系统根据读者选择，归入相应分馆中，充分调动基层分馆宣传推广的积极性。二是定制申请入口链接。通过开发微信申请定制入口链接，基层分馆可以把链接挂接在本馆微信公众号菜单中，读者在该公众号下办理成功后，系统会自动返回该微信公众号并自动绑定读者证，读者直接使用二维码证号进行借阅图书，方便基层图书馆宣传推广和引导。

4. 加强社会企业合作，送资源服务上门

一是开展数字资源“扫码看书　全城共读”推广活动，在海报中加入办证指南，推送至机关、企事业单位等 20 余家；同时，深入茶山来利眼镜厂、常平第三小学、常平第四小学等单位开展东莞图书馆数字资源推广和办证指南等服务，既满足机关单位阅读需求，也有效地推广数字资源阅读，多种措施并举扩大服务半径，提高办证人数。二是送资源、服务到走进中小学、盲协等单位，如走进南城阳光中心小学，送绘本故事会进校园，助力书香校园建设。

二、读者借阅人数

（一）基本情况分析

图书馆通常采用文献外借量指标来进行评价图书馆服务效能，这一指标只体现图书馆的文献利用情况，不能体现服务读者个体，即读者人数。2021 年，本馆尝试采用读者借阅人数指标，对服务读者人数进行统计分析，以评价文献服务成果和服务质量。

（二）采取措施

1. 开展邮享阅读（快递借书），打通阅读“最后一公里”

一是建成迷你地铁图书馆。在东莞地铁鸿福路站等放置智能借阅柜，把图书馆开到地铁站，建成迷你“地铁图书馆”，让乘客看书等车两不误；二是开展丰富多样的阅读推广活动。结合社会阅读热点、节假日等，开展“‘阅’进 2021—元旦快递借书免邮券限时派发活动”“网借送盲盒好礼”等丰富多样的阅读推广活动，在活动中放置读者指南、社保卡办理方式等宣传单，有效提高读者办证和借阅转化率；三是借助企业微信，建立邮享阅读读者交流群。在交流群中，除宣传快递借书开展的活动外，还积极推广办理读者证，解答读者有关图书馆图书借阅、办证等问题，引导读者借阅，参与阅读活动，进行有针对性的宣传和推广。

2. 探索融合路径，稳步拓展图书服务站

读者服务中心积极探索更多融合路径，推进和机关、部队、企业、小区等合作共建图书服务站，并充分利用图书服务站服务阵地，通过放置办证指南、扫码看书等海报推广信用办证、数字资源阅读等服务，取得良好的效益。2021 年新建 22 家图书服务站，全年轮换更新图书 41 万册次。一是渗透到住宅小区，建成邻里互助“430 书屋”。近年来围绕积极适应老龄化发展趋势和在“双减”背景下为孩子们提供更优质的阅读环境，东莞图书馆积极探索小区图书服务站点的铺设升级。主动与光大花园、白马山庄等多个小区物业管理公司、业务委员会商洽共建系列“邻里”互助型图书馆，配备适合小区居民阅读的读物，满足长者居民日常看报读书需求；组织课后“430 阅读小组”，让孩子们放学后可以在安全、舒适的书屋内做作业共阅读，老幼相携，喜“阅”融融。二是渗透到街巷，建成文体融合阅读空间“街巷图书馆”。把图书馆开进街巷，让市民街坊在逛街购物、买彩票的同时也能看书。2021 年，联合体彩网点建成全市首家“街巷图书馆”，配送了体育、文学、养生、经济、历史、旅游等 2000 册图书，让群众在购买体育彩票、了解体育资讯的同时，可以惬意地享受阅读时光，推进“知识惠东莞，书香进万家”便民服务，打造更多市民身边的“精神食堂”。在体彩网点设置图书服务站，是文旅体服务融合的一个新探索和示范。三是渗透到老年人群体，搭建长者学习交流平台。由东莞市老干部大学和东莞图书馆通过资源共享方式合作创建的东莞市老干部大学图书服务站，是全市首个面向长者群体的东莞图书馆服务站。东莞图书馆精心选配了 3000 多册书籍，这批图书内容丰富，种类繁多，涵盖了艺术、养生、烹饪等方面，满足不同长者群体的阅读需求，为东莞市离退休干部及老年大学学员搭建了更好的学习阅读和文化交流的平台，实现文化资源社会共享利用最大化。四是渗透到医院，搭建医院里的图书馆。为医护人员搭建交流和学习的阅读平台，为康复患者打造舒缓心灵的港湾，让阅读滋养身心。本馆与莞城医院、市康复医院等医院合作创建图书服务站，选配涵盖了医学、养生、文学等方面书籍，满足医护人员、康复需求患者等不同群体的阅读需求。

3. 线上线下加强资源导读服务，提高馆藏资源利用率

建立指标量化引领机制，通过东莞图书馆员平台进行推荐与分享，全年推荐 5 千册次，阅读 10.47 万人次。为提高馆藏利用率，读者服务中心积极引导和鼓励馆员开展文献导读工作，打造馆员个人 IP，发挥馆员阅读引领作用，成为读者获取知识的导航者，践行“为人找书，为书找人”理念。2021 年，通过馆员平台推荐与分享图书 102711 册次，完成指标量的 5 倍。线上，充分利用“两微一网”，坚持每周推出数字资源导读，通过二维码识别方式，提高阅读便捷性；和东莞日报合作读书专栏，定期进行新书推荐，加大资源宣传；馆员主动向读者推介文献，转发至读者群、朋友圈推介数字资源，提升服务质量，有效促进到馆读者量向文献借阅量的转化。线下，各借阅室摆放新书导读海报，引导读者快速查找图书，提高新书借阅量；在普通图书借阅室、自助图书馆设置图书推荐展示区域，按月度专题轮换，方便读者借阅，营造浓郁阅读氛围。

4. 策划开展丰富多样的阅读推广活动，引导市民阅读

一是紧扣重大节日，策划开展“莞”味迎春，跨“阅”新年迎春系列活动、暑期特别活动、中秋节系列活动等，迎合市民阅读需求；二是推陈出新，年度重大读者活动有声有色：开展“100 年里的中国 2021 年粤港澳‘共读半小时’”东莞分会场活动、“悦读在路上”系列活动、2021 年“国际茶日”系列暨图书馆服务宣传周活动、2021 年东莞动漫之夏活动等；三是加强图书馆区域性合作，承办中图学会和省学会活动；参与由广东省图书馆学会主办的“沐浴书香 茁壮成长”——2021 年“4.2 国际儿童图书日”暨“广州读书月”未成年人阅读嘉年华活动、广东省图书馆学会主办广东省英语电影配音大赛、中国图书馆学会主办“阅天下 邂逅图书馆之美活动”。四是围绕知识生产年，

开展阅读推广人培训工作；五是特殊群体活动，关爱“阅读障碍儿童”阅读季，参与东莞市第八届盲人诗歌朗诵暨第七届盲人散文创作选拔赛。

三、质量指标结果分析

（一）读者证新增数量情况分析

1. 读者证人数同比分析

表 2-10　东莞图书馆读者证数量增长情况表

图书馆	2020 年读者证数量增长数 / 人	2021 年读者证数量增长数 / 人	同比情况	
			增长数量的增加量 / 人	增幅 /%
东莞图书馆	31244	135739	104495	334.45

从表 2-10 可见，2021 年全年度，东莞图书馆读者证新增 135739 张，比 2020 年增加 104495 张，同比增长 334.45%。2021 年比 2020 年新增读者证数量增幅 334.45%，这一增幅非常显著，主要原因在于：一是本馆大力推广信用办证服务效果明显，借阅宝和社保卡（市民卡）办证量比去年大幅增加；二是通过快递借书等活动引导市民办证借阅；三是在图书服务站等阵地宣传推广增加了资源使用覆盖率。

2. 快递借书平台新增用户增长分析

表 2-11　东莞图书馆快递借书平台新增用户情况表

图书馆	2020 年新增用户数 / 张	2021 年新增用户数 / 张	同比情况	
			新增用户数增长数量 / 张	增幅 /%
东莞图书馆	5605	9490	3885	69.31

从表 2-11 可见，2021 年，东莞图书馆快递借书平台新增 9490 张读者证，比 2020 年增加 3885 张，增长 69.31%。2021 年快递借书结合社会阅读热点、节假日等，利用微博、微信公众号、书单推荐等方法，开展丰富多样的阅读推广活动，有效提高读者办证和借阅转化率。

3. 读者借阅人数情况分析

表 2-12　东莞图书馆读者借阅人数情况表

图书馆	2020 年借阅人数 / 人	2021 年借阅人数 / 人	同比情况	
			借阅人数增长数量 / 人	增幅 /%
东莞图书馆	84239	129884	45645	54.19

从表 2–12 可见，2021 年，东莞图书馆读者借阅人数 129884 人比 2020 年增加 45645 人，同比增长 54.19%。从数据看出，2021 年东莞图书馆读者借阅人数相比前一年增长较多，得益于 2021 年东莞图书馆开展信用办证、新书推荐、阅读活动推广等多种阅读推广措施。

但相对于读者证增长的趋势来看，这一借阅人数的增长趋势还是较为缓慢，有着很大的上升空间。在读者借阅人数方面，东莞图书馆需要关注新增读者的阅读状况与阅读需求，也要加强老读者与图书馆的联系，进行新书推广、主题书单及阅读指导等工作，提高借阅文献的读者人数。

四、改进

（一）继续扩大宣传信用办证服务

信用办证已逐渐成为市民办理读者证的首选方式。据统计，2021 年社保卡、芝麻信用等信用办证数量占全年读者证新增量 90% 以上，越来越受到市民喜欢，已逐渐成为市民办证的首选。接下来探索办证新手段等途径，在快递借书平台、文献推荐、阅读推广活动等加入办证指南服务，加大宣传推广力度，提高市民办证数量。

（二）不断拓展服务体系，提高读者借阅人数

虽然 2021 年本馆虽然读者证新增数量增长显著，但读者借阅文献的读者人数与目标数量还存在着一定的差距。接下来一方面积极探索更多融合路径，不断拓展服务体系，借助移动互联和手机等终端，实现在读者之间文献流转的增加；另一方面，策划组织丰富阅读推广活动，通过阅读推广工作引导读者关注文献、借阅文献，提高读者借阅人数，增加文献使用量，扩大资源使用覆盖率。

（彭康通撰）

线上用户增长情况报告（2021）

2021年东莞图书馆从平台、资源等方面优化线上用户服务体验，增强线上用户使用黏性。全年在线日均活跃用户数（各平台单日访问用户去重后的人数进行平均后的总和）为4763，比2020年增长12.15%，其中网站日均活跃用户数1798人，比2020年下降3.59%；移动端日均活跃用户数2965人，比2020年增长24.48%。

一、主要措施

从多个方面来实现线上用户的有效增长，如：根据用户需求进一步优化数字资源内容结构；加大技术联动开发，与各服务商合作，完善移动端平台功能；统筹建立数字阅读体系化推广评估机制，带动总、分馆提升线上服务效能等。

（一）优化数字资源内容

2021年东莞图书馆制定了优选具收藏价值的本地镜像或一次性买断资源、增加以往使用过或试用过效果不错但受经费限制没采购的资源，同时对数字馆藏以往空缺专题资源作适当补充的采购原则方向，全年采购数据库29个，比2020年增加5个。除普适性的普通阅览、研究参考、学习培训、少儿阅读数字资源外，2021年东莞图书馆新增采购了可永久使用的古籍数据库2个，有效填补本馆古籍数字资源馆藏的空缺；采购绘本类数据库1个，为绘本馆体系服务提供更多资源支持。同时还加大了采购受读者欢迎的电子图书资源，如新采购的"掌阅精选"数据库自6月上线以来其单点登录进入人次已位于全年所有数据库进入人次的第二位。

（二）完善数字服务平台功能

东莞图书馆进一步简化用户使用图书馆服务和资源的进入渠道及步骤。2021年东莞图书馆完成了微信客户端手机认证功能的开发，用户只需通过手机号认证方式即可免费登录使用东莞图书馆微信公众号的全部数字资源，让无法使用社保卡注册读者证也没芝麻信用的用户同样能便捷使用图书馆数字资源服务。引进莞 e 读小程序，该小程序含图书、期刊、讲座、听书、绘本等多种数字资源，使用流媒体的阅读技术，使用户体验更流畅，资源类型更丰富。另外，本馆还对东莞图书馆 App 进行功能开发升级，升级后各镇（街道、园区）分馆有独立的分馆定制页面及公告功能，用户可选择分馆登录使用，统一了分馆信息发布渠道，让分馆服务推广更灵活，提高了用户了解及使用本馆数字资源的便捷性。

（三）建立体系化推广评估机制

从本馆和体系两方面同时着手，在本馆方面东莞图书馆设立数字阅读推广活动质量性指标，修订《东莞图书馆数字阅读推广分工考核办法》，在不增加部门关键绩效指标考核数的情况下将数据库分工数量拓展到 34 个，全馆各部门、管理单元协同开展，明确了资源商可提供支持活动场次，考核办法的修订，有效促进了全馆各部门、管理单位的推广积极性，2021 年全馆共开展宣传活动 171 场次，参与活动超 29 万人次；在体系方面制订年度地区图书馆数字阅读推广方案，将推广内容重点转向综合性移动服务平台，策划年度重点推广项目，强调总分馆协同推广，并将“数字阅读量”指标纳入书香镇（街道、园区）测评指标。

（四）相关方数字服务宣传资源共建共享

东莞图书馆加大与数字资源商的合作，将数字资源商对图书馆的服务宣传承诺从字面推进到实际兑现，统筹组织，有序推进。一是统一了馆内线下各数据库的宣传形态，图书馆负责数据库宣传卡片的内容规划、形象设计，合作资源商提供宣传内容及印制；二是统一为数字图书馆各数据库使用提供线上教程，合作资源商提供详细介绍文档初稿，馆员审核、修订后上传展示。通过线上、线下对各个数据库宣传介绍，为不同信息素养层次的读者提供了深入了解本馆数字资源的有效途径，有利于宣传本馆数字资源。

二、服务成效

（一）在线用户增长情况

1. 日均活跃用户数

表 2-13　2020—2021 年各平台日均活跃用户数情况

	2020 年日均活跃用户数 / 人	2021 年日均活跃用户数 / 人	增幅 /%
东莞图书馆网站	1865	1798	-3.59
东莞图书馆微信公众号	1806	2306	27.69
数字阅读小程序	474	531	12.03
东莞图书馆 App	102	128	25.49
合计	4247	4763	12.15

2. 在线服务人次

表 2-14　2020—2021 年各平台在线服务人次情况

	2020 年在线服务人次 / 人	2021 年在线服务人次 / 人	增幅 /%
东莞图书馆网站	671541	647317	-3.61
东莞图书馆微信公众号	650137	830275	27.71
数字阅读小程序	170626	191293	12.11
东莞图书馆 App	522489	500912	-4.13
合计	2014793	2169797	7.69

（二）移动端用户及服务使用情况

1. 东莞图书馆 App

表 2-15　2020—2021 年东莞图书馆 App 用户使用情况

	2020 年	2021 年	增幅 /%
点击量	4369.36 万次	5150.87 万次	17.89
累计注册用户人数	48221 人	50923 人	5.60
图书下载量	194188 册	166682 册	−14.16
文献传递量	59165 次	60648 次	2.51

2. 东莞图书馆微信公众号

表 2-16　2020—2021 年东莞图书馆微信公众号用户使用情况

	2020 年	2021 年	增幅 /%
累计关注用户人数	205514 人	254134 人	23.66
推文阅读次数	657495 次	732881 次	11.47
菜单总点击次数	1152913 次	1564335 次	35.69
微服务大厅菜单点击次数	619828 次	1091820 次	76.15

3. 东莞图书馆数字阅读小程序

表 2-17　2020—2021 年东莞图书馆数字阅读小程序用户使用情况

	2020 年	2021 年	增幅 /%
资源访问次数	2145003 次	2057366 次	−4.09
分享次数	45674 次	60560 次	32.59
新增注册用户人数	109424 人	108382 人	−0.95

（三）网站用户及服务使用情况

1. 东莞数字图书馆网站（www.dglib.cn）

表 2-18　2020—2021 年东莞数字图书馆网站使用情况

	2020 年	2021 年	增幅 /%
页面访问量（pv）	3691974 次	4370876 次	18.39
访问人次（uv）	571080 人	601156 人	5.27
日活跃用户人数	1586 人	1670 人	5.30

2. 东莞少儿图书馆网站（kid.dglib.cn）

表 2-19　2020—2021 年东莞少儿图书馆网站使用情况

	2020 年	2021 年	增幅 /%
页面访问量（pv）	146975 次	162175 次	10.34
访问人次（uv）	14394 人	24222 人	68.28
日活跃用户人数	40 人	67 人	67.50

3. 东莞图书馆学习中心网站（lc.dglib.cn）

表 2-20　2020—2021 年东莞图书馆学习中心网站使用情况

	2020 年	2021 年	增幅 /%
页面访问量（pv）	1670000 次	1940000 次	16.17
访问人次（uv）	86067 人	21939 人	-74.51
日活跃用户人数	239 人	61 人	-74.48

（四）数字资源使用增长情况

1. 数字资源利用总量

表 2-21　2020—2021 年用户利用数字资源情况

	2020 年	2021 年	增幅 /%
数字资源利用总量	6349.34 万次	7641.36 万次	20.35

2. 数字资源利用人次（单点登录）

表 2-22　2020—2021 年单点登录系统访问情况

	2020 年	2021 年	增幅 /%
登录人次	316873 人	330813 人	4.40

3. 扫码看书资源利用量

表 2-23　2020—2021 年扫码看书资源利用情况

	2020 年	2021 年
推荐资源种数 / 种	359	230
资源使用次数 / 次	3373095	2105070
平均每种资源使用次数 / 次	9396	9152

三、趋势、问题及改进

通过多措并举，2021 年无论从平台用户增长还是数字资源使用的情况来看，除在线用户增长的关键性质量指标日均活跃用户数增长外，其他多项重要指标数据都有不同程度的增长：移动平台新增注册（关注）用户数超 15.9 万，累计注册（关注）用户逾 41 万；各平台总服务人次达 216.98 万，较 2020 年增长 7.69%；数字资源单点登录人次达 33.08 万，较 2020 年增长 4.4%；数字资源利用总量超 7641 万次，较 2020 年增长

20.35%。

除了总体增长，从当前的数据分析中我们也看到部分其他的发展趋势和存在的不足，需引起注意和改进：

（一）移动端服务利用增长迅速，但 App 用户发展仍有很大空间

相较于 PC 端常用的网站平台，移动应用平台的用户增长及服务利用增长都更为显著，这与用户习惯于使用移动终端获取服务的趋势是一致的。移动端服务中基于微信的微信图书馆和数字阅读小程序增长更为明显，但同为移动应用的 App 在日均活跃用户这一关键性质量指标方面与前两者有较大的差距，可以预期未来随着微信关注用户的稳定发展，基于微信的数字平台用户也会有相应程度的增加，而对于作为数字阅读更具优势的 App 则需要投入更多的重视，应该成为下一步推广的重点，采取多种方法集中发展忠实的数字阅读用户。接下来，学习中心将进一步完善东莞图书馆 App 功能，做好与其他资源商数字资源的对接工作，同时利用分馆定制页面及分馆数据的量化统计，协同发动分馆共同推广。

（二）网站建设不可忽视，视频教学类网站受互联网主流移动视频应用冲击明显

尽管移动端应用增长迅速，网站平台热度略有下降（这主要是由学习中心网站访问人次下降明显引起的），但从关键性质量指标日均活跃用户数来看，网站与移动平台的差距并不大，因此网站建设需要持续加强，网站仍是本馆重要的在线服务窗口，界面的优化、功能的完善不可放松；此外，针对学习中心网站访问人次下降明显的问题（页面访问量仍为正增长，用户黏性增强），分析随着抖音、B 站等知识学习内容的发展，用户在线学习习惯不断重塑，常规的推广对于图书馆视频学习类网站而言很难奏效，接下来除了深挖优质资源进行推荐，需要根据用户移动端使用习惯进行平台服务转换。2020 年图书馆 App 升级为“学习通”，目的之一也是为了打通学习中心网站和 App 的相关服务，目前实现了资源的打通，但由于本馆在线用户管理系统的变更，用户部分还未打通，需要在接下来加快打通进度。

（三）多平台的功能定位不清、整合不够，统筹管理有待加强

目前，本馆提供的数字服务涉及网站、移动端的多个平台，而参与平台建设的有多个馆内部门：网络中心、学习中心、技术开发项目组以及提出服务需求的部门、单元，现阶段多头管理、多头建设的问题造成本馆对数字平台服务功能的建设在不同平台的实现缺乏统筹的考虑，与此同时，本馆对核心应用平台的定位不够清晰，基本服务达不到

同质化，如快递借书仅能在支付宝、微信公众号实现，线上提交滞纳金仅能在微信公众号完成，功能的分散并不利于用户方便使用图书馆线上服务，有必要对平台数字服务功能定位及其功能发展进行统筹考虑，明确数字图书馆网站、移动应用（App，微信图书馆、小程序）的服务定位、基本功能、核心功能，对于当前更为主流的移动服务要针对不同应用的特点明确各平台间的关系，下一步学习中心将据此提交相关的工作建议，以期理顺在线平台服务功能变更的工作流程，加强数字服务平台建设的统筹。

此外，本次数据统计分析由于时间的限制，对于部分在线用户和服务平台的数据仍有遗漏，例如少儿分馆微信公众号数据以及除仁仁阅数字阅读小程序外的其他小程序的使用情况都没有被纳入进来，未来的年度数字阅读报告将加强这方面的数据统计。

（方嘉瑶、奚惠娟撰）

卓越绩效管理案例

一、卓越绩效模式内容

卓越绩效模式最早源自20世纪80年代美国波多里奇国家质量奖的评审标准，其核心是以事实为基础，以顾客为导向，追求卓越的管理绩效，主要内容包括领导、战略、顾客和市场、资源、过程管理等7个方面。该标准后来逐步风行发达国家与地区，成为一种卓越的管理模式，即卓越绩效模式。

我国开展卓越绩效模式的研究始于20世纪90年代，但真正引入卓越绩效模式是从2001年全国质量管理奖评审启动开始的。2004年，我国制定和颁布了国家标准GB/T 19580—2004《卓越绩效评价准则》（以下简称《准则》）。《准则》的适用范围是“追求卓越的各类组织”。2012年，《准则》修订版发布，即GB/T 19580—2012《卓越绩效评价准则》，部分条款有所调整。《准则》在充分参照国外质量奖评价标准的同时，结合我国质量管理的实践，从“领导，战略，顾客与市场，资源，过程管理，测量、分析与改进，结果”7个方面规定了对组织卓越绩效的评价要求，并从此成为国家质量奖及各地方、各行业质量奖的评审依据。

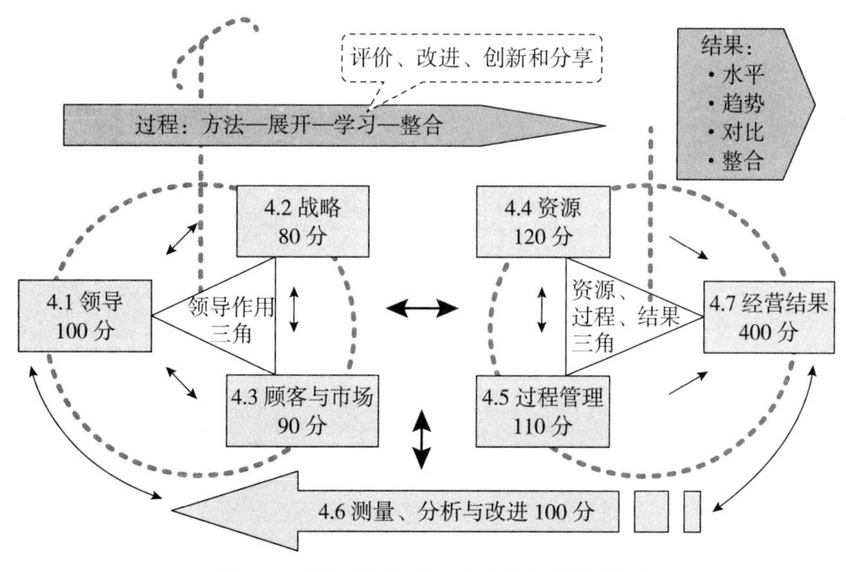

图2-1　《卓越绩效评价准则》框架模型图

二、实施卓越绩效管理背景

（一）组织发展的需要

2010年，经过新馆开馆后的第一个五年发展，东莞图书馆又站到了一个新的阶段性起点，卓越绩效模式为东莞图书馆的持续发展提供了全新的视野和方法。

1. 卓越绩效模式的指导性

卓越绩效模式是卓越的经营实践和管理理论研究相融合的结晶，其以顾客为中心的导向不仅与现代图书馆服务理念不谋而合，重视流程管理、关注绩效结果的评价标准和工具方法，也能让图书馆找到管理短板，获得新的提升空间，为民众提供高效率、低成本的服务。卓越绩效管理持续改进、系统提升、追求卓越的理念和方法，给东莞图书馆突破自身、实现从优秀到卓越带来了新的努力方向。

2. 图书馆公共服务的示范性

图书馆作为公共文化服务体系的重要组成部分，在推进完善政府的社会管理职能和公共服务职能承担着重要作用，公共图书馆的服务质量和绩效输出是衡量一个地区公共文化服务体系水平的重要指标。全面导入和实施卓越绩效模式，推行绩效管理倡导优质服务并得到社会公平的评价和要求，在整个公共文化服务体系中具有基础性和引导性的意义。

3. 先进标杆的带动性

在行业内，新加坡国家图书馆管理局先后于2004年和2011年两次荣获新加坡国家质量奖，还分别在2001、2009、2010年获得了卓越创新奖、卓越服务奖和卓越人才奖，包揽了新加坡国家质量奖的所有分列奖项，这些实践和成果为东莞图书馆提供了借鉴和标杆。

（二）东莞市政府质量奖的契机

为引导和激励东莞市企业（组织）建立和实施卓越绩效模式，加强质量管理，提高产品、服务和经营质量，增强自主创新能力和国际竞争力，促进经济社会发展，东莞市政府设置政府质量奖，并从2012年第三届开始扩大政府质量奖的奖励范围，公共组织可以参评东莞市政府质量奖。

在导入卓越绩效模式的基础上，东莞图书馆申报2012年第三届政府质量奖。全面按照《准则》的要求，进一步完善管理和评价体系，重新梳理业务流程，建立管理规范，构建起具有东莞图书馆特点、符合公共图书馆发展要求的卓越绩效管理体系，有力推动了各项业务不断提升。

三、卓越绩效管理实施过程

（一）领导决策与参与

导入卓越绩效模式是“一把手工程”，组织的高层领导不仅要了解卓越绩效模式，还要全程跟进、督促和全面参与卓越绩效管理实践。李东来馆长在全面考察和了解卓越绩效管理模式内涵及其在图书馆的适用性之后，深感其为公共图书馆管理提供了新的社会公认的管理手段和评价方法，其成熟度的评价方式是对公共图书馆现有符合性评价体系的完善，东莞图书馆在新的发展阶段可以探索实践。图书馆领导层统一认识，全面主导并参与卓越绩效管理的全过程，确保卓越绩效模式落地生根。

（二）评价准则学习与培训

决定导入卓越绩效模式后，东莞图书馆组织开展多种形式的《准则》学习活动。首先，业务部相关人员先行熟悉和了解卓越绩效模式和《准则》，搜集有关资料，制订学习计划；其次，组织馆领导和中层干部集中学习和讨论《准则》和《卓越绩效评价准则实施指南》，包括准则的意义、框架、标准的内容和评价方法等，并要求每个中层干部对《准则》某个条款进行解读；再次，派业务骨干参加东莞市质量协会举办的卓越绩效管理知识学习班和卓越绩效自评师培训班，进一步深入学习卓越绩效模式，并取得自评师资格；最后，开展全员学习，邀请专家来馆举办讲座，宣传卓越绩效管理知识，并以知识竞赛的方式检验全员学习效果。

（三）建立卓越绩效管理小组

为了有效推进卓越绩效模式的导入和实施，东莞图书馆在前期成立了卓越绩效管理小组，包括领导小组和工作小组，东莞图书馆领导和中层干部均参与到卓越绩效管理工作中。获得质量奖后，本馆组建了跨部门的卓越绩效管理核心小组，具体负责东莞图书馆卓越绩效模式的持续推进和深入实施。

（四）基于卓越绩效模式整合管理体系

经过学习，在对卓越绩效模式较为全面认识的基础上，在专家的指导下，东莞图书馆以《准则》为框架，对原有管理体系进行整合，构建具有东莞图书馆特色的卓越绩效管理体系。

1. 开展组织文化建设，确立图书馆使命、愿景、价值观

面对社会环境、信息技术、公众需求的变化，本馆以组织文化“八字方针”和“开

放办馆、人才兴馆、技术强馆”的办馆思路为基础，提炼并确立了东莞图书馆的使命、愿景、核心价值观，塑造东莞图书馆精神。

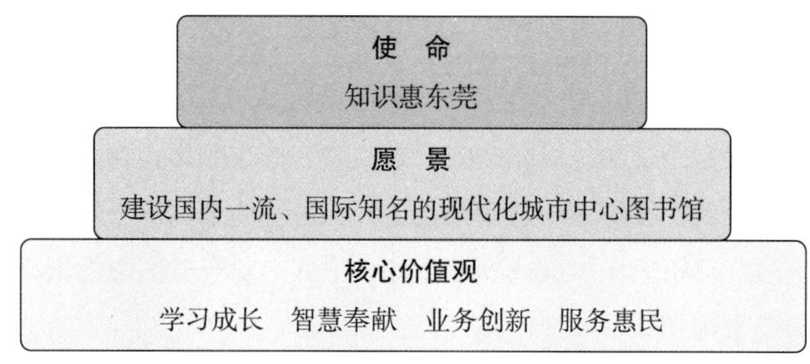

图2-2 东莞图书馆使命、愿景、价值观

2. 完善战略规划，制定战略目标

东莞图书馆战略规划制定始于2002年新馆建设项目立项，馆领导根据行业发展和东莞城市经济社会状况，制定了《东莞市图书馆新馆建设与发展规划纲要（2002—2010）》。2010年，东莞图书馆成立了战略规划小组，制定了《东莞图书馆“十二五”发展规划》。实施卓越绩效管理之后，东莞图书馆对外部宏观环境、内部资源能力、可持续发展及行业关键因素进行分析，明确自身优势、劣势、面临的机会和挑战，进一步完善战略规划体系。

2015年，与南开大学战略规划专家团队合作，运用了国际先进的图书馆战略规划工具，经过充分的调查研究和广泛的社会参与，集成了国际图书馆战略规划文本的优点，制定了《东莞图书馆“十三五”战略规划》。包括5个战略方向、20个目标、63个策略、120个指标、192个行动，为图书馆制定战略规划提供了一个典型样本。

图2-3 《东莞图书馆“十三五”战略规划》

3. 细分用户，建立用户反馈机制

根据用户需求特点，细分用户类型，本馆将图书馆的用户分为个人用户（读者）、企业及组织、分馆、政府四大类。对每个类别再进行细分，根据不同用户进行需求特点分析、信息收集、提供相应服务。个人用户按年龄细分包括学龄前儿童、学龄儿童、青少年用户、成人用户、老年人用户，针对不通年龄段的用户，本馆提供针对性服务和精准服务。

表 2-24　东莞图书馆用户细分

<table>
<tr><th>用户数</th><th colspan="2">用户细分</th><th>需求特点</th></tr>
<tr><td rowspan="6">个人用户（读者）</td><td rowspan="5">按年龄细分</td><td>学前儿童（≤6 岁）</td><td>对事物的感知、模仿、启蒙特点，形成初步的思想。</td></tr>
<tr><td>学龄儿童（7～12 岁）</td><td>发展认知、想象、独立思考等。</td></tr>
<tr><td>青少年用户（13～19 岁）</td><td>学习、活动、培训、交流，喜欢利用新媒体进行阅读，培养创造、创新能力。</td></tr>
<tr><td>成人用户（20～59 岁）</td><td>掌握、学习最新资讯，阅读文献、课题研究、交流互动，参加各类讲座、展览、活动。</td></tr>
<tr><td>老年人用户（≥60 岁）</td><td>以休闲、互动为主的书刊借阅，参加各类特色爱好学习班。</td></tr>
<tr><td colspan="2">残障人士</td><td>无障碍阅读设施和在各类活动中求知、交流。</td></tr>
<tr><td rowspan="4">企业及组织</td><td colspan="2">企业</td><td>了解最新的宏观经济政策、行业动态、科技前沿信息；行业标准、专利、管理知识；开展员工培训学习和休闲娱乐活动。</td></tr>
<tr><td colspan="2">部队</td><td>建立部队图书阅览室，满足官兵阅读、休闲的需求。</td></tr>
<tr><td colspan="2">学校</td><td>师生教学研究和课外阅读、交流的需求。</td></tr>
<tr><td colspan="2">监狱（服刑人员）</td><td>普法教育、知识学习、人文陶冶的需求。</td></tr>
<tr><td colspan="3">分馆</td><td>根据各地特点，分馆筹建和运作过程中需要业务指导、业务培训，不断提高服务效能。</td></tr>
<tr><td colspan="3">政府</td><td>决策参考咨询资料，重要会议的议题、课题参考资料研究，专业出版物的编撰、出版所需资料。</td></tr>
</table>

建立用户满意管理及反馈机制，通过用户调查、电话回访、读者座谈、读者培训、读者导读、读者活动、上门服务、领导走访、网络互动、分馆业务辅导及各种会议等方

式，多方位、多角度建立良好的用户关系，收集读者反馈意见，不断修正用户服务手段，提高用户服务效果。

4. 关注组织和个人学习，促进个人成长

人力资源是最重要的资源，是核心资源，是图书馆服务和创新的动力源泉。东莞图书馆关注组织和个人的学习，完善教育培训体系，建立教育培训制度与规范。创建学习型组织，开展多种形式的学习活动，如全馆每个季度集体学习一本书、部门集中学习与讨论、全馆交流与分享、编辑学习专刊等，以此培养员工学习兴趣，提高员工知识素养；组织举办各种形式的业务讲座和技能培训，提高员工业务技能，并设置关键绩效指标——“人均培训学时”，考核培训工作量和培训效果；设置科研课题，开展项目管理，提高员工研究能力和学术水平；大力创建各类业务能手小组和兴趣小组，为员工提供参与平台，促进员工个人发展与成长。

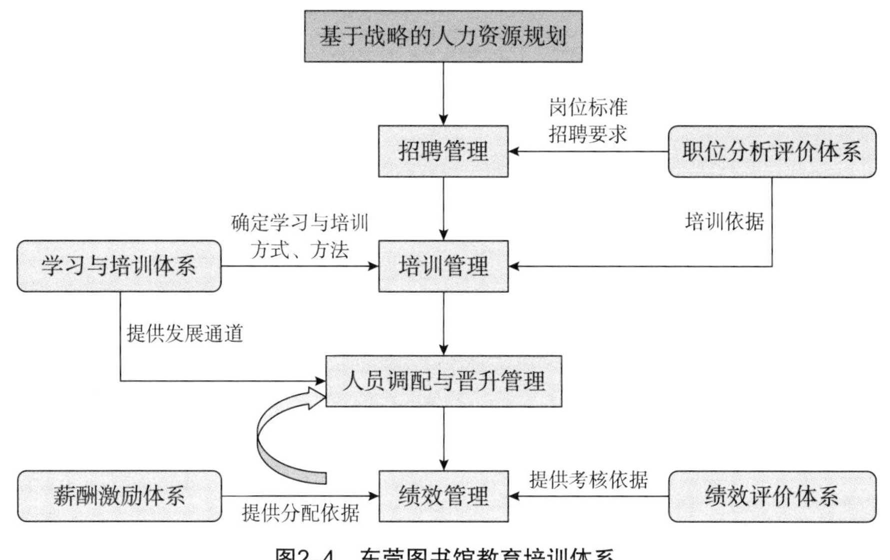

图2-4　东莞图书馆教育培训体系

5. 识别和设计管理过程

本馆以用户需求为中心，立足于功能定位，结合图书馆的业务传统和现代发展，确立了四大价值创造过程，六大关键支持过程。价值创造过程包括文献采访过程、文献组织过程、文献典藏过程、用户服务过程，其中用户服务过程又分为读者发展管理过程、文献借阅服务管理过程、数字资源服务管理过程、参考咨询服务管理过程、社会教育与阅读推广管理过程、总分馆服务管理过程、地方文献保存、开发与利用管理过程等。关键支持过程主要包括人事管理过程、财务管理过程、采购管理过程、设施设备管理过程、信息管理过程、业务研究过程等。

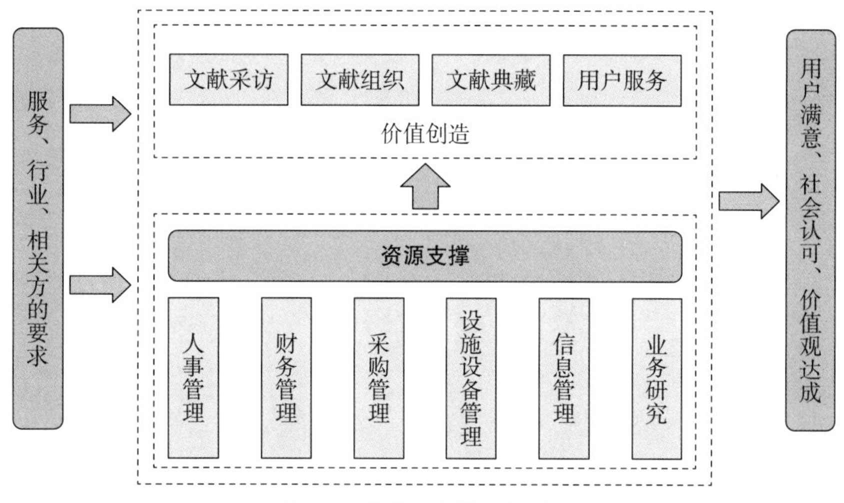

图2-5　东莞图书馆业务过程

本馆对每个过程都制定工作流程，明确工作内容与部门职责，并对如何实施过提出要求。为了确保每个过程有效运行，还设计过程管理指标定期测量指标完成情况，以达到对过程进行控制的目的，并根据监测结果及时进行调整和改进。

6. 建立绩效指标体系，开展绩效考核

2012 年，在实施卓越绩效管理之初，东莞图书馆从实际出发，按照财务、内部运营、用户服务、学习与成长 4 个层面的要求，建立绩效指标库，共计 140 个指标，包括关键绩效指标和业务统计指标，分布在各个部门和各个岗位。

东莞图书馆为每个部门设置了关键绩效指标，每个关键绩效指标有季度目标和年度目标，各部门按月提交指标完成情况，按季度考核，并在年底进行评比，根据各个指标的完成状况给予不同程度的奖惩。对一些主要关键绩效指标，还要求按比例逐年递增，以达到不断走向卓越之目的。

7. 建立绩效分析会制度，开展绩效分析与改进

从 2013 年开始，东莞图书馆建立部门绩效分析会制度，作为图书馆实施“测量、分析与改进”的重要抓手之一。绩效分析会每月召开一次，由各部门自行组织，一般在月初举行，重点是对上月个人或岗位工作完成情况开展分析，对存在的问题提出改进措施。为了提高绩效分析效果，员工个人或岗位还需填写“月度工作绩效表”，主要内容包括目标绩效、实际绩效、当月工作效益分析、下月工作改进措施等，作为开展绩效分析会的基础材料。绩效分析会作为一种基于事实的分析与改进方式，营造了实事求是的工作氛围，培育了员工的绩效意识和强调改进的思维方式。

图2–6　学习中心推进部召开绩效分析会

8. 关注结果，开展同行对比

经营结果主要包括产品和服务、顾客与市场、财务、资源、过程有效性、组织效率、社会责任等。公共图书馆作为公益性社会事业单位，由于自身性质的决定，其工作成果不是以经济利润来呈现，而更主要表现为社会效益，但仍然要以可量化的结果来衡量投入 / 输出绩效。东莞图书馆设计绩效指标体系，并对关键绩效指标实施考核，本身就是一种高度关注结果并追求结果最佳化的行为，并通过持续改进使主要结果指标呈不断增长趋势。

关注结果不是只关注当年结果，还关注过去至少 3 年的结果，对自身的纵向发展进行对比。另外，还设立了标杆和竞争对手（同行），对结果进行横向比较，从而更加清楚地认识自身发展程度和状况。

（五）申报政府质量奖，以奖促建

经过整合，东莞图书馆建立了卓越绩效管理体系，运行良好，各项工作有序推进。2012 年，正值第三届东莞市政府质量评审之际，对照政府质量奖申报要求，参与申报第三届东莞市政府质量奖。为此，东莞图书馆组织撰写自评报告，开展自我评价，找出了不足和问题，并及时加以改进。后经过完善，形成东莞图书馆《实施卓越绩效管理报告》。经过材料评审，东莞图书馆入围现场评审名单，并于 6 月 28—30 日接受了为期 3 天的现场评审。经过严格评审，专家对东莞图书馆开展卓越绩效管理的成效给予了充分肯定，本馆最终以优异成绩获得第三届东莞市政府质量奖，成为我国图书馆界第一个获得政府质量奖的公共图书馆。

图2-7　东莞图书馆《实施卓越绩效管理报告》

图2-8　东莞图书馆获得东莞市政府质量奖

获得东莞市政府质量奖之后，东莞图书馆继续探索，不断创新，如推出绩效分析会制度、业务规范和标准化建设、公共图书馆卓越绩效管理模式与标准化的研究等。2015年，东莞图书馆以公共组织的身份申报广东省政府质量奖。在全省24家申报单位中，东莞图书馆入围前12名，进入现场评审。

通过申报政府质量奖，东莞图书馆对《准则》的理解更深一步，离掌握卓越绩效模式的精髓就更近一步，达到了通过申奖以促进和完善自身管理体系的目的。

四、实施卓越绩效管理的经验、教训

卓越绩效模式引导组织不断追求卓越的理念，其所提供的一整套“卓越经营模式”，对目前正处在快速发展时期的公共图书馆来说，无疑是值得学习和实践的。总结东莞图书馆在实施卓越绩效管理的经验和问题，可为同行提供借鉴和启发。

（一）领导重视，全员参与

实施卓越绩效模式是一项庞大、复杂的系统工程，尤其是卓越绩效模式采用的思维模式和管理语言，需要我们对原有的认知方式进行转换和对接，因此要有足够的毅力，否则就容易产生畏难情绪。东莞图书馆正是由于领导层的高度重视、巨大决心和全程参与以及持久的耐心和毅力，才得以顺利实施卓越绩效模式。同时，这还需要图书馆员工全员参与，比如部门绩效分析会涉及每个岗位或每个人，我们必须认识和了解卓越绩效模式，并按照要求对岗位进行分析和改进。

（二）争取支持，专业指导

由于卓越绩效模式的专业性和复杂性，组织在实施卓越绩效管理之初，无论是对模式的理解，还是对《准则》的学习和运用以及卓越绩效管理体系的整合，都会存在着一定的困难。除加强自身学习和摸索之外，一是要积极争取政府质量管理部门在政策条款的解读、绩效管理模式的培训、质量奖申报指导等方面的支持和帮助，二是借助社会上的专业力量，如质量管理咨询公司或卓越绩效管理专家，加快卓越绩效模式导入的进程，少走弯路。东莞图书馆在导入卓越绩效模式以及申报2012年东莞市政府质量奖和2015年广东省政府质量的过程中，都曾经聘请专业咨询公司对服务产品的确定、业务流程的梳理、业务过程的提炼、战略目标的设计、自评报告的编写等进行指导。

（三）立足系统，抓好关键

按照《准则》要求，组织要从 7 个方面来构建自身的管理体系。在实施过程中，各个组织可根据自己的实际，在追求管理体系全面性、系统性的同时，抓住关键环节，有重点地实施。比如，东莞图书馆过去在“分析与改进”与“评价”方面相对较薄弱，因此，我们在实施中重点关注“测量、分析与改进”的方法和要求，加强对业务过程的测量与分析，并在此基础上寻找改进的方法。

（四）总结实践，研究提升

坚持实践与理论相结合，以理论指导实践。东莞图书馆一边推行卓越绩效管理实践，一边开展卓越绩效管理研究，并以实践为基础探索公共图书馆卓越绩效管理模式及其标准化，取得较丰富的研究成果，如先后在《图书馆建设》《图书馆论坛》发表两组专题学术论文，“公共图书馆卓越绩效管理模式研究”获得广东省“十二五”哲学社会科学规划课题立项，“公共图书馆卓越绩效管理标准化研究”获得文化部文化行业标准项目立项。理论研究与探索加深了本馆对卓越绩效模式的认识和理解，对进一步在实践中实施和推进卓越绩效管理有指导意义。

（五）结合实际，克服局限

本馆充分认识到绩效评价准则的科学性和通用性，又要考虑到图书馆行业的特殊性，不能完全生搬硬套绩效评价准则的条条框框。比如，关于投入与产出问题，公共图书馆是由政府投入，更多关注的是社会效益，因此图书馆经营结果指标的设计中社会效益指标应占据更大的比重。又如，公共图书馆的人员配置和图书资源投入等资源配置相对企业来讲缺少自主性，容易造成各种资源并不能适时地按照图书馆战略规划进行最合理的配置。所以，公共图书馆构建卓越绩效管理模式必须从实际出发，尊重行业特点，制定出适用于图书馆行业的卓越绩效评价标准。

（李正祥撰）

月度绩效分析会案例

东莞图书馆自2005年新馆开馆以来，加强质量管理，创新管理方式，探索新的管理方法，于2011年导入卓越绩效模式，实施卓越绩效管理。2013年开始，东莞图书馆在卓越绩效模式的基础上，建立部门绩效分析会制度，作为图书馆实施“测量、分析与改进”的重要抓手，并一以贯之，成为推进和实施卓越绩效管理的重要手段。

一、背景

2010年，经过新馆开馆后的第一个五年发展，东莞图书馆又站到了一个新的阶段性起点。东莞图书馆积极探索科学的管理方法，卓越绩效模式为东莞图书馆的持续发展提供了全新的视野和方法。2011年，东莞图书馆开始导入卓越绩效模式。为了检验卓越绩效导入的效果，并以政府质量奖作为进一步加强质量管理、提高管理水平和服务质量的手段，东莞图书馆在导入卓越绩效模式的基础上，积极申报2012年第三届政府质量奖，并成功获奖，成为我国图书馆界第一个获得政府质量奖的公共图书馆。

卓越绩效模式作为一种评价体系，为图书馆开展评价和考核提供了科学的方法。卓越绩效管理的核心价值观之一是以结果为导向，关注结果，特别是关键的结果。对于一个组织来说，结果就是体现在各种绩效指标的完成上。2012年，在实施卓越绩效管理之初，东莞图书馆从实际出发，按照财务、内部运营、用户服务、学习与成长4个层面的要求，建立绩效指标库，共计140个指标，包括关键绩效指标和业务统计指标，分布在各个部门和各个岗位。

东莞图书馆为每个部门设置了关键绩效指标，每个关键绩效指标有月度目标、季度目标和年度目标，各个部门每个月都要监测和提交关键绩效指标的完成情况，按季度考核，并在年底进行评比，根据各个指标的完成状况给予不同程度的奖惩。对一些主要关键绩效指标，还要求按比例逐年递增，以达到不断走向卓越之目的。

二、实施过程

月度绩效分析会由办公室统筹、卓越绩效管理核心小组指导。办公室每月5日前汇总并发布各部门绩效分析会的召开时间、地点等信息。

为了提高绩效分析效果，员工个人或岗位还需填写“月度工作绩效表”，主要内容包括目标绩效、实际绩效、当月工作效益分析、下月工作改进措施等，作为开展绩效分析会的基础材料。员工汇报工作时，以宣读个人或岗位“月度工作记录表”的内容以为主，也可以 PPT 演示文稿的方式进行汇报。汇报结束后，由部门主任对员工的岗位工作进行总结和点评，由分管馆长对部门的工作提出指导意见。绩效分析会结束后，各部门要保存绩效分析会的照片和会议纪要，作为档案资料存档。

绩效分析会每月召开一次，由各部门自行组织。2017 年全馆实行扁平化管理后，新增了几个管理单元，管理单元可以自行组织或联合其他部门一起开展绩效分析会。绩效分析会要求在月初举行，最迟不能晚于当月 15 日。

绩效分析会经历了从探索起步到推进，再到提升的一个过程。绩效分析会始于 2013 年 3 月，最初在业务部和采编部试点。第一场绩效分析会在采编部办公室进行，采编部全体员工按岗位汇报工作完成情况及当月绩效，馆领导和中层干部现场观摩。第二场绩效分析会在业务部办公室召开，业务部员工汇报个人工作情况及相关绩效，馆领导和中层现场观摩。这两场绩效分析会上，馆长和主管领导对分析会的内容和形式进行点评，提出改进意见。之后，各部门效仿采编部和业务部的形式，陆续召开了各自的绩效分析会。从此，绩效分析会成为各部门实施卓越绩效管理的一个抓手并形成制度。

图2–9　采编部绩效分析会

图2-10　业务部绩效分析会

为进一步规范绩效分析会，2014 年，卓越绩效管理核心小组在观摩各部门绩效分析会的基础上，讨论和提出《关于部门绩效分析会推进开展的几点建议》，对绩效分析会的召开频率、流程、形式、重点、信息共享等提出要求，各部门遵照执行。为检验部门绩效分析会的成效，2016 年，办公室向各部门征集已有或现有绩效分析会上形成的项目岗位或个人绩效分析报告和方案，提交重点绩效指标完成情况、存在问题及分析、改进措施及成效等，并进行评比，评出一、二、三等奖及优秀奖。2017 年 10 月，各部门对绩效分析会进行全程录像并自行剪辑，制成绩效会案例。至此，绩效分析会制度日臻完善。

三、绩效分析会内容

月度绩效分析会由部门主任或管理单元负责人主持，指定员工进行会议记录，主要内容包括以下几个方面：

（1）部门主任或管理单元负责人通报部门关键绩效指标完成情况，分析存在的问题以及下一步如何改进。

（2）员工汇报个人或岗位工作完成情况，包括目标绩效、实际绩效、工作效益分析

（从成绩与问题两个方面进行），下一步改进措施。人数较少的小部门的每个人都要进行汇报；人数多的大部门，则按岗位由代表进行汇报。

（3）部门主任对个人或岗位工作完成情况及存在问题进行点评并提出改进要求。

（4）部门主任对下一个月重要工作进行部署和安排。

（5）若分管领导参加会议，最后由其提出意见和下一步工作的建议。

四、问题与改进

（一）存在问题

绩效分析会实施多年，对推进和完善部门工作发挥了积极作用，但也存在一些问题：

1. 容易流于形式

应付式、任务式对待绩效分析会，甚至有的部门只提交会议计划却没有真正去落实，没有将其变成一种常态化的工作开展。

2. 容易变成一种工作汇报会

员工汇报只谈工作量、完成情况，缺乏对当月工作效益展开分析，更没有下一步工作的改进措施。

（二）改进措施

1. 制定绩效分析会管理规范，建立绩效分析会制度

召开卓越绩效核心小组研讨会，优化“月度绩效工作表”，完善绩效分析会流程与规范。

2. 进一步突出对绩效的分析和改进

改变绩效分析会工作汇报模式，避免罗列工作量，突出分析与改进。

3. 加强对各部门绩效分析会管理

卓越绩效管理核心小组参与各部门绩效分析会，对绩效分析会进行激励，开展部门月度绩效分析会优秀案例评比等。

五、经验与启发

月度绩效分析会制度自 2013 年实施以来，各部门、管理单元把它作为每月工作例会，围绕部门绩效指标数据进行分析，总结经验、发现不足，并明确下一步的改进方

向。其中有成功的经验，也有值得思考的地方。

1. 该制度是深入开展卓越绩效管理的一个抓手

东莞图书馆通过建立月度绩效分析会制度，开展工作绩效分析与改进，不断推进卓越绩效管理。

2. 该制度推动部门绩效指标完成的一项重要措施

部门绩效指标完成情况每月、每季度都要上交到办公室，年底考核评比。通过绩效分析会，各部门能够进一步对每项指标的完成情况进行梳理，特别是对季度不达标的指标进行分析讨论，找出下一步的改进措施，这对部门完成全年的指标量起到很好的促进作用。

3. 该制度培育了员工的绩效意识和以结果为导向的工作思维

绩效分析会制度的作用明显，让员工在工作中更加善于用数据说话，用数据反映工作存在的问题和成效。

4. 该制度作为一种基于事实的管理，培养了员工实事求是的工作作风。

员工岗位工作效益主要从取得的成绩与存在的问题这两个方面反映出来，实施月度绩效分析会制度，能够促使员工直面问题、正视不足，进一步发挥实干精神，从实际出发规划工作。

5. 该制度增强了部门各员工之间以及各岗位之间工作情况的公开性和透明度

绩效分析会使员工了解部门不同岗位的工作内容以及完成情况，员工也能为不同的岗位工作出谋划策，不断推进工作的有效开展。

（陈伟华、李正祥撰）

第三章　业务管理

图书馆业务丰富多彩，包括文献资源建设、读者发展、文献借阅服务、数字资源服务、参考咨询服务、社会教育和阅读推广、地方文献保存开发与利用、总分馆服务、业务研究等。每一项业务都有其自身的要求和流程。开展业务管理，建立业务工作规范，总结业务工作经验，发现业务工作问题，这些都是提升工作效果的重要手段。本章以分析报告、样例、案例等形式，记录东莞图书馆业务建设与读者服务的内容和方法，既是一次总结的过程，也是思考和改进的开始。

文献资源建设分析报告（2020）

文献资源建设是图书馆开展各项工作的基础。2020年，东莞图书馆文献资源建设工作按照《东莞图书馆文献资源采选条例》《东莞图书馆文献资源采选工作流程》及各类型文献采访细则积极开展工作，进一步丰富了馆藏文献资源、强化了特色专题文献，为图书馆各项服务工作的顺利开展提供了文献资源保障。

一、文献资源建设工作概述

（一）充实馆藏文献资源，提高文献采访质量

1. 多渠道多途径开展文献的采访工作

（1）主要通过现场采购、书目预订、网上采购等方式进行图书的采购

本馆加强“绿色通道图书”的采购，针对读者对最新图书、热门图书、畅销图书的需求，专项采购一定数量的新书和畅销书，让这些图书及时到馆、及时加工，以最快的速度分编加工移交给流通部门。针对各部门对图书的特殊要求，采取专项采购分编、专人负责的方式，如“新芬路自助图书馆图书”“老年人图书馆图书”“绘本馆体系图书”“党建专题图书”等均作为专项图书的采购工作，由专人负责成批采购和分编加工，保证图书的到货率和及时性。

（2）读者荐购

读者通过到馆留言或登录个人主页进行在线荐购，采访工作人员结合采选条例和读者需求及时处理读者荐购信息。2020年9月“南国书香节”期间，本馆与广东新华书店东莞市民中心店合作，开展“你选书，我买单”读者选书活动。

（3）接受赠书

2020年入藏的机构及个人赠书共计4211种6032册。

2. 广泛收集书目信息，关注重点文献，提高文献采访质量

本馆通过书目报、图书供应商、图书网站等各种渠道广泛收集书目信息，并持续关注主要媒体的出版信息，包括年内获奖的各类图书、畅销图书，权威机构、媒体、专家

的推荐读物等，按照文献采访原则进行采选，确保尽快采购入藏好书、热门图书。

3. 加强文献编目工作质量控制

本馆加强总分馆的文献书目数据的质量控制，严格把控中标供应商提供的编目数据的质量；督促中标供应商提升文献供货能力、到货速度、到货率，保证到货图书质量。在做好文献书目数据的质量控制工作的同时，积极向国家图书馆全国联编中心上传书目数据及校正、反馈国家图书馆全国联编中心的不规范书目数据。在全国图书馆联合编目中心召开 2020 年度工作会议上，本馆荣获“年度优秀数据监督机构”“年度优秀数据上传机构”“年度优秀数据质量监控员”等奖项。

（二）持续开展特色专题文献资源建设

1. 继续加强特色专题文献资源的积累

本馆通过多种途径广泛收集内地及港澳台出版社出版信息，以保证特色专题文献品种齐全、馆藏量逐年增长。2020 年“东莞地方文献”入藏 1812 种 2350 册 / 件；“漫画专题文献”入藏 4601 种 9055 册；“粤剧专题文献”入藏 303 种 444 册。

2. 完善专题文献建设制度

根据本馆的实际情况，东莞图书馆确定以东莞地方文献、漫画专题文献、粤剧专题文献、绘本专题文献为特色馆藏，制定完成《东莞图书馆特色专题文献资源建设工作制度》。通过制定专题文献建设工作制度，明晰专题馆藏文献体系的建设、开发方向；通过长期、积累性建设，使专题馆藏文献特色得到不断强化。

3. 编制《漫画文献总览》（2016/2017 年续编本）

本馆持续开展漫画专题文献的开发整理工作，在 2014、2017 年编辑出版《漫画文献总览》（6 卷 12 册）、《漫画文献总览（2014/2015）》（上下册）的基础上，继续对 2016—2017 年新增的漫画、动画、连环画类文献的书目信息进行收集和系统的整理，编制成《漫画文献总览（2016/2017）》，作为《漫画文献总览》《漫画文献总览（2014/2015）》的续编本。该书主要收录 2016—2017 年出版的漫画专题的中文文献书目 6499 条，包括内地出版、港台地区出版的漫画专题文献的书目信息，全书分上、下两册，2020 年 6 月正式出版。

（三）加强文献资源服务一体化建设

1. 加强文献资源服务一体化建设，推荐试用数据库与入藏新书

调研新推出的数字资源，及时挂网试用推荐。本年度本馆发布了 21 个试用资源库，其中 9 个在微信端试用。本馆通过试用了解读者对数字资源的需求情况，为数据库的购

买提供依据。

本馆及时做好入藏新书的推荐工作，包括及时在“每日一书”栏目上作推广介绍，编印《书讯》等。通过网站“每日一书”栏目及《书讯》，向读者及时介绍馆藏新书好书以及一些在社会上有影响的图书。特别是新冠疫情期间，重点推荐疫情防控相关的科普图书，做到不间断推送、及时更新，确保每天有新资源与读者见面。

2. 参与第十五届“文津图书奖”参评图书推荐、初评工作

作为“文津图书奖”的联合评审单位，本馆做好第十五届“文津图书奖”的参评图书推荐和初评工作，按照《国家图书馆关于邀请图书馆参与第十五届文津奖的函》的要求，于2月底前向组委会秘书处推介初评入围图书80种（社科类40种、科普类20种、少儿类20种），撰写推介理由并通过邮箱把结果反馈给国家图书馆。这是继2014年以来，东莞图书馆第7次作为文津图书奖联合评审单位参与该项图书评奖活动。

二、文献采选统计分析

2020年东莞图书馆文献采选经费为801万元，同比减少了13.78%。根据实际工作情况，调整较大的项目有：进口原版图书的采购经费同比减少了54.55%；报刊订购经费同比减少了28.00%。

在文献类型的经费分配上：图书占比最多，为57.30%；数字资源占比次之，为30.96%。

表3-1　东莞图书馆2020年文献采选经费一览表

文献类型		2020年采选经费/元	占比/%	2019年采选经费/元	同比增长/%
图书	中文图书	40900000	51.06	4300000	-4.88
	进口图书	500000	6.24	1100000	-54.55
	小计	4590000	57.30	5400000	-15.00
报刊	中文报刊	470000	5.87	600000	-21.67
	进口报刊	180000	2.25	250000	-28.00
	企业内刊	50000	0.63	50000	0.00
	小计	700000	8.74	900000	-28.00
数字资源		2480000	30.96	2750000	-9.82
加工附加费		240000	3.00	240000	2.00
总计		8010000	100.00	9290000	-13.78

三、文献入藏统计分析

截至 2020 年 12 月 31 日，东莞图书馆文献资源馆藏总量为：图书 3112809 册、报刊合订本 62264 册、音像资料 167519 件、电子图书 900133 种。

东莞图书馆 2020 年新增馆藏图书 55176 种 155406 册、音像资料 51 种 291 件、电子书 2823 种。

表 3-2 东莞图书馆馆藏文献量

文献类型	藏量 / 册（件）
1. 图书	3112809
其中：盲文图书	234
2. 古籍	8037
其中：善本	43
3. 报刊	62264
4. 视听文献	167519
5. 缩微制品	—
6. 其他	—
在藏量中：开架书刊	2781265
少儿文献	848988

表 3-3 东莞图书馆 2020 年文献入藏量统计表

文献类型	种数			册数		
	2020 年入藏种数 / 种	2019 年入藏种数 / 种	同比增长 /%	2020 年入藏册数 / 册	2019 年入藏册数 / 册	同比增长 /%
普通图书	46944	52413	−10.43	143697	172083	−16.50
进口图书	8232	7776	5.86	11709	9536	22.78
报刊	—	90	—	—	713	—
视听文献	51	76	−32.89	291	177	64.41
合计	55227	60355	−8.50	155679	182509	−14.70

（一）入藏文献复本分析

2020 年东莞图书馆新增馆藏图书 55176 种 155406 册，平均复本数 2.82 册。其中：少儿图书入藏 12721 种 69343 册，占新增文献入藏量的 44.62%；少儿图书平均复本数 5.45 册，符合《东莞图书馆文献资源采选条例》及相关采访细则关于文献复本控制的规定要求。

（二）入藏文献学科类型分析

2020 年东莞图书馆入藏文献中包括了《中国图书馆分类法》22 个大类的全部藏书，学科覆盖面达到 100%，保障不同类型、不同年龄层次读者的需求。2020 年入藏文献的学科结构，如表 3-4 所示。

表 3-4　东莞图书馆 2020 年图书入藏分类统计表

基本部类	分类	种数 / 种	册数 / 册	种数入藏比例 /%	册数入藏比例 /%
马克思主义、列宁主义、毛泽东思想、邓小平理论	A 马克思主义、列宁主义、毛泽东思想、邓小平理论	98	153	0.18	0.10
哲学、宗教	B 哲学、宗教	1918	4206	3.48	2.71
社会科学	C 社会科学总论	736	1372	1.33	0.88
	D 政治、法律	1950	3237	3.53	2.08
	E 军事	257	517	0.47	0.33
	F 经济	3177	5520	5.76	3.55
	G 文化、科学、教育、体育	2498	7570	4.53	4.87
	H 语言、文字	922	3962	1.67	2.55
	I 文学	20426	87012	37.02	55.99
	J 艺术	7957	14305	14.42	9.20
	K 历史、地理	3816	7740	6.92	4.98

续表

基本部类	分类	种数 / 种	册数 / 册	种数入藏比例 /%	册数入藏比例 /%
自然科学	N 自然科学总论	198	623	0.36	0.40
	O 数理科学和化学	277	933	0.50	0.60
	P 天文学、地球科学	326	934	0.59	0.60
	Q 生物科学	579	1960	1.05	1.26
	R 医药、卫生	1291	2719	2.34	1.75
	S 农业科学	253	478	0.46	0.31
	T 工业技术	4812	7184	8.72	4.62
	U 交通运输	249	429	0.45	0.28
	V 航空、航天	99	250	0.18	0.16
	X 环境科学、安全科学	163	418	0.30	0.27
综合性图书	Z 综合性图书	425	1133	0.77	0.73
其他		2749	2751	4.98	1.77

根据表 3–4，2020 年新入藏图书册数占比前 6 的学科类别分别为 I 文学（55.99%），J 艺术（9.20%），K 历史、地理（4.98%），G 文化、科学、教育、体育（4.87%），T 工业技术（4.62%），F 经济（3.55%）。新入藏图书种数占比前 6 的学科类别分别为 I 文学（37.02%），J 艺术（14.42%），T 工业技术（8.72%），K 历史、地理（6.92%），F 经济（5.76%），G 文化、科学、教育、体育（4.53%）。人文社会科学类文献册数占比达到 87.26%、种数占比 79.31%，自然科学类文献册数占比 10.25%、种数占比 14.95%，综合性图书和其他图书册数共占比 2.50%、种数共占比 5.75%，符合东莞图书馆的文献采选政策。

（三）新增文献入藏移交时间分析

2020 年东莞图书馆平均每月移交入藏新书 12950 册给流通部门。2—3 月份，由于新冠疫情的影响，新书配送未能及时到馆，移交给流通部门的新书数量也相对比较少，其中最少是 2 月份，只有 2223 册，3 月份次之，入藏移交 6115 册。除 2、3 月之外，其余各月移交文献藏量基本保持平衡，保证了新增文献能够平稳、持续地提供给各服务窗口。

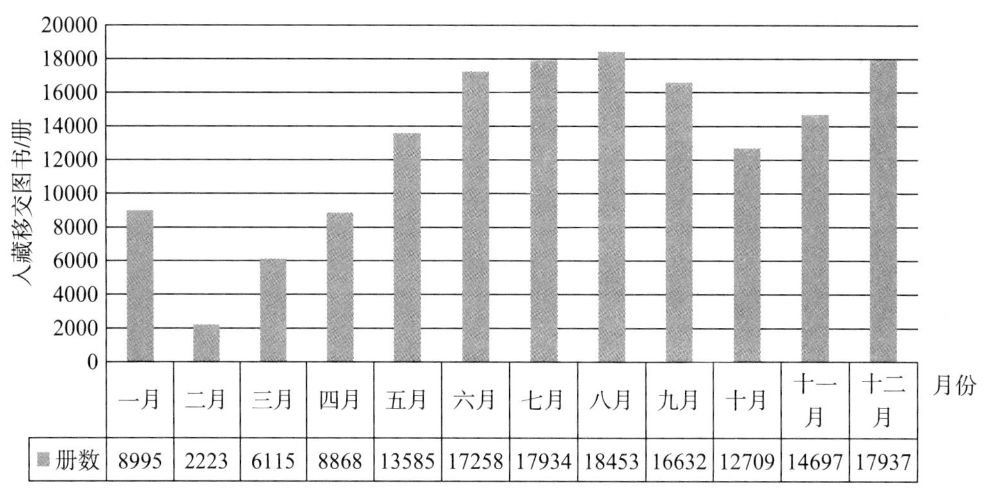

图3-1　2020年各月入藏移交图书册数

四、入藏文献利用统计分析

（一）入藏册（种）数比例与外借册（种）数比例分析

依据东莞图书馆 2020 年图书入藏统计和 2020 年图书外借统计，2020 年东莞图书馆新入藏文献各学科入藏百分比柱状图与各学科外借百分比曲线图基本吻合。

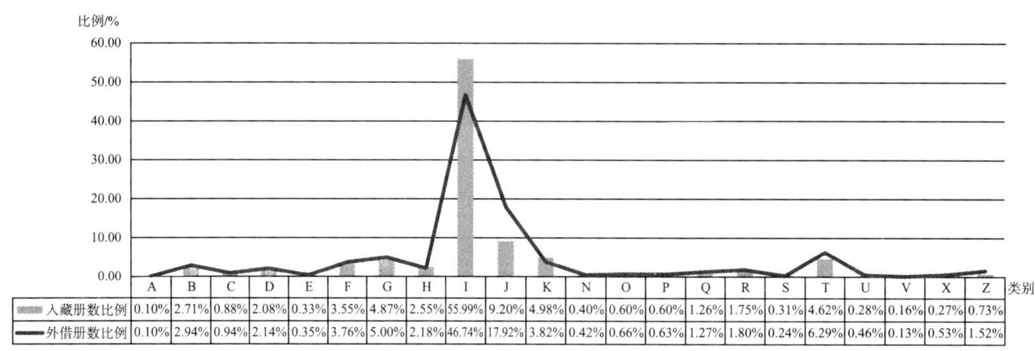

图3-2　2020年各类图书入藏册数比例与外借册数比例对比

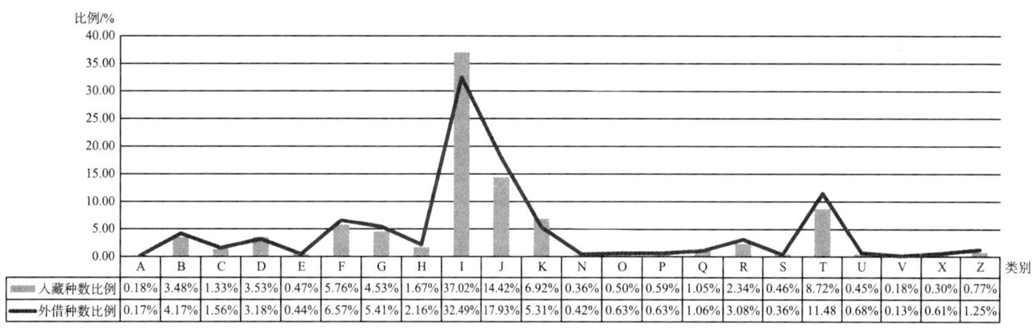

图3-3　2020年各类图书入藏种数比例与外借种数比例对比

2020 年图书外借量占比前 6 位的学科是 I 文学（46.74%），J 艺术（17.92%），T 工业技术（6.29%），G 文化、科学、教育、体育（5.00%），K 历史、地理（3.82%），F 经济（3.76%），与新入藏图书册数占比前 6 位的学科［分别为 I 文学（55.99%），J 艺术（9.20%），K 历史、地理（4.98%），G 文化、科学、教育、体育（4.87%），T 工业技术（4.62%），F 经济（3.55%）］相似，图书的采购与读者的借阅需求基本切合。

（二）入藏册（种）数比例与外借册（种）数比例分析

2020 年图书入藏册（种）数比例与外借册（种）数比例的对比数据见表 3-5。

表 3-5　东莞图书馆 2020 年图书入藏—外借对比表

分类	入藏种数比例 /%	入藏册数比例 /%	外借种数比例 /%	外借册数比例 /%	入藏种数比例 - 外借种数比例 /%	入藏册数比例 - 外借册数比例 /%
A 马克思主义、列宁主义、毛泽东思想、邓小平理论	0.18	0.10	0.17	0.10	0.01	0.00
B 哲学、宗教	3.48	2.71	4.17	2.94	−0.69	−0.23
C 社会科学总论	1.33	0.88	1.56	0.94	−0.23	−0.06
D 政治、法律	3.53	2.08	3.18	2.14	0.35	−0.06
E 军事	0.47	0.33	0.44	0.35	0.03	−0.02
F 经济	5.76	3.55	6.57	3.76	−0.81	−0.21
G 文化、科学、教育、体育	4.53	4.87	5.41	5.00	−0.88	−0.13
H 语言、文字	1.67	2.55	2.16	2.18	−0.49	0.37
I 文学	37.02	55.99	32.49	46.74	4.53	9.25
J 艺术	14.42	9.20	17.93	17.92	−3.51	−8.72

续表

分类	入藏种数比例/%	入藏册数比例/%	外借种数比例/%	外借册数比例/%	入藏种数比例－外借种数比例/%	入藏册数比例－外借册数比例/%
K 历史、地理	6.92	4.98	5.31	3.82	1.61	1.16
N 自然科学总论	0.36	0.40	0.42	0.42	−0.06	−0.02
O 数理科学和化学	0.50	0.60	0.63	0.66	−0.13	−0.06
P 天文学、地球科学	0.59	0.60	0.63	0.63	−0.04	−0.03
Q 生物科学	1.05	1.26	1.06	1.27	−0.01	−0.01
R 医药、卫生	2.34	1.75	3.08	1.80	−0.74	−0.05
S 农业科学	0.46	0.31	0.36	0.24	0.10	0.07
T 工业技术	8.72	4.62	11.48	6.29	−2.76	−1.67
U 交通运输	0.45	0.28	0.68	0.46	−0.23	−0.18
V 航空、航天	0.18	0.16	0.13	0.13	0.05	0.03
X 环境科学、安全科学	0.30	0.27	0.61	0.53	−0.31	−0.26
Z 综合性图书	0.77	0.73	1.25	1.52	−0.48	−0.79

22 个学科类别中，有两个学科类别的“入藏册数比例－外借册数比例”的值高于 1%，分别是 I 文学（9.25%），K 历史、地理（1.16%），有两个学科类别的“入藏册数比－外借册数比”的值低于 −1%，分别是 J 艺术（−8.72%）、T 工业技术（−1.67%）。

22 个学科类别中，有两个学科类别的“入藏种数比例－外借种数比例”的值高于 1%，分别是 I 文学（4.53%），K 历史、地理（1.61%），有两个学科类别的“入藏种数比例－外借种数比例”的值低于 −1%，分别是 J 艺术（−3.51%）、T 工业技术（−2.76%）。

由表 3–5 数据可知，I 文学和 K 历史地理这两个类别在“入藏册数比例－外借册数比例”与“入藏种数比例－外借种数比例”的值均高于 1%，在采购工作中这两个类别的图书在品种数量、复本数量、采购数量上都需要适当减少。而“入藏册数比例－外借册数比例”与“入藏种数比例－外借种数比例”的值均低于 −1% 的是 J 艺术和 T 工业技术这两个类别，说明这两个类别采购的品种和数量与读者的需求有一定的差距，在采购工作中这两个类别的图书在品种数量、复本数量、采购数量上都需要适当提高。

五、数字资源采选情况

2020 年东莞图书馆数字资源的采购主要坚持以下原则：延续使用效果较好的资源，

延缓、暂停使用效果不好的资源，调整有重复性的资源，优选部分试用资源进行新增补充。具体情况如表 3–6。

表 3–6　东莞图书馆 2020 年数字资源采购一览表

序号	分类	名称
1	电子图书	读秀电子文献数据库
2		QQ 阅读（易读书数字阅读系统）
3		畅想之星电子书
4		新语数字图书馆（听书）
5		中华连环画数字阅读馆
6		仁仁阅数字资源库
7	电子期刊	CNKI 数字资源
8		维普全文期刊数据库
9		博看人文期刊数据库
10	学习考试	维普在线应用考试数据库
11		MyET 英语学习资源
12		环球英语多媒体资源库系统
13		新东方多媒体学习库
14		软件通
15	参考资料	维普标准信息服务平台
16		设计师之家资源库
17		维普论文检测系统
18		碧虚网
19		Artlib 世界艺术鉴赏库
20		北大法宝数据库
21	少儿资源	贝贝国学教育数据库
22		乐儿多媒体互动学习库
23		ALVA 4D 百科全书资源

如表 3–6 所示，2020 年东莞图书馆采购数字资源 23 个，其中续订数据库 21 个，新增采购 2 个数据库资源，分别是仁仁阅数字资源库和 ALVA 4D 百科全书资源。所采选的数据库资源包含电子图书、电子期刊、多媒体视频、音频以及图片等，内容涵盖了学

术类、专业类、综合类、休闲类、教育及学习类等，能在满足读者对数字资源的基本需求。

六、结语

2020年东莞图书馆文献资源建设工作基本符合东莞图书馆文献资源建设的原则、方针，符合读者的需求。在今后的文献资源建设工作过程中，图书馆会根据报告中分析的问题加以改进，在保持馆藏文献资源稳步增长的情况下进一步提升馆藏文献采访的质量，并持续加强特色专题文献资源建设工作。要以服务为引领，充分重视读者的阅读需求，科学分析、优化馆藏结构，建设完善的文献资源保障体系。

（黄文镝撰）

馆藏图书统计分析报告（2006—2019）

一、东莞图书馆馆藏概述

东莞图书馆收藏的文献有图书、报刊、音像资料、电子书刊等。截至 2019 年，馆藏图书 2957403 册。藏书数量的多少是衡量一个图书馆规模和服务能力的标志。以 2018 年末东莞市常住人口数为 839.22 万人计算，人均图书藏量为 0.3524 册，这与市级公共图书馆人均图书藏量 0.6 册以上的标准尚有一定的距离，因此，图书馆应从经费的投入和长远发展的角度规划，不断增加馆藏量，满足市民人口对图书的需求。

二、馆藏图书结构分析

（一）馆藏图书文种结构

东莞图书馆馆藏图书有中文图书和其他文种图书，截至 2019 年，中文图书占馆藏图书的 97.88%，其他文种图书占馆藏图书的 2.12%。

（二）馆藏中文图书基本部类结构

根据《中国图书馆分类法》的基本部类划分，东莞图书馆入藏的中文图书中，马克思主义、列宁主义、毛泽东思想、邓小平理论图书占 0.33%，哲学、宗教类图书占 4.17%，社会科学类图书占 72.97%，自然科学类图书占 21.08%，综合性图书占 1.45%。

整体来看，社会科学类图书的入藏量远远高于其他基本部类图书，馆藏结构还需进一步调整和优化。

（三）馆藏各类别中文图书占比

根据《中国图书馆分类法》，本馆入藏的中文图书覆盖了 22 个基本大类，图 3–4 显示馆藏各类别中文图书占比，各基本大类图书的数量差别非常大：最多的是文学类图书，约占总量的33%；最少的是航空、航天类图书，约占总量的0.10%。种数和册数均位列前十的类别有：文学，工业技术，艺术，经济，文化、科学、教育、体育，历史、地理，哲学、宗教，医药、卫生，政治、法律，语言、文字，这10个基本大类图书的入藏量约占中文图书入藏总量的90%，其他12个基本大类图书的入藏量约占中文图书入藏总量的10%。入藏量占10%以上的有两类：文学类、工业技术类，大约分别占33%和11%。

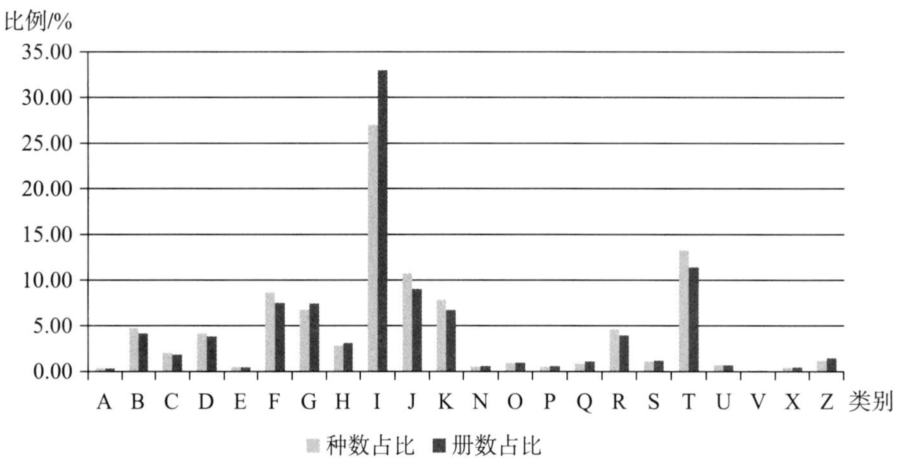

图3-4　馆藏各类别中文图书占比

三、图书入藏分析（2006—2019年）

（一）图书入藏量

2006—2019年共入藏图书779597种2067773册。

图3-5是2006—2019年入藏图书的种数和册数情况：入藏图书种数最多的是2009年，为74101种，平均复本数为2.24册；最少的是2011年，为37741种，平均复本数为2.84册。入藏图书册数最多的是2010年，182198册，最少的是2011年，107130册。本馆每年的图书入藏量有时并不可比，究其原因，每年入藏量是根据当年的经费投入以及本馆当年的任务和业务需求按计划完成的。随着图书馆业务的发展，近几年图书入藏量平稳上升，2019年达到60189种181619册，平均复本数为3.02册。

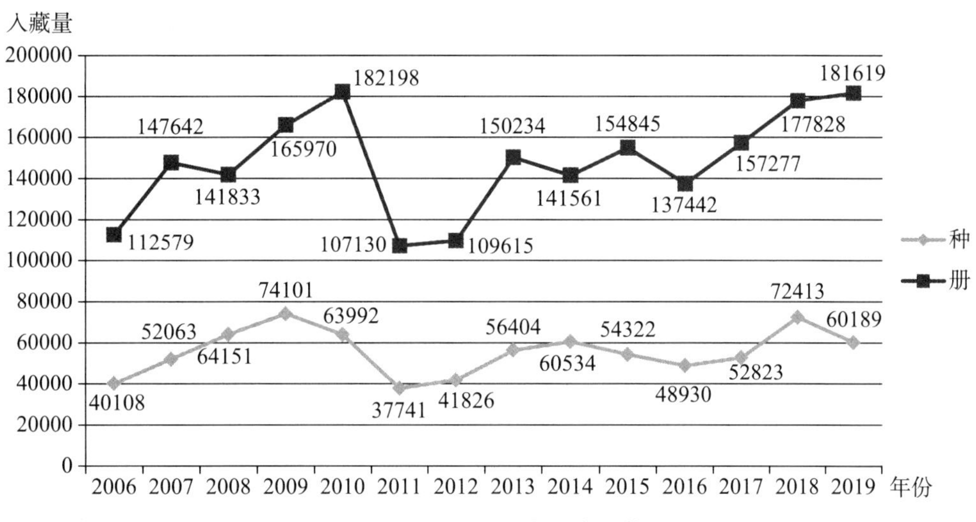

图3-5 2006—2019年图书入藏量

（二）藏书增长率

图 3-6 是 2006—2019 年入藏图书的增长情况。新馆刚开馆的时候由于馆藏基础薄弱，藏书年增长率 2007 年高达 14.73%，从 2011 年开始趋于平稳，到 2019 年为 6.54%。

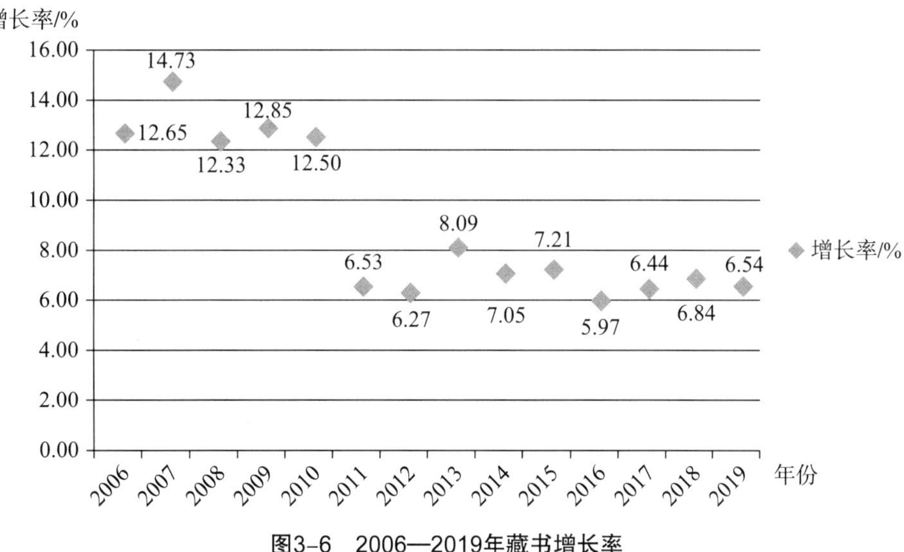

图3-6 2006—2019年藏书增长率

（三）入藏中文图书基本部类结构

2006—2019 年入藏的中文图书基本部类中，马克思主义、列宁主义、毛泽东思想、邓小平理论图书占 0.18%，哲学、宗教类图书占 4.61%，社会科学类图书占 75.50%，自然科学类图书占 18.06%，综合性图书占 1.65%。社会科学类图书的入藏量远远高于其他基本部类图书的入藏量。

（四）各类别中文图书入藏量占比

2006—2019 年入藏的中文图书覆盖了 22 个基本大类，图 3-7 显示各类别中文图书入藏量占比，各基本大类图书的数量差别非常大，最多的是文学类图书，约占入藏总量的 37%，最少的是航空、航天类图书，约占入藏总量的 0.10%。种数和册数均位列前十的类别有：文学，艺术，工业技术，文化、科学、教育、体育，经济，历史、地理，哲学、宗教，医药、卫生，政治、法律，语言，这 10 个基本大类的入藏量约占入藏总量的 91%，其他 12 个基本大类约占入藏总量的 9%。入藏量占 10% 以上的有两类：文学类、艺术类，大约分别占 37% 和 10%，其中艺术类（J 类）图书中漫画图书居多。

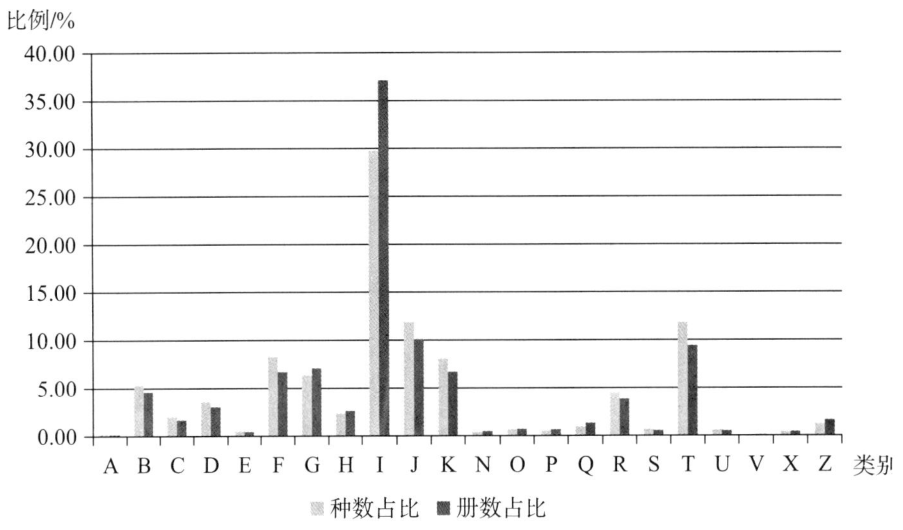

图3-7　2006—2019年各类别中文图书入藏量占比

（五）文学类中文图书入藏量占比

图 3-8 显示 2006—2019 年各年文学类中文图书入藏量在当年所占的比例，册数最少的是 2008 年，约占 18%，最多的是 2019 年，约占 55%。最近 7 年文学类图书入藏量均超过四成，2017 年和 2019 年甚至超过五成。

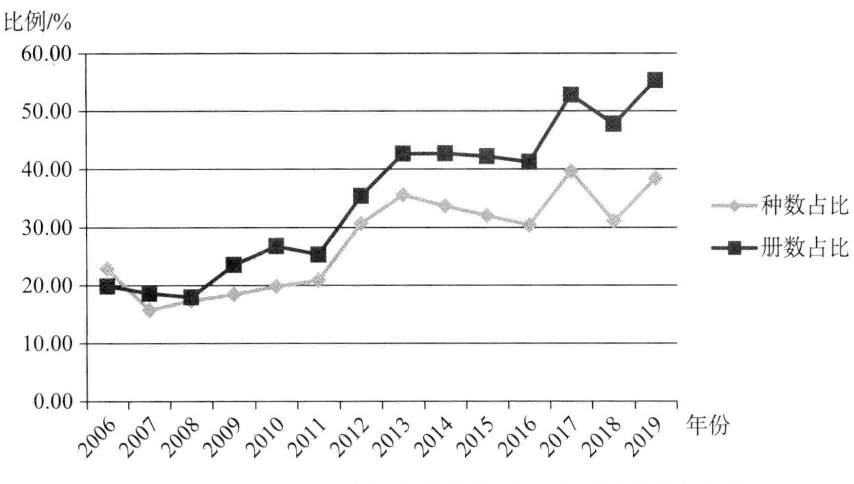

图3-8　2006—2019年各年文学类中文图书入藏量在当年占比

（六）少儿图书采购量占比

图 3-9 显示 2006—2019 年少儿图书在年度采购中所占的比重逐年增加，成人图书的比重相对减少。少儿图书最少的是 2008 年，种数约占 9%，册数约占 15%；少儿图书最多的是 2017 年，种数约占 42%，册数约占 57%。最近 6 年，少儿图书在采购数量中占比超过四成。

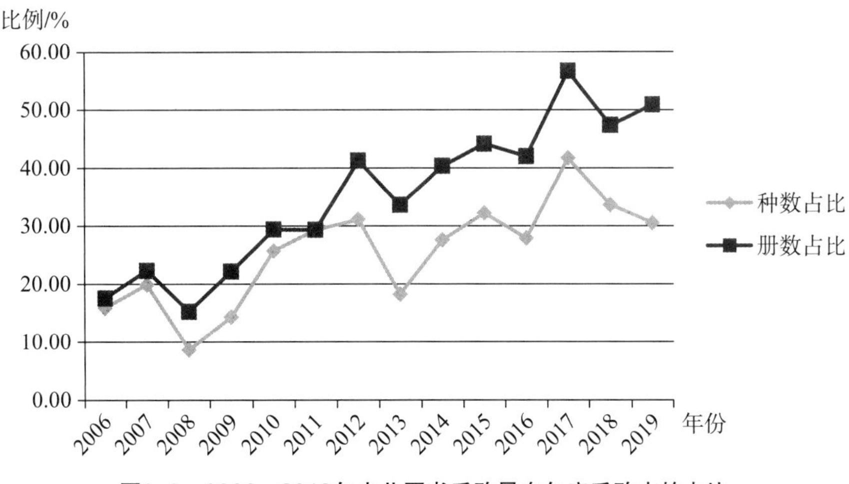

图3-9　2006—2019年少儿图书采购量在年度采购中的占比

（七）图书平均价格

图 3-10 显示 2006—2019 年各年入藏中文图书的平均价格，成人图书、少儿图书

的平均价格均呈逐年上升趋势。成人图书在这 14 年的平均价格约为 40 元，最近 5 年都高于平均价格，最高的 2019 年达到 58 元。少儿图书在这 14 年的平均价格约为 24 元，2019 年达到 35 元。

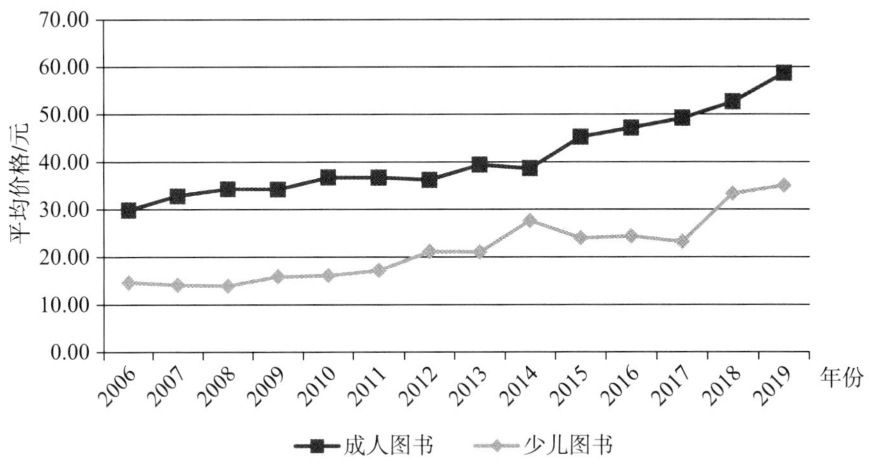

图3-10　2006—2019年各年入藏中文图书平均价格

整体来看，少儿图书的平均价格远远低于成人图书的平均价格。因此，少儿图书采购所占的比重较大（图 3-9）不仅因为少儿图书需求量大，少儿图书的平均采购价格也是其中的一个因素（在合理分配购书经费的情况下）。

四、馆藏中文图书利用分析（2006—2019 年）

馆藏建设的目的就是要使馆藏文献能够得到充分有效的利用，因此要结合图书的借阅情况，评价馆藏图书质量与结构的合理性，为提高图书馆读者借阅满足率和改善馆藏结构提供相应的统计分析数据。

（一）图书借阅量统计

根据本馆文献借阅统计数据，如图 3-11 所示，2006—2019 年的中文图书借阅册次大致呈逐年上升趋势。

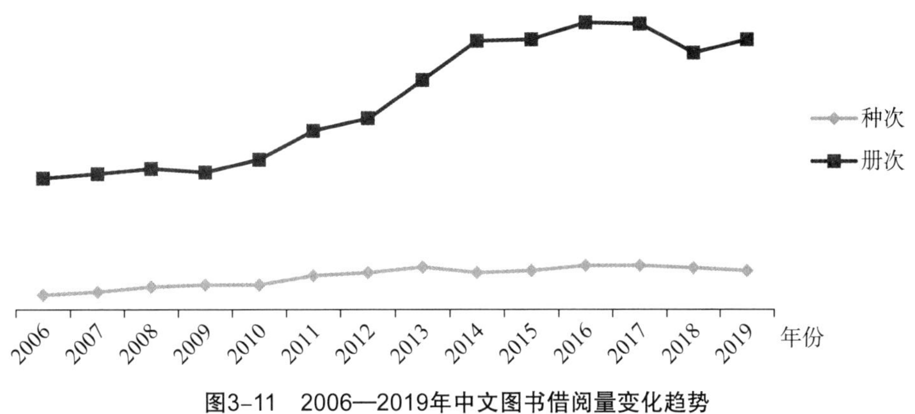

图3-11 2006—2019年中文图书借阅量变化趋势

（二）借阅图书基本部类结构

2006—2019 年中文图书基本部类的借阅册次情况，马克思主义、列宁主义、毛泽东思想、邓小平理论图书约占 0.20%，哲学、宗教类图书约占 5.22%，社会科学类图书约占 77.92%，自然科学类图书占 15.03%，综合性图书占 1.63%。社会科学类图书的借阅量远远高于其他基本部类图书的借阅量。

（三）借阅图书分类统计

从图 3-12 可以看出：2006—2019 年的图书借阅量最多的是文学类图书，约占总借阅量的 44%，也是唯一借阅册次超过 10% 的类别；其次是工业技术类图书，约占总借阅量的 8%；借阅量最少的是航空、航天类图书，约占总借阅量的 0.1%。

借阅量位列前十的类别有文学，工业技术，艺术，经济，文化、科学、教育、体育，历史、地理，哲学、宗教，语言、文字，医药、卫生，政治、法律类，约占借阅总量的 92%，其他类别借阅量约占借阅总量的 8%。借阅量高的前十类图书与入藏量高的前十类图书类别一致，只是在量的排序上有些变动。

分析各类别图书的借阅比例，可以看出读者较为喜欢哪类图书，较为少看哪类图书，为采购人员真正解决好藏书质量与读者需求的关系，提供科学的依据，使采购的图书更具合理性，满足读者文献信息需求，提高文献利用率。

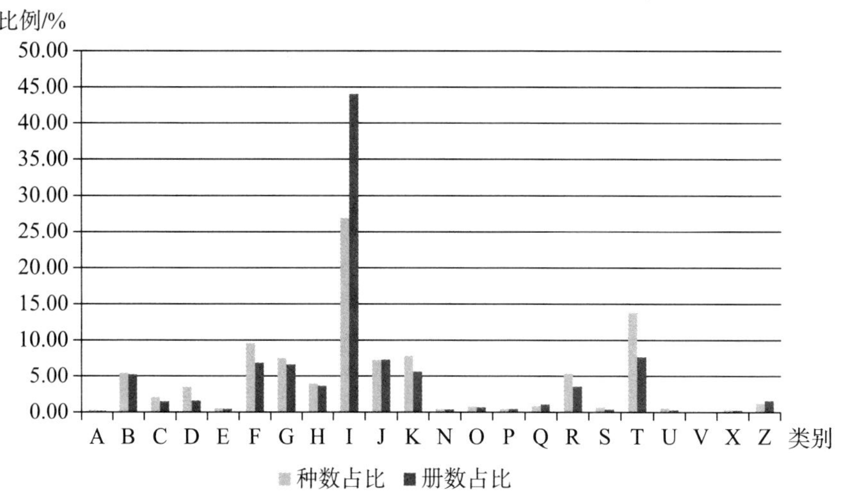

图3-12　2006—2019年各类别中文图书借阅量占比

（四）文学类中文图书年度借阅情况

图 3-13 显示 2006—2019 年各年文学类图书借阅量在当年所占的比例，种数占比在 20% ～ 35% 之间，册次最少的是 2013 年，约占 37%，最多的是 2018 年，约占 54%。最近 6 年文学类图书借阅量都超过中文图书借阅总量的 40%，同期文学类图书的入藏量比例（图 3-8）与之基本相当。

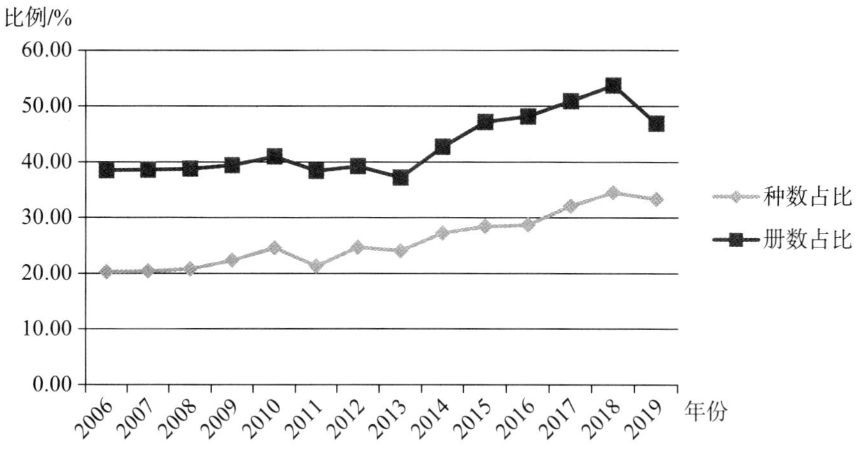

图3-13　2006—2019年各年文学类中文图书借阅量在当年占比

（五）文献符合程度

“文献符合程度”指标衡量总体入藏图书的结构是否合理，是否满足读者的需求，从而为今后的图书采购提供依据。

计算公式：

文献符合程度 =（某类文献入藏比例 – 读者需求比例）× 100

文献符合程度的绝对值越小说明该类文献的入藏与读者需求之间相符合的程度越佳，馆藏结构合理，反之亦然。

表 3-7　文献入藏与读者需求符合程度一览表

分类	入藏比例 /%	需求比例 /%	符合程度［（入藏比例 – 需求比例）× 100］
A 马克思主义、列宁主义、毛泽东思想、邓小平理论	0.33	0.20	0.12
B 哲学、宗教	4.17	5.22	-1.05
C 社会科学总论	1.84	1.50	0.33
D 政治、法律	3.83	1.64	2.19
E 军事	0.47	0.48	-0.01
F 经济	7.52	6.88	0.64
G 文化、科学、教育、体育	7.46	6.66	0.80
H 语言、文字	3.12	3.66	-0.55
I 文学	32.95	44.08	-11.13
J 艺术	9.02	7.33	1.69
K 历史、地理	6.76	5.68	1.08
N 自然科学总论	0.60	0.40	0.20
O 数理科学和化学	0.95	0.71	0.25
P 天文学、地球科学	0.59	0.47	0.12
Q 生物科学	1.10	1.11	-0.01
R 医药、卫生	3.96	3.58	0.38
S 农业科学	1.20	0.40	0.80
T 工业技术	11.43	7.68	3.75
U 交通运输	0.69	0.31	0.39
V 航空、航天	0.10	0.10	0.00
X 环境科学、安全科学	0.46	0.27	0.19
Z 综合性图书	1.45	1.63	-0.18

从表 3-7 可以看出，A、C、E、F、G、H、N、O、P、Q、R、S、U、V、X、Z 类图书的符合程度绝对值较小，根据文献符合程度的指标分析，上述文献馆藏量能够满足当前读者的需求，藏书结构也较为合理。B、I 类图书的符合程度为负值且绝对值偏大，说明这些类别图书馆藏量尚不能满足当前读者的需求，尤其是 I（文学）类图书，这类图书的入藏比例（图 3-8）不断增加，但仍不能满足当前读者的需求。D、J、K、T 类图书的符合程度大于 1，说明这些类别的图书入藏比例偏大，实际读者需求尚未达到，文献利用率不高，资源相对过剩，出现了一定程度的“盈余”（J 类漫画书除外）。

（六）藏书利用率

计算公式：

$$藏书利用率 = 藏书借阅册次 \div 馆藏文献总数 \times 100\%$$

藏书利用率反映藏书被利用的程度，简单的藏书利用率可根据公式计算得到，但影响藏书利用率的因素有很多，例如藏书借阅量、馆藏量、藏书质量、藏书对读者的适用范围、藏书是否提供给读者外借、达到剔旧标准的藏书是否及时剔旧等，都是关键的因素，应从这些方面提高藏书利用率。

五、东莞图书馆馆藏发展策略

（一）作好藏书增长计划，构建科学合理的馆藏文献信息资源体系

图书馆应当根据馆藏发展政策做好藏书增长计划。根据图 3-6 所示，本馆藏书增长速度已趋于平稳，按照藏书保障率的要求，藏书年增长率控制在 5%左右，保证图书馆图书藏量稳定增长。

（二）明确采选方针，建立科学合理的文献采选制度

图书馆应当明确采选方针，制订年度采购计划。采购中结合已有的馆藏信息及近几年的藏书增长情况、藏书使用情况，使采选的图书符合读者需求及文献资源建设发展规律。

（三）定期对馆藏文献进行清点和剔除，不断优化馆藏结构

图书馆应当制定明确的文献清点、剔除的制度和程序。定期对馆藏文献进行清点：对于有利用价值但利用率相对较低的文献，可以调配使用或者建立贮存书库收藏；对于破损严重或者陈旧等原因而无法使用的文献要根据有关制度和程序予以剔除。图书馆通过对馆藏文献清点和剔除的处理来不断优化馆藏结构。

（黄瑞娟撰）

文献流通服务分析报告（2020）

本报告采用数据分析法，对东莞图书馆 2020 年的流通人次、新增注册读者量和书刊文献外借册次 3 个指标进行梳理和分析。在疫情防控工作常态化和少儿馆因雨灾闭馆的双重影响下，2020 年总流通人次锐减，但书刊文献外借册次和新增注册读者量以及服务效益表现均良好。特别是面对严峻的疫情形势，东莞图书馆应时而变，重视阅读推广，增加线上注册渠道，通过开拓快递借书、图书固定服务站等措施提升便利化服务水平，提升服务效果。

一、流通人次

2020 年，到馆读者仅 711356 人次，较历年有大幅下降，月度分布如图 3-14 所示。

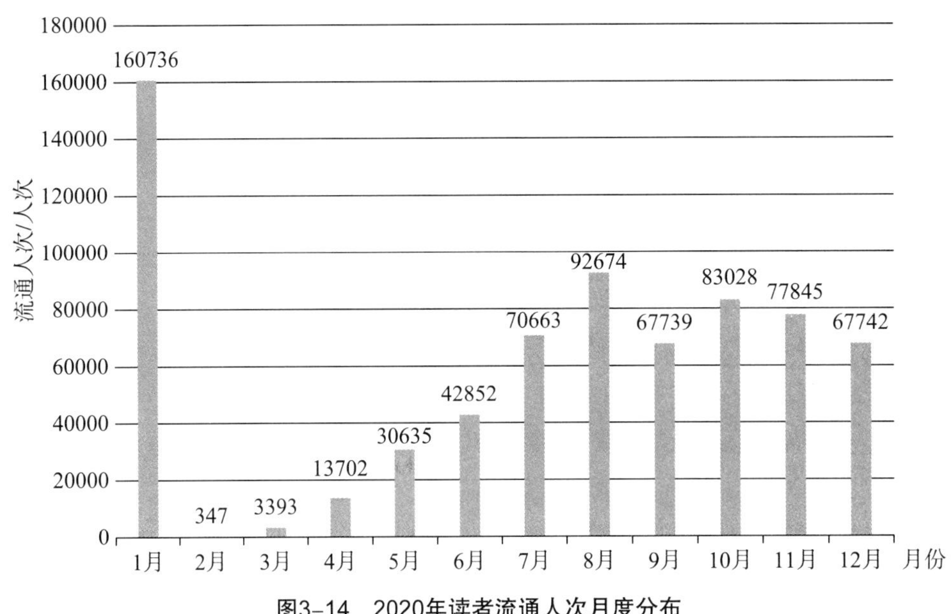

图3-14　2020年读者流通人次月度分布

（一）疫情影响下保持良好服务效益

2020 年，新冠疫情影响下，根据上级部署和疫情防控工作要求，东莞图书馆 1 月 24 日开始全面闭馆；随着东莞市被确定为广东新冠疫情低风险区，3 月 18 日起有序恢复 24 小时图书馆图书借还服务，实行预约限流入馆；随着疫情向好，5 月 11 日起恢复开放自助图书馆、自习室、少儿借阅区、报纸阅览室、视障人士阅览室、电子服务区、书刊借阅区、漫画图书馆等一至三楼服务区域；7 月 13 日起，四楼东莞书屋、参考阅览室、台湾书屋恢复开放，预约人数增加至 4000 人 / 天，市民学堂、市民空间等场所逐步开展线下活动。

因受雨灾影响，电力系统受损严重，少儿图书馆从 2020 年 5 月 22 日起全面闭馆，2020 年 12 月 29 日恢复有序开馆。

2020 年的读者总流通人次为 2019 年读者流通人次的 22.1%，降幅明显。但读者服务中心应疫情而变，积极转变服务策略，通过开展邮享阅读——图书快递服务拓展图书固定服务站，加大“图书流通基层推广专项”力度，使得全年书刊文献外借达到 1418720 册次，完成量达到 2019 年的 63%；加大信用阅读推广力度，深入 70 多家企业组织推广读者证，联合市人社局、市信用办开通第三代个人社保卡读者证，使得全年读者证新增数 30374 个，完成量达到 2019 年的 77.9%。

表 3-8　2019—2020 年流通人次、外借册次及读者证对比表

关键绩效指标	2019 年	2020 年	2020 年数据相对于 2019 年数据占比 /%
读者流通人次	3225823 人次	711356 人次	22.1
书刊文献外借册次	2252072 册	1418720 册	63
读者证新增数	39008 张	30374 张	77.9

（二）恢复开放后接待读者量变化趋势平稳

受疫情影响，2020 年接待读者 711356 人次，同比下降 77.9%。纵向对比 2019 年数据，除 1 月（疫情前）同比增长 72.3% 外，2 月开始各月接待读者量均大幅低于 2019 年同期水平；横向对比 2020 年 2 月后各月份，7 月、8 月的暑期读者流通人次为 92674 人次，较 2019 年同期下降 75.4%。由图 3-15 可知，东莞图书馆 2020 年度各月流通人次受馆舍恢复开放影响较大，3 月 18 日恢复有序开放后，3 月起同比跌幅缓慢收窄，4 月接待读者量环比增加 304%，7 月后各月数据平稳。

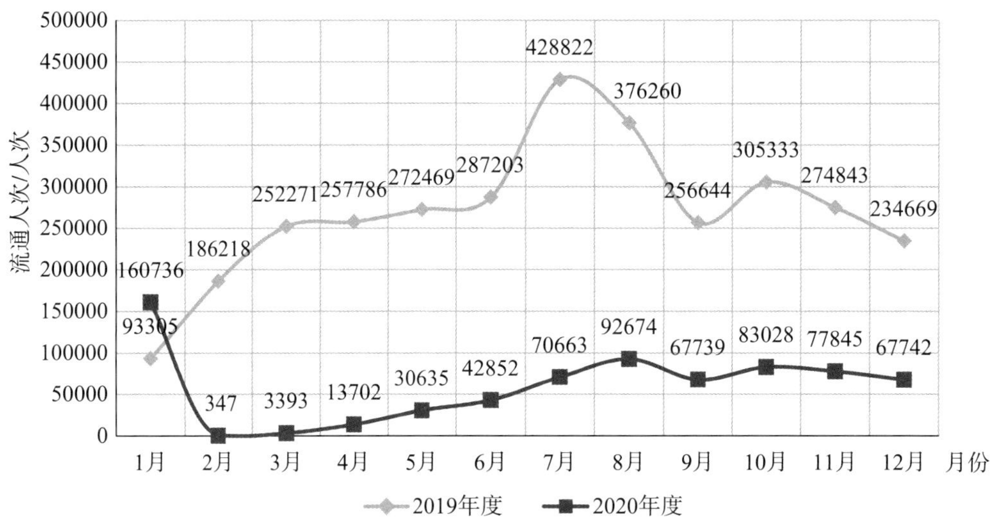

图3-15　2019—2020年读者流通人次月度变化趋势对比

二、新增注册读者量

2020 年东莞图书馆注册有效读者为 466815 人，其中新增注册读者有 30374 人，月度分布见图 3-16。

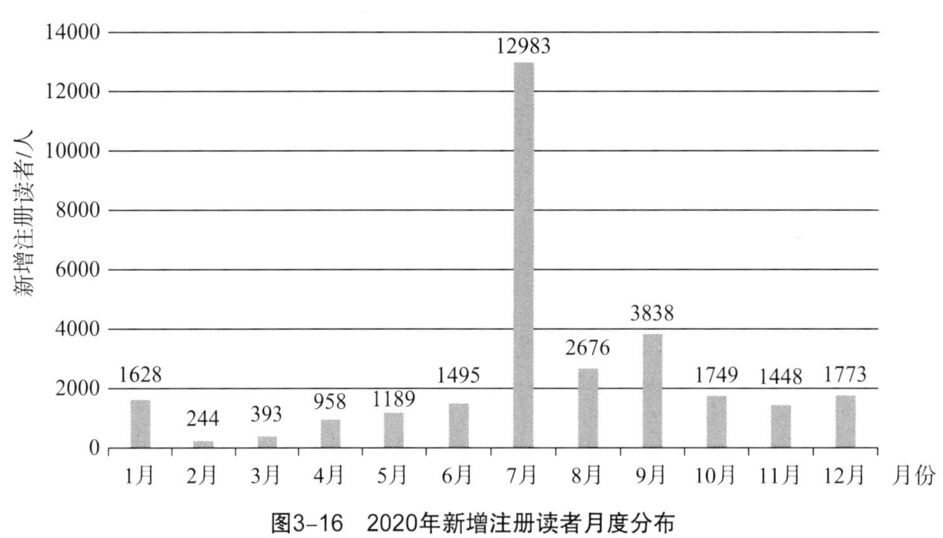

图3-16　2020年新增注册读者月度分布

2020 年东莞图书馆注册有效读者为 466815 人，2020 年度新增注册读者证 30374 张，较 2019 年度的 39008 张下降了 22.1%，日均新增注册读者 83 人。从月度来看，受疫情限流影响，2 月、3 月办证量骤减，随着逐步恢复开放，4 月开始新注册读者数也逐渐增加。除 7 月、9 月外，其余各月均低于 2019 年同期水平，3 月、4 月同比降幅最大，暑期仍是注册高峰。

为提高新注册读者量，读者服务中心主要采取以下措施：一是大力推广芝麻信用办证服务，免押金在线办理；二是在 6、7 月份主动联系 70 余家全市机关、企事业等单位与机构，为 1.2 万职工开通第二代社保卡读者证；三是联合市人社局、市信用办，开通第三代个人社保卡读者证，研发线上注册开通程序，便捷惠民，潜在用户数量庞大。三管齐下的措施进一步提高了新注册读者数量，特别是 7 月份新注册读者数量同比增长 195%，9 月份在疫情限流的情况下，新注册读者数反超去年同期，措施成效明显。

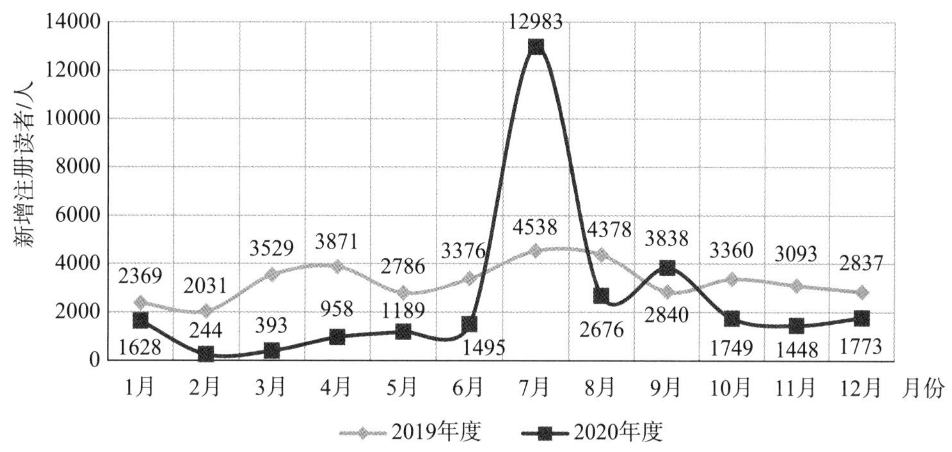

图3–17　2019—2020年新增注册读者月度变化趋势对比

从注册途径看，网络注册已成为主要的注册方式，占新增注册读者量的 92.6%。其中通过支付宝办理免押金借阅宝的读者居榜首，占新增注册读者量的 51%；排行第二位的读者注册方式是社保卡读者证，占全年数量的 40.4%。相对地，传统的到馆人工注册和自助机注册已显“式微”，二者仅占全年新注册读者量的 7.4%。网络注册不受时间空间限制，方便快捷，备受年轻人喜爱。2020 年底开始，东莞图书馆与人社局、市信用办合作开通社保卡读者证功能，读者可随时随地线上开通读者证，进一步提升了注册的便利性。如何转化数量庞大的潜在用户将是下来的工作重点之一。

表 3-9　2020 年新增读者证注册途径、数量

途径		数量 / 张	占比 /%
到馆	人工	1950	6.4
	自助机	317	1.0
网络	社保卡	12265	40.4
	借阅宝	15480	51.0
	微信办证	362	1.2
总计		30374	100

三、书刊文献外借册次

2020 年度，外借文献 1418720 册次，日均外借 3887 册次。月度分布如图 3–18 所示。

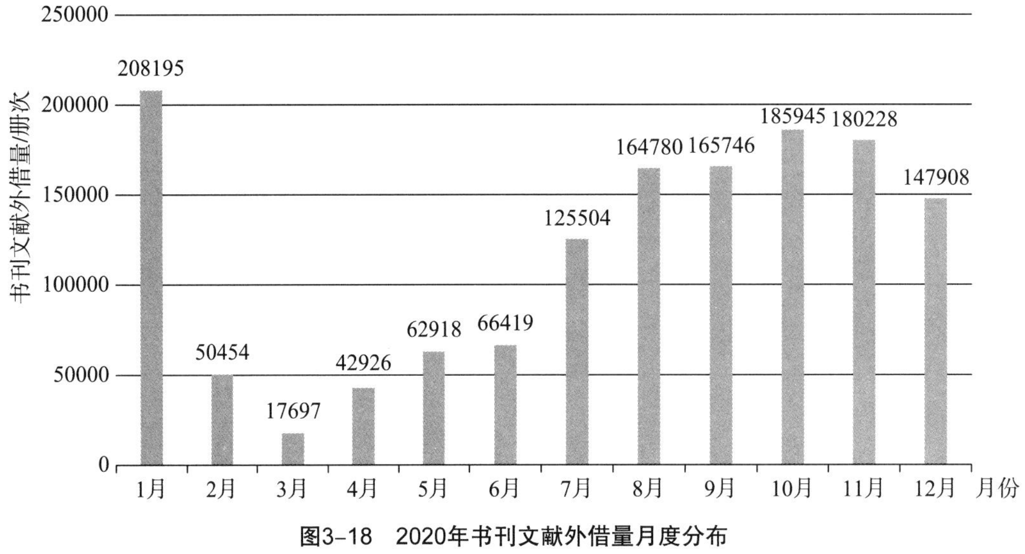

图3–18　2020年书刊文献外借量月度分布

（一）人均书刊文献外借册次同比增长

2020 年度，东莞图书馆书刊文献外借册次较 2019 年下降 37%，外借文献读者数 150889 人次，较 2019 年的 312383 人次减少了 161494 人次，同比下降 51.7%。数据分析显示：2020 年度人均外借文献量（即表 3–10 中的“活跃读者年均外借量”）为 39.7 册，比 2019 年人均 38.3 册增加了 1.4 册；2020 年单次外借量为 9.4 册，比 2019 年的 7.2

册增加了 2.2 册。在疫情防控限流和少儿馆水灾闭馆的双重影响下，进馆人次仅是 2019 年的 22.1%，外借文献量反而逆势增长。从月度趋势看，前二季度的外借文献量下降明显，第三、第四季度开始上升，与 2019 年同期数据差距逐渐收窄，9 月、10 月外借文献量反超 2019 年同期数据。这与本馆加强推广“邮享阅读——图书快递服务”、拓展 10 个图书固定服务站等阅读推广措施有关。

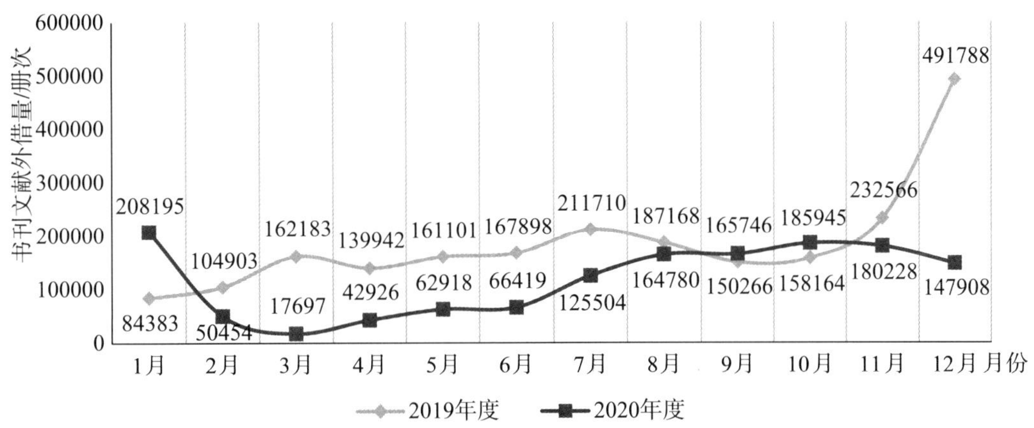

图3-19　2019—2020年书刊文献外借量月度变化趋势对比

表 3-10　2019—2020 年注册读者服务情况

项目	2019 年度	2020 年度	同比增长 /%
外借册次	2252072 册次	1418720 册次	-37
外借人数	312383 人次	150889 人次	-51.7
活跃读者量	58808 人	35766 人	-39.2
单次外借量（外借册次 ÷ 外借人次）	7.2 册	9.4 册	2.2
活跃读者年均外借量（外借册次 ÷ 活跃读者量）	38.3 册	39.7 册	1.4

（二）文学、艺术类书刊文献最受欢迎，工业技术类书刊位列第三，凸显东莞特色

东莞图书馆作为一家城市公共图书馆，以“休闲、交互、求知”为服务理念，馆藏建设也适当倾向于休闲娱乐、地方文献等。从 2020 年外借文献分类统计表来看，文学、艺术、工业技术类文献依然占据外借文献量榜单前三，其中文学类外借文献量占外借文献总量的 44.95%，几近分去外借总量的“半壁江山”。值得一提的是，工业技术类文献

外借量排行第三，反映了东莞从“制造”到“智造”过程中，市民对工业科技知识需求的增长。

表 3-11　2020 年外借文献分类统计表

序号	分类号	外借文献量 / 册次	占比 /%
1	I 文学	637729	44.95
2	J 艺术	239624	16.89
3	T 工业技术	94616	6.67
4	G 文化、科学、教育、体育	73568	5.19
5	K 历史、地理	59740	4.21
6	F 经济	59441	4.19
7	B 哲学、宗教	46669	3.29
8	H 语言、文字	34326	2.42
9	D 政治、法律	32097	2.26
10	R 医药、卫生	28061	1.98
11	Z 综合性图书	23230	1.64
12	Q 生物科学	18348	1.29
13	C 社会科学总论	15253	1.08
14	O 数理科学与化学	9938	0.70
15	P 天文学、地球科学	9789	0.69
16	N 自然科学总论	8257	0.58
17	X 环境科学、安全科学	7524	0.53
18	U 交通运输	7084	0.50
19	E 军事	5957	0.42
20	S 农业科学	3901	0.27
21	V 航空、航天	1989	0.14
22	A 马克思主义、列宁主义、毛泽东思想、邓小平理论	1579	0.11
	合计	1418720	100

（三）自助外借成为读者借阅首选方式

从文献外借方式来看，2020 年度自助外借与人工外借的比例接近 6：4，2019 年二者比例接近 7：3，说明近年来自助外借已成为读者借阅的首选方式。结合东莞图书馆实际，人工外借已成为文献外借的补充途径，主要针对老年读者、未成年读者等重点群体服务。2020 年自助外借比重较 2019 年下降的主要原因在于 2020 年东莞图书馆重点建设图书固定服务站，其 47 万册外送文献主要通过人工方式外借。增加自助设备、引导读者自助借还，有助于缓解人力资源紧张，提升服务水平。

表 3-12　2019—2020 年自助外借和人工外借图书情况

文献外借方式	2019 年		2020 年		同比增长 /%
	文献外借量 / 册次	占比 /%	文献外借量 / 册次	占比 /%	
自助外借	1620009	71.9	912953	64.4	43.6
人工外借	632063	28.1	505767	35.6	20
合计	2252072	100	1418720	100	37

（四）邮享阅读——图书快递服务成为新的增长点

本馆积极应对疫情引起的阅读行为变化，重点打造“邮享阅读——图书快递服务”的城市阅读品牌，让市民足不出户、便享书香。建立动态馆藏调节机制，结合社会热点、读书排行榜等挑选新书和专题图书，提高藏书品质，馆藏增加至 4 万余册；在世界读书日推出“书香助抗‘疫’，快递享免邮”文化惠民活动，让市民安坐家中就可收到图书馆寄出的书香速递。读者订单达到 1031 个，借出 4963 册图书，媒体和市民反响热烈，效果显著；在公众号推出“邮享阅读”专栏，注重软文推送，每周 1 期，共计 42 期，《东莞日报》等多家媒体转发 30 余次，促进引流和借阅转化。2020 年度快递借书服务外借量 1.2 万册，完成指标量的 267%，同比增长 183%；2020 年使用快递借阅图书馆的用户新增 5605 人，该统计量同比（2019 年新增用户 2328 人）增加 141%，占新增用户数总量（11508 人）的 48.7%。快递借书因其安全、便捷已成为市民喜爱使用的借阅途径，也是本馆借阅服务提质增效的有力增长点。

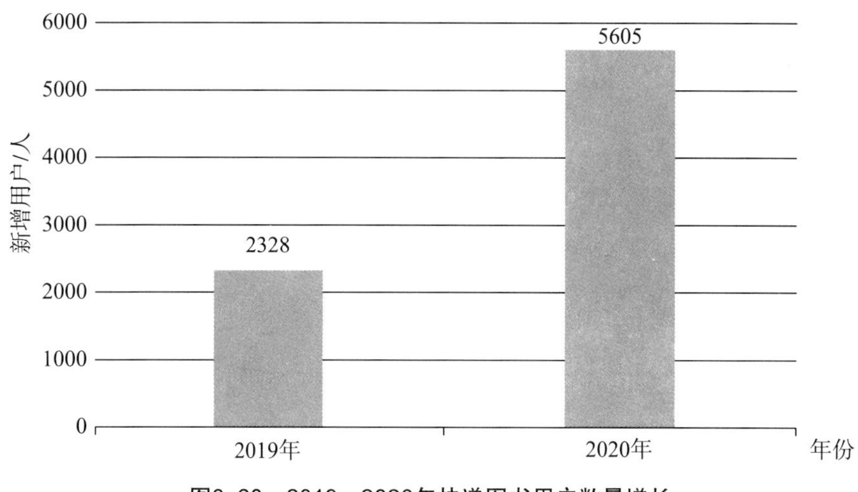

图3-20　2019—2020年快递图书用户数量增长

（五）图书流动服务

截至2020年底，本馆共设置馆外流动服务站37个，与各单位共建固定服务站76个。图书流动车根据城市人口分布、图书馆布局、群众阅读服务需求等情况规划服务站点，科学设计图书流动线路和服务时间，走出馆门，驶上街头，开进部队、监狱、企业和社区，在城乡穿行，深受广大市民的欢迎，被称为“市民身边的图书馆”。为进一步深化图书流动服务，图书馆积极拓展不具备图书流动车停靠条件的机关、学校、部队等社会组织，合作共建图书固定服务站：社会组织提供场地、设施和人员，图书馆提供文献资源和业务标准，通过不定期输送图书资源和活动服务，为市民提供更为方便的文献借阅和阅读活动，让馆藏文献资源发挥更大的社会价值。

在2020年新冠疫情防控的特殊时期，图书流动车服务按下“暂停键”。东莞数字图书馆24小时提供电子书、有声书、视频、期刊、图片等各类型数字资源服务，在疫情时期保持阅读服务不打烊。随着疫情趋向好转，逐步恢复图书流动服务，重点开展“图书流通基层推广专项行动”，通过对各服务站点进行需求调研和服务成效评估，加大文献资源更新力度，优化文献资源配置，提升服务效能。全年115926人次通过流动服务完成借阅，同比增长13%；流动服务借出书刊文献476455册次，同比增长12.5%。本馆拓展固定服务站建设，新增市委统战部、南城百悦尚城、东莞迎宾馆、市第一法院、莞城医院、东莞市轨道交通公司等10个固定服务站，为市民提供更高效、便捷的阅读服务网络。开展“知识拥军行，书香进军营”活动，为东莞市樟木头、沙角驻守部队、武警等站点更换文献资源，协助部队开展读者分享活动，并获赠拥军锦旗。推广“移动总分馆”图书流转系统，通过手机扫码借阅功能让各个图书固定站的图书参与全市大流通，提高图书利用率。

表 3-13 2019—2020 年流动服务人次及册次

项目	2019 年	2020 年	同比增长 /%
流动服务人次	102589 人次	115926 人次	13
流动服务册次	423516 册次	476455 册次	12.5

（六）图书自助服务

24 小时自助图书馆位于东莞图书馆一楼，面积 700 平方米，藏书 4.5 万册，阅览座席 70 余个，图书自助借还设备 5 台，是目前全国规模最大的 24 小时自助图书馆。24 小时自助图书馆藏书涵盖有哲学、宗教，社会科学，政治、法律，经济，文化、科学、教育、体育，语言、文学，艺术，历史、地理，医药、卫生，农业科学，工业技术等 20 多个大类，设有少儿图书专区，可以满足不同领域、不同年龄阶段读者的知识需求。

2020 全年自助图书馆新增图书 3615 册，借出图书 89906，图书流通率达到 200%，收到归还图书 87920 册。通过东莞图书馆 24 小时自助图书馆示范和引领，东莞已经构建起立体式的“全民阅读”体系，实现了镇（街道）24 小时自助图书馆全覆盖，东莞图书馆 24 小时图书馆成为满足市民文化信息需求的重要补充。

表 3-14 2019—2020 年自助服务情况

项目	2019 年数据 / 册	2020 年数据 / 册	同比增长 /%
新增图书	2491	3615	45
借书	124600	89906	−28
还书	118497	87920	−26

（七）书刊预约借出率

2020 年书刊预约 3029 册次，较 2019 年度下降了 4.5%，其中预约借出图书为 519 册次，较 2019 年下降了 36.2%。2020 年度的预约借出率为 17.1%，不足二成，较 2019 年同期下降了 8.6%。主要原因有两点：一是预约图书到达周期太长，读者会选择其他借阅方式满足需求；二是读者因个人原因无法到馆取书导致文献过期。

表 3-15　2019—2020 年预约书刊借出情况

项目	2019 年	2020 年	同比增长 /%
预约册次	3173 册	3029 册	−4.5
预约借出图书	814 册	519 册	−36.2
预约借出率	25.7%	17.1%	−8.6

（叶倩晴、杨晓伟撰）

数字资源利用及服务分析报告（2019）

一、数字资源及平台发展概述

自2003年开通数字图书馆网站以来，东莞图书馆将传统图书馆服务数字化、网络化与数字馆藏有机结合，从资源、平台、服务等多个方面加强数字图书馆的建设。数字资源方面，通过购买和自建不断丰富数字阅读内容，现有30余个数据库可供大众免费使用，资源包括各类电子图书150万余种、电子期刊1万余种、论文文献6000余万篇、视频资源8万余部、音频资源70万集、在线试题20万套等，可以满足普通阅览、研究参考、学习培训、少儿阅读等多种需求；同时自建东莞报道、东莞图库、东莞文库等地方文献数据库以及粤语学习、数字素养等专题特色多媒体资源。数字平台方面，继数字图书馆网站之后，陆续推出东莞学习中心网站、东莞少年儿童图书馆网站、图书馆App、电视图书馆、官方微博、微信公众号（微信图书馆）等平台，并持续更新、升级服务全市总分馆用户，先后开通单点登录、一站式检索、数字账号申请等功能，引入微信支付、支付宝信用借还、人脸识别等新技术，提升区域图书馆整体数字化服务水平。其他数字服务方面，升级阵地服务设施，改造图书馆二楼电子服务区，建设新型公共电子阅览室，开辟创意工作间、录播室、数字教室、移动阅读区、数字展示体验区，打造公共数字文化体验示范基地；除网络平台外，引入电子书、电子期刊阅读机，VR体验等设备，提供多终端数字阅读服务；先后策划开展数字阅读进村（社区）、进企业、进学校、社区网络学堂、“扫码看书”、寻找朗读者等数字阅读推广活动，并利用微信公众号菜单打造“学粤语，知文化”“声光色影读经典”“扫码阅读”“为爱朗读”“阅读之声”等多个“微阅读”栏目，持续传递图书馆最新、最具特色的数字内容。

2019年，本馆新增采购维普标准服务平台、Artlib世界艺术鉴赏库、设计师之家资源库、中华诗词库等数据库；从功能、内容、版面等全面升级App，在保留原版本主要功能同时整合超星公司（学习通App）最新活动和推荐功能，建立东莞图书馆App与东莞学习中心网站视频学习、个人中心的互通，并投放应用市场使用；引入数字阅读小程序上线，整合仁仁阅、QQ阅读、新语听书、畅想之星等资源，简化移动端常用数字资源的阅读路径和方式；策划推出“二十四节气与古诗词”微阅读栏目，整合推送自建音频、电子书等资源；将数字阅读推广活动列入相关部门关键绩效指标，制定《数字阅读推广分工考核管理办法》，将数字阅读推广提升到全馆工作层面，并继续开展阅读推广公益行动扫码阅读、社区网络学堂等数字阅读推广活动，提高数字资源服务效益。

二、数字资源利用及服务情况

（一）数字资源利用

1. 数字资源利用总量

随着数字阅读发展及本馆相关工作的推进，图书馆数字资源利用量总体呈逐年增长趋势。2015 年至 2019 年网站数字资源利用量年均增长率约为 16%，其中 2019 年为 4710 万次，较 2018 年增长近 65%。从单点登录系统访问量来看，2019 年读者登录总人次相较 2018 年增长 7%，但比 2015 年下降了近 20%。

表 3-16　2015—2019 年网站数字资源利用量

	2015 年	2016 年	2017 年	2018 年	2019 年
网站数字资源利用量 / 万次	2617	3058	3710	2848	4710

注：2018 年停购龙源期刊，数据短期内减少；年均增长率约为 16%。

表 3-17　2015—2019 年单点登录系统访问量

	2015 年	2016 年	2017 年	2018 年	2019 年
读者登录总人次 / 人次	428877	1589108	1685044	317914	340493

注：2016 年本馆发现数字资源系统有恶意下载行为，访问人次虚高，该现象持续到 2017 年，后采取安全管理措施，于 2018 年恢复正常。

反观纸本文献利用量，2015 年至 2019 年图书馆书刊文献外借册次年均增长率约为 0.28%，2019 年较 2018 年的增长率约为 4%。可见数字资源利用量增长速度远超纸本文献，数字阅读已经成为图书馆文献服务的重要增长点。

表 3-18　2015—2019 年书刊文献外借量

	2015 年	2016 年	2017 年	2018 年	2019 年
书刊文献外借量 / 册次	2291192	2481573	2549176	2222153	2316547

注：年均增长率约为 0.28%。

2. 数据库利用情况

2019 年东莞图书馆试行《东莞图书馆数字阅读推广分工考核管理办法》，依据读者需求、数据库质量、资源类别、资源类型、使用平台等标准划定了 18 个当前重点推广的数字资源库，分别为博看期刊、书香东莞（中文在线）、库客音乐图书馆、畅想之星电子书、易趣漫画、易趣动画、中国知网（CNKI）、维普期刊、贝贝国学、乐儿科普动画、哪吒看书、中少快乐阅读平台、QQ 阅读、新语、环球英语、维普考试、软件通、超星读秀，并制定了不低于 2018 年使用量 10% 的增长指标，按职责划分到具体责任推广部门。

（1）重点数据库使用情况

2019 年大部分数据库利用量相比 2018 年有较大幅度增长，新语、软件通、乐儿科普动画等 6 个数据库增长率更是超过了 150%。其中 2018 年新采购的热门畅销听书和电子书内容利用增长明显，如新语听书、QQ 阅读电子书 2019 年利用量分别增长了约 550%、175%，这表明东莞图书馆对资源的调整、优化起到明显的积极作用。而新语成为利用量增长率第一的数据库，在一定程度上也说明听书这种解放双眼的新兴数字阅读形式广受读者欢迎。另外，软件通、乐儿科普动画、维普考试及畅想之星电子书数据库的各责任部门均依据数据库特点开展读者活动，对数据库的利用起到有效推广。

表 3-19　2019 年重点数据库使用量增长率排行（前六）

排行	数据库	类别	类型	使用平台	2018 年使用量 / 次	2019 年使用量 / 次	增长率 /%	责任部门
1	新语	一般阅览	听书	网站、微信	44344	288214	550	学习中心
2	软件通	学习培训	其他	网站、微信	80095	460994	476	学习中心
3	乐儿科普动画	少儿	音视频	网站、微信	11473	37668	228	少年分馆
4	QQ 阅读	一般阅览	图书	微信	183157	503307	175	学习中心
5	维普考试	学习培训	其他	网站	163679	431711	164	学习中心
6	畅想之星电子书	一般阅览	图书	网站、微信	11893	30580	157	读者服务中心

（2）重点数据库达标情况

在 18 个重点数据库中有 13 个数据库利用量达标，达标率达约 72%。未达标的 5 个数据库中多数已购买多年，读者容易缺少新鲜感；另外，维普期刊、CNKI 的使用平台仅为网站，在一定程度上影响了读者使用资源的便利性。而中国知网（CNKI）是利用量增长率最低的，这一方面是馆内对 IP 并发数、用户使用流量进行了限制；另一方面可能是由于 2019 年该数据库出现在下载数次资源后需重新登录验证的情况，用户使用体验受到影响；同时该数据库会抽取部分刊物另外打包购买，图书馆并没有购买此部分资源。在达标排名靠前和不达标数据库中都有少儿类数字资源，对比乐儿科普动画和易趣动（漫）画数据库可以发现，易趣动（漫）画资源质量较差，内容陈旧、画质低劣，可见通畅的使用渠道、良好的体验感、丰富优质的资源是读者利用图书馆数字资源服务的重要考虑因素。

表 3-20　2019 年未达标重点数据库情况

数据库	类别	类型	使用平台	2018 年 / 次	2019 年 / 次	增长率 /%	责任部门
维普期刊	研究参考	期刊	网站	1121587	1180117	5	读者服务中心
易趣动画	一般阅览	音视频	网站、微信	23633	24431	3	读者服务中心
库客音乐图书馆	一般阅览	音视频	网站、微信	1454276	1195682	-18	读者服务中心
易趣漫画	一般阅览	图书	网站、微信	24326	18644	-23	读者服务中心
中国知网（CNKI）	研究参考	期刊	网站	2410943	1278200	-47	读者服务中心

（3）重点数据库各季度利用量

2019 年重点数据库各季度利用量呈逐季度递增的趋势：第一季度最低，为 4462731 人次；第四季度利用量最高，达 6331007 人次，与第一季度相比增加了约 42%。我们可以据此推测春节假期期间外来人员普遍返乡，读者仍沉浸在节日氛围，而随着时间推移，逐步进入到学习、工作环境，图书馆数字资源利用率逐渐提升。据此，图书馆可选择在第一季度后半期加大对读者引导和推广使用资源，协助读者快速找回学习状态，充分发挥图书馆数字资源利用效能。

表 3-21　2019 年重点数据库各季度利用量

	第一季度	第二季度	第三季度	第四季度
重点数据库利用量 / 次	4462731	5679760	6082081	6331007

（二）主要数字平台服务情况

1. 网站

表 3-22　2017—2019 年网站访问量数据

项目	2017 年数据 / 万次	2018 年数据 / 万次	2019 年数据 / 万次	年均增长率 /%
网站总访问量	411.39	426.5	474.69	7.42
东莞数字图书馆网站（www.dglib.cn）访问量	312.27	324.51	349	5.72
东莞学习中心网站（lc.dglib.cn）访问量	81	87	111	17.06
东莞少年儿童图书馆（kid.dglib.cn）访问量	18.12	14.99	14.69	-9.96

网站访问量总体呈小幅度上涨趋势，2017—2019 年的年均增长率为 7.42%，读者愿意持续访问网站的各项服务及利用数字资源进行学习。其中东莞数字图书馆网站访问量 2019 年同比增长 7.55%，2017—2019 年的年均增长率 5.72%。学习中心网站访问量 2019 年同比增长 27.59%，2017—2019 年的年均增长率 17.50%，增幅相对其余两个网站更明显，这与学习中心一直注重虚实结合开展服务和活动关系密切。此外，少儿馆网站访问量 2017—2019 年呈一定幅度下降趋势，2019 年同比降低 2%，但相较于 2017 年降幅明显，2017—2019 年的年均降幅接近 10%，表明随着移动服务的发展以青少年及其家长为服务对象群体的少儿图书馆网站吸引力逐渐减弱。

2. App

表 3-23　2017—2019 年东莞图书馆 App 访问数据

项目	2017 年	2018 年	2019 年	年均增长率 /%
东莞图书馆 App 点击量	2781 万次	2965 万次	3524 万次	12.57
登录次数	1788104 次	1528751 次	1044439 次	-23.57
累计注册用户数	31854 个	40830 个	45466 个	19.76

App 点击量 2019 年同比增长 18.85%，2017—2019 年的年均增长率为 12.57%，2017—2019 年呈持续上涨趋势；累计注册用户数平稳增长，但增长比例逐年下降，2017—2019 年年均增长率近 20%；用户登录人次下降明显，年均下降超过 20%。

3. 微信公众号

表 3-24　2017—2019 年微信公众号“东莞图书馆”访问数据

项目	2017 年	2018 年	2019 年	年均增长率 /%
图文阅读量	54.51 万次	58.98 万次	60.34 万次	5.21
菜单总点击次数	516990 次	758606 次	989094 次	38.32
微服务大厅菜单点击次数	427487 次	649936 次	539798 次	12.37
微阅读菜单点击次数	67850 次	88595 次	150304 次	48.84
累计关注用户数	87083 个	125226 个	166099 个	38.24

微信公众号图文阅读量、菜单点击次数均呈上涨趋势，其中菜单访问人次绝对值及增长率均显著高于图文信息阅读量，这表明更多用户选择微信公众号获取图书馆服务而不是资讯；而在菜单访问中微阅读菜单的访问量增长迅速，2019 年微阅读菜单在 2018 年“扫码看书”“阅读之声”等内容的基础上新推出“二十四节气”“QQ 阅读”“期刊速递”“新语听书”，内容集中在可读性较强的数字内容再加工文案和数据库轮动推广，这表明越来越多的用户使用微信直接进行数字阅读。

微信公众号累计关注用户数保持稳定增长，2017—2019 年累计关注用户年均增长近 40%，增长率是 App 的两倍。微信公众号新增关注用户数基本保持平均每月 3000 人的增长数，期间没有出现观众用户数量大幅增加或减少的情况，累积下来的均成为图书馆的忠实用户。

（三）数字阅读推广

2019 年全馆数字阅读推广工作进一步展开，重点数据库指标承担部门都要制订推广计划并执行。据统计，2019 年全馆共开展数字阅读推广项目 24 项。

1. 推广方式

24 项推广活动中：开展线上推广的有 18 项，推广渠道包括微信公众号、网站、微博、QQ 读者群等；开展线下馆内阵地推广的有 13 项，主要方式为在馆内各服务窗口派发海报、广告机轮播 / 展播电子海报、在特定区域（如数字教室、动漫学坊、自修室、漫画馆等）开展现场推广活动，还有的利用品牌活动影响力，在活动开始前推广数据库；开展馆外上门推广服务的有 7 项，主要集中在为少儿馆开展的“数字阅读进校园”活动，利用资源优势深入学校开展活动，在分享童书的同时为孩子们介绍贝贝国学、乐儿科普动画、哪吒看书和知识视界这些数字资源的使用。更多的活动体现出线上线下融合推广的趋势，一是线上线下宣传载体的融合，一是线上线下活动的融合，如线上比赛、线下展览的方式。

2. 相关方参与

2019 年本馆的数字阅读推广项目中有相关方参与的项目为 16 项，占总推广项目的 70%，这些相关方包括 CNKI、维普、环球英语、软件通、乐儿、贝贝国学等，相关方参与的主要方式是提供奖品、主讲老师、线上活动的技术支持等。如贝贝国学数据库提供商，选派老师在少儿馆内开展少儿手工制作的主题活动。

3. 体系化推广

除少儿分馆外，大多数推广项目仍然立足本馆阵地和读者平台。各部门依托总分馆体系开展数字阅读推广工作的意识还需要进一步加强。

4. 推广效果

各部门的推广活动涉及的数据库共有 15 个，重点数据库推广覆盖率达 85% 以上，仅有库克音乐、中少快乐阅读平台没有开展实际推广工作。重点数据库利用达标率为 72%，其中通过虚实结合和新技术应用展开的推广比较有效，比如学习中心开展的 QQ 阅读、新语听书和其他学习类资源的使用率排名均比较靠前，但对维普期刊、CNKI 这类传统研究参考型数字资源的持续和集中推广并不奏效，读者使用情况不理想，没有完成既定的指标，这与该类数据库缺乏移动端应用有一定关系，表明图书馆要加强和供应商的沟通，推动移动端数字阅读服务的完善。同时这也说明相关的推广工作要转变思路、改变方式，考虑从一般大众推广向特定对象推广转变，跳出图书馆既有读者的圈子，积极发展新用户。

三、数字用户调查分析

为更好地开展数字资源服务，了解用户对数字资源服务的态度、偏好、问题，不断完善数字资源服务和管理，东莞图书馆每年通过总馆网站、微信公众号、微博等网络平台，面向网络读者发放数字用户调查问卷了解用户情况和需求。年初进行问卷发放，年底统计结果。2019 年共回收有效问卷 501 份。以下选取问卷中部分代表性问题加以分析。

（一）数字资源使用满意度

2019 年用户对东莞图书馆的数字资源满意度为 98.60%，2018 年为 98.60%、2017 年为 98.99%，这三年的满意度都比较高，没有明显升降。

问题：您对我馆的数字资源及使用满意吗？（单选）

选项	小计	比例
A. 很满意	218	43.51%
B. 满意	174	34.73%
C. 基本满意	102	20.36%
D. 不满意	4	0.8%
E. 很不满意	3	0.6%

（二）数字资源利用目的

用户使用数字资源服务最主要的目的集中在学习自己感兴趣的知识（占 78.24%）、休闲娱乐（占 43.51%）、掌握本专业的知识和应用信息（占 42.91%）、解决学习上遇到的问题（占 33.93%）。

问题：您使用我馆数字资源服务最主要的目的是什么？（多选）

选项	小计	比例
A. 掌握本专业的知识和应用信息	215	42.91%
B. 解决学习上遇到的问题	170	33.93%
C. 查找资料，写论文	164	32.73%
D. 休闲娱乐	218	43.51%
E. 学习自己感兴趣的知识	392	78.24%
F. 其他	88	17.56%

（三）数字资源利用途径偏好

对于“使用东莞图书馆哪些平台阅读数字资源”问题，87.03% 受访者选择微信公众号，其次是 App，说明读者使用本馆数字资源的平台以移动端为主。

问题：您使用东莞图书馆哪些平台阅读数字资源？（多选）

选项	小计	比例
A. 网站［官方网站（www.dglib.cn）、东莞学习中心（lc.dglib.cn）等］	145	28.94%
B. 微信公众号：东莞图书馆	436	87.03%
C. 新浪微博：东莞图书馆	34	6.79%
D. 东莞图书馆 App	151	30.14%

（四）数字资源利用类型偏好

用户主要使用的本馆资源类型是电子图书（占 71.06%）、视频及多媒体资源（33.93%）、电子期刊（35.53%）、学术论文资源（占 20.76%），读者从本馆平台获取的数字资源主要还是电子图书。

问题：您主要使用我馆哪些类型资源？（多选）

选项	小计	比例
A. 电子图书	356	71.06%
B. 电子期刊	178	35.53%
C. 视频及多媒体资源	170	33.93%
D. 学术论文	104	20.76%
E. 在线考试	41	8.18%
F. 报纸	89	17.76%
G. 音乐	74	14.77%
H. 其他	156	31.14%

（五）数字资源利用障碍

用户不愿或者没有利用东莞图书馆的数字资源服务的因素主要集中在“不了解图书馆的相关资源和服务”“上网条件不充足”“没有自己需要的资源”“很多数据库要求安

装特定浏览器”。

问题：以下哪些因素阻碍您使用我馆的数字资源服务？（多选）

选项	小计	比例
A. 其他途径可满足，不需数字资源	89	17.76%
B. 没有自己需要的资源	125	24.95%
C. 上网条件不充足	125	24.95%
D. 不了解图书馆的相关资源和服务	208	41.52%
E. 很多数据库要求安装特定浏览器	109	21.76%
F. 使用时经常遇到困难	62	12.38%

四、思考与建议

（一）思考

通过对 2019 年数字资源利用、数字平台服务、数字阅读推广活动及数字用户的调查分析，我们可以看到本馆的数字化工作取得了一定成效，读者的使用情况亦反映了一定的问题。主要包括：

1. 数字资源、平台建设和服务工作卓有成效

数字资源利用总量快速增长，成为图书馆文献服务的重要增长点。与同期图书外借册次相比，数字资源利用增长比率显著高于纸本文献。但从单点登录的使用人次看，尽管 2019 年登录人次高于 2018 年，但和 2015 年相比下降明显，App 的登录人次也表现出明显下降趋势。这表明对现有使用者来讲，图书馆的数字资源、平台服务体验在增强，黏性在增加，调查显示受访用户满意度高，但由于外部数字阅读环境的发展，图书馆也在不可避免地流失数字用户。

2. 新型数字阅读资源备受关注，利用量急速增长

新语听书、QQ 阅读等资源以更受大众欢迎的内容特征和阅读方式在推广中取得更好的利用效果；软件通、维普考试等学习类的资源也取得了较好的使用效果，用户量增长明显。这种使用的趋势、推广的效果也和数字用户调查中用户更偏好休闲娱乐类、学习类资源的结果一致。同时，数字资源的利用也存在不同类别数字资源增长不均衡的问题，尤其是维普期刊、CNKI 等传统数字资源和部分少儿数字资源用户增长不理想，数字资源的使用体验、便捷性、内容质量有待进一步增强。

3. 移动端数字服务成为读者使用主流

数据显示 App 和微信公众平台用户增长显著高于网站，尤其是微信公众平台。数字用户调查也显示更多读者使用移动端服务获取信息和资源。对于微信公众平台，值得注意的是，使用微信公众号菜单获取图书馆服务（包括数字阅读）的用户增长迅速，更多的用户使用微信获取服务而不是资讯，本馆微信公众号作为服务号的优势正在发挥。

4. 数字阅读推广分工考核工作落实推进有序

数字阅读推广分工考核工作有效提高了重点数据库的使用，但也存在推广渠道、方式局限的问题，部分持续重点推广的数据库使用情况不理想、不达标，数字用户调查也显示仍有大量读者对图书馆的数字资源和服务不了解，需要各有关部门进一步创新推广策划、拓宽推广渠道。

以上是数据分析和调查中得出的结论、发现的问题。此外，在实际工作中我们也发现一些问题，比如：数字资源利用统计存在不同数据库标准不一，有些数据库缺乏使用统计的情况，不利于我们精准掌握数字资源的整体使用状况；本馆数字资源采购、使用统计、用户调查、推广分别由不同部门承担，且由不同的馆领导分管，服务商同时和馆内多个部门有业务往来，责任较为分散，业务信息不能充分共享，造成诸如采购合约处规定的供应商推广义务不能很好地履行或者推广部门不能有针对性地推广数字资源服务产品等问题；移动环境下，数据库服务商服务对象发展呈现个人化趋向，图书馆需要保持警惕，预防服务商通过图书馆平台导流读者。这些问题都应引起重视。

（二）建议

1. 加强读者使用需求和反馈调研，持续优化资源结构

以用户为中心，重视读者需求变化，完善采购流程，加强数字资源在采购前、试用中、正式使用中各个阶段的读者需求和利用情况调查，基于读者需求和使用数据并结合内容质量调查、行业判断统筹作出资源采购决策；从利用方式、内容特点等多个角度关注新型数字资源的发展，主动试用、持续优化数字资源类型结构，提高图书馆数字资源吸引力。

2. 进一步完善移动端服务

根据数字用户使用习惯持续升级包括 App、微信公众平台的各项功能，简化用户使用入口，提升图书馆移动阅读体验；加大数字资源在移动端的整合力度，丰富移动端数字阅读内容，留住用户、服务好用户，更好地展现图书馆的数字阅读服务能力。

3. 进一步加强数字阅读推广，扩大活动覆盖面

跳出本地思维，充分利用图书馆服务体系和全市读者活动开展数字阅读推广，加强

社会合作，扩大活动影响力；深入挖掘数字资源内容，将数字资源与图书馆读者活动主题内容有机结合开展资源推介，引导活动参加读者利用数字资源进行后续学习。

4. 完善数字阅读统计，加强数字资源服务商管理

开展图书馆数字阅读统计标准研究，结合实际建立本馆数字资源及服务评价指标体系，指导数字阅读统计工作；在数字资源服务平台建设、引进过程中对服务商明确提供数字资源利用统计要求；加强对服务商提供的信息的审核，杜绝读者引流现象。

5. 加强馆内数字化工作整合与信息共享

建议数字资源的读者需求调研、采购、数字资源统计等后台性工作职能整合到统一的部门或分管领导下，或者建立跨部门的松散型工作小组，明确职责，通过便捷渠道及时沟通数字资源从调研、采购到使用、推广过程中的数据信息和特定情况，定期交流推广工作经验。

（奚惠娟、方嘉瑶撰）

阅读推广活动分析报告

——2019“东莞动漫之夏”

2006年，东莞漫画图书馆举办首“东莞动漫节”，这是东莞首个大型综合性系列动漫活动，对于东莞本土动漫文化具有里程碑意义。此后，活动逐年举办，不断推陈出新，2012年改版升级为“东莞动漫之夏”；2013年，东莞图书馆成为中国国际影视动漫版权保护与贸易博览会分会场。“东莞动漫之夏”经过15年的积累和发展，带动东莞本土动漫文化从无到有、从小到大，从一个由漫画馆主办、动漫社团和动漫企业协办的动漫活动，逐步演化成一个城市的动漫盛事。

2019“东莞动漫之夏”由中国图书馆学会阅读推广委员会主办，东莞图书馆承办，围绕“动漫文献信息中心、动漫创意活动场所、动漫产业服务基地、动漫发展研究平台”的服务定位，举办了动漫发展研究论坛、专业展览、主题讲座、产业展示、动漫创客、大众互动6种类型18项活动，吸引了3.2万余人次参加，受到了《中国文化报》《中国旅游报》《羊城晚报》《东莞日报》等多家国家、省、市级媒体报道，产生了良好的社会效益。

一、效果

表3-25　2019年“东莞动漫之夏”活动效果

	年度指标量	完成量	完成率/%
读者活动场次	12次	18次	147
读者活动参与人次	2.5万人次	3.2万人次	133.5

本馆通过动漫专题研究和馆际交流活动，整合中国动漫集团、张乐平纪念馆等社会资源，策划漫画名家展览、产业专题研讨等项目，丰富了活动层次，提升了活动品质，读者活动场次和参与人次均超额完成任务，收获了良好社会评价。

东莞漫画图书馆独树一帜的工作让人鼓舞，孜孜不倦的坚持让人感动。贵馆所编撰的《漫画文献总览》《绘本文献总览》以国际化的视角、庞大的信息量和严谨的工匠精神成书，部头大、分量足，具有填补空白的学术价值，为漫画学术研究和产业开发提供了宝贵的基础性资料。——中国动漫集团董事长庹祖海

在世界上，很多国际漫画博物馆也是和图书有着千丝万缕的联系。美国国会图书馆中有个专门的漫画博物馆，美国纽约的哥伦比亚大学图书馆也有一座漫画博物馆，比利时欧洲漫画中心拥有一座国际漫画博物馆，国际漫画图书馆是其独立的展馆。国内漫画博物馆发展刚刚起步，没有任何成功经验可以借鉴。然而东莞漫画馆已在 15 年前就已经开始探索与实践，不仅有漫画图书的展示阅览、展览活动、讲座分享等各具特色的活动，同时进行学术研究，出版了一系列研究成果，这是极其难得的。——世界漫画家联盟中国联盟副主席朱丞

二、活动主要内容

（一）动漫发展研究论坛

由中国动漫集团、东莞图书馆联合主办，邀请中国动漫集团发展研究部主任宋磊、上海时代卡通研究院院长武力、河山影业董事长江苹、北京天视全景公司总经理王宁、张乐平纪念馆馆长董晓燕、张乐平之子张慰军等嘉宾，围绕“动漫 + 旅游”文旅融合主题进行研讨和交流，分析动漫文化与城市旅游创新融合的多种模式和案例，探索城市文旅融合的新路径。

（二）专业展览

1.《三毛流浪记》——张乐平漫画作品展

“三毛”形象在中国堪称家喻户晓，被誉为“没有文字的文学巨著”。2018 年，在意大利博洛尼亚国际儿童书展上，世界无字书大奖评委会授予张乐平先生“特别荣誉奖”。三毛之父张乐平先生和他笔下的三毛已成为一张重要的中国漫画的名片。期间，展出《三毛流浪记》漫画作品 100 幅，让广大读者近距离体察中国漫画艺术的魅力。

2.“微不足道之道”——蒋悦微画作品展

该展览精选蒋悦微画作品近 80 幅，作品所绘之境形式饱满、设色丰富、构图精妙，在画面疏密关系的处理上独具匠心，他利用线条与体块的组合、粉与墨的对比使画面密而不堵，给观者营造了精彩的视觉图像。

3. 东莞名人漫像主题展

东莞是广东历史文化名城，英雄才俊辈出。展览展出名人肖像故事 21 章，包括抗

日名将蒋光鼐、中国近现代藏书大家伦明、古文字学家容庚等，意在通过漫画幽默、夸张变形的艺术风格，深化读者对东莞城市名人的认知，领略城市脍炙人口的故事，弘扬城市文化精神，感受城市文化魅力。

（三）名家讲座

1.“‘三毛之父’在迎接解放的日子里”

嘉宾：张慰军，张乐平先生幼子。先后编撰《文心雕犬》《都市风情》《三毛之父“从军”记》等。

内容：分享《三毛流浪记》创作背后的故事，尤其70年前的1949年迎接解放和庆祝中华人民共和国成立前后的经历和故事，并展示了诸多鲜为人知的珍贵史料。

2.“微不足道之道——李公明对谈蒋悦”

嘉宾：蒋悦，曾任黑龙江美术家协会副主席、广东美术馆副馆长，现为广东省当代美术院副院长。

内容：邀请中国美术家协会漫画艺委会副主任、广州美术学院教授朱松青，广州美术学院美术史系教授李公明，广州美术学院美术史系教授李行远，与广东省当代美术院副院长蒋悦现场对谈，与观众共同品鉴微画作品的艺术特质，探讨当代艺术方向，分享创作背后的故事。

（四）产业展示

1. 中国动漫集团展示馆

中国动漫集团展示馆正式入驻漫画馆，集中展示了该集团推出的动漫作品、文创产品、理论研究成果，生动可爱的“发仔”形象受到观众的欢迎。

2. 万寿模型研学社作品展暨交流分享会

展览征集本土优秀模型作品50余件，并邀请获得国际（GBWC）及国内（78动漫）科幻模型制作大奖的周建伟老师以及万寿模型创办人范兆坤现场分享模型制作心得技巧。

3. 魔法小狮妹、呀奇、山猫吉咪——原创动漫形象展

展览集中展示魔法小狮妹、呀奇、山猫吉咪3款国产原创动漫形象，助力动漫产业推广，受到读者的欢迎。

（五）动漫创客

1. 涂鸦世界——数字创意绘画体验活动

该活动通过引进动漫互动系统，将儿童涂鸦的作品植入虚拟的数字场景之中，将原

本 2D 静态的绘画作品经投影转化为 3D 动态的动物，并搭配独特的动作和声音。

2. 虚拟到现实——折纸互动创作活动

该活动通过软件对其中折纸互动的物品进行色彩涂装，再经过无线连接打印机将自己 DIY 折纸作品设计图打印出来，按提示步骤剪贴操作，一个 DIY 折纸作品就完成了。

（六）读者互动

1. 动漫大师班——梁晓智、杨辰

跨媒体创作人梁晓智、故事漫画家杨辰来到现场与读者互动、创作和交流。杨辰老师为漫画爱好者讲解漫画的构图、比例、上色等，通过现场指导教学指出学员在平时绘画练习的不良习惯，并提出修改意见。

2. 似颜绘——漫像写生

邝祖海，广州市动漫艺术家协会肖像漫画艺委会主任，其漫画作品入选第十三届全国美术作品展，其肖像风格写实唯美；李坤，2016 年获第六届“红人奖”国际幽默艺术双年展肖像组金奖、2017 年第四届中国嵊州全国肖像漫画大展一等奖，其肖像风格夸张写意。两位作者现场免费为市民绘制肖像。

3. “跃动的声光色影”——经典动漫同读共赏

馆员周鹤介绍动画韩国动画短片《宇宙快递》、奥斯卡最佳动画长片提名作品《浪漫鼠佩德罗》获奖情况、故事梗概，强调短片轻松幽默的风格，传递动画片中的知识和信息，引发到场读者的兴趣。

三、亮点与特色

（一）需求导向，优化读者活动体验

“东莞动漫之夏”活动组织体现了图书馆面向社会、融入社会、服务社会的需求导向理念。以读者需求为导向，对读者群体和需求进行细分：在年龄上兼顾了少儿、青少年、成年人的动漫文化需求；在知识构成上兼顾普通读者、动漫爱好者和研究学者的需求；在用户群体构成上将动漫社团、动漫商家、动漫企业等作为重要的服务对象。因此，活动策划包括名作展览、名家讲座、产业展示、专题研讨、动漫创客体验等内容，为读者提供层次丰富、形式多元的文化活动体验。

（二）跨界合作，突破传统服务局限

立足动漫产业服务基地，活动组织突破图书馆行业传统服务局限，融合产业服务需求，各类产业展示、文化体验等活动。中国动漫集团展示馆入驻正式入驻漫画馆；宣传和推广魔法小狮妹、呀奇、山猫吉咪 6 个国产原创动漫形象；征集本土优秀模型作品 50 余件，组织分享模型制作心得技巧和到日本台场高达基地攻略的活动，打通动漫文化事业和动漫产业渠道，发挥其在动漫企业和社会公众之间的桥梁作用，助力产业发展。

（三）专业研讨，提升服务社会价值

“东莞动漫之夏”策划组织以“动漫 + 旅游”文旅融合主题的动漫发展研究论坛，探索城市文旅融合的新路径。邀请中国美术家协会漫画艺委会副主任、广州美术学院教授朱松青，广州美术学院美术史系教授李公明，广州美术学院美术史系教授李行远，与广东省当代美术院副院长蒋悦现场对谈，赏鉴微画作品的艺术特质，探讨当代艺术方向。通过举办动漫产业融合和艺术创作的研讨活动，提升活动社会价值。

（四）本土深耕，挖掘城市人文特色

活动围绕抗日名将蒋光鼐、中国近现代藏书大家伦明、古文字学家容庚等 21 位东莞城市名人，邀请漫像艺术家李坤进行创作并举办展览，通过漫画幽默、夸张变形的艺术风格，深化读者对东莞城市名人的认知。

（五）专业展览，培养社会公众审美情趣

活动致敬中国传统漫画经典，举办“《三毛流浪记》——张乐平漫画作品展”，展示当代漫画艺术风采，举办“‘微不足道之道’——蒋悦微画作品展”，并举办配套创作分享活动，通过传统与现代的艺术对比，让公众近距离感受当代动漫艺术的魅力。

五、总结与思考

“东莞动漫之夏”是东莞地区历史最悠久的动漫文化活动品牌。为保证活动的顺利组织，东莞图书馆全馆动员、全力以赴，设立展览活动、宣传推广、后勤保障等 3 个跨业务部门协作的工作组，确保各工作环节的有序衔接和高效运转。

展览活动组：负责策划各项活动，负责邀请、接洽和接待活动嘉宾，负责招募、培训志愿者，负责各活动场地分配和活动时间编排等。

宣传推广组：负责拟定宣传工作方案，协调媒体对分会场进行宣传、报道，定时发布活动信息等。

后勤保障组：负责制订安全保卫、车辆停放、人员疏导、接待等方案，保障现场服务和网络通畅，负责所需物料的采购、储备和供应，协调配合各小组的筹备工作。

但活动仍有需改进优化之处：一是强化媒体宣传力度。加强与国家、省、市级媒体资源对接，积极与公众号等动漫相关自媒体资源对接，考虑引入抖音直播方式扩大活动影响力度。二是活动效果反馈的整理和搜集。压实馆员组织活动的责任，广泛邀请和收集合作伙伴、读者、漫画名家的对于活动的评价，为进一步优化活动提供参考。

（吴纯撰）

读者类型和需求分析报告

随着社会发展，读者对图书信息需求日趋多样化。为更好地优化服务、推进工作，2020年图书馆针对个人读者展开抽样调查，并对调查结果进行分析和总结。

一、读者类型划分

根据不同读者类别的特点，本报告将读者群体划分为个人用户及群体用户两大类。按照年龄维度，个人用户（个人读者）划分为学前儿童（0～6岁）、学龄儿童（7～12岁）、青少年用户（13～19岁）、成年人用户（20～59岁）以及老年人用户（60岁及以上）。

二、调查方法与对象

本报告针对个人读者采取问卷调查的方式，抽样调查读者对服务的需求和期望，得出该群体读者使用图书馆资源及服务的倾向性数值。2020年6—7月本馆随机派发问卷给读者填写，回收有效问卷302份，回收率达94%，其中0～6岁读者9份，7～12岁69份，13～19岁108份，20～59岁114份，60岁及以上的2份。

三、个人读者需求分析

（一）读者对图书馆的总体需求

表3-26　读者到馆频率

年龄	每周至少一次	半月一次	每月一次	偶尔
0～6岁				9
7～12岁	15	15	9	30
13～19岁	15	24	18	51
20～59岁	42	18	18	36

续表

年龄	每周至少一次	半月一次	每月一次	偶尔
60 岁及以上	1			1
共计	73	57	45	127

从表 3-26 可以看出，抽样读者主要为年龄段为 13 ～ 19 岁的青少年读者以及 20 ～ 59 岁的成年人读者，两者分别占了 35.8%、37.7%，这与开放窗口日常工作人员的感受相符，这两个年龄段的读者对图书馆的需求和依赖程度更高。读者到馆频率两极分化的情况较为明显，即“每周至少一次”和“偶尔”到馆的人数比重较大，尤其是“偶尔”到馆的占 42%，说明超过四成的读者对图书馆需求不大。经对个别读者的口头采访，我们了解到不少人是需要借阅图书或需要更安静阅读环境的时候才会到图书馆，当下网络发达，信息获取的途径众多而便捷，图书馆已不是信息获取的首选途径。

（二）到馆目的分析

表 3-27　读者到馆目的

年龄	休闲阅读	查找资料	借还图书	读者活动	自习	上网	闲逛
0 ～ 6 岁	3		2	3		1	
7 ～ 12 岁	51	6	36		6	3	3
13 ～ 19 岁	54	24	45	12	45		9
20 ～ 59 岁	93	27	45	3	27	6	
60 岁及以上	1						1
共计	202	57	128	18	78	10	13

我们针对读者到馆的主要目的设置了 7 个类别，囊括了普通读者的基本需求。以上所有到馆目的选项被选 506 次，从各项数据可知，读者来馆目的以“休闲阅读”居多，占 39.9%，排列第二的是“借还图书”，占 25.3%，第三的是“自习”，占 15.4%。考虑到疫情影响，线下读者活动锐减，所以往年热门项受“冷落”。按年龄段读者划分，7 ～ 12 岁学龄儿童读者倾向来馆“休闲阅读”，13 ～ 19 岁青少年读者选择“休闲阅读”“借还图书”及“自习”的次数相当。受到学习需求影响，学生把图书馆当作一个重要的学习场所；而成人读者则更多是“休闲阅读”。这说明了大部分读者还是把图书馆作为休闲的一个重要场所，为满足大部分读者的需求，本馆应注重提供更优质的图书刊物、更多的阅读场地以及更便利的借还服务。

（三）读者的文献需求

表 3-28　读者借阅图书类型

年龄	经典名著	儿童读物	通俗小说	专业书籍	历史、传记	经济类图书	教育、心理类	科普类	电子书
0～6 岁		9							
7～12 岁	27	45	15	6	3		3	9	3
13～19 岁	57	15	42	15	39	6	27	18	
20～59 岁	69	18	15	63	24	24	45	9	5
60 岁及以上	1			2					
共计	154	87	72	86	66	30	75	36	8

在读者喜爱借阅的文献方面，我们设置了经典名著等九大类，被读者勾选的有 611 次（类），由以上数据可知，全读者类别中，喜爱借阅的图书类别排名如下：经典名著 > 儿童读物 > 专业书籍 > 教育、心理类 > 通俗小说 > 历史、传记 > 科普类 > 经济类 > 电子书。其中经典名著备受全年龄段读者欢迎，选中率占 25%；儿童读物、专业书籍、教育心理类、通俗小说、历史传记等四类的选中率差别不大，此情况与各年龄段读者的职业（学历）、阅读能力及喜好相关，如学龄儿童和青少年更关注儿童读物、历史读物及科普读物，成年人更爱借阅专业图书及教育类图书，而经济类图书主要借阅人就是成年人读者。表 3-28 还反映了一个现象，受访读者借阅电子书的比例非常低，仅占 1.3%，即使考虑到热爱阅读电子书的读者不一定是到馆读者这一因素，此数据也能一定程度上反映了电子书的阅读率不高。

表 3-29　读者平均每月借阅册次

年龄	5 册内	5～10 册	10～20 册	20 册以上
0～6 岁	3	6		
7～12 岁	24	39	3	3
13～19 岁	66	36	6	
20～59 岁	63	33	12	6
60 岁及以上	1	1		
共计	157	115	21	9

由表 3-29 可知，平均每月借阅 5 册以内的读者占大多数，约 52%，借阅 5 ～ 10 册的读者占 38%，即 90% 以上的读者是平均每月借阅图书 10 册以内，可见本馆读者图书借阅量并不大。近年来，如何提高图书借阅量是当前所有图书馆面临的一个普遍难题，本馆也不例外。

（四）读者对图书的利用率

表 3-30　读者所借图书的利用率

年龄	基本没看	看了小部分	看了大部分	全部看完
0 ～ 6 岁	1	3	3	2
7 ～ 12 岁		6	33	30
13 ～ 19 岁	3	27	30	48
20 ～ 59 岁		30	54	30
60 岁及以上			2	
共计	4	66	122	110

表 3-30 主要反映了读者对本馆图书的利用率问题。数据显示，40.4% 的读者是“看了大部分”，36.4% 的读者能“全部看完”，“看了小部分”的占 21.9%，“基本没看”的占 1.3%，可见，被借图书的利用率还是较高的。

（五）读者的意见和建议

表 3-31　读者希望图书馆增加哪一类图书

年龄	专业类	文学类	休闲类	杂志报纸	其他
0 ～ 6 岁		3			6
7 ～ 12 岁	9	48	33	12	3
13 ～ 19 岁	27	48	51	9	12
20 ～ 59 岁	75	30	12	24	18
60 岁及以上		2	1		
共计	111	129	97	45	39

由表 3-31 可见，对于增加图书馆藏书类别方面，读者对文学类及专业类图书需求较大，休闲娱乐类的图书需求也不低，其他类别主要集中在儿童读物、历史传记、教育

类及外语图书等。这也代表了本馆藏书方面存在一定缺陷，未能满足读者需求，亟须优化藏书结构。

从读者建议可见，读者意见主要集中于“增加阅读区桌椅”“增加图书”“空调太冷”及“延长开放时间”等 4 条，读者有较强的图书馆意识，关心图书馆的发展，并期望本馆能进一步改善馆舍环境和阅读环境。

四、改进措施

（一）进一步改善阅读环境

针对节假日本馆阅读座位稀缺这一问题，本馆可适当开放市民空间等区域作为自习室，适当调整三楼图书区域分布以容纳更多图书，满足读者借阅需求。

（二）优化馆藏资源结构

图书馆为读者提供服务的优势就在于丰富的藏书资源，所以，针对调查结果本馆要进一步增强馆藏资源数量，尤其是对外开放的馆藏资源。同时要高度重视馆藏资源结构调整，如增加读者喜闻乐见的图书类别数量，适应时代发展特征，满足不断增长的读者需求。

（三）加强导读服务工作

结合调查报告及窗口服务经验可知，相当一部分读者的文献检索能力较低，对馆藏分布不熟悉，导致其找书结果不理想，所以读者服务中心特设导读岗位，专门服务读者解答疑难和文献指引。此岗位日益重要，对工作人员的服务要求也越来越高，导读服务人员更要提高服务意识和服务技能，才能为读者提供更高质量的导读服务。

（马英撰）

读者意见统计分析报告（2019）

本报告主要分析 2019 年东莞图书馆读者留言的情况，从读者提出的问题探索读者对图书馆的需求和期望，从而提升图书馆的服务水平。

一、读者意见处理要求

东莞图书馆为了规范读者意见的处理工作，在积累经验的基础上形成了一套读者意见处理的服务规范，以图表的方式放置在一楼总服务台的宣传架上，读者可以一目了然地看到读者意见的处理方法。

根据读者意见处理规范要求，工作人员须在 3 个工作日内回复读者的留言，对于复杂意见则是 7 个工作日处理完毕并回复读者。工作人员定期从各个途径收集的读者建议，经认真筛选后从中提炼合理可行的建议反馈给有关部门的负责人，作为改进工作的参考依据。

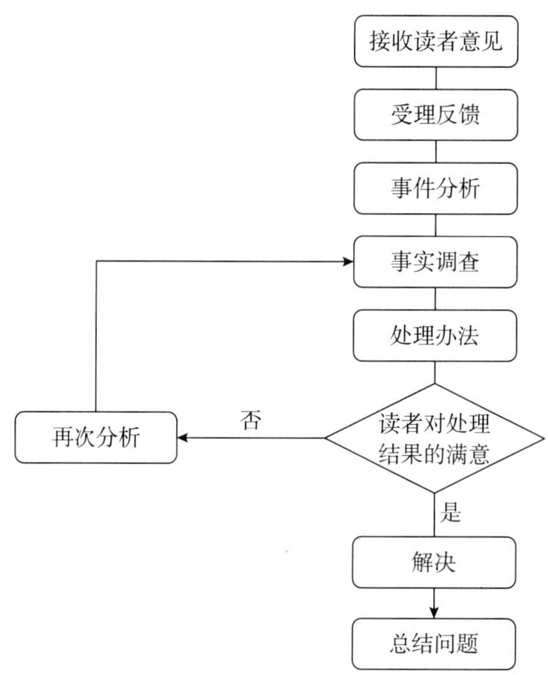

图3-21　读者意见处理流程

二、读者意见统计与分析

意见的收集途径分为读者在总服务台当面所提的意见、图书馆读者留言本的意见、读者投入意见箱的意见、图书馆网站的读者留言、阳光热线、电话以及召开读者座谈会征求到的意见等。

读者对图书馆提出意见和建议的渠道、方式是多种多样的，其中面对面交流、电话、馆内留言、主页留言等是常见的方式。东莞图书馆在一楼总服台设立咨询岗，面对面解答每个读者的咨询和疑惑。咨询岗更多的是接听读者的电话，读者遇到不懂的问题时，最直接的方法就是上网搜索图书馆网页、查询咨询电话，对相关问题进行咨询。2019 年，东莞图书馆收到各类读者留言近 370 条，来源渠道见表 3-32。

表 3-32　2019 年读者意见数量统计表

月份	馆内留言	主页留言	阳光热线	政府热线	信访	微博	微信	合计
1 月	13	10						23
2 月	8	10	1	1				20
3 月	25	18	3					46
4 月	20	15	1	2	1			39
5 月	22	12						34
6 月	30	15	2			1		48
7 月	28	11	6	1	1			47
8 月	16	20		2			1	39
9 月	10	20		2				32
10 月	7	3	1	3				14
11 月	5	6	2					13
12 月	6	5		2		1		14
合计	190	145	16	13	2	2	1	369

由表 3-32 可知：读者更倾向于在一楼总服务台的留言本和东莞图书馆网站主页上留言；需要政府、媒体介入的留言相对较少；读者忽略了社交媒体对图书馆读者意见的影响力。

东莞图书馆各个部门既相互合作，又各司其职。在读者留言处理的问题上，工作人员会根据留言的内容和各个部门的职能范围，把留言分派给各个部门的负责人，各个部门在规定的时间了解情况并回复读者，并把回复结果反馈到读者服务中心分析和汇总。各部门每月收到的读者意见和建议见表 3-33。

表 3-33　2019 年各部门读者意见统计表

月份	读者服务中心	综合服务部	分馆发展部	网络中心	学习中心推进部	采编中心	文献保障中心	少儿馆
1 月	8		1	2				2
2 月	6		1					
3 月	9	3	2	3	1	2	1	
4 月	8	1	5			1		
5 月	5	2	3	1	1			
6 月	14	2				1	1	
7 月	14	2	2	1	1	1		
8 月	2	4	9			2		
9 月	3	7	3	2		1		
10 月	10	2						
11 月	6	1		1	1	1	1	
12 月	4	4	3	3				
合计	89	28	29	13	4	9	2	2

从表 3-33 可以看出读者对读者服务中心的留言和建议最多，说明读者重视图书馆的服务管理，图书馆的馆藏分布、图书馆基本的借还服务、馆员的服务水平、财经管理、图书馆设施的配套等影响着读者用户的体验和满意度。其次，读者关注物业的管理，读者安全系数、保洁环境的管理、停车的便捷等直接影响着读者进出图书馆的次数。东莞图书馆实施的是总分馆管理制度，读者对各个分馆的意见和建议都会直接反馈到分馆发展部，分馆发展部会根据读者的反馈意见，对相关的分馆进行有针对性的业务培训，从而提高图书馆的服务质量。网络中心则侧重于技术保障：系统的正常运行、电脑设备的维护和 Wi-Fi 的连接体验等。学习中心推进部读者关注的是数字资源的用户体验，由于东莞图书馆近几年加大对数字资源的投入，扫码看书项目和 QQ 阅读项目都取得一定的成效，读者对这方面的意见较少。采编中心读者侧重的是馆藏资源的合理采购，套书成批量的购买、书籍副本的采购数和专业书籍的馆藏量都是读者关心的问题。

三、读者意见处理的改进措施

（一）加强馆员的服务意识

馆员处理读者意见要注意原则和方法。读者当面投诉时，工作人员应以平和的态度认真倾听读者的讲述，让读者的情绪稳定下来，了解事情经过和读者意图。读者的要求与图书馆规定发生矛盾时，工作人员在不违反规章制度的范围内，向读者讲明规定和原则，可以适当变通处理。如读者对图书馆工作上的疏漏、工作人员的态度产生不满，工作人员应首先向读者表示歉意，然后再作必要的解释说明或提出解决方案，将问题尽可能在小范围内解决。如果读者仍不满意，工作人员可让读者在意见本上留下意见，由专人在 3 个工作日内给予回复。

对于读者面对面的需求反应，采用首问负责制的方式，由现场首个接触读者的图书馆员进行全程跟踪负责。有必要时形成书面意见，以备存档分析。

同时图书馆要加强馆员应对突发事件的培训，提高馆员的职业素养，保证馆员在应对突发事件的时候能够有足够的判断力和能力，把对图书馆的负面影响降到最低。

（二）读者意见的处理工作需要更多的主动性

从表 3–32 和表 3–33 的读者意见的统计来看，本馆是在被动接受读者的需求和申诉，当读者不断遇到问题的时候，采取留言的方式向图书馆提出来。本馆并没有在工作中不断审视自己的问题，及时满足读者的需求和愿望。

图书馆应该进行主动调查，每年定期发放读者需求调查表、召开读者座谈会、馆员—读者沙龙、电话抽样征询读者，主动了解读者需求，建立更多的沟通平台。

（三）建立反馈处理机制

图书馆做到了对读者意见的及时反应，高水平、高效率地处理好读者的意见，但是对于经常出现或具有普遍性的问题只是把结果反馈给读者，还应该公布整改措施和改进意见，接受群众的监督。对于典型意见图书馆应进行专题整改，并设立宣传专栏向读者公布整改情况，增加处理意见的透明度。这样不仅提高读者提意见的积极性，同时也可监督图书馆改善工作、提高效率。

（四）重视表扬意见，提高员工工作的期待值

图书馆缺乏对员工日常工作的激励措施，往往觉得“做好服务”是本分工作，殊不

知读者的一句肯定对馆员工作积极性的提高有多重要。图书馆应更多地收集反应图书馆服务的正面影响，对特殊事件和优秀馆员进行表彰，形成示范效应，肯定图书馆员的工作价值。

（王艳君撰）

读者满意度调查统计分析报告（2019）

读者满意度是读者在接受图书馆服务后对其服务质量产生的一系列评估数据，是读者对图书馆所提供的各方面服务的最直接的反馈，也是衡量一个图书馆的资源建设、服务质量、内外环境等方面的数据指标。图书馆通过开展读者满意度调查，可深入了解读者需求，提高服务水平，促进图书馆的资源建设和发展。

一、总体情况

2019 年，东莞图书馆继续开展读者满意度调查，对网上读者满意度调查内容进行了更新，并采取激励措施吸引读者参与。继续发放调查表，并思考如何进一步提高调查的准确性、科学性，从而为继续深化基于用户需求的卓越绩效管理提供依据。

读者满意度调查问卷共设置问题 20 道，包含四方面：读者基本信息、内外环境满意度、各类服务和资源满意度、继续到访意愿等。

本次满意度调查共回收有效问卷 3889 份，其中包括 3611 份纸质版问卷和 278 份电子版问卷。经统计，整体满意率为 97.04%。具体调查内容及结果见表 3–34。

表 3-34 读者满意度各项内容调查结果

项目	满意率 /%	满意度指数（满分为 5）
建筑环境	94.5	4.72
内部环境及文化氛围	97.5	4.87
标志和指引设置	97.6	4.88
开放时间	99.4	4.97
文献服务内容（查询服务）	93.7	4.68
服务态度	97.45	4.87
服务质量	98.8	4.94
服务流程及效率	94.5	4.72

续表

项目	满意率 /%	满意度指数（满分为 5）
总分馆体系服务	98	4.9
读者活动	97.3	4.86
各项服务总体评价	97.4	4.87
纸质藏书	94.5	4.72
数字资源	95.9	4.79
整体评价	98.9	4.94
忠诚度	98.8	4.94
推荐图书馆的意愿	98.39	4.91
总平均值	97.04	4.85

二、专项内容统计分析

（一）读者年龄

由图 3-22 可看出，受访读者的年龄段主要是 13 ～ 19 岁的青少年读者以及 20 ～ 59 岁的成年人读者。调查结果显示这两个年龄段的读者对图书馆的需求程度更高。

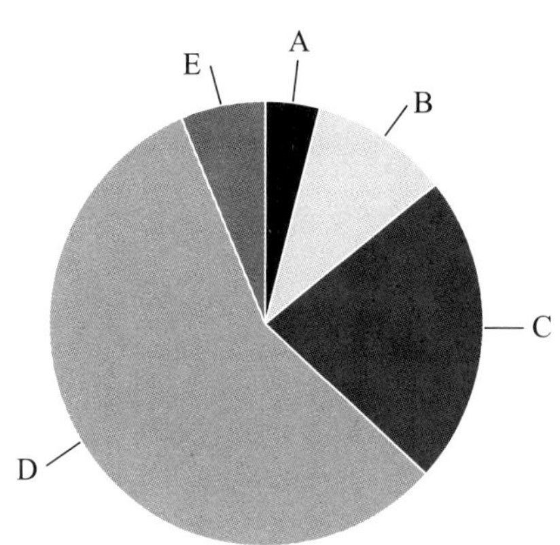

A—0～6岁，4.05%；B—7～12岁，10.20%；C—13～19岁，22.50%；D—20～59岁，57%；E—60岁及以上，6.25%。

图3-22　读者年龄结构

（二）读者所居住的镇（街道）

本次受访的读者中，其居住地或户籍所在地排前五位的镇（街道）分别是南城街道、东城街道、莞城街道、万江街道、寮步镇，这五地读者占受调查读者总量的73%。其中又以南城街道读者居多，而东莞图书馆正好位于南城街道。这表明公共图书馆服务区域仍然囿于地域空间因素，覆盖范围和人群仍以周边为主。同时，这也从另一个侧面反映了东莞市总分馆服务体系有待进一步完善。

（三）读者到馆频率

从统计来看，“半月一次”与“每月一次”到馆的人数所占比重稍大，说明读者对图书馆的黏性较高，但也有14.3%的读者只是“偶尔”到馆。这是一个资讯高度发达的社会，人们获取信息的途径众多，图书馆并非所有人获取信息的首选途径，因此读者“每月”或“偶尔”来一次图书馆是正常现象。

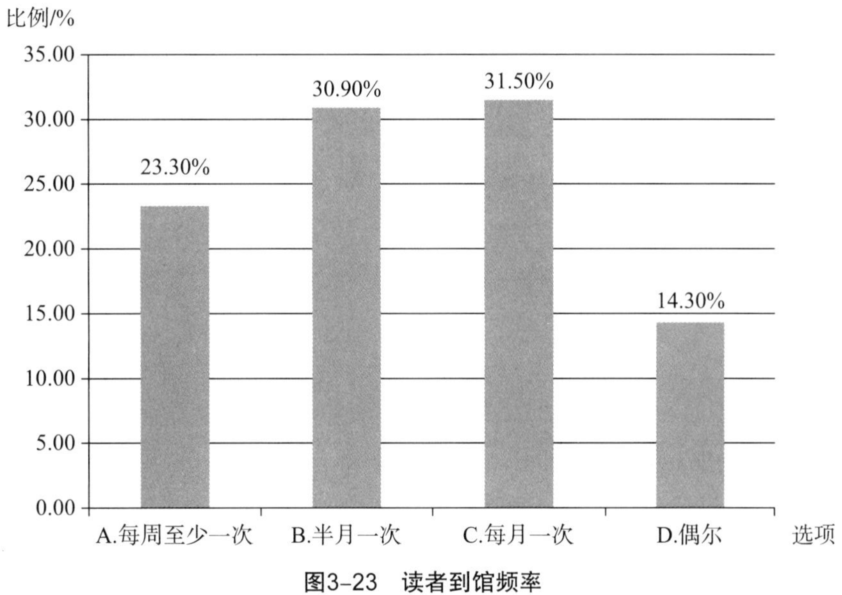

图3-23　读者到馆频率

（四）读者到馆目的

本项的5个选项已基本囊括了读者到馆的基本需求，由数据可见，读者来馆的目的以“休闲阅读”和“借还图书”居多。为满足大部分读者的需求，东莞图书馆应注重提供更优质的图书刊物、更多的阅读场地以及更便利的借还服务。

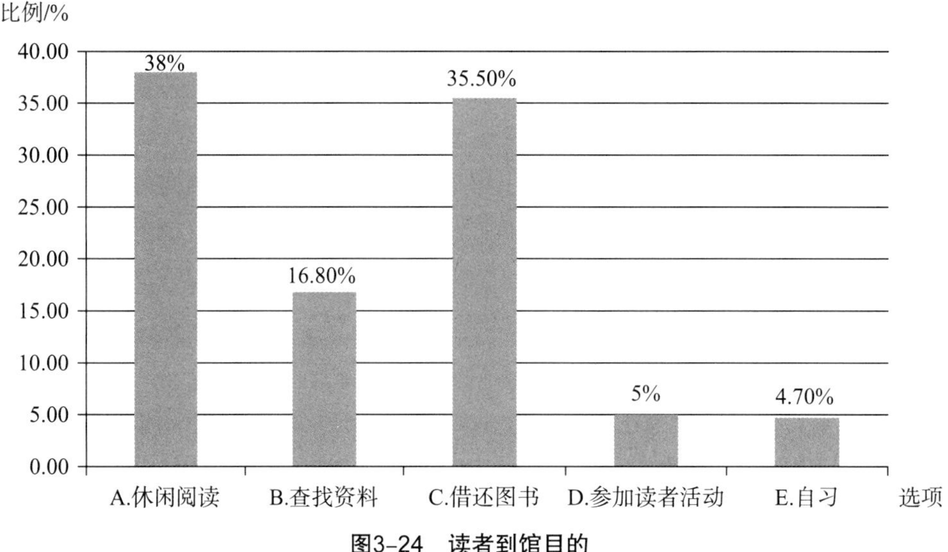

图3-24　读者到馆目的

（五）对建筑环境的满意度

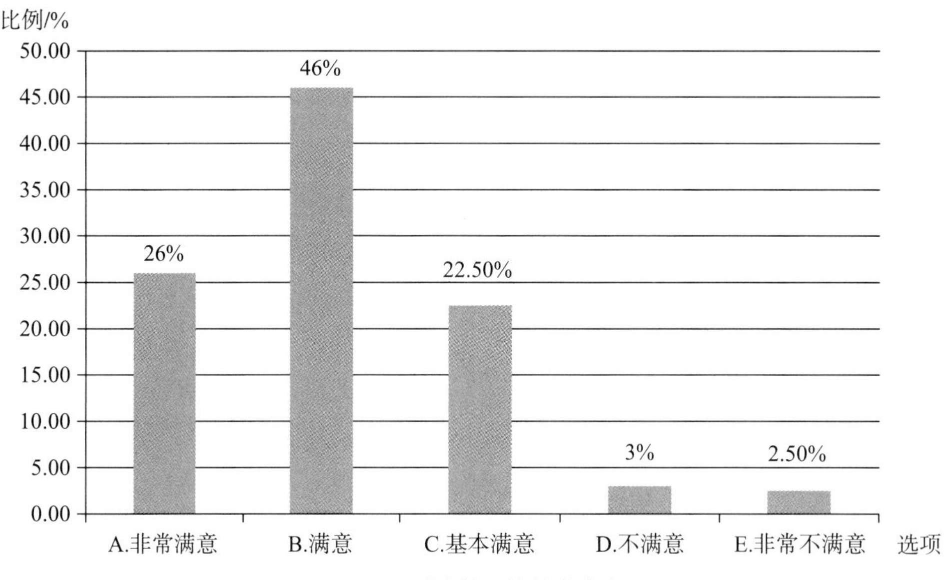

图3-25　对建筑环境的满意度

（六）对内部环境及文化氛围的满意度

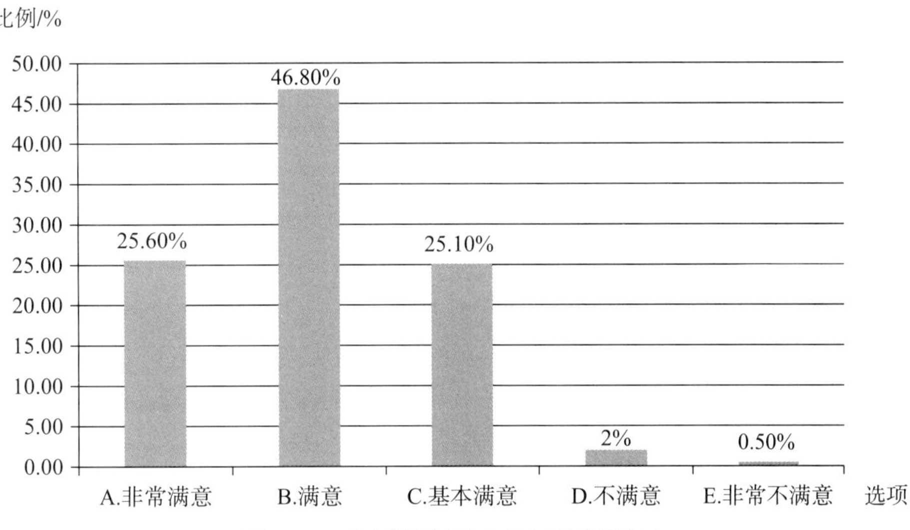

图3-26 对内部环境及文化氛围的满意度

（七）对系统检索、咨询馆员、数字资源等服务的满意度

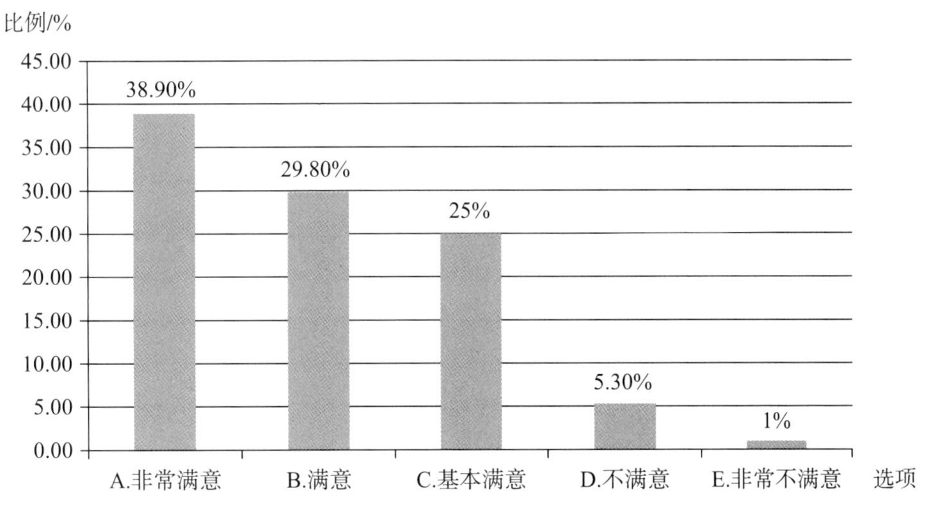

图3-27 对系统检索、咨询馆员、数字资源等服务的满意度

（八）对馆员服务态度的满意度

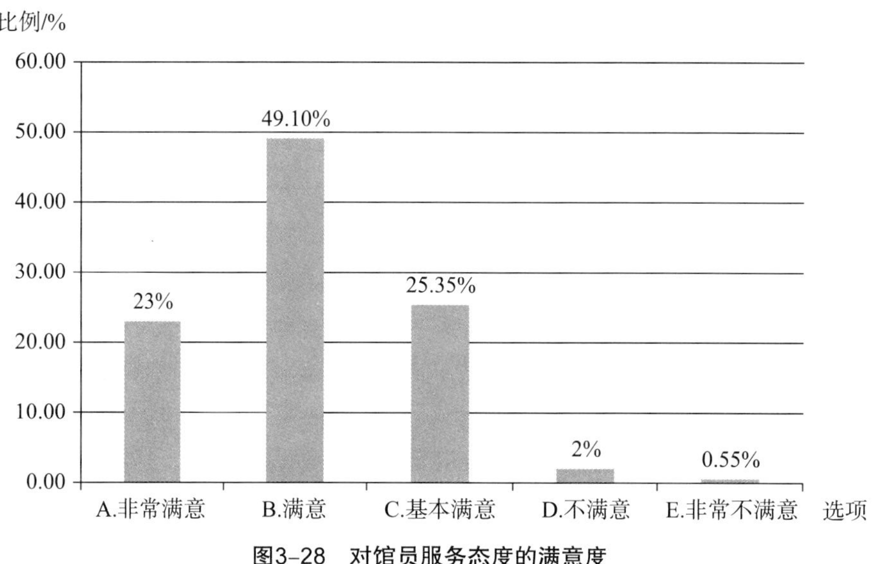

图3-28　对馆员服务态度的满意度

（九）对馆员服务质量的满意度

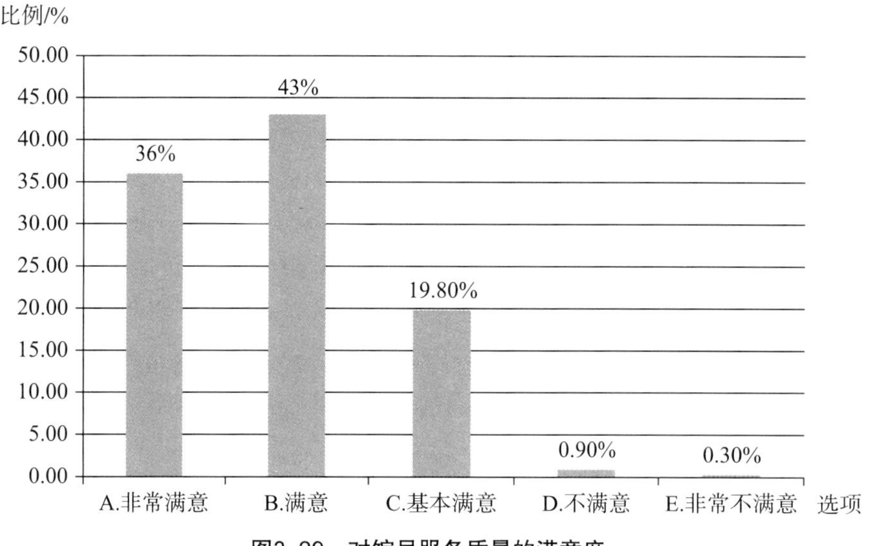

图3-29　对馆员服务质量的满意度

（十）对体系化服务的满意度

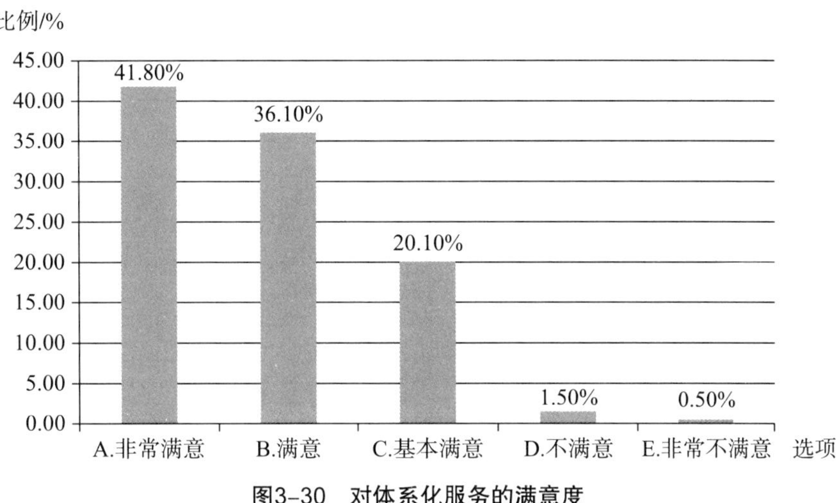

图3-30　对体系化服务的满意度

（十一）对读者活动（如培训、讲座、展览等）的满意度

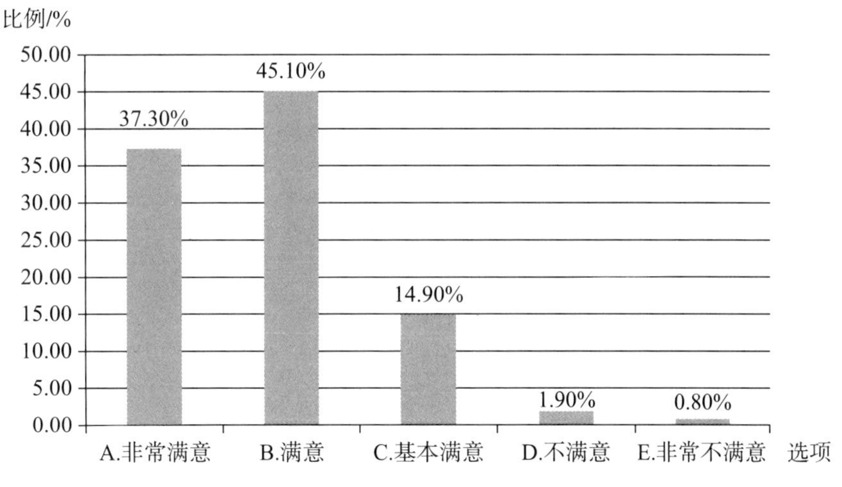

图3-31　对读者活动（如培训、讲座、展览等）的满意度

（十二）对现有数字资源的满意度

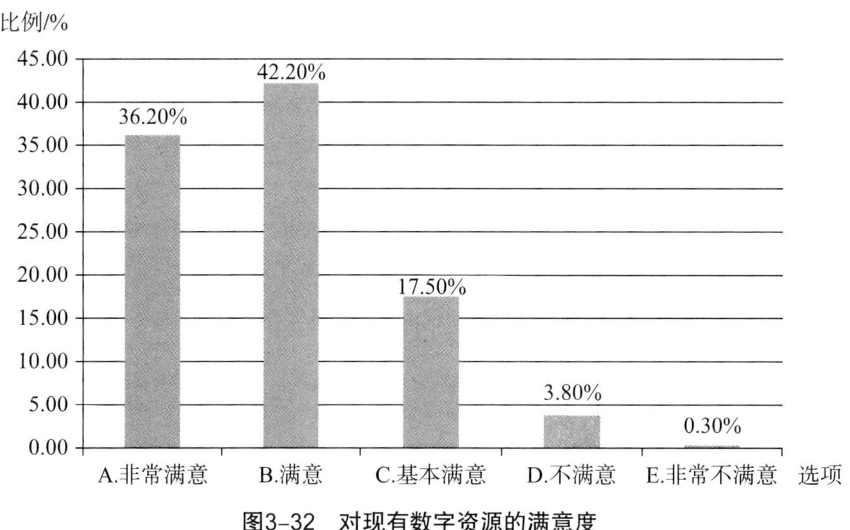

图3-32 对现有数字资源的满意度

（十三）对图书馆提供的环境及服务的满意度

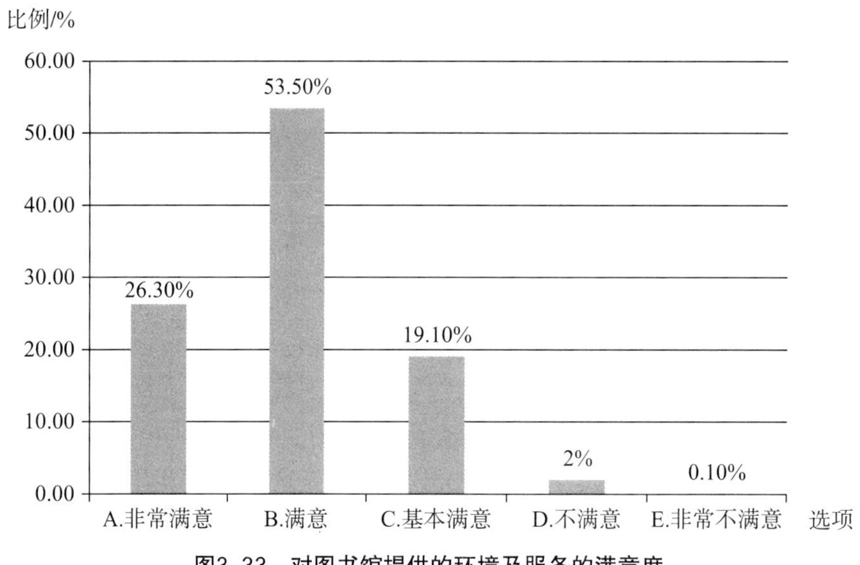

图3-33 对图书馆提供的环境及服务的满意度

综合分析第 5 项至第 20 项的满意度调查结果，读者对东莞图书馆的总体满意度较高，其中满意率在 95% 以上的有 12 项，95% 以下的有 4 项。读者对“建筑环境”“内部环境及文化氛围”“标志和指引设置”3项满意度较高，这说明东莞图书馆的硬件设施在较大程度上满足了读者的需求，内外环境布置达到了改善读者阅读心理、激发读者阅读兴趣的目的。读者对“开放时间”满意率高达99.4%，这得益于东莞图书馆的24小时自助图书馆，真正全天候无间断服务读者。读者对“文献服务内容（查询服务）”一项满意率较低（在16项满意度调查项中满意率排倒数第一位），结合窗口服务实际情况，的确存在一部分读者对文献查询方法不熟悉导致其找书困难的情况。对此，读者服务中心特设导读服务岗位，专为读者解决各类借阅问题。其他项中较为值得注意的是读者对“纸质藏书”和“数字资源”两项的满意率不高，特别是“纸质藏书”一项不满意率有6.7%，这说明东莞图书馆尚未能很好满足不同读者群体的不同阅读需求，亟须优化藏书结构。

三、改进建议

读者满意度是图书馆服务绩效量化的一个重要基础，我们要以读者需求为导向提升读者服务质量：

一是继续改进馆舍内外部阅读环境，营造良好的阅读氛围。例如适当添加花卉盆景提高环境舒适度，增加自习空间和席位满足更多读者的自习需求，让标志指引更清晰、名言佳句温馨提示更贴心、花草摆放更温馨，给读者美的享受和文化的熏陶。

二是逐步打造智能的借阅环境。加强网络设备配置（馆内Wi-Fi信号弱的问题经常被读者投诉），增加智能化的服务终端设备，探索实现全馆图书RFID智能管理，并加强宣传和读者使用培训，引导读者合理使用智能设备，提高借阅效率。

三是继续优化馆藏文献资源。既要把控好文献资源的选择与采购，充分掌握读者的阅读偏好，把读者阅读需求作为采购的依据之一，又要注重保持馆藏图书的活力，定期下架破损、借阅率低的图书，多开展图书推荐活动，优化馆藏结构。

四是继续提高馆员的服务意识和服务能力。读者对图书馆员的要求越来越高，馆员应自觉增强自身服务能力，不仅要熟悉基本业务，更要注重提供个性化服务，特别是根据不同读者群体进行荐书导读、满足部分读者的线上线下参考咨询服务、根据实际借阅情况对图书采购提出荐购等能力。

（卢慧婷撰）

业务过程识别与设计样例

东莞图书馆以用户需求为中心，立足于“知识信息的集散地、市民终身教育的学校、东莞地方文献的宝库、地区图书馆（室）的中枢、高雅的文化休闲场所”的功能定位，根据图书馆传统和发展规律，识别、设计、实施、改进和创新业务工作过程。各个工作过程相互联系、共同协调。

一、业务过程识别

图书馆的关键工作过程可概括为两个部分，即基础工作和服务工作。其中，基础工作包括两个关键过程，服务工作包括 7 个关键过程。

基础工作：文献资源建设过程、业务研究过程。

服务工作：读者发展过程、文献借阅服务过程、数字资源服务过程、参考咨询服务过程、社会教育和阅读推广过程、地方文献保存开发与利用过程、总分馆服务过程。

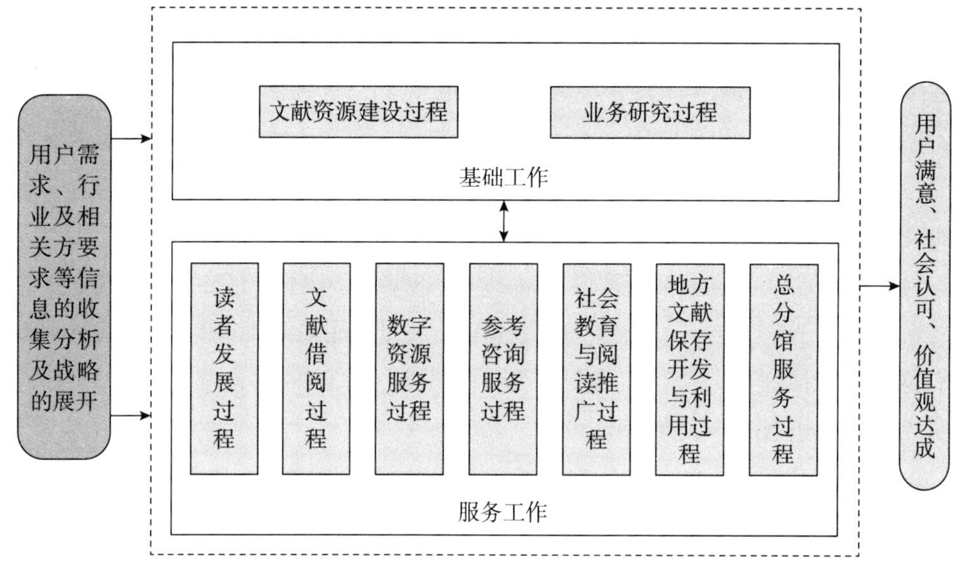

图3–34　关键业务过程结构图

二、业务过程设计

（一）文献资源建设过程

文献资源的质量和数量决定了图书馆服务工作的质量。文献资源建设工作从有计划、科学、系统地收集文献资源开始，通过对文献编目、分类、标引对文献资源进行整理和组织，使文献资源有序化，并将有序化的馆藏文献根据内容性质、特点、形式及馆舍条件等因素进行系统地划分和典藏组织，以便于文献的保管和方便读者利用。具体业务流程见图 3-35。

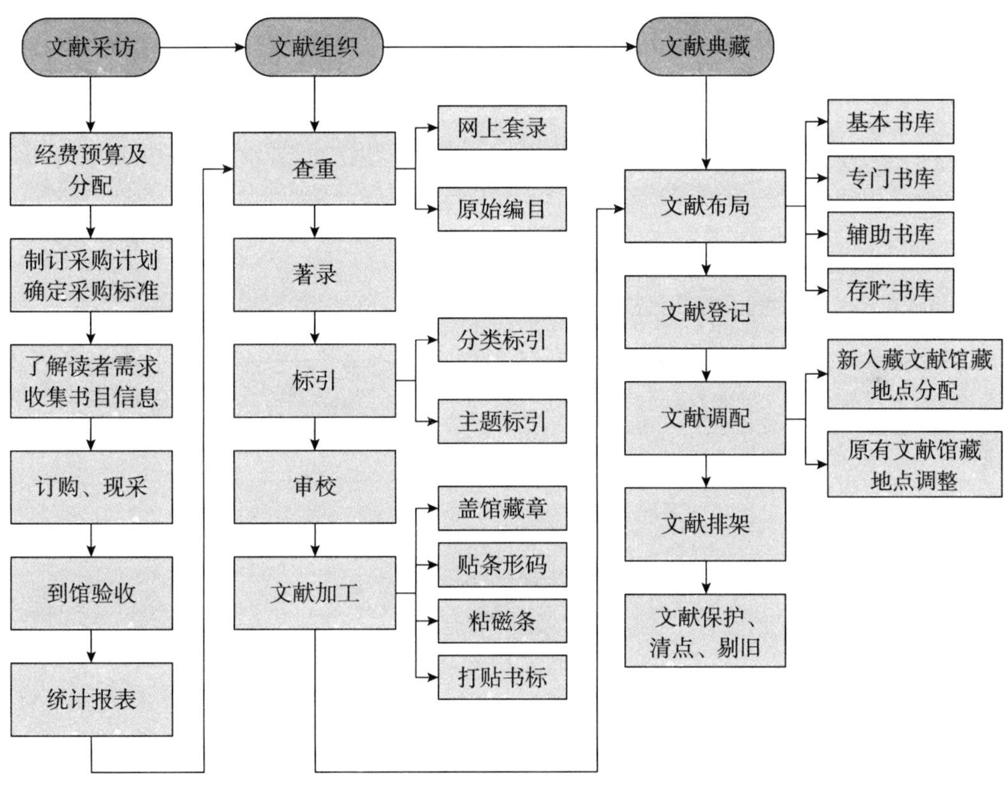

图3-35　文献资源建设流程图

（二）业务研究工作

业务研究工作从学习培训与业务交流、业务规划与实施、科研管理、业务研究考核四方面实施：开展业务学习和培训，提升员工学习和研究能力，并鼓励员工参加学术会议，提学术素养；参与制定长短期业务规划，落实并考核规划的执行与完成情况；开展科研项目管理工作，引导、带动员工开展业务研究；开展业务研究考核与评价，鼓励员工多出成果，出好成果。具体业务流程见图 3-36。

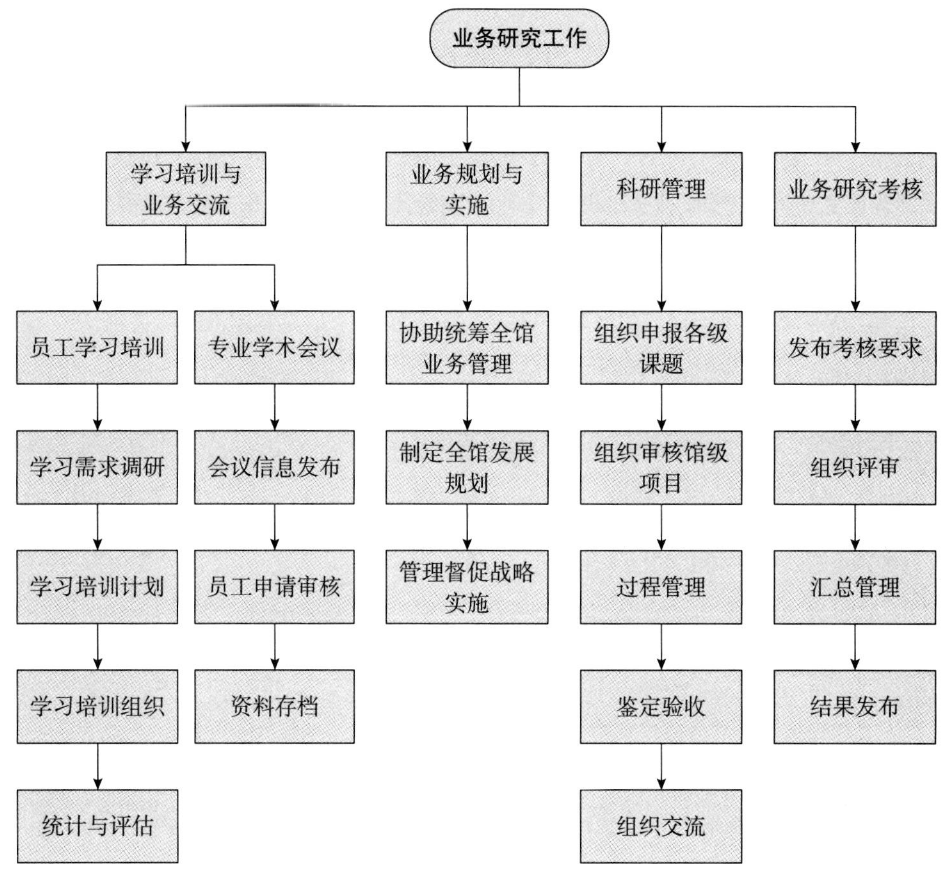

图3-36　业务研究流程图

（三）读者发展过程

读者是图书馆的服务对象，包含利用图书馆馆藏文献信息条件的所有社会成员。读者的存在和要求决定着图书馆工作的价值，发展读者、研究读者是图书馆工作的重要内容是联系读者和图书馆的桥梁。读者发展过程分为培育潜在读者、组织管理现有读者、巩固发展忠诚读者等 3 个阶段。具体业务流程见图 3-37。

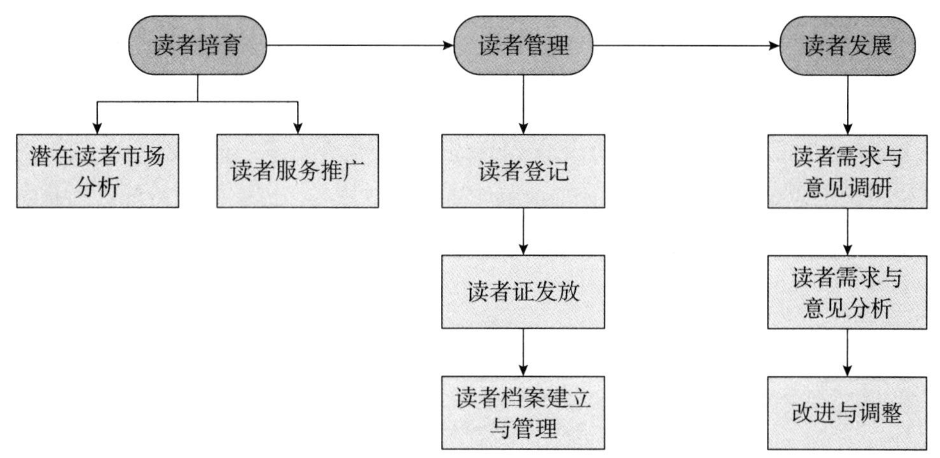

图3-37　读者发展流程图

（四）文献借阅服务过程

提供文献阅览、外借服务是图书馆为读者服务的基本方式，也是最重要的工作内容。为满足读者的阅读需求、方便读者利用图书馆的文献，图书馆要不断创新和发展文献借阅服务方式，从时间和空间上延伸服务。具体业务流程见图 3-38。

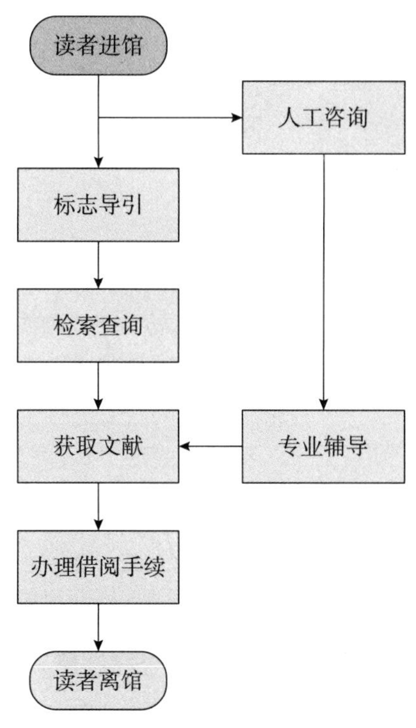

图3-38　文献借阅流程图

（五）数字资源服务过程

图书馆数字资源服务是图书馆传统文献服务在网络信息环境下的延伸，成为现代图书馆文献信息服务的重要方式。图书馆以现代信息技术为支撑，建设数字图书馆，整合文献资源，形成单点登录、统一认证的数字资源服务流程，以便于用户可以随时随地、方便快捷地使用数字资源服务。具体业务流程见图 3-39。

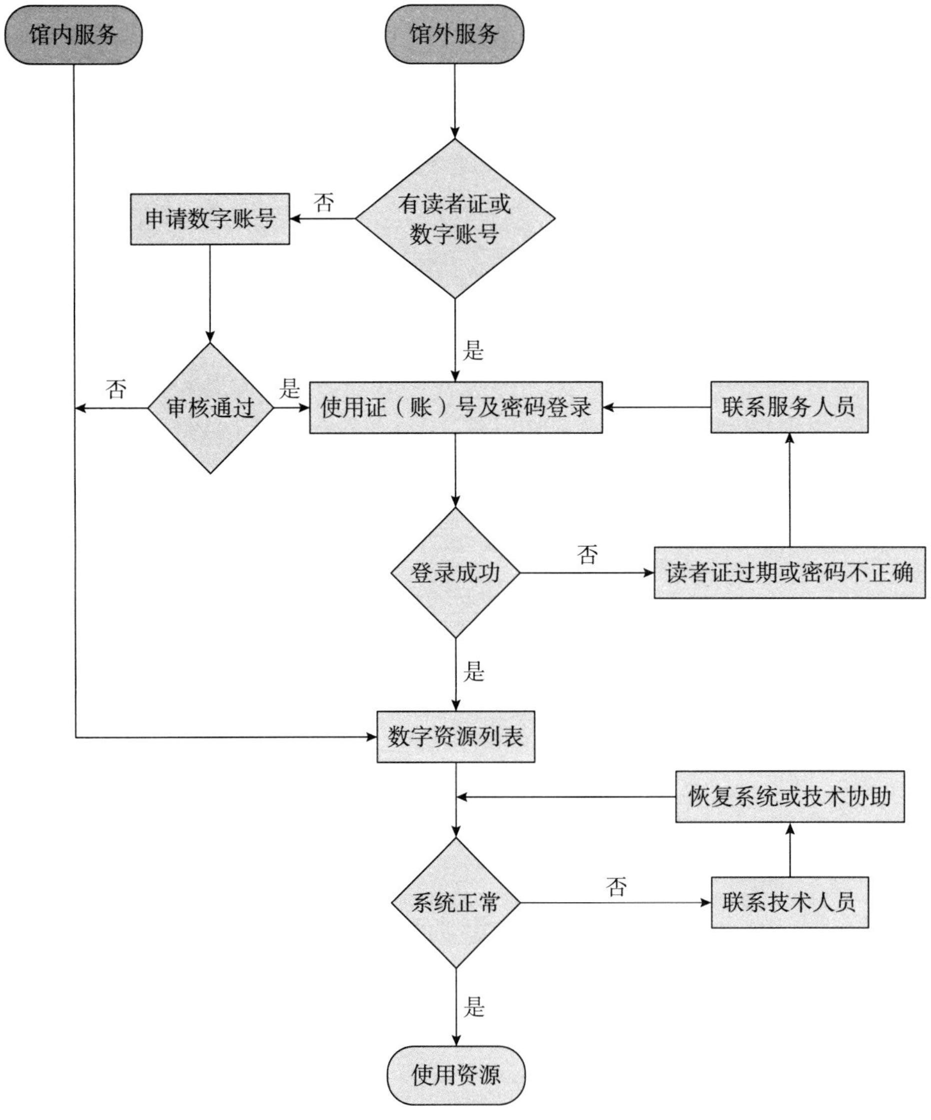

图3-39　数字资源服务流程图

（六）参考咨询服务过程

参考咨询服务是以文献为主要依据，针对读者在获取信息资源过程中提出的各种疑难问题，利用各种参考工具、检索工具、互联网以及有关文献资源为读者检索、揭示、提供文献及文献知识或文献线索。参考咨询服务过程分为咨询受理、分析、实施、提交咨询结果等阶段，采用多样化的服务方式满足广大用户更专业、更高层次的咨询需求。具体业务流程见图 3–40。

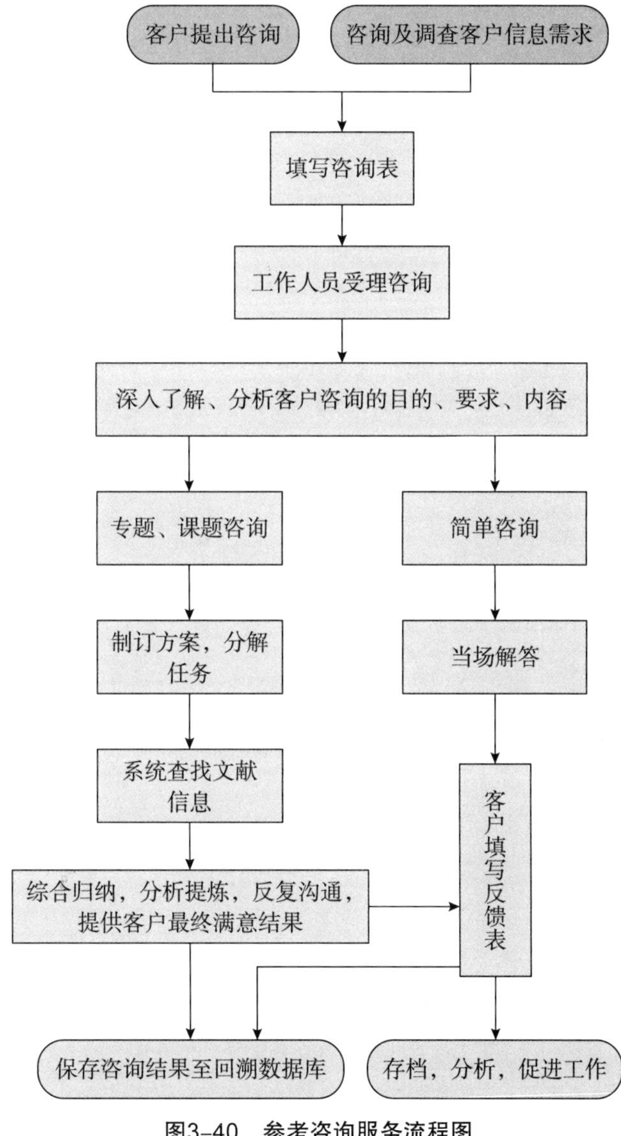

图3–40 参考咨询服务流程图

（七）社会教育和阅读推广过程

社会教育是图书馆的主要职能，阅读推广是图书馆的根本任务。图书馆进行社会教育和阅读推广以促进全民阅读，为市民终身学习提供保障，促进学习型社会的建设。同时向全社会展示图书馆的社会作用，引起领导重视和社会各界关注，彰显图书馆的效益，塑造图书馆的公共形象。具体业务过程见图 3-41。

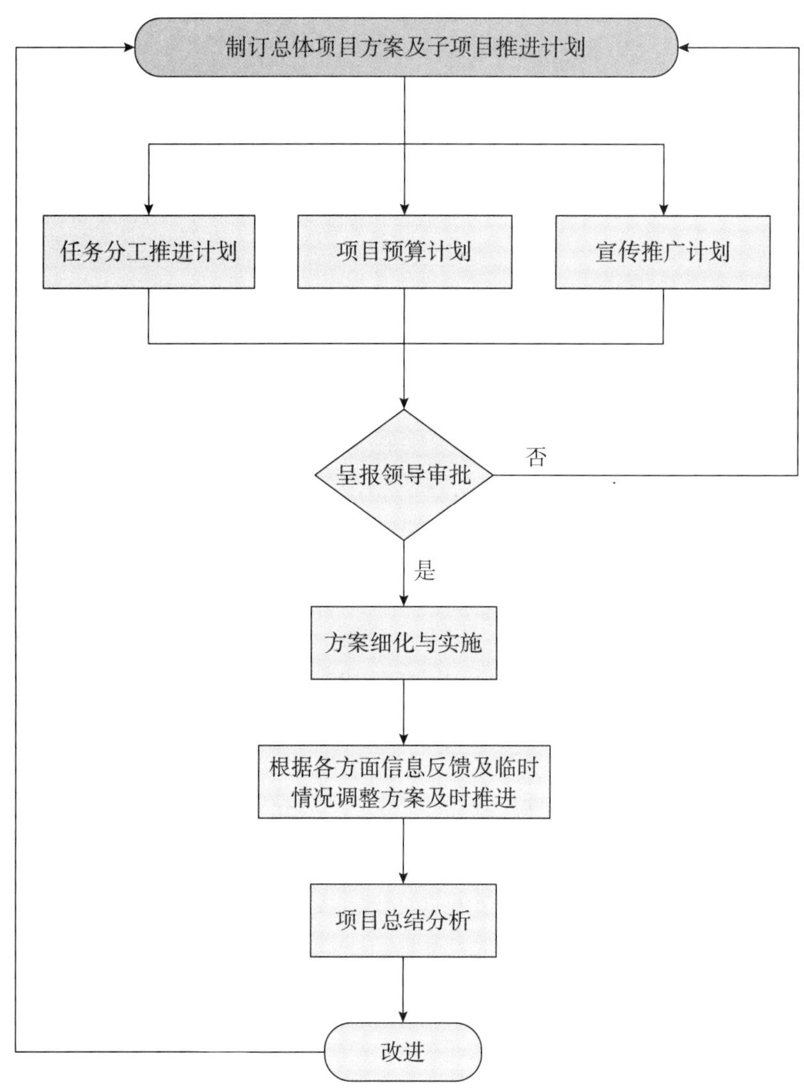

图3-41　社会教育和阅读推广流程图

（八）地方文献保存开发与利用过程

地方文献是图书馆馆藏文献中的一种独特的资源，图书馆对地方文献进行系统的收集、整理和典藏，可以积累和保存地方史料。从有计划、系统地收集地方文献资源开始，确保文献收集更全面；通过对文献进行分类、修复、整理，使资源有序化；根据地方文献的特色进行再次开发，以便更有效方便读者利用。具体业务流程见图 3–42。

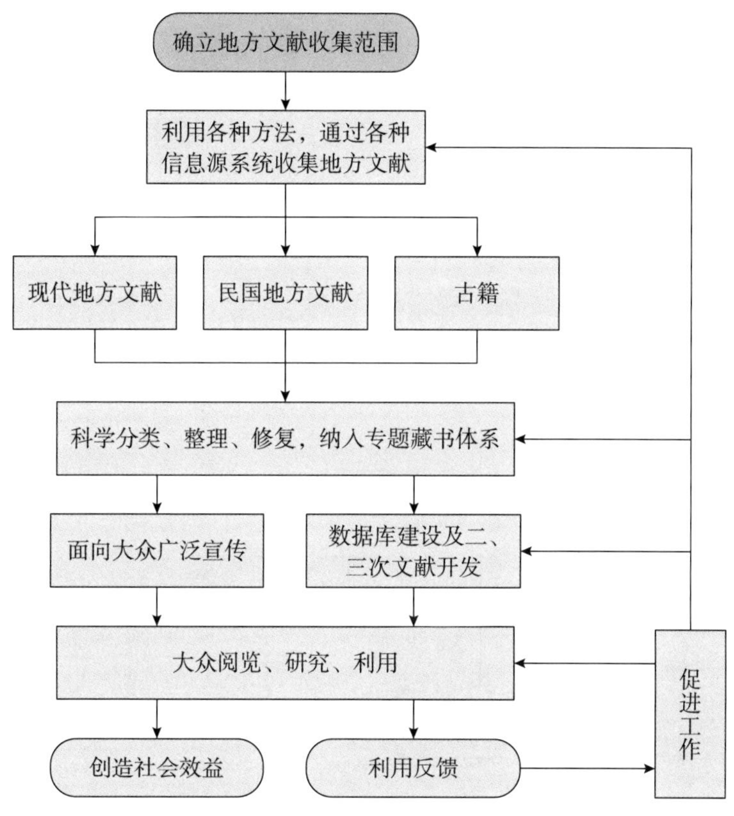

图3–42　地方文献保存开发与利用流程图

（九）总分馆服务过程

推行图书馆总分馆建设，构建覆盖全城的图书馆服务网点，逐步形成比较完备的图书馆公共服务体系，以保障全社会普遍均等的公共文化服务。结合东莞市、镇（街道）两级行政架构的特点，从分馆建设、业务统筹、业务管理几方面对总分馆服务过程进行设计，促进基层图书馆业务和服务的提升，探索“城市带动农村、中心引领基层”的区域图书馆整体协同发展之路。具体业务流程见图 3–43。

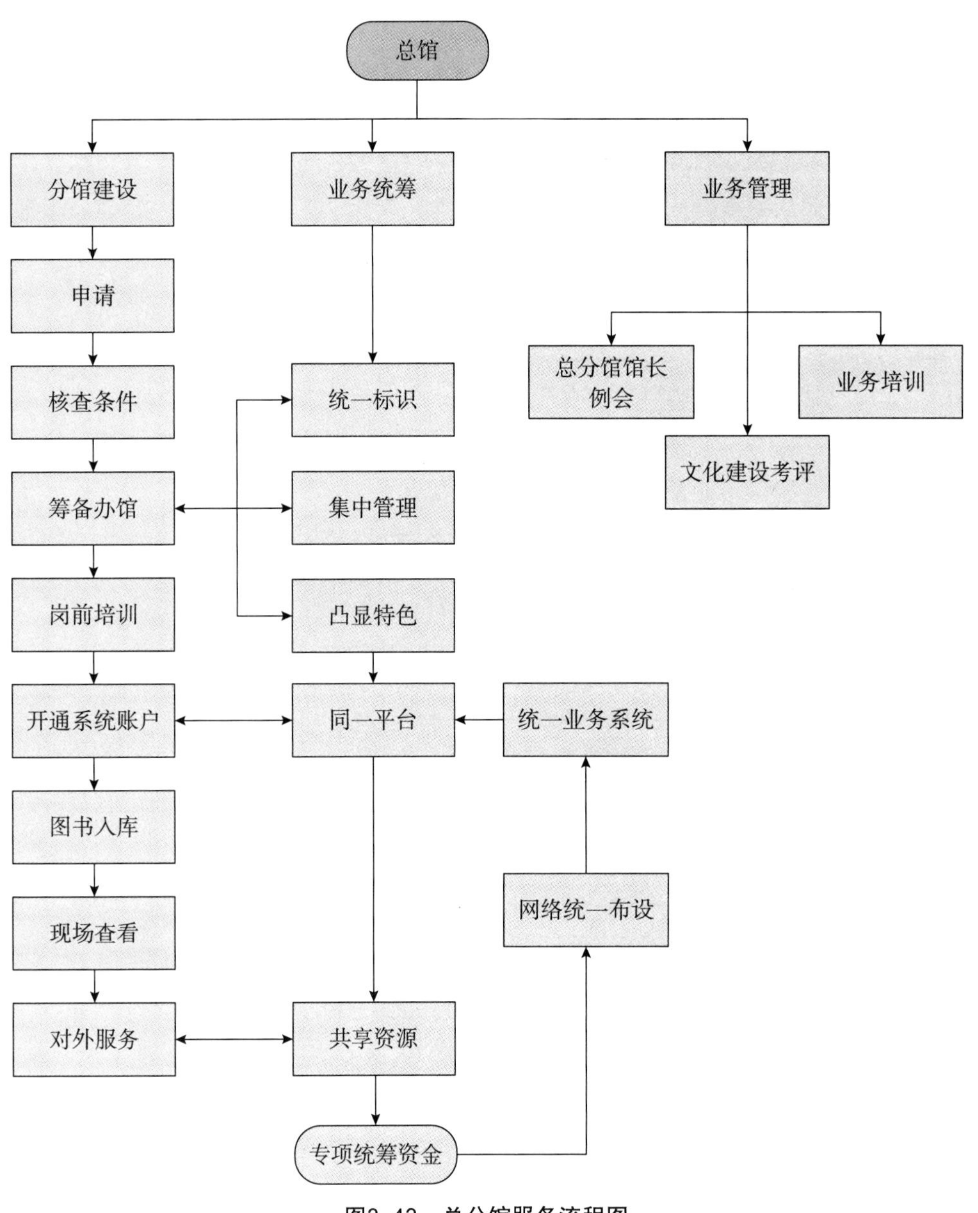

图3-43　总分馆服务流程图

（李正祥整理）

文献推介服务样例

文献推介服务以图书宣传和推荐工作为基础的服务活动，主要是对各类新入藏图书、热点图书和畅销图书，不定期地向读者进行图书推荐，并结合节假日开展专题推荐，如春节、妇女节、清明节、端午节、母亲节、父亲节、中秋节和国庆节等。推介形式包括实体图书、书目、电子图书等。

一、确定推荐主题

根据社会热点，结合当前工作需要，确定文献推介的主题。如，2019 年举行的“不忘初心、牢记使命”图书推荐活动，就是基于以下背景确定的主题：

2019 年，中央部署开展“不忘初心、牢记使命”主题教育，深入学习贯彻习近平新时代中国特色社会主义思想，锤炼忠诚干净担当的政治品格，团结带领全国各族人民为实现伟大梦想共同奋斗。

结合本次主题教育，读者服务中心开展主题为“不忘初心、牢记使命“的文献推介活动。

二、确定推荐时间范围

根据热点新闻的时效性以及节假日安排，合理规划推介活动时间。

三、确定活动地点

根据文献推荐的内容和受众读者，合理安排活动地点。如为少儿推荐书目时，地点安排在图书馆一楼的儿童天地或少儿馆；为成年人推荐书目时，地点安排在三楼普通图书借阅室；开展大型主题书目推荐时，地点安排在南门或者一楼大堂。

四、确定推荐形式

传统的书目推荐形式是“图书展示＋海报宣传”。而为了扩大活动的影响力、吸引读者的关注，图书馆还会选择在公众号上发布推文。如2019年举行的“不忘初心、牢记使命”主题教育图书推荐活动包括4种形式：纸质图书展示、电子图书海报扫码借阅、公众号推文和宣传单。

五、文献推介的组织与实施

（一）确定相关参与部门

文献推介涉及各种载体和各种形式，往往需要多个部门共同参与，如负责纸质图书采购的采编中心、负责电子资源推广的学习中心等。如2019年举行的“不忘初心、牢记使命”主题教育图书推荐活动，由于涉及电子图书，需要办公室负责的“QQ阅读”内容和学习中心推进部的“扫码看书”支持。因此，读者服务中心为本次活动的责任部门，办公室和学习中心推进部为本次活动的参与部门。

（二）查找和利用馆藏资源

首先，确定推介图书书目清单，并在馆藏找到相应的纸本图书。如馆藏中无所需图书，责任部门应及时与采编中心沟通，采购所需图书。如所需图书在其他部门，则由本部门与相关部门协商，借用其他部室图书并做好借还登记手续，活动结束后归还图书。其次，搜索馆藏电子图书，查找对应的电子文献推荐资源，以便开展“扫码”推荐。

（三）布置实物展

搜集和整理相关主题图书，设计和布置图书展，以实物形式进行图书推介，引导读者阅读。

图3-44　“不忘初心 牢记使命”主题教育图书展

（四）制作宣传海报

海报包括两个部分：一是本主题馆藏纸本图书介绍，包括书名、作者、出版社、内容简介、封面等资料，二是本主题馆藏电子图书推介，包括图书封面、二维码、书名、作者、出版社、内容简介等资料。

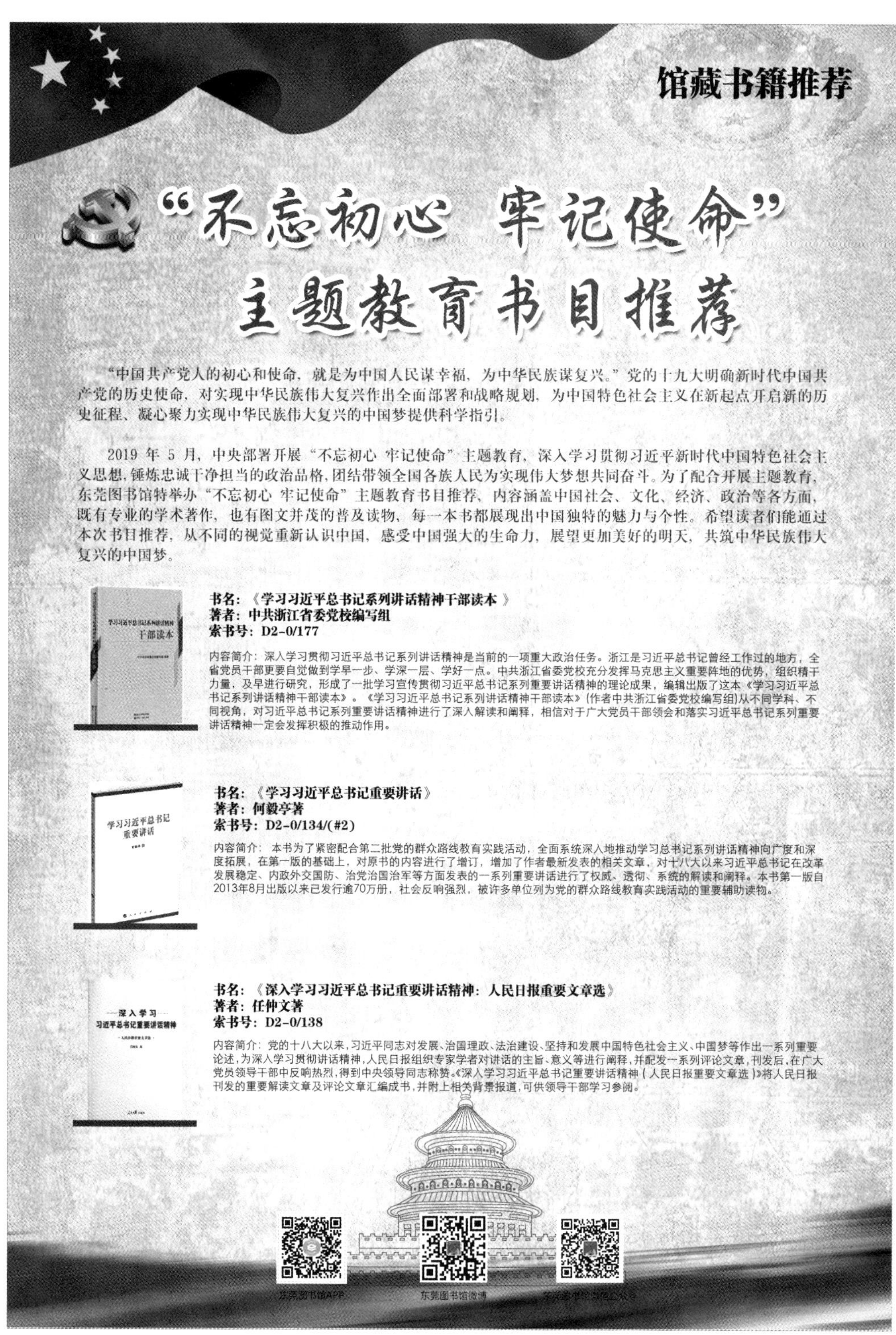

图3-45 “不忘初心 牢记使命”主题教育书目推荐宣传海报

（五）开展活动宣传

为了扩大文献推介活动影响，可利用图书馆网站、微信公众号等进行宣传。

六、反馈与改进

注意收集活动效果、读者反馈、存在问题，并针对问题找到改进方法。如2019年举行的“不忘初心、牢记使命”主题教育图书推荐活动，吸引了众多党员和群众的关注和点赞，相关图书的借阅量和点击量也有所增加。同时，活动也存在不足：不能现场翻看纸质书籍，缺乏参与感；缺乏宣传折页让读者随手查看和领取；缺乏读者互动环节。针对存在的问题，读者服务中心提出了几个改进措施：

（1）及时与采编中心进行联系和沟通，加快采购“不忘初心、牢记使命”主题教育图书，满足读者的借阅需求。

（2）进一步修改和完善宣传折页内容，催促广告公司设计和打印，宣传折页在展区、总服务台等窗口摆放派发。

（3）可以现场举办“党建知识竞赛”，加强与读者的互动，活跃现场气氛；可以举办留言赢礼品活动，激发读者参与热情：活动现场有留言赢奖品的互动环节，读者填写留言，留下联系方式可参与抽奖。

七、资料整理与归档

活动结束后，撰写活动总结，收集活动照片，撰写活动报道，并把重要活动资料（含Word文档、海报、总结和3张活动照片）移交档案室。

（梁银艳撰）

决策信息服务样例

——2019 年东莞两会信息服务

两会信息服务是东莞图书馆为配合东莞人大、政协两会的召开而组织开展的信息服务活动，每年举办一次，为参会的人大代表和政协委员提供文献和参考信息。2019 年东莞两会于 2020 年 6 月 15—17 日召开，东莞图书馆在两会主会场（东莞市会议大厦）、市人大代表和政协委员驻地（凯利酒店、会展酒店）组织开展了一系列信息服务活动。

一、调研与策划

（一）服务对象调研

2019 年 12 月，读者服务中心组成两会服务筹备小组，广泛征求两会筹备机关单位的意见，向馆内曾负责两会信息服务和具有文献编辑特长的同事请教经验，并对会议服务的方式、专题资料的内容与制作等问题开展调研，以便制订有针对性的服务方案。

（二）方案制订与调整

最初的服务方案制订之后，因 2021 年 1 月疫情形势严峻，两会延迟召开，筹备小组即刻对两会服务方案进行调整，并根据新的形势，对专题参考资料重新进行编辑、校对、补充、增编，制定工作流程，确定相关责任人，并根据疫情防控的需要，制定项应对预案。在两会会期确定后，根据会议相关部门要求，全面调整服务方式，确定了“云服务”模式，将服务内容提前布置上传至云端。

二、资料编辑

（一）确定信息服务主题

围绕近年与东莞经济和社会发展密切相关的热点问题以及历年两会审议议题，结合党的十九大报告和东莞市委、市政府文件和会议精神，以“湾区都市、品质东莞”建设为方向，先期确定了“城市空间优化”“茶韵书香”“区块链技术”3个专题。为满足与会代表对疫情防控时事信息的需求，后又追加“新冠肺炎”专题。

（二）编辑制作专题资料

收集和整理“城市空间优化”“茶韵书香”“区块链技术”“新冠肺炎”4个专题资料，并编辑成册。各个专题选取近百册电子书作为扩展参考书籍，为会议期间的两会代表、委员提供翔实而深入的专题信息服务。

（三）编写宣传材料

为扩大服务影响，提升服务效果，筹备小组还制作宣传材料，编写两会服务内容、各专题简介、相关文献资源推荐介绍，制作云信息服务宣传折页3000份。

（四）提交审核

将会议期间展示和提供的全部资料提交至政协、人大会议主办方审核，根据返回的审核意见进行调整和完善。

三、服务过程与服务内容

（一）布置服务现场

编辑专题资料的同时，提前主动向会议大厦、凯利酒店、会展酒店的会议负责人寻求对接，布置服务现场，展出各类纸质资料和大型二维码展示栏，并将各项资料提前放置在代表入住的房间。

（二）开展参考咨询云服务

设置两会决策信息参考咨询专门负责人，在会议期间20小时在线，通过微信、QQ、邮箱及电话等方式提供各类文献信息查询与咨询、个性化信息定制服务，根据用户需求建立决策课题信息档案，持续跟踪服务。

（三）实现专题资料云获取

通过与超星公司合作，将全部能在会议现场获取的信息（包括宣传资料、专题资料等）上传至超星云舟专题发布平台，形成决策服务层面的“数字孪生”效果。如扫描折页二维码可获取两会专题信息汇编资料数字版、在线阅读各专题最新图书的数字版全文。

（四）提供其他阅读资料

会议现场还提供由东莞图书馆编辑出版的《市民学堂》《易读》《伦明全集》宣传册等资料，供代表取阅。

四、服务成效

（1）本次服务活动共赠阅服务折页1300余份，现场派发专题资料300多册，专题资料扫码阅读量近200次。

（2）《羊城晚报》、“南方+”、《广州日报》、东莞市文体旅游局官网、e线图情、东莞阳光网、“i东莞”等7家新闻媒体对本次服务活动进行了多次报道。

（3）本次活动充分利用云服务技术，将两会信息服务内容“云”送达，做到“提供服务零接触，获取服务零聚集”。

五、资料整理归档

现场服务活动照片、文档资料保存于馆内E-look资源平台“两会照片”文件夹。各专题资料、折页提交至馆档案室留存。

（周鹤撰）

参考咨询服务记录样例

表 3-35 参考咨询服务记录

<table>
<tr><td>读者姓名</td><td>瑚 * 雪</td><td>性别</td><td>女</td><td>行业</td><td>图书馆</td><td>电话</td><td></td></tr>
<tr><td>工作单位</td><td colspan="5">佛山市南海区图书馆</td><td>E-mail</td><td></td></tr>
<tr><td>联系地址</td><td colspan="5">佛山市南海区桂城街道天佑三路 ** 号</td><td>QQ</td><td></td></tr>
<tr><td>咨询内容
及要求</td><td colspan="7">一、查全清史、广州志等书；
二、查李氏族谱其后人沿革；
三、同时查李扬陞曾在河南新乡为官的其子“名埙”“名瀛”（顺天举人户部为官）。</td></tr>
<tr><td>咨询时间</td><td colspan="4">2019 年 3 月 21 日 15 时</td><td>完成时间</td><td colspan="2">2019 年 3 月 27 日 9 时</td></tr>
<tr><td rowspan="2">查询结果</td><td colspan="7">1. 清道光东莞县志中关于李扬陞的文章有三则。
2. “名埙”，查无此人相关记载；“名瀛”所任官职等信息记载于清道光东莞县志。
3. 关于李氏后人沿革，经查，无相关记载。
提供文献量：4　　咨询员：周 *</td></tr>
<tr><td colspan="7">非常满意 ☑　满意□　基本满意□　一般□　不满意□</td></tr>
<tr><td rowspan="7">读者意见</td><td colspan="7">1. 您对图书馆的信息咨询服务是否了解？
非常了解 ☑　了解□　基本了解□　了解一点□　不了解□</td></tr>
<tr><td colspan="7">2. 您愿意利用图书馆的信息咨询服务来解决您工作、学习、生活中的问题吗？
非常愿意 ☑　愿意□　基本愿意□　一般□　不愿意□</td></tr>
<tr><td colspan="7">3. 您利用过图书馆的哪种信息咨询方式？
来馆咨询 ☑　电话咨询 ☑　E-mail 咨询□　QQ 咨询□
网上参考咨询□</td></tr>
<tr><td colspan="7">4. 您觉得本次图书馆员信息咨询服务的结果符合您的需求吗？
非常符合 ☑　符合□　基本符合□　一般□　不符合□</td></tr>
<tr><td colspan="7">5. 您对本次图书馆员咨询服务的态度满意吗？
非常满意 ☑　满意□　基本满意□　一般□　不满意□</td></tr>
<tr><td colspan="7">6. 您对本次图书馆员咨询服务的响应时间满意吗？
非常满意 ☑　满意□　基本满意□　一般□　不满意□</td></tr>
<tr><td colspan="7">7. 您对本次图书馆员咨询服务的质量满意吗？
非常满意 ☑　满意□　基本满意□　一般□　不满意□</td></tr>
</table>

续表

<table>
<tr><td rowspan="4">读者意见</td><td>8. 您认为图书馆现有信息资源能否满足您的信息需求？
非常好，能满足 ☑　满足□　基本满足□　一般□　不能满足□</td></tr>
<tr><td>9. 您是否愿意再次利用东莞图书馆的信息咨询服务？
非常愿意 ☑　愿意□　基本愿意□　一般□　不愿意□</td></tr>
<tr><td>10. 您是否愿意向您的亲属、朋友推介东莞图书馆的信息咨询服务？
非常愿意 ☑　愿意□　基本愿意□　一般□　不愿意□</td></tr>
<tr><td>您的其他意见和建议：
无</td></tr>
</table>

馆际互借服务记录样例

表 3-36　馆际互借服务记录

<table>
<tr><td>申请人</td><td>吴 * 斌</td><td>性别</td><td>男</td></tr>
<tr><td>身份证号</td><td>略</td><td>邮箱</td><td>略</td></tr>
<tr><td>借书证号</td><td>略</td><td>电话号码</td><td>略</td></tr>
<tr><td>题名</td><td>《化妆品成分指南》</td><td>作者</td><td>宝拉・培冈（Paula Begoun）著</td></tr>
<tr><td>希望提供馆</td><td>深圳图书馆</td><td>获得方式</td><td>☑ 纸质图书
□ 电子图书（需求页码　　　）
□ 复印件（需求页码　　　）</td></tr>
<tr><td>期待快递费用结算方式</td><td>□ 货到付款
☑ 文献提供馆垫付</td><td>表单费用上限</td><td>50 元</td></tr>
<tr><td>表单有有效期</td><td>2020 年 10 月 10 日</td><td>申请时间</td><td>2020 年 8 月 10 日</td></tr>
<tr><td>服务记录</td><td colspan="3">1. 2020 年 8 月 10 日接受申请，审查读者本馆历史借阅信息，无不良借阅记录，是符合申请要求的本馆读者。检索该书的确是东莞图书馆没有馆藏的图书，符合馆际互借要求。
2. 通过 http：//gjhj.gdlink.net.cn 提交馆际互借文献请求表单。
3. 深圳图书馆同事于 9 月 1 日把该书邮寄到本馆。
4. 电话通知读者到东莞图书馆四楼东莞书屋阅读该书并支付快递费 30 元。
5. 2020 年 9 月 5 日阅读结束，把书寄还深圳图书馆。
工作人员：梁 * 珍</td></tr>
<tr><td>读者对服务的满意程度</td><td colspan="3">非常满意□　　满意√　　基本满意□　　一般□　　不满意□</td></tr>
</table>

馆际互借服务注意事项：

（1）为了更好地服务读者，使本馆读者能充分利用“广东省图书馆馆际互借与通用借阅平台”的图书资源，东莞图书馆向广大读者提供馆际互借服务。

（2）申请馆际互借的读者须为在本馆办证一年以上，且持证借阅期间无不良借阅记录者。

（3）馆际互借文献提供馆图书统一放在东莞图书馆四楼东莞书屋，申请人凭读者本人借书证或身份证馆内阅读。

（4）东莞书屋开放时间：周二、三、四、六、日 9：00—17：30，周一、五 14：00—17：30。

（5）馆际互借图书期限为 30 天（含来回快递时间），读者须在馆际互借馆员指定期间阅读图书。

（6）馆际互借读者应遵守文献借出馆的规章制度。

（7）馆际互借所产生的费用由读者自行支付。

（8）其他未尽事宜将依实际情况由本馆或文献提供馆解释、操作。

市民学堂讲座服务记录样例

表 3-37　市民学堂讲座服务记录

<table>
<tr><td>讲座名称</td><td colspan="4">与时代同行——中国当下时政热点问题解读</td></tr>
<tr><td rowspan="3">讲座相关信息</td><td>活动期数</td><td>第 669 期</td><td>讲座嘉宾</td><td>张 *</td></tr>
<tr><td>讲座主题</td><td>与时代同行——中国当下时政热点问题解读</td><td>讲座时间</td><td>2019 年 9 月 8 日 14：30</td></tr>
<tr><td>嘉宾出发地</td><td>北京</td><td>交通工具</td><td>飞机</td></tr>
<tr><td rowspan="3">讲座前期准备</td><td>讲座内容确定时间及审批</td><td>每月最后一个周末之前确定下月讲座内容，并将讲座安排表报主管领导审定后，报送市文化广电旅游体育局。内容包括：讲座嘉宾、讲座主题、日期、讲座时长及要求等。</td><td>宣传品内容及完成时间</td><td>1. 宣传品内容：讲座安排表（每月）、入场券（每场）、海报（每场）；
2. 每月最后一周完成下月讲座宣传品设计稿。</td></tr>
<tr><td>讲座预告与宣传渠道</td><td>1. 东莞图书馆网站；
2. 微信公众号、微博；
3. 图书馆南北门海报栏；
4. 电梯间、报告厅入口海报；
5. 读者 QQ 群公告；
6. 电视台、电台、报纸等本地媒体。</td><td>资料准备</td><td>收集嘉宾照片、个人简介等个人信息及资料以及“授权书”“签收单”“接待公函”“接待清单”等。</td></tr>
<tr><td>航班预订及要求</td><td>提前 2 周完成航班预订；
提前 24 小时为嘉宾办理值机手续，安排好座位；
提前 3 天向办公室司机室提交接送嘉宾日程单。</td><td>酒店预订及要求</td><td>提前 3 天预订协议酒店。</td></tr>
</table>

续表

<table>
<tr><td rowspan="5">讲座活动内容</td><td>读者参与方式</td><td>1. 凭入场券进场；
2. 读者可凭身份证每周三至周日在总服务台免费领取入场券 1 张。</td><td>报告厅设备提供</td><td>LED 屏幕（标题、背景）、手提电脑、话筒</td></tr>
<tr><td rowspan="3">工作人员配备及分工</td><td colspan="3">读者服务中心：
讲座负责人负责嘉宾联系及档期安排、活动跟进及全程把关、嘉宾接待。
讲座主持人负责嘉宾接待、活动主持、现场拍照、各项费用申报、档案整理。</td></tr>
<tr><td colspan="3">网络技术部：全程拍摄、课件管理、录像处理、视频资料存档及使用登记管理。</td></tr>
<tr><td colspan="3">物业管理部门：
1. 会务人员（1 名）：场地布置、讲台茶水服务。
2. 设备调试人员（1 名）：LED 屏调试、电脑线路安装、话筒调试、全程设备效果管控。
3. 安保人员：加强讲座场地区域的巡查和治安防范，维护好讲座现场秩序。</td></tr>
<tr><td>活动流程及时间安排</td><td>14：00 开放报告厅及贵宾室，循环播放前置课件，播放音乐进行暖场；
14：30 主持人开场白；
14：35 讲座正式开始；
16：30 嘉宾与听众互动交流环节；
17：00 讲座结束；
17：30 活动清场完毕。</td><td>嘉宾签署资料</td><td>“授权书”“签收单”“入场券”“名家赠言”“名人海报”（邀请函加授权书）</td></tr>
<tr><td>后期工作</td><td colspan="4">1. 嘉宾签署的资料整理并分类保存；
2. 活动照片筛选并保存；
3. 读者留言收集。</td></tr>
<tr><td rowspan="3">服务成效</td><td>市民学堂</td><td colspan="3">把讲座音频整理成文，编辑成集，正式出版；
频率：每年 1 辑；
服务范围：读者借阅、行业交流、读者赠书等。</td></tr>
<tr><td>讲座视频</td><td colspan="3">1. 筛选优秀讲座，对视频进行剪辑、配以字幕等完成后期制作；
2. 上传优秀讲座视频到馆内视频数据库为读者提供服务。</td></tr>
<tr><td>参与人数</td><td>280 人</td><td>取票数</td><td>295 张</td></tr>
<tr><td>改进</td><td colspan="4">1. 入场券的派发、宣传工作力度不足，应该增加对馆内各服务窗口的派发；
2. 互动环节听众的反响和参与度不够，需提高该环节的把控，调动现场听众参与互动问答的积极性。</td></tr>
</table>

展览服务记录样例

表 3-38　展览服务记录

<table>
<tr><td rowspan="5">基本概况</td><td>展览名称</td><td colspan="3">中华年俗文化展</td></tr>
<tr><td>主办单位</td><td colspan="3">东莞图书馆</td></tr>
<tr><td>展厅</td><td>一楼展厅</td><td>展览时间</td><td>2019 年 2 月 1 日至 3 月 3 日</td></tr>
<tr><td>联系人</td><td>何 * 尧</td><td>联系电话</td><td>0769-22834155</td></tr>
<tr><td>自办展览</td><td>是</td><td>策划部门</td><td>读者服务中心</td></tr>
<tr><td rowspan="2">展览前期工作</td><td colspan="4">审批：
此展览为东莞图书馆自办展览，展览内容经馆领导审核同意即可开展。</td></tr>
<tr><td colspan="4">内容审核：
1. 展览类别为年俗文化，数量 118 幅，审核主题海报、展板、布局图等；
2. 展览内容符合要求，审核通过。</td></tr>
<tr><td rowspan="5">展览管理工作</td><td colspan="4">布展准备工作：
布展时间为 1 月 29 日至 31 日，由设计制作公司负责，并缴纳一定数额的场地维护押金，确保场地设施不受损。</td></tr>
<tr><td colspan="4">馆内展览设备使用：
需用展柜数量 50 个，需用挂钩数量 200 个，进行展板悬挂，需用主题板粘贴展板海报。</td></tr>
<tr><td colspan="4">自行搭建设备：
1. 自行搭建正方形前言板展架，正面前言，背面标题；
2. 造型展架 2 个，包括门廊造型一个，生肖“猪”造型一个，悬挂灯笼一批；
3. 连接电源设备射灯一批。</td></tr>
<tr><td colspan="4">开幕式流程：
1. 确定时间、地点、停车位、出席人数；
2. 主办方进行场地布置，包括开幕式的音响、舞台、椅子等。</td></tr>
<tr><td colspan="4">展览撤展：
撤展时间 3 月 3 日，待展板、展架撤走后检查展柜、地板是否受损，确认完好后签署物业放行条，同意退回押金。</td></tr>
</table>

续表

展览后期工作	宣传工作： 1. 将展览信息发布到图书馆网站、微信公众号、微博上； 2. 撰写展览馆内工作简报； 3. 将展览电子版发布到图书馆网站。
	展览资料收集、整理： 1. 拍摄观展照片，设置读者留言簿； 2. 收集、整理有价值的照片、读者留言； 3. 扫描展览协议书、读者留言，保存电子资料。
	展品管理登记： 图书馆自主制作的展览在展览结束后由读者服务中心统一登记管理，展品集中存放在仓库，编号放置。
	展品外借： 1. 确保借展单位具备合适的展览场地，不损害展品； 2. 2020 年 1 月与外借单位大岭山图书馆签订“东莞图书馆展览资源共享信息登记表”。
服务成效	1. 主办方：向市民介绍年俗文化，营造过年氛围； 2. 社会效益：成为市民春节假期的好去处，更好地传承中华传统文化； 3. 读者：能观看年俗文化，了解过年习俗。
展览问题及改进	1. 展品没编排序号，考虑在以后的展品上增加序号； 2. 一个展品出现错别字，及时纠正。
附录材料	1.“东莞图书馆展览场地借用协议”（略） 2.“东莞图书馆展览资源共享信息登记表”（略） 3.“读者留言”（略）

少儿文献推介服务样例

一、主题

“走近红色经典，庆祝建国 70 周年”。

二、目的

通过红色经典图书的集中展示以及相关的阅读推广活动，让广大少年儿童了解祖国历史，懂得和平幸福生活的来之不易，告诉孩子们要有理想和信仰，为祖国的繁荣富强而努力奋斗。

三、文献推介方式

（一）书目推荐

收集、整理红色经典书目，制作推荐书目，内容包括书名、作者、出版社、索书号等。制作图书宣传海报，并以文字专栏宣传的方式，张贴在阅览室、自助图书馆等小朋友视线所及之处，简洁、醒目。

（二）图书展览

以展览形式推荐和宣传图书，包括新书展览和专题图书展览两种方式。

新书展览：采取展览和借阅一体推出的方式，在红色经典新书推荐专架推出的新书供读者现场借阅。

专题展览：展出红色经典连环画、儿童文学作品、革命人物传记等图书，并举办好书互换活动。

图3–46 “建国70周年红色经典作品展”

图3–47　红色经典图书展览

（三）宣传推广活动

内容：采取红色经典知识推送和阅读方法推送相结合的形式，开展红色经典线上线下知识问答活动，组织朗读和歌曲等即兴表演。请专业老师在 QQ 群推送红色经典阅读方法，受众主要是学生家长。

形式：采取线上线下相结合的方式，通过微信、QQ 等渠道向没到馆的读者推送相关活动。其中 QQ 群共有 1200 人参与，微信群共有 260 人参与，到馆参加活动的读者也达到了 120 人。

四、问题与改进

线下现场活动的人手准备不足，到馆读者较多。现场虽有志愿者帮忙，但压力仍然很大。建议开展类似活动的时候要有更多的人员准备。

（廖小梅撰）

阅读推广活动记录样例

表 3-39　阅读推广活动记录

项目	莞芽故事会	时间	2020 年 8 月 16 日 9：00—10：00
地点	玩具图书馆	组织者	梁 * 珍
志愿老师	任 * 霞	参与人数	20 人
所属部门	读者服务中心		
主题	《蜘蛛的日记》故事会		
对象、内容	活动对象：4 ～ 8 岁儿童及其家长。 人数：10 组共 20 人（疫情防控需要，控制参与活动人数）。 活动内容：1. 领读《蜘蛛的日记》；2. 认识蜘蛛；3. 制作趣味 DIY 蜘蛛。		
效果	本期故事会由东莞市阅读推广人、生物老师任 ** 领读。她生动地讲述了《蜘蛛的日记》这本趣味绘本，并专业地介绍了我们身边的常见蜘蛛品种以及和蜘蛛相关的知识，让孩子感受到阅读的乐趣的同时还长了见识。活动让更多的父母喜欢亲子阅读、学会亲子阅读，让更多的孩子爱上阅读，感受到了绘本的魅力。 **读者反馈** 李焯家长：任老师从日记入手，从蜘蛛入手，带我们走进了《蜘蛛的日记》，也走进了科学。原来蜘蛛不是昆虫，原来有些蜘蛛雌性比雄性要大很多……大开眼界！群体活动很重要，感谢图书馆组织这么多丰富的群体活动，让我们能遇到这么可爱的老师和志同道合的优秀家长、孩子。 沛岐家长：莞芽故事会已经成为我心中的品牌活动，每次都有生动的故事和活泼的眼神活动。这次视频中的蜘蛛让我和孩子的印象更加深刻，感谢图书馆给我们一个愉快的周末。 子晴、子恩家长：任老师的故事不但生动有趣，关键还很会和孩子交流，整场活动自然流畅，还夹杂了“惊悚”：母蜘蛛会把公蜘蛛吃掉！原来生物老师也那么会讲故事，图书馆组织的活动真让我大开眼界，每次来参加故事会都觉得收获满满，获益良多。今天我又学到一招：边讲故事边互动科学知识。希望莞芽故事会越来越好，也希望孩子在学校也能遇到会讲故事的体育老师、化学老师、数学老师……		

续表

存在问题	1. 活动未能准时 9 点开始，以致不能 10 点准时结束，影响了工作人员窗口值班。 2. 读者还有很多问题想咨询现场老师，1 小时的活动时间不足。
问题与解决方法	1. 疫情防控期间读者进馆要测体温和检查粤康码，读者进馆需要更长的时间，下次应该调整一下活动开始时间或者压缩活动内容，以确定活动按照计划进行。 2. 向读者解释清楚活动时间就是 1 小时，如需要继续交流，可以到线上读者交流群。
附录	照片若干张（略）

残障人士服务样例

东莞图书馆通过与东莞市残疾人联合会合作的方式开展公益服务，关注残障人士等特殊群体的阅读需求，营造更便捷、舒适的阅读环境。

一、制订活动方案

根据年度工作部署和上级要求，制订全年特殊群体服务计划，策划开展特殊群体服务活动，活动包括“无障碍电影”体验、“邮享阅读——免费送书上门”、残疾人事业成果展、励志“真人图书馆”、视障智能听书机、数字资源推广等。针对每一项具体活动，东莞图书馆制订操作和实施方案，保障活动有效开展。如 2020 年举办的“智能听书机外借活动”有详细的工作方案：

（1）活动主题：盲人数字阅读推广工程智能听书机外借。

（2）活动时间：2020 年 4 月。

（3）活动说明：2020 年 4 月 20 日，东莞图书馆联手市残联、市盲协，启动“盲人数字阅读推广工程”智能听书机外借服务，200 台具有上网功能的智能听书机将免费提供给视障读者借阅使用。

（4）智能听书机的申请途径：智能听书机的申领可以通过以下两种途径：一是已加入市盲协的视障读者，可直接与市盲协社工联系，由市盲协统一办理借出手续。二是尚未加入市盲协的视障读者，可以与东莞图书馆联系。对于出行不便的盲人，东莞图书馆还可提供在线办理读者证和听书机免费快递借还服务。每台智能听书机借期为 6 个月，到期后可申请续借。

（5）制定智能听书机外借规则：

①借阅对象：持有第二代中华人民共和国残疾证的视障人士和盲校、特教中心、残疾人服务中心等为视障人士提供服务的机构用户。

②借阅权限：每位读者限借一台，借期 6 个月，如需在期满后继续使用，可在到期前 1 个月通过电话、到馆等方式提出续借申请，逾期归还须按每天 0.1 元缴交滞纳金。

③借阅方式：视障人士可持相关证件到本馆免费开通社保卡借阅功能，凭社保卡在

本馆开放时间在本馆一楼总服务台办理外借手续。

④赔偿办法：正常使用时出现机器损坏无须赔偿；因不当使用造成损坏，将根据设备维修的实际费用赔偿相应金额；若遗失须购买相同品牌型号听书机或按原听书机价格赔偿。

⑤注意事项：按照听书机使用说明书正确使用；勿将听书机拆装、修理、改造；请自觉遵守国家互联网管理、版权保护等有关法律法规，合法利用下载的电子资源。如有任何违法行为，读者自行承担相关法律责任。

二、责任到人

图书馆的残障人士服务活动由读者服务中心统筹，各项具体活动由图书馆相应的部门负责，并落实责任人，责任人员按照活动计划有序推进。

三、活动实施

每一项活动责任人提前与市残疾人联合会联系，明确活动形式、活动时间、活动地点、活动参加人数等，并按照活动流程分步实施。

四、反馈与改进

活动过程要严谨，要组织者重视活动效果，收集读者反馈意见，并对存在的问题进行改进。如 2020 年举办的“智能听书机外借活动”得到视障读者的积极参与，收到很多反馈意见。

（一）效果

借出 100 台视障智能听书机，教会读者使用听书机的方法和技巧；满足了残疾人的文化需求，给残疾人带来了阅读的便利；联系相关媒体现场进行采访，扩大活动的影响范围。

（二）问题

视障读者反映视障智能听书机只有听书的功能，没有社交和娱乐的功能，而通过手机上的软件，也能收听相关的内容，希望图书馆可以提供集社交、娱乐和听书一体的视障智能听书机，免去下载软件的烦琐。

（三）改进

（1）图书馆应面向残障人士开展多样化阅读活动，为其阅读提供更加有利的条件，例如以捐赠换书中心为阵地开展残疾人捐助图书活动，以网借中心为阵地开展“邮享阅读——免费送书上门”公益爱心活动，以四楼市民空间为阵地开展“真人图书馆”励志活动。

（2）构建专属图书馆的重点特殊读者的专门档案，对特殊读者的基本信息、阅读需求随时跟踪、了解情况，定期开展服务，为读者排忧解难。

（3）主动与市残疾人联合会、市肢体残疾人协会合作，了解残障人士的阅读需求，尤其是关注数字化阅读服务，加快推动盲文出版和盲人阅读工程，积极推动盲人读物融合出版与传播平台的建设。

五、资料整理与归档

活动结束后，撰写各项活动总结，收集活动照片，撰写活动报道，并将资料（含Word 文档、海报、总结和 3 张活动照片）移交档案室。

（何应尧撰）

信息素养教育样例

——2019年青少年数字阅读夏令营

一、策划

青少年数字阅读夏令营以经典数字阅读内容为基础，科技设备体验与少儿编程为辅，整合了图书、数字资源、数字阅读设备体验、少儿活动等相关形式，构成一个“立体”的数字阅读推广模式。每年暑假拟举办4期，每期4～6节课程。在夏令营，老师引导学员利用图书馆的资源进行学习和阅读。

二、方案

为了更有针对性地开展信息素养教育并取得良好效果，需制订详细的活动方案。在课程内容设置上，既要学习自然科学、少儿编程等知识，又要开展经典文献阅读，让学员体验科技的发展，体会经典文学的魅力，学会用先进的手段去学习传统文化和知识。本次夏令营第三、四期活动的方案如下。

第三期主题：数字阅读《小王子》
8月5日，开营仪式、合照、讲座“想看就看——数字阅读方法介绍”；
8月6日，阅读讲座——“《小王子》怎么读，读什么”；
8月7日，声光色影读经典——“电影《小王子》片段赏析”；
8月8日，数字学习体验——“小学生阅读报（PPT）教学”。
第四期主题：数字阅读《草房子》
8月12日，开营仪式、合照、讲座“想看就看——数字阅读方法介绍”；
8月13日，阅读讲座——“《草房子》怎么读，读什么”；
8月14日，声光色影读经典——“电影《草房子》片段赏析”；
8月15日，数字学习体验——“小学生阅读报（PPT）教学”。

在夏令营举办的过程中，老师引导学员利用图书馆的资源进行学习和阅读，在每一期的第一节课就利用图书馆网上资源开展数字资源搜索方法介绍的相关课程；或观看学习中心视频教程《如何进行简单的搜索》，并在东莞数字图书馆网站中练习搜索电子书。

三、改进

2018 年 3 月学习中心举办了少儿编程初学班，在 3 场课程中为数十名小学生教授少儿编程课程。课程结束后，有一些家长现场反馈由于孩子们的年龄阶段、理解能力有差异，因此对知识的接收程度不同：有些孩子能跟上老师的教学节奏，甚至举一反三；有些孩子就比较吃力，步步落后。为此，2019 年的夏令营活动从两个方面进行改进。

（一）制作在线课程

学习中心自建立之初就倡导线上线下相结合的学习方式，并针对公益课堂的线下培训课程制作、购买了有针对性的线上课程供学员在线学习。鉴于学生家长反馈的问题，学习中心在举办 2019 年数字阅读夏令营之前提前定制了一批少儿编程在线教育课程，内容与夏令营课程保持一致，学生可以在家通过自学掌握课堂上没能完全掌握的知识。

（二）开展线上辅导

学习中心建立辅导微信群，课后由志愿老师在线回答学生的问题，也可以录制视频直接在群里播放，解决课后学生辅导问题。

四、效果

2019 年的数字阅读夏令营活动举办了 4 期，共有 718 人次参加活动。读者对信息素养教育活动表现出浓厚的兴趣，既有学生从厚街镇自己坐地铁来上课，也有家长从沙田镇坚持每天接送孩子参与夏令营的活动。夏令营活动得到很多家长的好评，还有一些家长想继续让孩子参加图书馆的学习活动。

（陈晨撰）

指标统计样例

一、指标内容

绩效指标是衡量和考核图书馆业务工作效果的重要手段。东莞图书馆绩效指标体系包括关键绩效指标和业务统计指标两个部分：

关键绩效指标就是 KPI，是从对象（个人、业务单元、部门或组织）的关键成果领域中提取出来的主要工作目标，代表了工作的重点和花费时间最多的工作内容，是衡量绩效的重要指标。

业务统计指标涉及各部门的所有业务工作，通过将各部门、管理单元的业务工作按照时间进度进行分解，以便有计划地去落实，也可以用来衡量业务进展和成效。

二、指标管理

各部门每月末提交关键绩效指标和业务统计指标报表，每季度末统计关键服务指标数据，并与年初制定的部门目标责任制的指标数据及去年同期数据进行对比，提出下一步改进措施。

三、指标统计方法

各部门按要求统计并提交各项指标，一般是按月提交。关键绩效指标和业务统计指标因其统计内容和要求不一样，统计表的设计和统计方法也有别。

（一）关键绩效指标统计

关键绩效指标要纳入考核体系，因此设计统计表时，不仅要统计完成值，还要分解目标值以便进行对照、掌握指标完成情况。同时，还要对各项指标进行分析，指出存在的问题、解决措施及下一步计划。具体统计表见表 3–40。

表 3-40　部门、管理单元关键绩效指标

	年月	学习中心各平台访问量（网站＋移动）（月）			公益课堂培训（月）						微信公众号阅读量（月）			数字图书阅读推广活动（月）			自建音视频资源量（月）			关键绩效指标分析（完成情况、存在问题、解决措施及计划）：
		人次			场次			人次			次数			场次			个			
		指标量	完成量	月数据	指标量	完成量	月数据	指标量	完成量	月数据	指标量	完成量	月数据	指标量	完成量	月数据	指标量	完成量	月数据	
学习中心推进部	2019 年 1 月																			
	2019 年 2 月																			
	2019 年 3 月																			
	2019 年 4 月																			
	2019 年 5 月																			
	2019 年 6 月																			
	2019 年 7 月																			
	2019 年 8 月																			
	2019 年 9 月																			
	2019 年 10 月																			
	2019 年 11 月																			
	2019 年 12 月																			

（二）业务指标统计

业务统计指标不纳入考核体系，各部门须如实、客观统计、填写和提交各项数据，以便图书馆掌握和了解各项工作进展。具体统计表见表 3–41。

表 3-41　部门、管理单元业务统计指标

	年月	公开发表学术论文数量（季）	核心期刊论文数量（季）	全市性业务培训场次（季）	外出学习、考察、交流人次（国内）	外出学习、考察、交流人次（国际）	与国内机构合作项目数量（年）	与国外机构合作项目数量（年）	《东莞图书馆工作》期数（月）	《易读》期数（季）	书架单层总长度（年）
业务部	2019 年 1 月										
	2019 年 2 月										
	2019 年 3 月										
	2019 年 4 月										
	2019 年 5 月										
	2019 年 6 月										
	2019 年 7 月										
	2019 年 8 月										
	2019 年 9 月										
	2019 年 10 月										
	2019 年 11 月										
	2019 年 12 月										
	合计										

少儿阅读推广活动案例

——“跟着绘本去旅行”

一、概况

“跟着绘本去旅行”项目以 3 ～ 12 岁儿童为对象，结合关于旅行的知识和馆藏文献资源，组织开展展览和线下答题活动。同时，整合图书馆及志愿者组织资源，推出与主题相关的系列活动。经统计，项目共开展系列活动 6 项共计 22 场，服务读者 3500 人次。

二、实施过程

（一）开展书目推荐

该项目清点馆藏旅行类绘本资源，对本馆旅行类绘本馆藏进行分类，分为“中国之旅”“世界之旅”和“心灵之旅”3 个部分。针对该类图书数量较少、种类不齐全、质量参差不齐、版本老旧等问题，为了让儿童通过阅读绘本游历中国美丽山河、游玩世界各地，了解世界各地文化遗产、文化传统等丰富的文化信息，本馆新增了一批近年出版质量较好的旅行类绘本，包括 40 多种 120 册，在此基础上推出“跟着绘本去旅行”系列读本 171 种。

该项目设立专架，制作专题推荐书目 3 份，主题分别为“建国 70 周年庆　跟着绘本游中国”“跟着绘本去旅行——精彩大世界”“跟着绘本去旅行——心灵之旅”，每期推荐图书 16 本，引导读者阅读。

（二）举办儿童创意作品展

该项目开展 3 期“跟着绘本去旅行”儿童创意绘画展，主题分别为“悦读阅精彩”儿童绘画展、“南粤古驿道”少儿优秀作品展、“爱阅读·绘世界”少儿优秀作品展，共展出百余幅优秀儿童绘画作品，有 2000 人（次）驻足欣赏。

图3-48　“建国70周年庆　跟着绘本游中国”书目推荐海报

图3-49　“悦读阅精彩”儿童绘画展——儿童创意展示区

（三）微信互动及展览

1. 微信互动

该项目依托东莞图书馆少儿分馆微信公众号，讲述“我们的首都在北京”“壮丽的北国风光”“烟雨江南”“精彩大世界”等5个主题的绘本故事，同时面向少儿馆读者征集读者的旅行相片和感受文字。推文获得了1000余人浏览，并征集到图文30余份。

2. 展览及答题活动

该项目制作“跟着绘本去旅行——我的祖国真美丽”及“跟着绘本去旅行——精彩大世界”两个主题展览，在少儿馆二楼亲子乐园内展出。展览由知识点普及和书目推荐两个部分组成，汇集各个目的地的趣味知识和征集的图文资料，共吸引1500人次观赏。结合展览开展有奖答题活动，两期活动吸引150名小读者参与，拓展了孩子们的知识面，为引导孩子阅读起到重要作用。

（四）开展相关延伸活动

1. 亲子行李整理课

为了引导孩子们做好旅行前的准备，我们邀请志愿机构共同设计这场“整装待发”

亲子行李整理课。活动共开展了 3 场，有 25 名小读者报名参加。志愿老师围绕“行李箱整理”，从衣物的叠放方法到旅行物品的挑选和行李箱物品安排，一步步引导孩子们树立“自己的事情自己做”的行为理念。同时推荐有趣的旅行类绘本，引导孩子延伸阅读。

图3–50　“整装待发”亲子行李整理课

2. 线上及线下故事会

该项目联合故事妈妈开展“跟着绘本去旅行”线上故事会 1 场，线下故事会 8 场，在活动中分享绘本故事。由绘本引申出各种旅行的含义，根据绘本的内容开展游戏、手工等延伸活动，感受旅行的意义。线上故事会参与人数约 150 人次，线下故事会参与人数约 450 人次，共有约 600 人参与。

3. 智慧玩具屋

该项目开展两场绘本导读和玩具搭建相结合的活动，每场有 20 名儿童参与。活动以“注意平交道”和“赛龙舟”为主题，分享绘本故事《小小火车变变变》和《端午节》，邀请小朋友用玩具积木搭建“平交道”及“龙舟”，进行搭建比赛和创意分享会。

4. 创意绘画 DIY

该项目将“旅行”“阅读”与“绘画”相结合开展创意绘画 DIY 活动两场，每场有 20 名儿童参与其中。以“美国自由女神”和“印第安部落”为主题，展示《嗨，纽约》《印第安人》中的图画，让儿童了解目标物 / 人物的特点，并以此为基础引导儿童发散思维，进行创意绘画创作。

图3–51　创意绘画DIY活动

5. 创客小教室

该项目将“旅行”和“考古发掘”相结合开展创客活动两场，每场有 20 名儿童参与其中。以“恐龙”和“兵马俑”为主题，展示《恐龙故事》《兵马俑》中的图画，结合考古发掘玩具，让小朋友在挖掘游戏中感受乐趣。

6. 欢乐阅读汇

该项目由馆员进行活动策划、教案编制及授课，以短训班形式开展活动。通过图片和故事引导儿童了解目的地的风土人情，并制作有地域特点的立体建筑拼图。该活动每场有 15 名儿童参加，受惠读者约 120 人次。

三、经验与启示

（一）主要创新点

1. 主题明晰，内容丰富

该项目围绕“跟着绘本去旅行”的主题，以绘本内容展现世界风貌，引导儿童通过阅读感受世界。项目内容包括故事会、展览、答题、绘画、手工制作、考古发掘等，这展现了图书馆服务的多样性。

2. 立体阅读，线上线下相结合

活动举办者为每场活动撰写有内容、有内涵的微信公众号推文，在其中辅以主题绘本推荐，形成推文、展览、阅读推广活动结合的立体阅读形态，实现线上阅读与线下阅读同样精彩。

3. 互动体验

该项目通过微信征集读者旅行图文资料，征集儿童视角的创意作品，引导观展答题以及活动分享，这些互动体验能让读者更好地融入活动，感受阅读与旅行带来的乐趣。

（二）价值与意义

1. 立体阅读

这是图书馆主题绘本推广阅读一次新的尝试，形成以“图书资料入手，通过书本打开知识面，通过活动丰富主题，提高读者阅读兴趣”的阅读推广模式，可为其他主题绘本阅读推广活动予以借鉴。

2. 跨界融合，实现共赢

该项目将图书馆作为一个平台，把儿童教育机构的优势教育资源进行整合和利用，不仅提高教育机构的知名度，而且对图书馆服务品质进行提升，实现双方的合作共赢。

3. 提高馆员素质

在项目开展过程中，馆员起到至关重要的作用，在活动策划、机构洽谈、平面设计等方面都得到了锻炼。而“有活动即有推文”的工作方式也使得馆员的写作能力获得了极大的提升，这些都为更好地进行阅读推广工作打下基础。

4. 文旅结合

该项目通过阅读和旅行感受中华的博大和世界的精彩，让阅读更有深度、更有广度，拓展阅读视野，让“悦读在路上”这一品牌活动落地化、具体化。

（三）问题与不足

由于专业知识局限性，项目组成员在图书馆资源利用方面有所欠缺。另外，活动细节上还有准备不足的地方，有待完善。

（陈迎撰）

漫画图书馆建设与服务案例

一、背景

读图时代来临，人们的阅读方式从传统的以文字为主逐渐转变为以图像作为辅助，甚至以图像为主。动漫作为一种潮流文化，以其轻松、夸张的内容，图文并茂的形式，受到了公众的欢迎，也催生了公众对于动漫阅读的需求。

东莞是动漫文化和动漫产业发展的先行者，并逐渐发展成为世界最大的动漫衍生品基地。东莞图书馆敏锐捕捉到公众阅读方式的转变、动漫文化潮流的影响以及东莞城市动漫产业的需求，以2002年新馆建设为契机，根据《东莞图书馆新馆建设与发展规划纲要（2002—2010年）》中“加大文献资源建设力度，注重特色文献购藏，至2010年，初步形成品种齐全、载体多样、特色明确、层次分明、系统完整的中心城市级文献保障体系”的要求，东莞图书馆将动漫文献纳入专题文献收藏体系，筹建漫画图书馆作为新馆建设之10个专题馆之一为公众提供服务。

二、实施过程

（一）前期调研

东莞图书馆成立专项工作小组，从读者对漫画文献的需求、国内动漫图书馆建设现状、漫画文献出版情况、东莞动漫产业发展生态等方面开展了调研，同时实地走访，派专人前往北京、广州、成都进行现场文化观摩，调查珠三角地区漫画书吧情况，学习台湾漫画馆经验，了解本地动漫企业的服务需求。经过多方面的充分调研和论证，东莞图书馆肯定了动漫文献收藏、动漫服务开展的重要性和价值，由此决定筹建漫画图书馆。2003年，《漫画图书馆运作方案》制订，明确了馆藏建设、活动组织、分级管理、空间装饰的基本原则。

（二）发展历程

1. 拓荒之路（2002—2005）

2004 年 7 月，东莞漫画图书馆试开馆。馆藏漫画图书 1.2 万册、期刊 34 种、报纸 2 种。2005 年 9 月，漫画馆搬迁至行政中心广场新馆，面积约 600 平方米，馆藏漫画文献 2.8 万册，设置了成人、青少年和儿童阅读区，开通了官方网站，漫画馆成为东莞地区动漫文化爱好者的文化交流基地。

2. 跨界融合（2006—2013）

漫画图书馆探索以动漫文献为基础，寻求与动漫行业的跨界合作，突破图书馆传统文献服务的局限。2006 年 5 月，漫画馆举办首届“东莞动漫节”，为本土动漫企业、动漫社团、动漫商家、动漫爱好者和原创作者提供展示和交流的平台，填补城市大型动漫活动的空白。2009 年，中国国际影视动漫版权保护和贸易博览会落户东莞，漫画图书馆积极借鉴融合动漫产业资源，助力产业发展：筹建动漫展示馆，为本土动漫产业提供展示平台；成为东莞市动漫行业协会副会长单位，推广本土动漫企业文化；编撰《东莞动漫》，这是首部记录东莞动漫文化生态的文献资料。2013—2016 年，漫画馆成为中国国际版权影视保护与贸易博览会分会场，“东莞动漫节”从一个由漫画馆主办，各动漫社团、企业协办的文化活动，逐渐发展成一个城市的动漫盛事。

3. 守正创新（2014 年至今）

漫画图书馆在注重资源建设、动漫文化传播、产业服务融合的同时，立足图书馆本职，回归文献研究与开发，提升服务深度，提高服务价值。2014 年，自主编撰出版我国第一部漫画专题书目总汇《漫画文献总览》（6 卷 12 册）；2015 年，与北京大学、武汉大学、华南师范大学信息管理专业合作编撰出版“动漫文献研究丛书”，包括《公共图书馆动漫服务研究》《国外图书馆动漫资源建设与服务》《欧美漫画文献的出版与发行》，共计 3 册；2017 年，建设中国动画数据库、动漫产业数据库、动漫专业院校数据库和中国国际影视动漫版权保护和贸易博览会数据库；2018 年，编著出版我国第一部绘本专题类书目大全《绘本文献总览》（6 卷 16 册）；2019 年，自主编撰《中国动漫院校名录（上下卷）》，与中国动漫集团合作编撰出版《当动漫与旅游牵手》，正式出版《漫画名家研究丛书系列（黎青、刘宏、夏大川、李润堂）》，与西北民族大学合作开展《中国当代肖像漫画艺术研究》项目；2020 年出版《中国近现代漫画艺术家名录》。

三、经验成果

（一）建设概况

1. 专业定位

漫画图书馆既具有公共图书馆服务的社会属性，又有专业图书馆服务的特殊属性，融合了文脉传承需求、社会公众需求、动漫产业发展需求、图书馆行业发展需求，确立了 4 个发展定位。

（1）动漫文献信息中心

1975 年国际图联将公共图书馆的社会职能概括为 4 项，其中第一项就是保存人类文化遗产。漫画馆致力于打造动漫文献信息中心，通过集中整合图书、报纸、期刊、动画、衍生产品等多类型动漫馆藏资源，满足公众动漫阅读的需求，保护和传承人类优秀动漫文化成果。

（2）动漫创意活动场所

图书馆不仅是阅读和求知的场所，也承担了社区和交互中心的职能。漫画图书馆致力于打造动漫创意活动场所：通过营造独具审美意象的空间氛围，为爱好者寻找文化认同和情感归属；通过提供动漫阅读、原创展示、动漫表演、讲座、展览等多元活动服务，满足公众文化交往的需求。

（3）动漫产业服务基地

图书馆是动漫产业链的重要组成部分。为发挥图书馆在动漫企业和社会公众之间的桥梁作用，漫画图书馆致力于打造动漫产业服务基地，充分发挥资源收藏、文化氛围培育、文创产品推广、动漫信息服务等方面的优势，助力动漫产业发展。

（4）动漫发展研究平台

文献是图书馆工作的基础，研究是事业发展的支撑。漫画图书馆致力于打造动漫发展研究平台，旨在通过专业资料提供、深度课题合作、文献开发与研究等方式，支持行业和社会在动漫文献价值挖掘、图书馆动漫服务开展以及动漫产业发展等方面的学术发展。

2. 空间营造

漫画图书馆空间营造经历了 2004 年落成、2005 年搬迁、2012 年优化、2016 年升级 4 个阶段。漫画图书馆空间面积达到 1200 平方米，创建了漫画走廊、产业展示、动漫研究室、漫画家创工坊等多个特色功能区域。在设计理念上，从功能性设计转向体验式设计，关注读者的过程感受，进行空间序列与行走流线的规划，促进人与空间、资源的相互融合。

3. 资源建设

目前，漫画图书馆拥有各类漫画 12 万余册 6 万余种，漫画报刊 70 余种，并建有东莞漫画图书馆网站和动漫专题资源库，形成涵盖漫画图书、报刊、视听资源以及收藏漫画原稿、动漫企业产品和资料等特色资源的动漫馆藏体系，是国内馆藏系统最完备的动漫文献信息中心。

4. 品牌活动

2006 年，漫画图书馆举办首届“东莞动漫节”，这是东莞首个大型综合性系列动漫活动，对于东莞本土动漫文化具有里程碑意义。此后，活动逐年举办，不断推陈出新，2012 年改版升级为“东莞动漫之夏”。2013 年，漫画图书馆成为中国国际影视动漫版权保护与贸易博览会分会场。经过 15 年的积累和发展，东莞本土动漫文化从无到有、从小到大，“东莞动漫节”从一个由漫画馆主办、动漫社团和动漫企业协办的动漫活动，逐步演化成一个城市的动漫盛事。

5. 动漫服务

漫画图书馆是一个动态的文化交往空间，依托动漫文献资源和空间场所设施，提供丰富多彩的服务。文献阅览服务包括：基础级，引导公众阅读健康动漫文化；参考级，面向 18 周岁以上、心智成熟读者的文献阅读；研究级，支持读者自主学习，专业人士和学者的学术研究。文化传播活动以动漫学坊、漫画走廊为阵地，漫画图书馆举办原创展示创作教学、动漫表演、作品赏析、动漫大师班等公众活动。产业推广服务以产业展示区为阵地，漫画图书馆提供动漫产品展示、动漫企业路演等产业服务。学术交流活动以动漫研究室为阵地，漫画图书馆举办文化沙龙、社团交流等活动。漫画馆每年吸引读者 30 余万人，切实推动了动漫文化传播，培养城市动漫文化氛围。

（二）服务成效

1. 首创意义

2006 年的常州动漫产业论坛上，文化部市场司副司长庹祖海指出：“东莞漫画馆的成立是全国动漫市场和产业可圈可点的标志。”武汉大学信息管理学院黄如花教授说“2004 年东莞图书馆成立漫画馆，拉开了我国动漫图书馆建设的序幕”。

2. 行业引领

漫画图书馆率先探索漫画文献分类组织、布局和分级管理方法，创新“资源 + 活动”“公众 + 产业”“推广 + 研究”模式，面向图书馆同行组织全国动漫资源建设专家研讨、动漫发展研究论坛等，发挥专业引领作用，推动行业服务水平的提升。2014 年，“东莞漫画图书馆的建设与服务提升”荣获广东省第二届图书情报创新奖。

3. 产业服务

漫画图书馆突破图书馆传统服务局限，融合产业服务需求，寻求与动漫企业、院校机构、动漫公共服务平台、行业协会的跨界合作，打通动漫文化事业和动漫产业渠道，将漫画图书馆打造成为动漫产企业推广的重要阵地，助力产业发展。

4. 智库建设

众多国内和国际的漫画名家莅临东莞，如月冈贞夫、平田敏夫、乔治·哈顿，以及方成、廖冰兄、朱松青、夏大川、刘宏、慕容引刀、落子、LING（李凌彪）等。他们成为东莞漫画图书馆进行动漫文化传播和进一步发展的专业智库。

5. 研究积累

文献的积累与开发是图书馆事业发展的底色。漫画图书馆坚守专业和核心业务，整理和研究出版系列动漫文献研究成果，其中正式出版物共计35册，非正式出版印刷品16册，积累了丰硕的文献成果，开启动漫服务新领域，提升漫画馆服务的社会价值。

6. 培育城市动漫氛围

漫画图书馆致力本土深耕，发掘、扶持和推广王虹虹、梁晓智、王琳、尹梓先等一批本土创作人，为东莞动漫文化发展增添助力。举办经典动漫同读共赏、动漫大师班、黏土魔法课、动漫剧场等活动，15年来累计培育动漫受众300万余人次，提升了城市动漫文化氛围。

7. 吸引媒体聚焦

漫画图书馆建设和服务吸引了国内众多媒体的关注和报道，包括人民网、中国新闻网以及《中国文化报》《南方日报》《广州日报》《东莞日报》等在内的国家级、省级和市级媒体平台，提高了社会关注度。

（三）特色

1. “资源＋活动”模式

漫画图书馆充分发挥图书、期刊、报纸、动画片等动漫文献资源的基础作用，辅之以动态活动的组织，提供漫画阅读、动画欣赏、动漫涂鸦、创作学习、作品展示、动漫交流等多种服务，满足用户多样化的文化需求，使得“静态文献＋动态活动”相得益彰，通过阅读提升活动创意，通过活动提升阅读兴趣，从而促进动漫文化更好的传播。

2. “公众＋产业”模式

漫画图书馆突破图书馆传统服务界限，发挥图书馆在动漫企业和社会公众之间的桥梁作用，积极寻求与动漫行业的跨界合作。立足公益性动漫公共文化传播平台，收集、保存动漫产业资料，建立动漫产业数据库，建设动漫展示区，鼓励动漫原创企业和社团支持漫画馆动漫文化传播活动。另一方面，面向公众开展动漫原创企业、原创作者的展示和推广活动，助力动漫产业发展。

3.“推广＋研究”模式

文献是图书馆工作的基础，研究是业务发展的支持。漫画图书馆发挥馆员专业知识力量，开展动漫文献研究、动漫名家研究、动漫产业研究等，积累厚重研究成果。举办“全国动漫资源建设专家研讨会”，探索和研究图书馆动漫服务新领域，推广优秀研究成果，发挥学术引领作用，促进行业服务水平的提升。

（赵爱杰、吴纯撰）

粤剧图书馆建设与服务案例

一、背景

（一）粤剧艺术在东莞

东莞市戏曲文化历史悠久，粤剧艺术兴盛，是著名的“粤剧曲艺之乡”，数百年来粤剧传承连绵不断。早在明末，东莞已流行粤剧表演。明张二果《东莞县志》记载：“正德末年横坑钟氏演戏钱鬼，再戏，再钱。”

东莞籍粤剧名伶星光璀璨，如：创建梨园乐、大中华等名班，创立“文武生”头衔的靓少华；把粤剧舞台语言由戏棚官话改成广府白话的先驱“武生王”靓荣；创立“凡腔”自成一格，以《情僧偷到潇湘馆》一剧蜚声省港澳的何非凡；创立“风腔”，被称为“天王小生”的陈笑风。还有林家声、丁公醒、罗丽娟、陈艳侬、楚岫云、卢启光、陈小茶、钟丽蓉等人，都在粤剧史上留名。在粤剧导演、编剧、配乐、学术研究等方面，东莞名家辈出，在编剧导演方面有卢有荣、陈天纵、林榆、叶绍德等，在音乐方面有尹自重、黄不灭、黄壮谋、朱庆详、黄继谋、黄英谋、万霭端等，在学术研究方面有李雁、黎田、陈沛锦等，他们都在粤剧史上留下光辉的一页。

随着东莞经济的发展，东莞粤剧私伙局数量和规模都在扩大。目前，东莞共有私伙局 400 多家，数量之多居全省首位，已成为丰富群众精神生活、宣传粤剧艺术的重要力量。可见，粤剧在东莞群众基础深，粤剧已成为东莞市打造文化名城中的重点项目之一。

（二）粤剧图书馆的建设的意义

图书馆是收集各类文献的集散地。东莞是粤剧之乡，频繁的粤剧活动必定留下粤剧文献资料。此外，粤剧不仅具有鲜明的地方艺术特色，同时也具有文化开放的国际性。早在 18 世纪末 19 世纪初，随着华工、华商向海外迁徙谋生，粤剧也开始漂洋过海，几乎凡“有海水的地方就有华人，有华人的地方就有粤剧”。因此，粤剧也吸引了许许多多的外国人士认同、欣赏和参加。如此广泛的粤剧活动意味着丰厚的粤剧文献资料的存在。为了更好地收集和保存粤剧文献资料和传承传统艺术，弘扬民族和地方文化，东莞图书馆决定筹办粤剧图书馆，其主要任务是收集有关粤剧、粤曲的文献资料，并在此基础上进行研究整理和数字化加工处理，开展有关粤剧艺术展示和文化交流等活动。

虽然粤剧历史悠久，但是粤剧作为传统的表演艺术与其他众多的古老戏曲一样，在现代化发展进程中受到严重影响，人们审美情趣及文化娱乐的趋势和嬗变使粤剧的生存空间变得越来越狭小。为抢救这一具有岭南特色的传统剧种，保护世界非物质文化遗产，筹建粤剧图书馆以保护和传承粤剧文化势在必行。

二、粤剧图书馆建设过程

（一）调研

2004 年 5 月，东莞图书馆多次与粤剧专家进行会谈，探讨如何筹建粤剧图书馆，并确定粤剧图书馆收集的文献范围和类型。2004 年 8 月赴香港文化博物馆和香港中文大学音乐系戏曲资料中心进行粤剧文献调研，了解香港在粤剧资料收集方面的特色及优势。2004 年 12 月又赴佛山粤剧博物馆参观学习，了解博物馆的收藏范围。

（二）筹建

2004 年 11 月，东莞图书馆正式成立粤剧图书馆筹备小组，同时还聘请了几位粤剧界前辈作为粤剧馆的顾问，他们分别是：广州市文学艺术界联合会名誉主席、广州市粤剧粤曲学会会长王建勋，广州市粤剧粤曲学会副会长、广州市民间文艺家协会名誉主席萧卓光，广东文艺职业学院影视戏剧系副主任、中山大学研究生院粤剧研究生班班主任、广东省戏剧家协会理事萧柱荣，香港电影资料馆荣誉顾问、香港文化资料中心主任余慕云，《南国红豆》前主编陈超平。他们为粤剧馆献谋划策，穿针引线帮助粤剧馆挖掘和抢救粤剧粤曲资料，同时也给粤剧馆的定位、室内功能分区、装饰风格都给了宝贵意见。

（三）开馆

经过一年的规划与筹建，粤剧图书馆通过购买、借展、寄存、赠送及有偿转让等多种收集方式，在专业人士的引荐和介绍下，搜集到图书、特刊、杂志、报纸、宣传单、木鱼书、剧本、曲本、海报、剧照、音像资料（包括 CD、VCD、DVD、LD、黑胶唱片、录音带、录像带等）、手稿、剪报、戏票等多载体类型的资料 6000 余件。2005 年，位于新馆二楼的粤剧图书馆正式开馆。

目前，粤剧图书馆设在东莞少年儿童图书馆三楼，面积约600平方米，设有文献阅览区、粤曲欣赏区、即兴活动区。经过十多年的收集和整理，馆藏有关粤剧粤曲资料均成系列、蔚为大观，馆藏最早的藏本是清末时期印刷的芹香阁的《新刻南音金叶菊》、以文堂的《新刻背解红罗全本》和五桂堂的《慈云太子走国全本》等，距今已有120年历史。

三、服务内容

自建馆以来，粤剧图书馆基于馆藏资源为读者提供粤剧专题资料阅览、视频欣赏、图片及实物展览等服务，同时举办粤曲即兴演唱、粤剧专题讲座等活动。粤剧图书馆年服务人次上万。

（一）粤剧文献查阅

（1）粤剧图书馆提供粤剧文献文本查阅。在日常的粤剧文献查询中，一般粤剧爱好者以查阅“粤剧曲谱”居多，粤剧研究者则查阅粤剧发展史居多。在本项工作中，粤剧图书馆建立查询登记表，读者登记后进行查阅。

（2）粤剧图书馆提供粤剧曲目剧目视频点播服务。目前粤剧图书馆建立曲目、剧目的目录清单，方便读者直接对单独曲目进行查阅和视频点播。

（二）粤剧文化体验活动

粤剧推广和传承重在少儿，为了吸引青少年儿童了解和认识粤剧，粤剧图书馆利用本馆阵地资源，通过与粤剧曲艺社合作，为来馆读者进行粤剧体验活动。

2014—2019年的少儿粤剧体验活动中，粤剧图书馆为来馆集体参观的儿童带来粤剧文化体验，让他们现场了解粤剧基础知识、聆听粤剧的悠扬、感受粤剧的魅力。

2015年，粤剧图书馆迎来了国际友好城市夏令营粤剧文化体验活动，接受了来自德国的夏令营同学来馆体验，共计100人。

2016年，道滘济川中学粤剧进校园课题活动中，粤剧图书馆为道滘济川中学的老师提供课题服务，通过视频剪辑和粤剧资料传送的方式，为项目组老师提供服务，服务受众面达几百人。

2019年粤剧图书馆将阵地服务走进校园，联合了粤剧曲艺社让粤剧文化走进校园，让更多少年儿童体验粤剧文化。

（三）粤剧专题展览

粤剧图书馆定期举办各种不同类型的展览以推广粤剧服务，带来了良好的效果。

一是定期举办馆藏资料展，粤剧图书馆利用本馆场地和资源，展出本馆收集的各类粤剧文献资料，抛砖引玉，介绍粤剧文献知识，同时达到宣传粤剧馆的目的。

二是自办粤剧专题资料展，如“话说粤剧”图片展、“馆藏粤剧黑胶唱片展”和“东莞粤剧曲艺发展史”等，深度挖掘粤剧知识以飨读者。

三是以东莞粤剧黄金周为契机，加强展览与本土节日庆典的无缝连接，加强与粤剧团体的合作，扩大粤剧图书馆影响。自 2015 年起，粤剧图书馆展览成为东莞粤剧黄金周品牌活动之一。

（四）粤剧文献汇编

粤剧图书馆主动挖掘粤剧资料汇编，普及粤剧文化知识，为粤剧研究者服务，自开馆以来以文献开发为根本，对现有馆藏粤剧粤曲资料进行整理。

2012 年，粤剧图书馆编辑出版《莞籍粤剧名人录》，收录了在粤剧艺术事业上取得成就的莞籍粤剧名伶、导演、编剧、乐师等人的生平和肖像。

2013 年，粤剧图书馆对馆藏戏桥进行了整理、存档和研究，编辑出版了《粤剧戏桥——东莞图书馆馆藏资料汇编（1934—1965）》，又在 2016 年编辑出版了续编《粤剧戏桥——东莞图书馆馆藏资料汇编（1965—2000）》。前者共收录印刷于 1966 年以前的馆藏戏桥 33 张，后者共收录印刷于 1966 年至 2000 年的馆藏戏桥 290 张。两书均以戏桥的印刷时间进行排序，以戏桥图像为中心，演出剧目、演员、时间、地点等基本信息列在图像之后，最后附带演出剧目的剧情简介。

2019 年，编辑出版《粤剧文献总览》，书中收录 1949—2019 年公开出版的粤剧图书目录 1236 条，内容涵盖粤剧剧目、音乐、表演、粤剧理论、粤剧名伶、历史文化等方面。

四、问题与启示

（一）问题

（1）粤剧文献资料收集难度大。由于历史原因，大量粤剧文献资源散落在民间，这就造成资料搜集难度较大。另外，粤剧文献的专业性造成粤剧文献出版物少，给资料的收集带来难度。

（2）粤剧文献资料整理难度大。收集回来的粤剧文献资料多为破旧残缺，在后期整理分类时需要图书馆工作人员同时具备粤剧专业知识。同时，粤剧文献资料的种类很多，如戏桥、乐谱、宣传单、海报、黑胶唱片等，分编这些非正规类别的粤剧文献资料时候粤剧图书馆无任何经验借鉴，有一定的困难。

（3）粤剧文献受众面小，活动难开展。活动的开展有助于粤剧馆影响的扩大，同时有助于粤剧的推广与传承，因此粤剧馆在日常工作中开展各种类型的活动。可是，粤剧的受众面小，再加上粤剧作为传统的表演艺术在现代化发展进程中的生存空间变得越来越狭小，诸多因素造成活动难以开展。

（二）经验

一是针对粤剧文献资料收集难度大的问题，粤剧图书馆扩大搜集范围，除了将搜集范围主要集中在文本及声像资源方面，还通过与粤剧专家、专业团体资源共享，以复制、寄存等形式最大限度地完善馆藏资源。此外，粤剧图书馆加强与民间粤剧爱好者的联动，通过他们穿针引线搜集力所能及的粤剧资料。

二是在粤剧文献资料整理过程中，粤剧图书馆工作人员请教粤剧专家以优化文献资料的整理。同时，加强自身的粤剧专业知识，对于非正规类别的粤剧文献资料分编，目前参照类似的文献分编方法进行。

三是创新活动形式。粤剧图书馆除开展针对爱好者这一群体的活动外，还为挖掘新的粤剧爱好者而开展粤剧文化体验活动。同时，粤剧馆将活动阵地扩大化，直接走进校园，收获了良好的效果。

四是优化本馆粤剧文献资源。通过现代化技术手段对本馆粤剧文献资料进行再加工，方便读者使用粤剧文献资料。

（廖瑜撰）

文字图书馆建设与推广案例

一、背景

随着公共图书馆“第三空间”定位被公众认可，空间再造成为图书馆转型升级、提质增效的重要路径。图书馆立足于“第三空间”理论，突破传统的文献排架方式，打造以读者为中心的“自由、宽松、便利”的“阅读+”特色空间，读者置身其中，感知阅读，收获知识。在2018年馆舍升级改造之际，松山湖分馆挖掘图书馆空间价值，开辟文字图书馆阅读功能区，集中陈列文字专题图书、展览，并打造“汉字家园”主题阅读推广活动，为读者特辟一区了解汉字、窥探中华文化的一扇门窗。

二、主要措施

（一）打造汉字馆藏空间，夯实阅读推广基础

2018年8月，松山湖分馆空间升级改造，倾力打造文字图书馆等一批专题馆藏空间。文字图书馆聚焦汉字，通过文献、展览、装饰等元素赋予空间人文化、人性化、智能化的观感，为阅读推广奠定基础。

文字主题文献集约化建设实现文字图书馆基础的阅览服务。在馆藏建设初期，文字图书馆有重点地采购书籍类型、布局空间，兼顾大众读者和研究型读者的阅读需求，目前馆藏文献数量2000余册，其中包括部分总馆调拨支援文献。重点馆藏文献营造汉字文化的历史感与厚重感，这类图书包括甲骨文类、金文类、简牍类、碑刻类、印谱类、古文字类等，主要以橱窗陈列的形式呈现在读者面前；普通馆藏文献满足大众读者的阅读需求，以汉字主题畅销书、汉字字体设计类图书、汉字解读类图书、工具书等为主，采用普通的整架排列的形式，方便读者阅览。

当纸质文献能够基本满足读者的专题阅览需求时，具有互动性质的数字阅读内容及阅读设备成为丰富馆藏资源的首选。文字图书馆增置数字阅读设备，如甲骨文“消消乐”互动显示屏，让读者在光影互动中认知汉字的原始模样。一些重点馆藏文献也需要数字化，给读者多一条检阅途径。

图3-52　文字图书馆装饰与布局

（二）培育“汉字家园”品牌，吸引读者“路”转“粉”

我们经常使用汉字，却未必懂得汉字的内涵。为了让古老的汉字变得“平易近人”，同时又“不失内涵”，文字图书馆以藏书为依托，培育“汉字家园”品牌，主题活动逐渐系列化、品牌化，聚集了一批热爱汉字的读者，日常通过微信读者群相互交流。“汉字家园”品牌主题活动涵盖展览、讲座、书法展示、创意设计等形式。

“振古如新——汉字发展史”图文展，沿着中华文化发展的漫长历程，展示了不同时期的汉字，营造推崇汉字文化的氛围。文字图书馆面向成人读者，以汉字“闲谈”“考古”为开端，每月开展“甲金文字”系列主题讲座，通过对甲骨文的分析链接文字、文物与历史。开展汉字字体设计讲座和书法体验活动，注重创意与美学体验。

针对少儿读者的认知水平和探索心理，文字图书馆开展甲骨文绘画、汉字挂件等“汉字+”趣味识字和周边体验活动，制作汉字绘本故事音视频及“猜猜看”“消消乐”线上互动游戏，以少儿读者喜爱的手工形式吸引他们关注汉字。“光影甲骨文”利用人体在灯光下的幕布成像，以动静结合的方式展现汉字描述的场景。舞台剧《跟着汉字飞阅松湖》以汉字串联故事情节，融合松山湖自然风景、经典著作《诗经》，在人物情景剧与舞台的光影中使观众形成对汉字含义的场景认知。

图3-53　“振古如新——汉字发展史”图文展（1）

图3-54　“振古如新——汉字发展史”图文展（2）

（三）编制汉字知识产品，提供深度阅读服务

对馆藏文献进行二次加工，编制导读书册，拓展文字图书馆的深度阅读服务。书目、文摘、综述等二次文献、三次文献是对原始文献内容的“浓缩”与“提纯”，能够揭示并提升原始文献的价值，满足读者对“精华”内容的需求。文字图书馆进行文献编制的主题策划，贴近热点话题，采用新颖的呈现方式以达到揭示文献、唤醒读者甚至与读者互动的效果。

在2019年新中国成立70周年之际，文字图书馆利用馆藏的书法、碑帖文献特别策划、制作了《宅兹中国：书于竹帛，镂于金石——碑帖上的“中国”》印刷册，追溯至西周成王时期青铜器何尊上出现的“中或”（即中国），从众多的书法名家和碑帖名作中集锦“中国”二字，将汉字串联的摇曳多姿的“文化中国”和“艺术中国”直观地呈现在读者面前，以无比深厚而连续的汉字文化遗产献礼新中国。以文摘为主要内容的《汉字，极熟悉极陌生》，从藏书中选取文字常识和理论相关的文章，并提供检索书目和重点馆藏文献清单，是一本帮助读者走进汉字世界的导读手册。

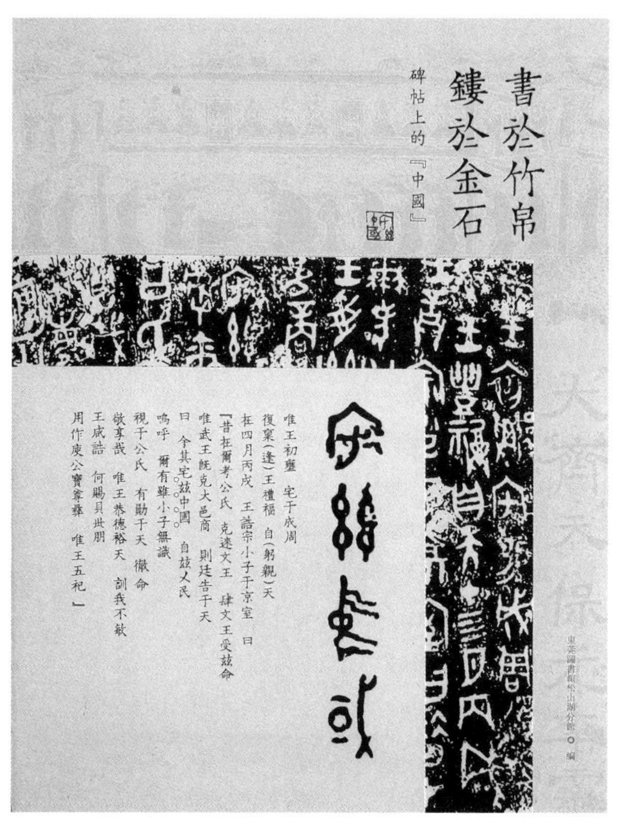

图3–55 《宅兹中国：书于竹帛，镂于金石——碑帖上的“中国”》封面

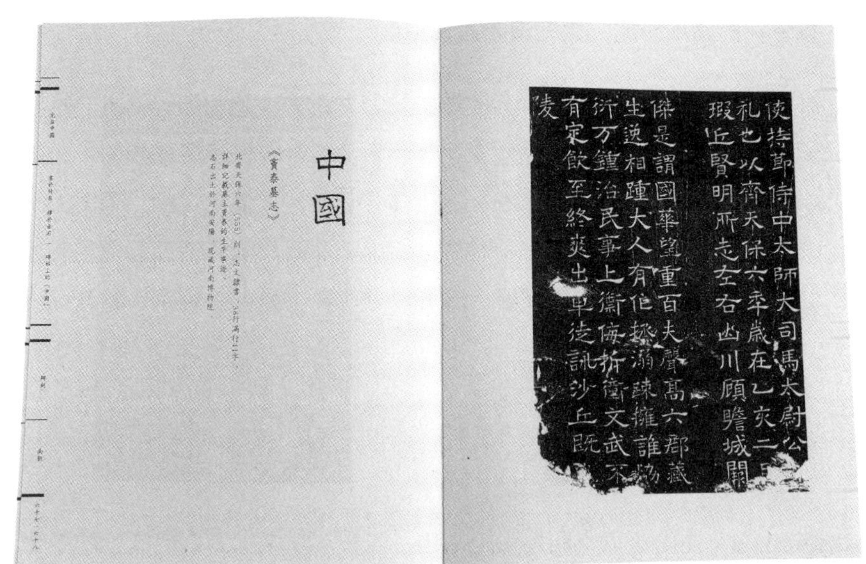

图3-56 《宅兹中国：书于竹帛，镂于金石——碑帖上的“中国”》内页

三、成效

（一）以专业化的服务，引导读者阅读需求

松山湖分馆文字图书馆是国内图书馆少有的以汉字为主题特设的馆藏空间。它的创建源于发起人对文化动态和读者需求的关注，更源于对汉字的热爱与深入的研究。当《中国汉字听写大会》等高品质汉字类节目的热播掀起一波“汉字热”时，汉字图书馆从“热”中取“静”，以专业化的服务和研究满足并提升大众对汉字的阅读需求。在馆藏建设初期，有重点地采购书籍类型、布局空间。文献建设兼顾研究型读者和大众读者的阅读需求，空间布局满足求知性和观赏性的需求，实现基础的阅览服务外，也营造了汉字文化的历史感与厚重感。

（二）以时尚化的演绎，激活阅读品牌活力

古老的汉字到底有多少奥秘？“汉字家园”系列主题活动有很多时尚的方式来解读。汉字主题阅读推广活动既要有文化的厚重，又要有属于当下知识获取方式的“轻盈”。“甲金文字看‘中国’”“甲金文字看‘书’‘画’同源”“说文解‘茶’”等讲座以某几个汉字为中心，通过甲骨文的分析链接古代与当下。

（三）以专深的领域研究，提升读者阅读深度

文献为读者所用，才能实现价值。甲骨文类、竹简类、碑刻类等图书，是构成汉字研究书目的基础，但因字体演变、载体变迁等因素，难以获得读者的青睐。为了增加该类图书的亲切度，对文献内容进行摘编、解读具有必要性。揭示文献，是图书馆知识服务的基础。除了馆藏文献的二次加工，对展览、讲座等阅读推广活动的资料和成果也可以文献化。将展览内容设计、印刷成册，既可以方便文字爱好者阅览、相互交流，又可以丰富特色馆藏文献。

四、启示

松山湖分馆文字图书馆以空间建设为基础，培育“汉字家园”阅读推广品牌，编制汉字知识产品，展示了专题馆在实现基础服务、深度服务和创新服务等方面的发展路径，在满足和提升读者需求的实践上具有较强的参考价值，具体表现在：

（1）在专题选择方面，文字图书馆以社会的汉字学习热点为着力点，融合资源、空间与服务于一体，在公众的知识需求和图书馆的专业服务之间架起桥梁。

（2）在阅读品牌建设方面，图书馆员将业务能力和研究爱好相结合，充分发挥创意，创新活动形式，为阅读推广带来源头活水。

（3）在提升读者阅读质量方面，不局限于当下的馆藏图书，重藏、重用、重开发，持续挖掘文献价值，为读者提供深度阅读服务。

（徐黎、黄迪艺撰）

“扫码看书”活动组织与实施案例

一、背景

（一）数字阅读发展

信息技术的发展不断塑造着大众数字阅读的生态。随着智能手机、移动互联网技术的普及，移动阅读越来越为大众青睐。据工信部和中国新闻出版研究院全国国民阅读调查数据显示我国数字阅读接触率连年上升。面对数字阅读的迅猛发展，图书馆阅读推广工作也要不断调整重心，逐步加强数字阅读推广的力度。

（二）图书馆数字阅读推广存在问题

在数字时代，数字内容建设机构、数字阅读平台繁多，图书馆只是数字阅读入口之一。众多选择之下，如何引导读者使用图书馆阅读平台和资源，成为图书馆数字阅读推广工作的首要解决问题。当前的数字阅读仍以快速、碎片化的浅阅读为主，读者缺乏深入的思考。引导阅读回归理性、优雅、沉浸，提倡系统性、知识性的阅读学习是图书馆数字阅读推广的主要任务。在阅读推广的实操层面，各图书馆数字资源和平台建设情况不一，数字阅读推广工作开展情况差异较大，尤其数量占多数的基层图书馆囿于资源和技术局限数字阅读推广工作较薄弱，从整体上来讲缺少简便易行、统筹运作且能够展现行业整体价值的项目与活动，这是图书馆开展数字阅读推广、提高推广活动效益急需解决的问题。

（三）二维码技术应用

二维码被广泛应用于信息获取、电子商务、移动支付等领域，在中国非常普及，群众接受度高。二维码技术的开发和使用，进一步加速了大众步入智能化、个性化、快捷化、简易化、互动化的时代。

二、设想与构思

（一）“电子图书 + 二维码”，打造图书馆数字阅读之门

面对异彩纷呈、创新不断的网络信息服务，图书馆数字阅读推广首先应该解决的是吸引力的问题。在纸质时代，图书馆作为知识入口的功能形象深入人心。在数字时代，图书馆应搭建“数字阅读之门”，在保障大众阅读权利、缩减“数字鸿沟”的同时，通过简单便捷的服务吸引大众迈入“数字阅读之门”。二维码的出现为这扇“门”提供了最佳载体形式。图书馆和资源供应商进行合作授权，为数字资源设计二维码，读者通过扫码直接获取阅读资源，省去烦琐步骤。这种方式将吸引广大移动互联网用户，将其转换为图书馆的读者。

（二）“电子图书 + 活动”，引导深度阅读

在微阅读时代，海量的网络信息、数字资源让大众阅读趋向浅阅读。而图书馆的工作则是整合、优化资源，引导大众在阅读过程中学会选择、思考，进行深阅读。深阅读要求阅读者专注度高，并能对阅读内容进行一定的思辨。经过系统性、权威性选择的电子图书，在质量上和类型上已基本能满足读者阅读需求，是深阅读的最好材料。图书馆可以利用这些材料，采取各种措施、开展各式活动吸引读者进行深阅读。

（三）扫码电子书海报，统筹基层图书馆推广

海报，这一平面宣传形式针对性和目的性强，易于张贴和复制。中心图书馆发挥统筹作用，对活动海报进行统一设计，各基层单位只需根据自身实际合理安排海报张贴，操作灵活、简易，有效降低基层图书馆阅读推广工作的门槛。

三、实施过程

（一）活动形式

活动以数字资源和二维码为推广内容和阅读方式，利用海报宣传、名人形象推广等方式将包含在线阅览地址二维码的数字资源信息推送到读者身边，读者只需利用智能手机或平板电脑等（微信）扫一扫，即可快捷获取活动提供的各种数字资源。

（二）活动开展

活动首先通过图书馆微信公众号试推出，后在 2016 年 4 · 23 世界读书日“悦读在

路上”主题系列阅读推广活动中首次面向线下市民读者推广，二维码以宣传板等形式放置于城市候机楼、公园、景点等处，图书馆在随后几个月趁势加大推广力度和频度。活动前期称为“扫码看书，全城共读”，后于 2016 年 10 月推广至全国并更名为“扫码看书，百城共读”，每季度推出 9 本数字图书。2019 年 4 月活动拓展升级，在“扫码看书，百城共读”基础上新增“悦读·悦听·悦览，码上同行”，从单一扫码看书拓展为看书、听书、看期刊多种服务形式。

图3-57　东莞虎英公园“悦读在路上”阅读墙

图3-58　茶山镇“悦读在路上”阅读墙

在活动开展过程中，东莞图书馆利用多措施多渠道、多途径进行推广，主要包括以下几方面：

1. 海报推广

设计各种样式、大小的海报模板，各参与机构可以根据工作实际选择使用。批量印制常规海报和 A4 宣传单，除总馆宣传外，将活动海报张贴到社区公告栏、公交站、公园、大型工厂等人流密集处，同时将电子海报利用馆内电子媒介及图书流动车电子屏轮番播放宣传。

图3-59 “悦读 · 悦听 · 悦览，码上同行”数字资源海报

阅 读 推 广 公 益 行 动

扫码看书 百城共读

暑期阅读版

微信

App

学习中心

■ 使用方法：

1.东莞图书馆App直接扫描即可下载，并可阅读更多电子书。

2.微信扫一扫，即可免费在线阅读。

■ 温馨提示：

凭东莞图书读者证号或在线注册免费数字帐号、密码登录东莞图书馆App即可免费使用。

图3-60　“扫码看书，百城共读”阅读推广公益行动海报

2. 体系化推广

充分利用东莞图书馆总分馆服务体系，由总馆发挥业务统筹、辅导职能，积极发动、组织各镇（街道）分馆，督导村（社区）公共电子阅览室开展活动。2016 年 6 月总馆发布《关于镇（街道）分馆开展“扫码看书”活动的通知》，2019 年 4 月再次发布《关于深入开展数字阅读推广活动的通知》，提供每期活动海报及相关信息材料电子版，共享微信公众号推广文案、在线宣传平台，通过现场讲解、组建群组指导各分馆自行开展活动，定期统计推广资源读者使用数据。镇（街道）分馆、村（社区）公共电子阅览室根据要求，合理利用本地资源、因地制宜开展活动，及时反馈效果。

图3–61　总馆馆员到分馆了解活动开展情况

图3–62　分馆开展活动现场

3. 相关方推广

东莞图书馆于 2016 年 10 月在馆内发布《关于各部门参与推广“扫码看书，百城共读”活动的通知》，要求各部门除窗口宣传外，还应充分利用各自与馆外单位、团体的业务关系，将活动推广到相应的单位、团体。各部门落实专人负责，将每期活动海报、活动信息推送到图书供应商、、学校、书店、城市阅读驿站、绘本馆等图书馆服务体系外的团体、组织。2019 年 8 月东莞图书馆向东莞市轨道交通有限公司发《关于协助开展扫码阅读系列主题活动的函》，将活动海报延伸到轨道交通沿线。

图3-63　活动海报张贴在城市阅读驿站

图3-64　活动海报延伸到地铁沿线

4. 新媒体推广

除微博、网站发布外，充分利用图书馆微信公众平台，进行活动有关信息的最新发布，开辟微信公众号菜单“微阅读—扫码阅读”，方便读者浏览各期数字资源信息；发起“七天共读一本书”“少儿暑期阅读计划”活动，每周通过微信公众号推荐一种数字资源；策划“微阅读留言有奖”活动，鼓励读者看完推送后说出感悟；在全市10台电子书阅读机定制“扫码看书，百城共读”模块。

5. 活动推广

与万科合作，将“扫码看书”活动作为万科城市定向赛的重要打卡环节；开展“寻找朗读者”活动，把“扫码看书”推荐书目作为“寻找朗读者”活动朗读内容；开展书评大赛，围绕活动推荐书目进行书评撰写评选；联合当地学校读书会举办阅读分享会，分享数字阅读感受；在南国书香节暨羊城书展现场开展活动展览及扫码互动。

图3-65 “扫码看书，百城共读”阅读分享会

图3-66　在书展现场开展活动展览

6. 地方名人推广

发挥东莞体育文化人才优势，联系篮球明星杜锋、朱芳雨，获得其形象和宣传语授权，利用名人效应助力活动推广。此外，东莞图书馆还与来馆演讲的市民学堂讲座嘉宾签订授权协议书，邀其参与活动宣传推广。

图3-67　利用名人效应的活动推广海报

三、活动成效

（一）活动组织便利，推进迅速

活动一开始就以海报这一最易复制粘贴的形式开展，各参与机构只需根据自身实际合理安排海报张贴地点即可，操作方便、灵活。通过东莞图书馆的统筹，活动快速在全市各级公共图书馆（室）铺开，并深入学校、机关、企业、街道社区、广场、公园等不同的单位、场所，让数字阅读真正惠及基层。到 2019 年，活动已覆盖到全市 32 个镇（街道）图书馆分馆、100 个流动车服务网点和 310 个村（社区）公共电子阅览室，以及书店、企业团体、城市阅读驿站、轨道交通沿线等。

（二）有效促进东莞城市社会阅读

自 2016 年 10 月起至 2019 年底与全国同步推荐“扫码看书，百城共读”16 期、“悦读　悦听　悦览，码上同行”9 期，共 282 种数字资源，累计阅读人数达 367000 余人次，平均每本书目阅读人数达 1300 余人次。平均每本书目的阅读量是东莞图书馆同期纸质书单本最高借阅量的 10 余倍（同期纸质书单本最高借阅次数约 120 次）。

（三）有效带动图书馆移动端用户的快速增长

活动海报除宣传推广数字资源外，还连带宣传图书馆移动 App 和微信公众号，活动期间 App 和微信公众号用户增长快速，每月新增用户数量约为活动前的两倍，活动有效带动了图书馆移动端用户群体的发展，扩大了图书馆移动阅读服务的影响。

（四）推广至全国，形成“共读”效应

由于模式新颖，效果突出，该活动于 2016 年 10 月被中国图书馆学会阅读推广委员会推广至全国，升级成为“阅读推广公益行动——‘扫码看书，百城共读’”活动，2019 年 4 月再次拓展发起“悦读　悦听　悦览，码上同行”活动。截至 2019 年底，全国各地申报参与单位达 339 家，覆盖 29 个省级行政区，参与机构包括公共图书馆、院校图书馆、图书馆学会、文献情报中心、党校图书馆等不同类型。活动推荐的每种数字资源累计阅读人数超 6200 人次，各地媒体多次报道，“共读”效应在更大范围内实现。

（方嘉瑶撰）

数字阅读进村（社区）项目实施案例

一、项目策划

2013 年，东莞图书馆统筹、策划组织了面向基层图书馆（室）的“数字阅读进村（社区）”项目。2014 年，为持续不断地为基层群众提供更好的数字文化服务，数字阅读进村（社区）活动内容方式进一步丰富，利用东莞学习中心丰富的视频课件资源，统筹基层开展“社区网络学堂”活动，并通过政府文件将该活动模式固定下来。

（一）探索总分馆数字阅读推广活动联动开展机制

针对分馆及基层图书馆人员业务技能参差不齐、数字阅读服务能力较弱等具体情况，总馆策划组织活动方案，提供所需资料以及配套服务，即“活动方案 + 数字阅读资源 + 宣传海报 + 奖品（不定时提供）”，分馆及基层公共电子阅览室只需要“提供服务场所 + 根据总馆要求实施 + 填写活动效果表反馈总馆”的模式，带动分馆开展活动。这种模式下，总馆服务的开展不再局限于单体馆而扩展至镇（街道）分馆乃至基层公共电子阅览室。分馆不再受限于活动开展选题、策划、经费等问题，只需专注于活动实施本身，保障活动有效开展，收集反馈意见。

（二）探索基层馆员数字阅读服务素质提升机制

数字阅读服务对馆员自身的素质要求较高，馆员需要紧跟科技发展潮流，熟悉了解数字阅读技术、数字阅读产品以及开展服务的技巧等内容，即了解馆藏各种数字阅读资源、使用方法，掌握各种阅读终端的阅读方式，根据用户需求可及时提供相应的数字阅读资源及服务等。基层馆员自身数字阅读服务素质较弱且人员流动性较大，面对这一问题，总馆通过“制作培训课件上线发布 + 实地分馆开展培训 + 在线辅导解答咨询”等方式来提升基层馆员数字阅读服务素质及能力。

（三）盘活基层图书室、公共电子阅览室场所设施设备

东莞基层公共电子阅览室场所设施新颖靓丽，配置有集服务器、存储器、服务软

件、上下机管理、网络管理等功能于一体的“文化e管家”，Wi-Fi全覆盖，解决了基层公共电子阅览室技术弱、管理难等诸多建设问题。在此基础之上，借助于总分馆数字阅读推广活动项目，通过场所配置的台式电脑、投影仪或者用户自带的智能手机、平板/笔记本电脑，利用场所提供免费的有线/无线网络和总馆推介的数字资源即可开设社区网络学堂，盘活了基层图书室、公共电子阅览室等场所设施，符合场所建设目标，丰富了场所服务内容。

二、项目实施

（一）通过实地调研、试行活动促使政府下发文件

东莞图书馆2012年下半年对总分馆体系搭建以来基层分馆建设及运营情况进行了实地调研，针对基层分馆出现的各种问题，特别是数字阅读服务薄弱的情况，探索开展了数字阅读进村（社区）活动。2013年初，东莞市文广新局下发了《关于印发〈东莞图书馆2013年“基层文服务月”工作方案〉的通知》，正式开展了“基层文化服务月——数字阅读进村进社区”活动。2014年东莞市文广新局下发了《关于印发〈2014年全市公共电子阅览室工作方案〉的通知》，根据文件要求及“数字阅读进村（社区）”活动实际开展情况，东莞图书馆将该活动升级打造成“社区网络学堂”品牌活动，持续开展。

（二）向基层图书馆提供数字阅读资源、宣传海报及培训与辅导

1. 根据月度主题推荐数字阅读资源

精选内容涉及美容养生、节日民俗、运动健身、经济管理等贴近老百姓生活的数字阅读资源，定期在总分馆读者刊物《连线》上发布。同时在东莞学习中心网站上每月更新网站推荐资源，并通过东莞图书馆官方微博、微信公众号以“图文+链接/二维码”的方式推荐。

表 3-42　2015 年推荐资源主题目录

时间	主题
2015 年 1 月	数字阅读专题视频推荐
2015 年 2 月	节日民俗专题视频推荐
2015 年 3 月	女性专题视频推荐
2015 年 4 月	健康运动专题视频推荐
2015 年 5 月	求职应聘专题视频推荐
2015 年 6 月	高考专题视频推荐
2015 年 7 月	电商专题视频推荐
2015 年 8 月	演员艺术专题视频推荐
2015 年 9 月	服务行业专题视频推荐
2015 年 10 月	饕餮大餐专题视频推荐
2015 年 11 月	办公室的秘密视频推荐
2015 年 12 月	新莞人技能培训主题视频推荐

图3-68　《连线》“社区网络学堂”专刊

2. 为村（社区）居民提供贴近生活的学习资源

制作“社区学习中心”专题网页，以讲座视频为主，组织与村（社区）居民日常生活相关的专题数字资源，包括“阅读经典”“信息素养”“美丽女性”等八大专辑，150余种视频，向社区居民整合提供日常生活常用的知识、信息。

学习导语

社区居民网上学习平台是社区文化建设的重要组成部分，是公共文化服务体系的完善和延伸，是建设学习型城市、打造书香社区的重要一环。本专题旨在向社区居民整合提供日常生活常用的知识信息，丰富社区居民业余文化生活，提高居民生活质量和趣味。

专题列表

艺术鉴赏

艺术鉴赏是一种直观的形象感受和充满情感体验的审美认识活动，包括了欣赏者的感知、体验、理解、想象、再创造等心理活动。它既是对艺术作品中的美的一种发现，又是欣赏者的一种再创造。艺术并不枯燥，通过学习鉴赏，你也可以发现艺术之美。

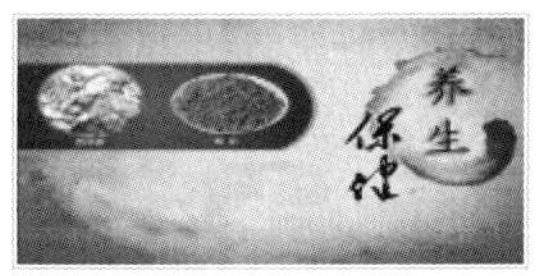

保健养生

在忙碌的工作中学会适量运动，在日常的饮食中注意营养搭配，在生活中养成规律的生活习惯，在工作中保持良好的心态。健康，并不等于没有疾病，而是一种身心和谐、完好生活状态。通过日常生活的保健养生，每个人都可以拥有健康的人生。

体育运动

生活条件越来越好，不用风吹日晒、辛勤劳作，然而坐得太久、吃得太好，病痛却并不少，锻炼身体非常重要！夏日炎炎，学会游泳妙不可言；展现力量与技巧的篮球、网球、羽毛球；表现身体之美的肚皮舞、民族舞、国标舞蹈、瑜伽……我运动，我快乐，还等什么，一起来运动吧！

求职面试

面对惨烈的人才竞争，你如何脱颖而出？当机会降临，你需要知道面试流程、技巧、经验；踏入职场，你需要调解职业困扰心理、规划职业生涯、实现职业理想。成功人士的经验之谈、面试官的技巧讲授、指导老师的简历撰写讲解，为你的成功增添一分助力。

少儿安全防护

看着孩子一天天长大，年轻的父母们万分激动。由嗷嗷待哺到蹒跚学步，每一点进步，父母们都是喜上眉梢。但是在这些成长的过程中，孩子们的安全防护时时刻刻存在我们的周围：过马路、吃东西、玩耍、烫伤、骗子、小偷、勒索、陌生人……多学一点，多一分安全！

图3-69　“社区学习中心”专题网页

3. 为村（社区）居民及基层图书馆提供培训课件

村（社区）居民信息素养水平参差不齐，为了让村（社区）居民了解掌握信息社会应具备的最基本的技能，东莞图书馆策划了信息素养培训工作，制作发布数字阅读培训课件，包括“如何使用公共电子阅览室”“如何使用东莞学习中心平台”“如何使用新浪微博”等共10项内容，在东莞数字图书馆网站、东莞学习中心网站上线，供基层馆员开展培训，并设计相应宣传单和宣传海报，将电子文件共享给基层图书馆组织培训活动时使用。

表 3-43　数字阅读进村（社区）培训课件目录

序号	名称
1	如何使用公共电子阅览室
2	如何使用东莞学习中心平台
3	如何使用新浪微博
4	如何上网
5	如何查找政府政务公开信息
6	如何搜索互联网上的有用信息
7	东莞数字图书馆教程之数字资源访问篇 东莞数字图书馆教程之数字资源内容篇 东莞数字图书馆教程之数字资源软件篇
8	如何使用 Wi-Fi
9	电脑使用基础
10	如何使用 QQ
11	馆藏目录查询篇
12	其他服务
13	读者空间服务
14	网上参考咨询服务
15	手机玩转图书馆

4. 向基层图书馆发放数字阅读服务宣传

设计制作“e 读 e 学 e 生活——数字阅读从图书馆开始”“东莞学习中心”“东莞图书馆数字文化服务简介”“东莞图书馆 App”等宣传折页，介绍平台功能、资源种类、使用方法，并在总分馆社群中分享电子版方便各分馆根据实际情况使用。

5. 为各分馆及基层公共电子阅览室的工作人员答疑解惑

东莞图书馆积极参与基层培训工作，为基层管理人员阐明服务要求、信息素养培训活动组织方式、数字资源的使用方式和途径，解答基层图书馆活动中的问题。

三、项目成效与反馈意见

镇（街道）分馆、村（社区）公共电子阅览室根据总馆提供的推荐资源，每月组织“社区网络学堂”活动，并定期将活动情况，如开展场次、人次、现场图片、意见 / 建议等内容，填入反馈表格上报给总馆。总馆汇总整理统计数据，分析活动开展情况，吸取合理化反馈意见 / 建议，并给予公开反馈，对于活动开展良好的分馆给予奖励，借此不断调整、完善推广活动的内容、形态等，优化活动品牌。

（一）项目成效

数字阅读进村（社区）活动开展以来，取得良好效果，仅 2015 年，全市 33 个镇（街道、园区）分馆及下辖的公共电子阅览室共计开展活动 3133 场，参与人次 46392 人。

（二）反馈意见

在开展数字阅读进村（社区）的活动中，重视收集各种反馈意见，及时发现问题，改进工作。各村（社区）也积极反馈，提出了许多建设性意见，如虎门镇的怀德社区、宴岗社区、树田社区等。

怀德社区：希望多开展有关网络技术的课程，开展讲解养生知识的课程，让参与者能更加深刻了解、掌握知识。

宴岗社区：社区主要阅读群体为中小学生，其中小学生最多，但因社区不能持续投入经费，又没有与镇馆、市馆联网，学生的阅读资源极其有限，希望虎门镇图书馆在更替图书时能尽量将适合学生的读物分给社区图书馆，以此增加学生的阅读资源。

树田社区：活动宣传推广应该结合社区其他部门开展，利用社区民政办广告栏张贴宣传广告，社区广播站进行召集，妇联动员妇女参与学习，让工厂内的外来工也定期积极进行网络学堂学习。

四、项目改进

一是融合“扫码看书　全城共读”活动，改进资源内容和使用方式，读者只需使用智能手机即可扫描图书二维码免费阅读电子图书，数字阅读服务更加方便快捷。

二是提升“扫码阅读”的资源类型，除电子图书持续更新外，还增加了听书、英语短视频、海外科普视频、学术短视频等内容。

三是定制各分馆的二维码（即在资源二维码中增加分馆的编号），后台可识别并将扫码信息自动记录到分馆活动数据中。各分馆活动效果一目了然且不需要人工统计，需要说明的是只有活动数据不需要人工统计，但是针对活动开展情况，还是鼓励分馆填写报表，上交图片文字材料等信息。

（银晶撰）

灰色文献建设与管理案例

一、背景

国际图书情报界对灰色文献的开发利用非常重视，将其放到一个较高的战略地位。从 1993—2018 年，国际图书情报界已经连续召开了 20 届国际灰色文献大会，就灰色文献的开发利用战略和具体问题展开研讨。近 20 多年来，现代信息技术的发展使灰色文献建设和开发正经历着前所未有的巨大变化。从历届国际灰色文献大会的主题（表 3-44）也可看出，灰色文献的内涵和外延都随着时代在不断变化，如第 3 届国际灰色文献大会把灰色文献被定义为“由各级政府、学术界、工商业界产生的，以电子或印刷形式传播的不受商业出版控制的文献”；第 5 届大会把灰色文献的范围扩大至网络信息世界；第 13 届大会把灰色文献扩展到了社交网络；第 20 届大会上，灰色文献涵盖了科研数据。可以预见，在现代信息技术的推动下，灰色文献的内容、载体、形式、来源等与信息环境、信息行为、科学交流方式甚至人们的生活密切相关，其具有的数量巨大、来源多样、出版灵活、内容丰富、更新更快、科学严谨、结论可信等特点，使之成为推动科学研究、经济发展以及社会文明进步不可或缺的重要信息资源。

表 3-44　第 1 ～ 20 届国际灰色文献年会主题

届次	主题	届次	主题
20	科研数据推动和支持灰色文献 Research Data Fuels and Sustains Grey Literature	16	灰色文献游说团体：引擎与需求者的变化 Grey Literature Lobby：Engines and Requesters for Change
19	公众对灰色文献的认知和获取 Public Awareness and Access to Grey Literature	15	灰色文献审核——灰色文献的评估领域 The Grey Audit：A Field Assessment of Grey Literature
18	利用灰色文献的多样性 Leveraging Diversity in Grey Literature	14	由灰色文献迈向创新 Tracking Innovation through Grey Literature
17	文本和非文本灰色文献新浪潮 A New Wave of Textual and Non-Textual Grey Literature	13	灰色文献界：从社交网络到财富创造 The Grey Circuit，From Social Networking to Wealth Creation

续表

届次	主题	届次	主题
12	灰色文献透明度 Transparency in Grey Literature	6	灰色文献工作的进展 Work on Grey in Progress
11	灰色文献的马赛克：大家一起来拼接 The Grey Mosaic，Piecing It AD Together	5	网络信息世界中的灰色文献材料 Grey Matters in the World of Networked Information
10	信息社会灰色文献网格设计 Designing the Grey Grid for Information Society	4	灰色文献的新领域 New Frontiers in Grey Literature
9	信息环境中的灰色文献基础 Grey Foundations in Information Landscape	3	展望科学技术信息的设计与传递 Perspectives on the Design and Transfer of STI
8	掌控灰色文献的影响力 Harnessing the Power of Grey	2	21 世纪灰色文献的开发利用 Grey Exploitations in the 21st Century
7	灰色资源文献的开放存取 Open Access to Grey Resources	1	温伯格报告 2000 Weinberg Report 2000

二、成立灰色文献项目组，开展灰色文献建设

我国图书馆界对灰色文献地位和作用的理解尚处于起步阶段，全国第一届灰色文献年会是在 2018 年召开，比第一届国际灰色文献年会晚了 25 年。收集、整理、保存、开发、利用灰色文献是图书馆的责任。如何有效地推进灰色文献建设？这既需要图书馆界发挥已有的行业优势，进一步凝聚共识、提升理性认知，也需要图书馆在自身扎实而富有成效地展开实际工作的基础上探索和实践。坐而论不如起而行，2017 年 3 月，东莞图书馆成立了灰色文献项目组，旨在挖掘、保存和开发有价值灰色文献资源，对分馆进行相关业务指导，并对外承担东莞图书馆灰色文献建设工作的宣传推广、行业联盟组建和行业标准制定等工作。其职责范围包括：

（1）负责灰色文献资源采购、征集、整理、编目、加工、收藏和开发利用等工作；

（2）负责管理灰色文献书库，开展图书上架、整架和安全管理等工作；

（3）负责对较为珍贵的灰色文献进行保护、复制和扫描等工作；

（4）负责灰色文献的二次开发利用，条件允许下，协同其他图书馆共同开展专题文献开发工作；

（5）负责指导东莞图书馆总分馆体系内各成员馆开展灰色文献建设工作；

（6）负责东莞图书馆灰色文献建设工作经验的宣传和推广工作；

（7）负责推动国内灰色文献联盟组建和行业标准制定工作。

成立灰色文献项目组是开拓和尝试，灰色文献建设不再是单一部门的工作，串联和调动各部门、各分馆的灰色文献资源是对灰色文献资源的激活、引导和整合，是东莞图书馆把文献建设为核心业务的探索和实践。

三、"一体两翼"的发展战略

根据东莞图书馆"十三五""十四五"战略规划和业务发展需要，本馆把灰色文献业务的发展战略概括为"一体两翼"战略：即灰色文献建设的主体应该是内容建设，两翼分别是业务规程和方法、组织协作与推进（见图3-70）。作为主体的内容建设是灰色文献工作的首要目标和任务，作为两翼的业务规程和方法、组织协作与推进是内容建设的支撑性工具和有效推进手段，是围绕内容建设这个主体而进行的诸如制度设计、标准制定、活动平台、人才培养等一系列基础保障。"一体两翼"可以作为当前推进灰色文献建设的指导方针。

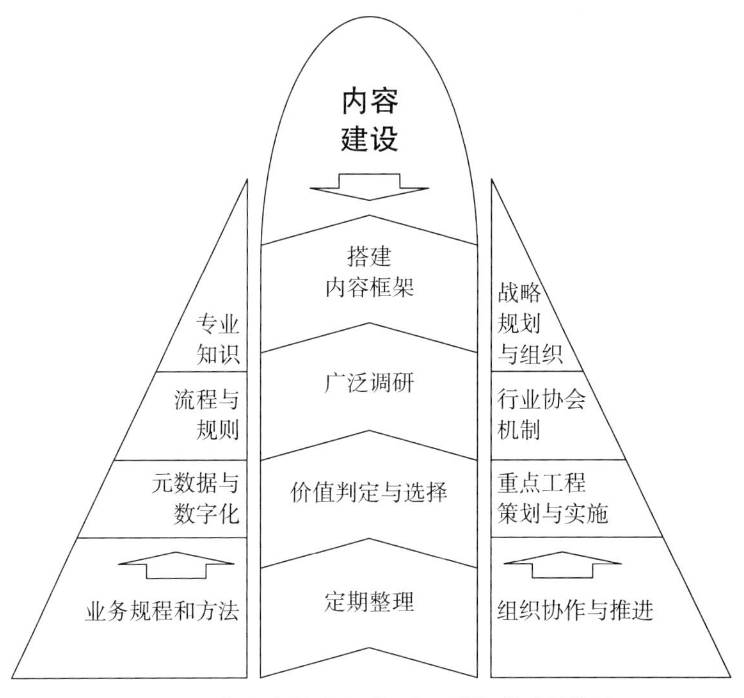

图3-70　灰色文献建设"一体两翼"战略结构图

（一）内容建设为主体

文献资源是图书馆和各类文献服务机构赖以生存的物质条件。主题内容选择与建设是灰色文献项目存续的基础，也是其价值实现的基础。灰色文献项目若要成为图书馆核心业务的增长点，必须首先以内容建设作为主体，选准主题、明确范围、规范实施、持之以恒，并重视其内容的社会影响与价值，做好宣传推广。开展灰色文献的内容建设是一个循序渐进的过程，灰色文献项目组为此制定了短、中、长期的内容建设目标：①短期目标：拓宽现有文献资源采购、征集、加工、保存的范围，把各类灰色文献业务纳入常态化文献建设工作。当前，灰色文献项目组把有价值的内部书籍、报刊、相片、宣传单、海报、报告、书信、手稿、视音频、带信息资料的文创产品和网络作品都作为灰色文献的征集对象。②中期目标：围绕社会需求和历史作用挖掘有价值的灰色文献专题，并致力于灰色文献的二次开发和利用，灰色文献项目组开展了"企业内刊""东莞爱国拥军""中小学教育""东莞家谱""东莞抗疫"等专题的挖掘和研究。③长期目标：重视与地区和馆藏资源整体布局的结合，形成各具特色、优势互补、协调发展的灰色文献发展体系，指导地区灰色文献建设工作有序、持续地发展。

（二）业务规程和方法

1. 制定业务规程

灰色文献作为图书馆文献资源的一部分，其采、编、流、检、藏等工作流程和规则总体上应当遵循东莞图书馆专业相关流程和规则，但因灰色文献具有特殊性，相关的流程和规则应有针对性地进行调整。东莞图书馆在编撰 2015 年版的《东莞图书馆规范管理工作手册》时，并未设计有灰色文献的相关业务规程，从而导致后来灰色文献工作无章可循的结果。2020 年，灰色文献项目组结合实际，同时也根据文献组织揭示原则，对《东莞图书馆规范管理工作手册》业务规程中对第八章文献采访、第九章文献分编、第十章藏书管理以及第十六章总分馆建设中与灰色文献工作相关的条文提出了新增和修订，为灰色文献建设的标准化工作打下基础。

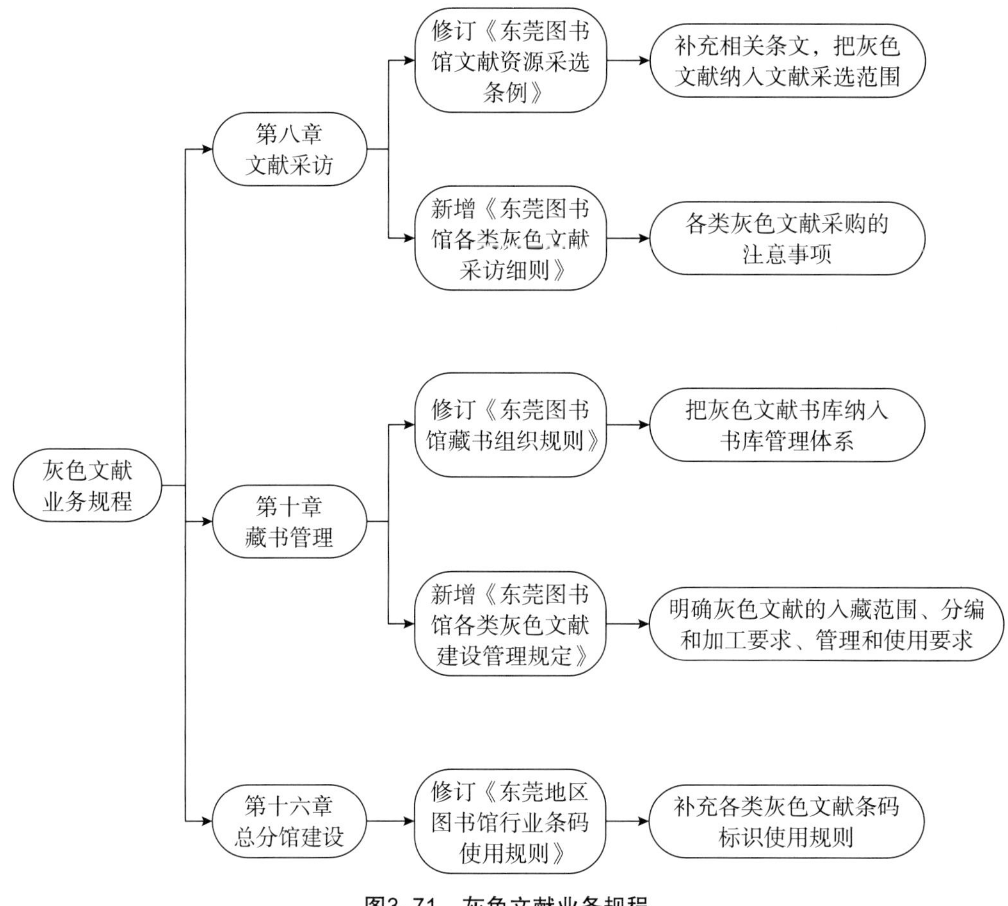

图3–71　灰色文献业务规程

2. 创新工作思路

为了加强灰色文献有序化管理和可持续性收集，灰色文献项目组在借鉴原有地方文献征集和接受社会捐赠工作方式方法的同时，结合灰色文献无序、零散、断续的特性，制定出灰色文献建设工作的方式方法：第一，对传统征集渠道进行拓宽，一方面依托《东莞市公共图书馆管理办法》和《转发市图书馆关于征集地方文献建立地方文献室的报告的通知》（东府办〔1995〕66 号）等文件，面向企事业单位征集内报、内刊，一方面利用读者 QQ 群、微信公众号和电台节目面向社会公开征集各类灰色文献，如 2020 年面向社会公开征集东莞抗击新冠疫情的文献资料。第二，主动与社会各界加强联系，了解其灰色文献存藏情况，进行交流和互相合作，如与东莞收藏农耕文献、茶文献的机构和个人建立联系，进行展览合作。第三，利用现代化技术手段对新媒体环境下产生的灰色文献进行挖掘和保存，探索利用专业管理软件平台，对灰色文献进行采、编、流、藏等工作进行有效管理，探索提高灰色文献元数据编目、数字化处理和数字化资源采集效率的技术手段。第四，协同地区分馆共同开发灰色文献。厚街镇分馆建设了“家具图书馆”，结合厚街镇家具（居）产业特色，以家具（居）类文献为重点收藏对象，目前拥有家具（居）类图书、报刊、图片和设计图纸4676册件，其中约有1000册灰色文献；塘厦分馆建设的“音乐图书馆”馆藏音乐类书籍6000多册，音乐光盘9000多张，收录歌曲10万多首，也有打工歌手自己的刻录光盘等。通过加强业务指导和沟通，指导分馆挖掘灰色文献、打造特色专题，东莞的灰色文献资源变得更丰富、更多元化。

（三）组织协作与推进

没有组织就没有工作与项目落实，没有顶层设计更难以带动行业整体协作发展。在新的时代环境下，东莞图书馆除了做好自身灰色文献建设项目策划外，还发挥行业优势，体现整体效应和规模效益，通过年会和活动带动和促进全行业的共同发展。

1. 组织承办第一届全国灰色文献年会

2018年6月，东莞图书馆决定承办第一届全国灰色文献年会，并为扩大灰色文献的影响力，先后多次与广东图书馆学会沟通，促成了灰色文献年会与2018广东省图书馆年会联合举办。第一届全国灰色文献年会由东莞图书馆、赤峰市图书馆、鄂尔多斯市东胜区图书馆、《图书馆建设》编辑部、《图书与情报》编辑部、北京雷速科技有限公司、北京碧虚文化有限公司等多家单位联合主办，作为主办和承办方，东莞图书馆承担了策划、展览、会务、沟通、协调、讲座等一系列工作，经过了5个月紧锣密鼓的筹备工作之后，第一届全国灰色文献年会于2018年12月7日在东莞图书馆顺利召开。来自安徽、北京、甘肃、广西、黑龙江、湖南、吉林、江苏、内蒙古、山东、山西、上海、浙江和广东等地的200余位代表出席本次会议。为保证会议的水平和质量，东莞图书馆和北京碧虚文化有限公司邀请了浙江省图书馆馆长褚树青、上海社会科学院信息研究所研究员王世伟、东莞图书馆馆长李东来等多位图书馆界知名专家学者出席并作专题报告（见表3-45）。

表 3-45 第一届全国灰色文献年会报告列表

报告名称	主讲嘉宾
东莞灰色文献建设	李东来，东莞图书馆馆长
草原丝路灰色文献开发利用——以旅蒙商祥泰隆账簿文献为例	乔礼，鄂尔多斯市图书馆馆长
成吉思汗祭祀文献开发利用	王芳，鄂尔多斯东胜区图书馆馆长
①我们，为未来保存现在 ②企业灰色文献开发利用	刘锦山，雷速科技 / 碧虚文化董事长
图书馆灰色文献资源开发利用	林泽明，安徽大学图书馆馆长助理
赤峰记忆——赤峰市图书馆口述历史项目开发利用	刘淑华，赤峰市图书馆馆长
灰色文献开发利用与地方文献工作	褚树青，浙江省图书馆馆长
传世之馆，必有传世之作——科尔沁区图书馆馆史资料开发利用	王黎，通辽市科尔沁区图书馆馆长
谈谈灰色文献的地位和价值	王世伟，上海社会科学院信息研究所研究员

会议详细探讨了灰色文献的内涵和价值、灰色文献在图书馆业务中的地位、灰色文献的长期保存、灰色文献的开发利用、图书馆在灰色文献开发利用中的角色等方面的问题，举行了全国首家“碧虚优秀企业文献长期保存示范基地”揭牌仪式，发布了《成立图书馆灰色文献建设与开发利用联盟倡议书》和《灰色文献开发利用东莞宣言》。

2. 组织参与第二届全国灰色文献年会

2019 年 7 月 9 日至 12 日，主题为“灰色文献与智库服务”的第二届全国灰色文献年会在内蒙古赤峰市图书馆召开，东莞图书馆作为主办单位之一，承担了主题展览中东莞篇的策划和设计，并派出了 3 名代表参加。会议期间，杜燕翔副馆长作了题为“当前灰色文献的建设重点”的专题报告，介绍了当前灰色文献建设应当实施“一体两翼”的战略，报告中还以东莞图书馆的粤剧图书馆、灰色文献项目组和其他特色馆藏为例进行了解读和案例分享。大会取得圆满成功，不但丰富了灰色文献的内涵，还就成立灰色文献联盟成立的事宜达成一致共识。

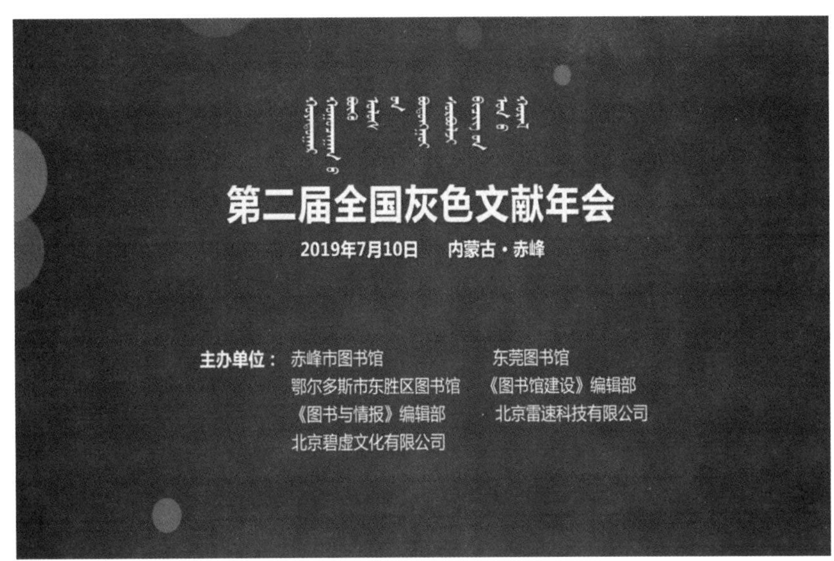

图3–72　第二届全国灰色文献年会主办单位

3. 宣传推广灰色文献

特色馆藏是图书馆的“镇馆之宝”，它最能体现一个图书馆存在的价值，也能引起社会公众对图书馆的好奇心，而特色馆藏中往往含有很多的灰色文献以及灰色文献收集过程中发生的故事。2019 年 6 月 11 日，东莞图书馆灰色文献项目组与东莞电台“城市的声音”栏目组合作，策划了一期名为“口述历史、木鱼歌、方志，带您了解图书馆的特色馆藏！”的节目，以口述历史、木鱼书、方志等向社会公众介绍了国内外图书馆、东莞图书馆、莞城图书馆及东莞民间人士的收集灰色文献的故事，利用媒体平台宣传灰色文献，节目播出以后，内容更是被修改为微信公众号推文被图书馆界同行传播和转发，收到了良好的效果。

四、思考

图书馆是灰色文献建设的承载者和组织者，必须树立自主意识，切实加强灰色文献开发建设，促进灰色文献开发利用并向纵深发展。在实践中，有几点需要进一步思考和研究：

（1）围绕灰色文献策划活动。我国公共图书馆在面向大众开展的具体活动中，以阅读推广、公益培训等主题居多，但鲜有以灰色文献推广为主题或利用灰色文献的活动，使得灰色文献的价值不为公众所知，从而阻碍了利用。

（2）提高灰色文献的时效性、可见性。图书馆自建的网络灰色文献更新慢，有些甚至处于停滞状态。与此同时，图书馆在发掘新的服务模式时却又缺乏坚实的文献支撑，地方历史文化传承类活动没有以灰色文献为主的特色馆藏支持，开放科学服务没有科学数据及相关文献支撑，为创新创业服务缺乏时效性强的信息产品。

（3）开展灰色文献研究。当前，我国灰色文献建设已逐渐在图书馆行业得到重视，但在理论研究、行业投入和社会认知等方面与国外还有一定的差距。

（刘小斌撰）

松山湖图书馆空间改造与服务案例

一、背景

空间改造成为近年来图书馆发展的热门话题之一，越来越多的公共图书馆希望通过空间改造来重构图书馆的空间服务和丰富图书馆的实体服务，以此获取广泛的社会关注度和影响力，空间改造成为公共图书寻求自我转型和完善的突破点。

松山湖地处粤港澳大湾区腹地，是广深科技创新走廊的重要节点，一直以来被视为区域创新的领头羊。经过十多年的发展，松山湖的经济、文化水平都有了极大提升。为匹配松山湖高新区日益增长的公共文化需求，松山湖图书馆于 2018 年开启室内外改造工作。

二、主要措施

（一）找准定位，树立理念

松山湖图书馆的空间改造遵循“科技与人文”“小而美”“室内室外相结合”这 3 个基本原则。

松山湖图书馆作为松山湖的文化中心，既承担着园区文献中心和科技信息平台的职责，也承担着为园区居民提供休闲文化场所的职能。因此，科技与人文是松山湖图书馆进行空间改造的首要原则，既要契合高新区的科技特色，又要彰显图书馆的人文特质，挖掘阅读的人文深度。

“小而美”是指以读者为中心，注重读者的阅读体验，空间为读者服务。同时图书馆要注重细节，不论是针对功能细节还是装饰细节，都要站在读者的角度有细致的考量。

松山湖图书馆的外观建筑在与生态环境的融合上下足功夫，对应的馆内空间也不能放弃这个先天优势，室内室外相结合是松山湖图书馆进行空间设计的又一原则。

（二）明确主题，功能分区

松山湖图书馆对全馆功能区域进行了重新划分，打造主题明确、特色鲜明的功能空间。一楼设有绘本图书馆、玩具图书馆、讲习室、阶梯阅览室、视听区·朗读亭、松湖拾光展厅、总服务台、少儿借阅区、展览区、24小时自助图书馆、新书·报刊区等主题空间；二楼设有产业专题图书馆、创意活动区、数字体验区、文字图书馆、捐赠换书区、数字教室、科技与人文特藏区；三楼设有松湖书苑和普通图书借阅区。

图3-73　松山湖图书馆少儿阅览区

图3-74　松山湖图书馆文字图书馆

每一个主题空间都根据自身定位配置馆藏书籍和阅读推广活动。因此，每一个主题空间同时包含了阅览区和活动区。通过虚拟分割手法将阅览区和活动区进行划分，既保证了同一主题空间下整体区域的连贯性，又保证了不同区域功能的独立性。虚拟分割是指通过非实体墙进行空间分割，例如通过列柱、灯具、书架、座椅等家具的排列造成视觉上的切分感。例如，图书馆二楼由东向西的长型空间被书架、活动展架、展柜、座椅、电子设备等进行分割，在同一空间呈现出两种不同风格的功能区。

图3-75　松山湖图书馆松湖拾光展厅

图3-76　松山湖图书馆阶梯阅览区

（三）注重细节，提升阅读氛围

为了营造浓厚的阅读氛围，提升读者阅读体验，本次空间改造十分注重细节，根据各区域功能定位，精心布局、装饰，打造特色亮点区域。例如：以地方文献为题材，在一楼入口设计“松湖拾光”展厅，宣传松山湖历史文化；通过书架造型、阶梯画造型、魔方造型等方式呈现美轮美奂的阶梯展览；一楼新书·报刊区艺术化设计装饰里藏着松山湖图书馆微信公众号的二维码；在文字图书馆宣传装饰画是由馆藏书籍的名字拼凑而成的。还有很多体现阅读元素的小细节，例如天井玻璃面上用传统窗花装饰的社会主义核心价值观贴画、视听区的挂帘上是经典电影里的阅读镜头、24 小时自助图书馆的人文插画采用埃舍尔的“不可能世界”……这些细微之处都在拉近用户与阅读的距离。

此外，在使用功能方面，松山湖图书馆还设计了母婴室、残疾人通道、无障碍卫生间等便民设施，体现了人文关怀的设计细节。

（四）提升服务，嵌入阅读推广

将阅读推广嵌入图书馆空间，是图书馆空间改造价值的延续。松山湖图书馆的阅读推广活动与特色主题空间紧密相连，二者相互促进、相互提升。图书馆空间围绕“科技+人文”的定位，阅读推广活动也同样体现了科技与人文两大特色。松山湖图书馆打造了“享阅松湖”人文系列和“飞阅松湖”科普系列活动。

图3-77　松山湖图书馆绘本馆

图3-78　松山湖图书馆绘本活动

例如：围绕文字图书馆开展“汉字家园”品牌活动；依托松湖书苑开展“松湖书苑”经典阅读主题活动；以绘本馆及其馆藏为依托开展绘本故事会活动；以创意活动区为依托，举办“生活学堂”“创意课堂”等主题活动；以数字教室为依托，开展少年编程、信息素养教育等活动。

阅读推广的初衷是推广阅读，最终应回归阅读本身。而与主题空间相结合的阅读推广活动，因为有空间这个实体存在，更有利于拉近用户与空间里书籍的距离，进而拉近用户与阅读的距离。

（五）依托科技，打造数字阅读

信息化、科技化、数字化正成为时代主流，科技让阅读变得更加便捷、丰富。同时，科技也是图书馆空间改造的一大利器，数字化阅读是不可避免的趋势之一。图书馆可根据本馆实际和服务预期，通过配置适当的数字设备，为读者提供便捷多样的数字化阅读体验。同时智能化的自助设备也有助于构建自主、自助的资源发现和获取渠道，提高图书馆运作效率。

松山湖图书馆借助科技手段，利用RFID技术实现通借通还，支持读者证、电子证、支付宝信用、手机扫码、刷脸等多样化借阅。此外还配备了瀑布流电子借阅、朗读亭等视、听、阅数字体验设备，满足公众不同的数字体验需求。

图3-79　松山湖图书馆视听区·朗读亭（1）

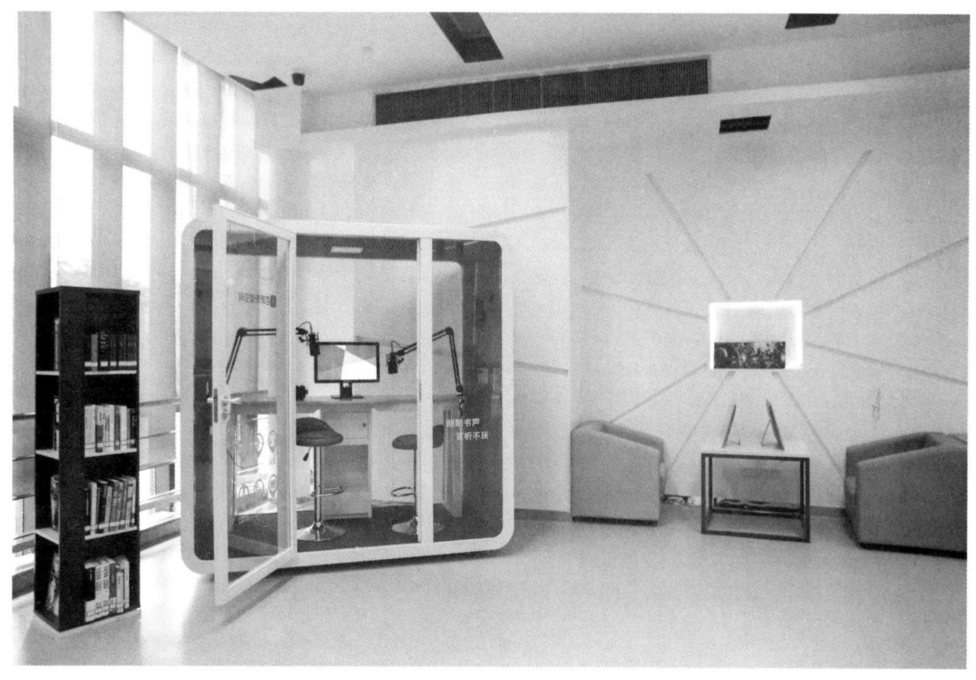

图3-80　松山湖图书馆视听区·朗读亭（2）

三、启示

图书馆通过空间改造带来的热度和引流效果是短效的，如何建立吸引读者和社会关注的长效机制，是空间改造后留给图书馆的思考和挑战。空间改造的根本目的是满足读者的需求。而读者的需求是随时代发展不断演变的动态过程，但建筑的物理空间则是客观存在的静止状态，二者是相互矛盾的。如何解决这对矛盾，结合松山湖图书馆的空间改造案例得出以下几点启示：

（一）注重空间留白与灵活性

考虑到用户需求的动态变化，图书馆空间改造在空间的利用和布局上要注意“留白”，不能设计得“太满”。大框架上空间区域的划分保证相对稳定，在细节上留足可变的空间。通过细节装饰、家具软装等方式可以对空间的风格和形式进行调整与改善。

此外，注重空间布局的灵活性是解决“空间与需求”这对矛盾体的有效路径之一。物理空间是“死”的，但利用灵活可变的设计元素可以让布局“活”起来。例如松山湖图书馆的展览区运用了活动性展板，可根据展览主题的不同灵活变换展板的位置与布局，呈现不同的视觉效果。此外，活动空间配置的桌椅也采用灵活的可拼接书桌，可根据活动的形式变换摆放，配合呈现更佳的活动效果。

（二）注重持续性与服务黏性

图书馆空间改造不是一蹴而就的，而是一个阶段性的持续工作。随着图书馆不断运作和发展，空间的缺陷会逐渐暴露，需要进行持续的改造以满足不断变化的空间需求。但正如前文所述，空间的持续改造优先从细节改造、软装等角度进行优化，避免较大工程整改对图书馆运营造成影响。

此外，在图书馆实际的服务过程中，要加强空间与服务的黏性，使二者形成相互促进的关系。在进行空间改造设计时应考虑预期功能，并且与实际业务相结合，并在完成改造后投入实践，及时发现、收集、反馈空间与服务之间存在的缺陷和不足。同时，空间服务应成为图书馆的常规服务，馆员在优化和拓展图书馆服务的同时，也要时刻考虑到空间的元素，充分借助并发挥空间的作用，促进服务的开展，提升阅读服务品质。

（麦志杰、柴伟撰）

图书馆 VI 标志系统建设案例

形象标志是单位组织文化建设的重要内容，是塑造和展示单位形象的重要手段。东莞图书馆通过建立新馆 VI（Visual Identity，视觉识别）系统，向外界传播和推广图书馆新馆，传递图书馆理念，塑造图书馆品牌形象，增强全馆员工对图书馆的认同感和向心力，并使社会公众对图书馆形成一致的认同感和价值观。

一、VI 系统设计

（一）馆徽

VI 系统的策划设计是从馆徽入手。2003 年 4 月至 7 月，新馆规划办通过向社会征集，共收集到 39 种馆徽设计方案。工作人员从中挑选了 14 种方案在图书馆一楼大厅向读者和全馆职工展示，广泛征询建议和意见。期间，国家图书馆原副馆长孙承鉴、广东省省立中山图书馆领导和其他到本馆参观的兄弟图书馆同人也对本馆馆徽设计提出了很多建设性的看法和建议。2004 年 7 月，经过甄选，馆徽正式确立。

图3–81　东莞图书馆馆徽

东莞图书馆馆徽在整体上是两本书叠放构成一个弯折的字母“e”。它传递出的象征意义吻合了东莞图书馆新的工作定位和目标：建立以数字图书馆为基础、体现知识交互理念、融合传统图书馆功能的现代城市中心图书馆。

（1）字母“e”表现了数字化、网络化时代的图书馆特色，同时也与新馆建筑外形呼应（新馆建筑俯视效果形成“I”“E”两个字母）；

（2）字母“e”框架似一座房子，代表图书馆这样一个知识交互的空间；

（3）弯折的字母“e”又像叠放的两本书，概括出传统图书馆的特征；

（4）馆徽的主打色为灰蓝，透出庄严、宁静，体现了图书馆特有的求知氛围和高科技特征。

（二）VI 系统基本要素设计要求

VI 系统基本要素主要包括标志（LOGO）、标准字体、标准字色、辅助图形及其组合这几部分，它们是 VI 应用要素系统的基础。在对基本要素的设计上，图书馆与设计方达成一致，认为视觉识别基本要素的设计和确定应遵循以下几点：

（1）符合图书馆提供大众藏书借阅、教育服务的社会属性；

（2）符合建筑本身现代、简约、庄重的气质；

（3）体现一定的时代特征；

（4）具有可扩充、可延展性。

（三）VI 系统两大组成部分

在 4 个基本要素的基础上，以馆徽为核心，进行整套 VI 系统的设计：

1. 标志基本要素系统规范

标志（彩稿、释义、标准制图、印刷规范等）、标准字体（中英文）、标准色（印刷颜色、辅助系列、色彩搭配、色标样本）、象征图形（彩稿、延展、使用规范）、印刷字体使用规范（中文、英文）、组合规范（标准字与标志、象征图形与标志、禁用组合）、标志符号（导向、禁烟、洗手间、停车场、楼梯、电梯、防火、安全门、垃圾箱、问询台、部门铭牌）。

（1）标志

采用图形和文字相结合的方式，设计创意源自东莞图书馆独特的建筑外观、浅蓝的线条勾勒出建筑的形态。

东 莞 图 书 馆
DONGGUAN LIBRARY

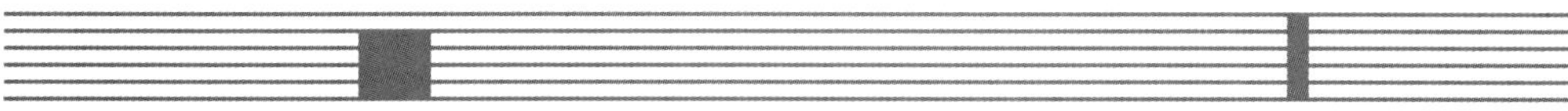

图3-82 东莞图书馆标志组合

（2）原有标志的标准网格和最小使用规范

原有标志方格图用于快速、准确地绘制出标志，在相等的单位方格内规范其造型、比例、结构、空间距离等相互关系。在应用过程中须严格遵循规范，并以此作为监督标准。同时，为了避免标志在运用中产生模糊不清的效果，特规范其最小使用尺寸。

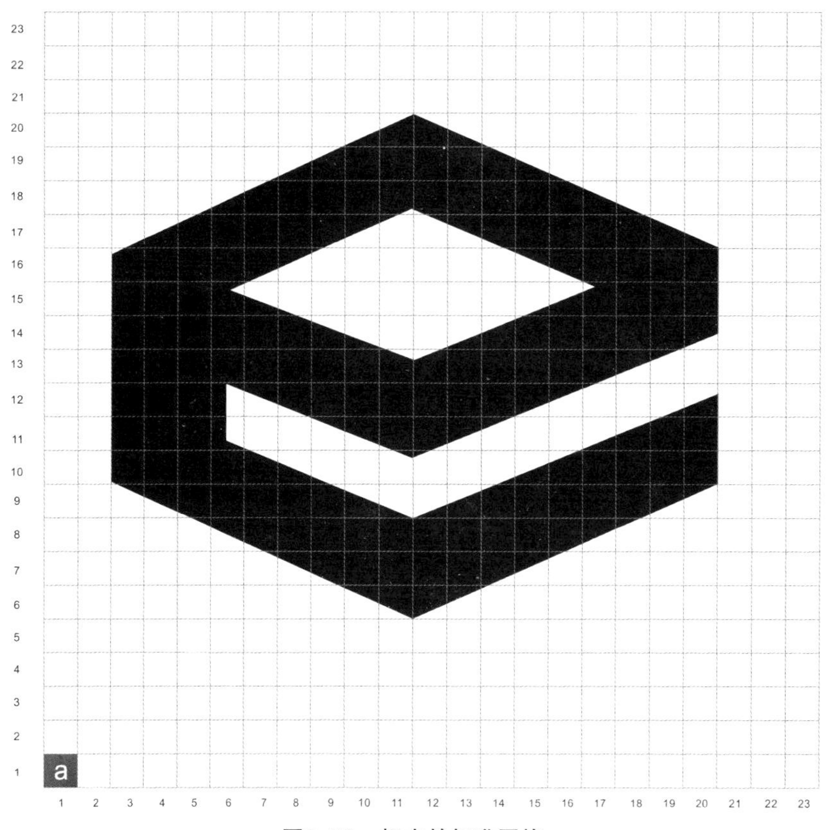

图3-83 标志的标准网格

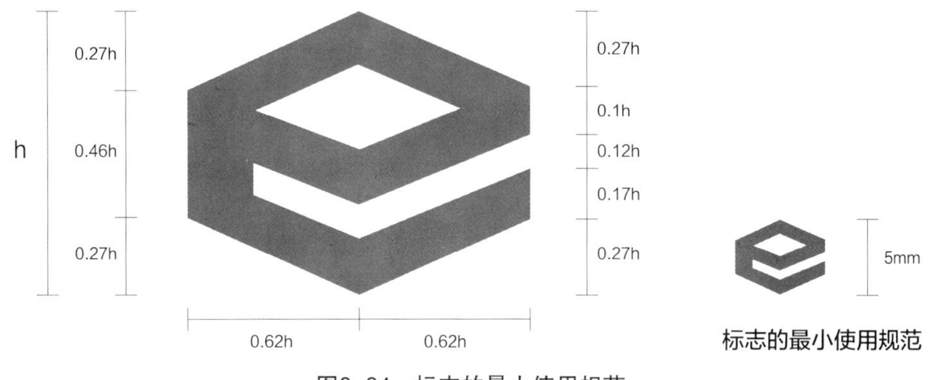

图3-84　标志的最小使用规范

（3）标志与中英文标准字体组合规范

中文标准字是以粗黑体为基本型重新设计的。英文标准字是以粗黑体为基本型设计的。标志与中英文标准字组合是品牌形象视觉识别系统的基本元素，也是实际应用中常用的组合形式之一。在使用中严格遵守“标志”与“中英文标准字”两者间互相位置及比例关系。标志横排于中英文标准字左右，与中英标准字上对齐或居中对齐。

图3-85　标志与中英文标准字体组合规范

（4）标准色

指定某个或者某组色彩运用在所有视觉传达设计的媒体上，通过色彩的自觉刺激与心理反应来体现东莞图书馆的理念，标准色在整个 VI 系统中具有强烈的识别效应。蓝色象征高科技，橙色代表活力。

（5）辅助图形

为了提高新馆 VI 的辨识度，保证制作宣传成品时得到更有效的设计指引，添加了具有新馆建筑体和阅读图书特征的辅助图形，一般在办公事务系统和广告宣传系统中应用。

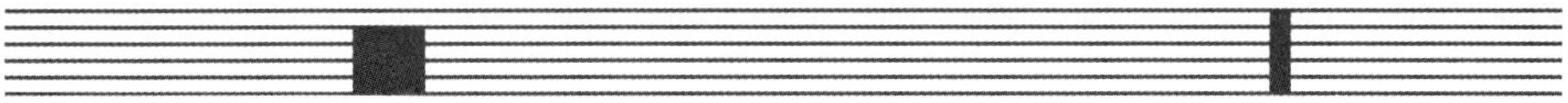

图3-86　辅助图形之一

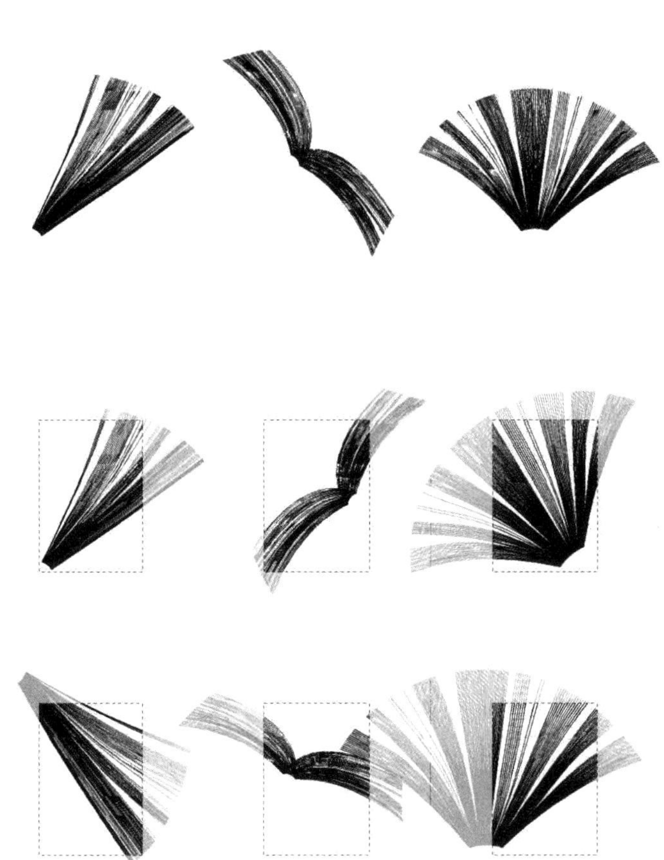

图3-87　辅助图形之二

2018 年，东莞图书馆原有 VI 系统基础上，根据时代潮流发展及历年 VI 使用情况，委托专业公司升级环境导视标志（海报展示架、警示类提示标志等），新增了辅助图形三。

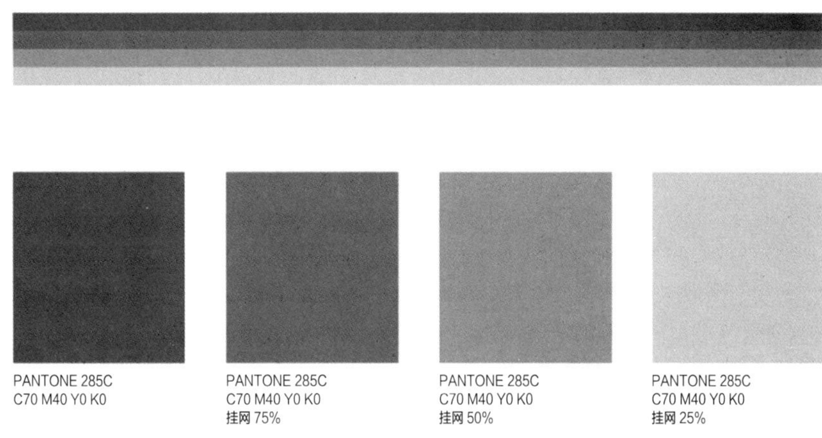

图3-88　辅助图形之三

2. 视觉识别应用要素系统

有了 LOGO、馆名、辅助图形这些基本要素的设计后，需要将这些基本要素具体应用到图书馆的日常工作和服务当中去，这样才能使图书馆的视觉形象更广泛、更系统地在社会上传播。东莞图书馆根据 VI 应用要素系统进行了设计，将标志分别应用到建筑内部和外部环境、读者服务导示、办公事务用品、分馆体系 VI 这 4 个方面。

2003 年 10 月，整套 VI 系统设计完成。10 月 10 日，东莞市图书馆正式委托泽正国际专利商标代理有限公司为馆徽申请商标注册，包括印刷出版物、教育、组织和安排各种活动、图书馆服务、出版服务、文娱体育活动的服务这六类商标注册。2003 年 11 月 5 日，国家工商行政管理总局商标局下发了注册受理通知书。

（1）标志应用到建筑内部和外部环境

即图书馆外部、内部的各种空间指示牌，用以引导人流，包括单位大型导示、楼层总导示、楼层区域导示、警示、房间导示、洗手间导示、图书导示等。遵循的设计特点和使用指引是：

①基础底色设计以简洁的白色为主，同时以 VI 的两种标准色蓝色、橙色为点缀，与图书馆整体的灰色调协调，干净而不沉闷、灵动而不张扬。

②主体导示均应用了标志辅助图形“各种形式翻开的书”作为底纹，导示牌在发挥引导人流作用的同时浸透着书香气息，给人以美的享受；

③除了吊牌、立牌两种主要形式外，还结合建筑本身的特色，采取在玻璃上丝印图形和文字的表现方式，导示牌与建筑巧妙地融合在一起，最大限度地减少了对建筑形态的破坏；

④在导示牌上艺术地表现建筑特色之一——水平遮阳百叶，运用不锈钢材质展现其

抽象形态，符合建筑本身的气质，现代而不失高雅；

⑤主阅览室入口的玻璃墙面由辅助图形展开书页图案装饰，让读者走入书的世界，走入对文化的体验、对世界的阅读。

图3-89　东莞图书馆正门标志

（2）标志应用于读者服务导示

应用于图书馆日常读者服务过程中，以及引导读者正确使用图书馆的一些设施，包括阅览室规则牌、服务提示牌、伸缩隔离带、海报栏、宣传画册、宣传海报等。

（3）标志应用于办公事务用品

主要应用于内部日常工作以及举办活动时的一些用具，包括公章、馆徽、笔记本、笔、信封、藏书章、手提袋、雨伞、文化衫等。

图3-90　东莞图书馆藏书章

（4）分馆体系 VI 应用

除了完善本馆的 VI 系统，在总分馆管理模式实施过程中，东莞图书馆 VI 系统也开始广泛应用于各图书馆分馆、漫画图书馆、绘本馆、城市阅读驿站的形象设计之中，规范了主要标志、馆名以及形象墙、服务台等的装饰，有效强化了总分馆联合服务的形象，增强了图书馆的吸引和影响力，为推广图书馆服务提供了便利，为东莞图书馆和各分馆的塑造和提升起了很好的作用。

图3-91　东莞图书馆分馆标志与中英文名称组合模式

图3-92　漫画图书馆标志与中英文名称组合模式及标准

图3-93　绘本馆标志与中英文名称组合模式

图3-94　城市阅读驿站标志与中英文名称组合模式

（李雅旋撰）

业务能手选拔与管理案例

为发挥员工的聪明智慧和业务专长，提高员工的工作积极性和主动性，推动员工掌握和使用新技术、新方法，提高业务水平和工作效率，促进图书馆业务工作深入发展，从 2008 年开始，东莞图书馆多次组织选拔业务能手，并由业务能手组建能手小组，共同开展专项工作。该项工作由业务部负责组织与实施，并开展考核和管理。

一、选拔与评审

2020 年，东莞图书馆开展了以“新技术应用”为主题的业务能手选拔工作，要求员工围绕 Python 编程、WPS 协同办公、图片处理技术、短视频制作、信息与资源搜索技巧和“如何拆解一本书”6 个方面进行申报。3 月 20 日，业务部向全馆员工发布了《关于开展东莞图书馆业务能手选拔的通知》及《2020 年东莞图书馆业务能手选拔方案》，明确此次业务能手选拔方式、业务要求以及相关的管理与考核。

经过申报和评审，共有 3 人成为业务能手，即卢君柱、周鹤和陈锦富，他们各作为组长组建业务能手小组，分别为 Python 编程小组、“如何拆解一本书”小组以及短视频制作小组。

2020 年度业务能手工作自 5 月开始，于 10 月结束。业务部依照《东莞图书馆业务能手评选及考核奖励办法》和《2020 年东莞图书馆业务能手小组管理与考核细则》对业务能手及小组进行管理和考评。业务能手及其小组必须完成规定的工作任务并通过考核，否则将取消资格及相应的奖励。

二、实施与管理

业务部负责对业务能手及其小组进行管理，包括业务工作、考核组织、奖励发放等方面。业务能手需提前做好半年任期内的业务规划，结合馆的工作需要和工作要求做好详细的培训计划，列出拟完成的工作或解决的问题，待业务研究委员会审核通过后便可开展相关工作。

在过程管理中，业务部对照计划收集和整理各业务能手及其小组的成果，并适时提醒各组长项目进度，需按计划完成各项任务。

（一）讲座与培训

开展讲座、培训是对业务能手的一项基本要求。2020 年 5 月—10 月，业务能手一共组织开展了 4 场业务能手培训讲座。其中，陈锦富主讲的“1 小时打开短视频制作大门”讲座，是东莞图书馆首次利用直播的形式向全市总分馆同事分享知识成果，各分馆收看人数达 180 人以上，获点赞数达 3210 次，受到了大家广泛的支持和好评。这不仅扩大了业务能手的影响范围，同时也是一次业务模式上的创新举措，为今后开展全市性的业务培训提供了新的途径，也为馆内日后开展同类型的活动提供了参考与借鉴。

卢君柱主讲了两场“网络爬虫基础”讲座，馆内合计有 172 人次参加。本系列课程基以网络爬虫为主要内容，除了详细进解网络爬虫的基本原理、编程思路。还对网络爬虫涉及的其他知识点：如 HTML 基础、网络会话与 cookies 机制、代理使用、Python 编程基础、Python 常用的工具包（numpy、pandas、selenium）、爬虫使用不当的法律风险等进行了讲解。同时为了让学员能学以致用，使用网络爬虫为我们的日常工作提供便捷，还介绍了一款市面上操作较简单的爬虫软件，让没有编程经验的员工也能自行爬取网页数据。10 月，周鹤主讲的“图书拆读基础与拓展”讲座通过以《横财：全球变暖 生意兴隆》一书作为案例，现场演示如何拆解一本书，还对“图书拆读帮”的性质与特点进行剖析。此次讲座不仅有利于员工从实用的角度理解图书拆读的基础模式和技巧，也能让员工从新的角度了解社会上的图书拆读组织形态，开阔视野，推动阅读推广服务工作的创新与转变。

图3-95　短视频制作讲座

图3-96　网络爬虫基础课程讲座

图3-97 “如何拆解一本书”系列讲座

（二）专项业务工作

除了培训与讲座，业务能手还需要在专项工作上达到质和量的要求。

截至10月底，Python编程小组爬取了2018—2020年国图绘本书目数据共27714册，为《绘本文献总览（2017—2019）》提供原始资料数据，在当当网站下载书目封面图片14900余册，为巴比塔书目数据库和日后其他项目程序提供数据源素材，开展了“吴春桂留言东莞图书馆”一事数据爬取，获取微信公众号文章1828篇和新浪微博相关数据，收集91相关话题共3758篇博文截图及其7214条评论数据。

“如何拆解一本书”小组完成了8种图书的拆解，包括地方文献、畅销书籍、经典好书等题材，具体包括《我心归处是敦煌》《霭楼逸志》《京都古书店风景》《横财》《谣言如何影响政府》《挖鼻史》《丑的历史》。小组制作了视频1期，音频作品2期，文字稿5期，共计8期各类形式的作品，同时在东莞图书馆公众号上开辟了新栏目“听，书的声音”，并做了3期作品解读，反响良好。小组总结图书拆读工作的经验和模式，形成《东莞图书馆拆解图书流程》规范性文档。2021年，为贯彻落实“知识生产年”工作思路，进一步提升阅读能力和图书推介水平，延续业务能手图书拆读及音频制作的实践，东莞图书馆工会和业务部还联合举办了图书拆读比赛。

短视频制作小组制作了 4 个 2 ～ 5 分钟的短视频制作教程，分别是《Pr 剪辑流程简介》《短视频制作教程入门：如何寻找背景音乐》《短视频制作中的图片后期 Lightroom 移动版调色教程》《短视频制作中的图片后期 Snapseed 入门教程》，这些教程已纳入数字素养课件，并在东莞图书馆微信公众号上线推广，让读者可以了解短视频制作的流程与方法并快速掌握。小组制作了两个 2 ～ 5 分钟宣传推广类短视频，分别是《让书香，成为一座城市最大的眷恋》和《早晨，东莞图书馆》。小组编写《东莞图书馆短视频制作方法与流程》规范性文档。另外，陈锦富参加了由中国图书馆学会、深圳市文化广电旅游体育局主办，深圳图书馆承办，以“图书馆为美好生活赋能”为主题的图书馆故事短视频作品征集活动。

三、成果考核

业务能手的考核由东莞图书馆业务研究委员会负责，业务部负责业务能手考核与管理的具体工作。考核分为季度考核和终期考核。

（一）季度考核

2020 年 8 月，业务部进行了第一次季度考核。各能手认真填写好“东莞图书馆业务能手季度考核登记表”，分别从“馆员工咨询解答”“讲座培训”和“参与馆里的其他相关工作”几个方面记录自己和小组成员完成任务的情况，并对一个季度的业务工作进行小结，以更好地开展下一季度工作。考核通过后，图书馆向各能手和组员发放第一季度津贴。

（二）终期考核

业务能手需填报“东莞图书馆业务能手季度考核登记表”以及“东莞图书馆业务能手任期满考核登记表”，并提供开展咨询、培训、研究等工作的相关材料。业务部根据材料进行核定、汇总，报业务研究委员会。业务研究委员会提出考核意见，确定考核等次。考核结果分为称职和不称职两种，对季度考核不称职者，取消下一季度的业务能手津贴，对季度考核连续两次不称职者，取消业务能手资格。任期结束的考核结果将作为年度综合考核与评优的依据。2020 年 11 月，业务部按照之前审核通过的计划申请书，收集了 3 位业务能手在半年任期内的专项工作成果，整理后汇报业务研究委员会。经考核，3 位业务能手均已达到称职等次。

四、问题与思考

（一）讲座的效果有待加强

从业务能手讲座的现场效果来看，1 ～ 1.5 小时的讲授时间偏短，仅一次的讲座带不来员工技能实质性提高。在日后的业务能手培训讲座中，可设计至少3次的系列讲座，循序渐进，逐步深入。讲座过程中可通过游戏、抢答等环节增加互动性，也可增加小范围的实操课程，提高员工的动手能力。

（二）业务能手小组成员结构待优化

业务能手在挑选小组成员时，可适当考虑整个团队的组成结构：既需要有专业技术能力强的、动手能力强的成员，也需要有口头表达能力强的成员，能更好地完成传道授业的任务。

（邱建恒撰）

第一届图书拆读比赛案例

一、背景

（一）创新图书推介工作

2020 年，东莞图书馆创新图书推介工作思路，举办“如何拆解一本书”系列视频讲座，系统学习图书拆读的概念、流程与技巧。通过学习，员工对图书拆读有了更进一步的了解，认识到如何通过各种工具和方法分析和提炼一本书的内容与价值，同时，对社会上的阅读需求有更多了解。该讲座对图书馆组织开展形式更丰富多元的图书推介服务有启发作用。

（二）选拔图书拆读业务能手

2020 年 3 月，东莞图书馆通过业务能手选拔选出图书拆读业务能手 1 名，并组建“如何拆解一本书”小组，任期半年。期间，该小组拆读了 8 种图书，包括地方文献、畅销书籍、经典好书等题材，制作了视频 1 期、音频作品 2 期、文字稿 5 期。“如何拆解一本书”小组还总结图书拆读工作的经验和模式，形成《东莞图书馆拆读图书流程》规范性文档，并在馆内举办图书拆读技能培训，交流和分享图书拆读经验。

（三）组织中层干部听“得到”好书，学“得到”图书拆读方法

2020 年 5 月始，东莞图书馆组织中层干部深入学习“得到”图书拆读方法，持续听“得到”好书，并在 6—7 月集中开展了 4 场“得到”学习分享交流会，还提出“推出图书馆听书服务”等近 30 条工作建议。

（四）知识生产年的要求

2021 年，为贯彻落实“知识生产年”工作思路，开发知识产品，推进业务工作高质量发展，东莞图书馆策划举办了第一届图书拆读比赛，进一步提升员工的阅读能力和图书推介水平。按照比赛要求，员工可以个人独立参赛，也可以以小组形式组队参与，自

选感兴趣且为本馆所藏的图书进行拆读。

二、实施过程

（一）启动

本次比赛于2月启动，5月底结束。期间，各部门积极组织和参与，共收到图书拆读作品20份。业务部对提交上来的作品进行查重，经过筛选，19篇图书拆读稿及其讲述音频进入评审阶段。

（二）评审

评审分为图书拆读稿评审和音频评审两个部分。对图书拆读稿采取通信评审方式，从图书拆读稿结构、正文内容、原创性和思维导图4个部分进行评比。对音频则采取现场评审方式，5位评委分别从发音、表达、感情和音乐4个方面对音频作品进行评比。经过评审，最终分别评出图书拆读稿和讲述人一等奖、二等奖、三等奖以及优秀奖。

图3-98　比赛音频评审会

（三）经验分享

为推广图书拆读比赛优秀成果，让更多员工了解图书拆读的技巧和流程，提高员工文献推介能力，图书馆还组织获奖者分享图书拆读经验和讲述音频制作技巧：第一场交流会于 9 月举行，重点讲述图书拆读稿的撰写方法；第二场交流会于 10 月举行，侧重讲述音频的制作技巧。两场交流会共吸引 200 多人次参加，现场反响良好。

图3-99　“如何拆好一本书”经验交流会

三、推广及效果

为推广图书拆读比赛成果，获奖图书拆读稿陆续在东莞图书馆微信公众号“听，书的声音”栏目上进行推送，并附上书目的馆藏信息，以便读者借阅。已推出《一本书读透图画书》《我与父辈》《战胜拖拉》3 期的听书作品，受到读者欢迎，最高的一篇推文阅读量达 2860 次。

听，书的声音|《战胜拖拉》

东莞图书馆 2021-12-08 19:29 发表于广东

《听，书的声音》是东莞图书馆推出的图书音频解读栏目，不定期更新，每期解读一本图书，并附音频的文字内容、图书简介和脑图。

战胜拖拉

00:00 22:40

△点击音频，边听边看

《战胜拖拉》

图3-100 东莞图书馆微信公众号推文：《听，书的声音|〈战胜拖拉〉》

四、问题与改进

（一）个别作品的重复率较高

根据拆解的书籍类型，图书拆读稿大体分为两类：一为解读类。该类稿件需要作者围绕书中的核心观点，进行讲解和分析，解读对象一般为工具书、心理学书籍、干货类书籍，这类稿件引用原文的部分不得超过10%。二为提炼类。该类稿件属于对原书内容的提炼，提炼对象一般为文学作品，如小说、故事等，这类图书拆读稿引用原文的部分不得超过30%。

（二）提炼和解读能力有待进一步提高

图书拆读，不只是简单介绍一本书，还要在对书通读的基础上，将自己的认识和见解融入对图书的介绍中。本次比赛所提交的作品中，有些过于着重介绍书的内容，而缺少了自己的阅读心得与见解，参赛者的提炼和解读能力有待进一步提高。

本届比赛中的图书均为参赛者自选图书，不利于评审中稿件的对比，也缺少对馆藏的推介意义。建议未来的图书拆读比赛指定本馆有馆藏的图书，便于对作品进行对比，也可以对馆藏进行了宣传和推广。

（邱建恒、李正祥撰）

第四章　体系管理

东莞图书馆担负着东莞市图书馆公共服务体系建设的重任，并通过总馆、分馆、服务站、图书流动车、24 小时自助图书馆、城市阅读驿站、绘本馆等三级网络、多种形态的合理布局，在全市范围内建立起 1 个总馆、52 个分馆、102 个图书流动车服务站、485 个村（社区）基层服务点，42 个城市阅读驿站、26 家绘本馆，实现全市 33 个镇（街道、园区）24 小时自助借阅服务全覆盖的服务体系。本章以报告、方案、样例、案例等多种形式，记录和呈现图书馆公共服务体系建设的过程。

“三法”落实执行情况第三方评估报告（摘要）

《中华人民共和国公共文化服务保障法》《中华人民共和国公共图书馆法》相继出台后，2016年12月13日，东莞市政府常务会议审议通过了《东莞市公共图书馆管理办法》（上述三部法律法规以下简称“三法”），这是继成为国家公共文化服务体系示范区、国家公共文化服务标准化试点之后，东莞市在公共文化领域的又一项成果，标志着东莞市的文化事业发展进入依法保障和促进的阶段。

为贯彻落实党的全面依法治国的方针政策，切实推动“三法”等相关法律法规的落地实施，全面提升东莞市图书馆公共服务体系的服务水平，东莞市文化广电新闻出版局委托中山大学国家文化遗产与文化发展研究院为第三方机构，对照“三法”，特别是《东莞市公共图书馆管理办法》，对东莞市的市、镇、村三级公共图书馆进行了评估。第三方机构通过评估资料收集分析、实地走访调研、问卷调查等方式，最终形成《东莞市开展公共文化服务保障法和图书馆法落实执行情况第三方评估报告》。评估报告显示，“三法”一定程度促进和保障了东莞市图书馆服务的持续健康发展，但整个东莞市公共图书馆服务体系在总体上呈现纵向两极分化、中间分布不均的状况：作为总馆的东莞图书馆社会影响较好，发挥了中心带动的龙头作用；但镇（街道、园区）图书馆发展不平衡，未能充分发挥中坚力量的作用；而作为公共文化服务体系末端的村（社区）图书馆（室），总体发展状况欠佳。从这个评估结果来看，各镇（街道、园区）图书馆的发展成为东莞市公共图书馆事业发展的瓶颈。

一、评估基本情况

本次评估的时间范围为2016年至2018年，空间范围包括全市公共图书馆服务体系的三级架构：即东莞图书馆（总馆），全市33个镇（街道、园区）图书馆，以及分层随机抽取的100个村（社区）图书馆（室）。评估内容主要包括四个方面：东莞市公共图书馆服务体系的保障条件、东莞市公共图书馆服务体系的建立、东莞市公共图书馆服务体系的管理、东莞市公共图书馆服务体系的服务及其效能。

根据评估的实际需要，结合东莞市情和东莞市公共图书馆发展现状，评估组设计并综合运用了多种方法。同时，评估组参考借鉴了国内外现有图书馆评估定级标准和指标，在此基础上分别针对东莞图书馆（单馆）、东莞市镇（街道、园区）图书馆、东莞市村（社区）图书馆（室）设计了三套评估指标体系，对东莞市公共图书馆服务体系建设状况与运行绩效进行评估。

二、立法效果

第三方评估报告结果显示，“三法”实施以来取得了一定的成效。一是促进了东莞市公共图书馆事业的持续健康发展；二是群众公共图书馆权利与基本文化权益得到更好的保障；三是东莞市各级政府履行了发展图书馆的责任；四是东莞市公共图书馆的影响力日益广泛，吸引力显著提高；五是全民阅读的法治化与专业化更上一层楼。

三、存在问题

（一）公共图书馆服务体系发展不均衡

评估发现，东莞市公共图书馆服务体系整体上在经费、人员、资源方面差异性较大，存在着明显的不平衡。镇（街道、园区）图书馆方面：相比 2016 年，2018 年人均文献购置费用增长率最大的馆达到 837.5%，其中有 10 个馆 2018 年人均文献购置费用为负增长、5 个馆无增长；2018 年有 21 个馆（比 2016 年多 15 个）有新进人员，有 12 个馆（比 2016 年少 12 个）无新进人员；2018 年有 29 个馆的馆藏文献资源人均拥有量有所增长，增长率最大的馆达到 118.75%，2 个馆无增长，2 个馆负增长。村（社区）图书馆（室）方面：在 100 个被评估服务点中，相比 2016 年，2018 年有 50 个馆（室）拨款总额为正增长，39 个为零增长，11 个为负增长，其中增长量最大的为 55.86 万元，最小的为 0.08 万元；2018 年有 44 个（比 2016 年多 14 个）馆（室）有购书经费，有 12 个馆（室）的购书经费呈负增长（即 2018 年投入的购书经费比 2016 年少），此外，值得注意的是有 55 个馆（室）连续 3 年（2016 年—2018 年）的购书经费为零；2018 年有 5 个馆（室）的员工数量有所增加，2 个有所减少，其他保持不变。可见，村（社区）图书馆（室）的经费建设方面存在着较大的差异性。

（二）图书馆之城的相关保障已无法适应城市发展的需求

根据《广东省人口发展规划（2017—2030 年）》，东莞、佛山已升级为特大城市

（人口规模为 500 万～ 1000 万）。东莞市现有常住人口为 839.22 万人，人口数量在广东省位列地级市第一，仅次于广州、深圳；在全国，与南京（常住人口为 843.62 万人）、宁波（常住人口为 820.2 万人）等城市相当。然而，对于图书馆之城建设所需的人财物等投入而言，东莞市图书馆之城的相关保障已无法适应城市发展的需求。主要体现在：

1. 大部分公共图书馆的千人馆舍建筑面积均未达标

按照《公共图书馆建设标准》的规定，市级总馆的千人馆舍建筑面积勉强达到大型图书馆（服务人口 400 万～ 1000 万）的最低标准，但距离《东莞市公共图书馆管理办法》规定每千人 10 平方米的要求，仍有 3.61 平方米的较大差距。33 个镇（街道、园区）图书馆当中，有 12 个中型图书馆（服务人口 20 万～ 150 万）不达标，有 11 个小型图书馆（服务人口 20 万及以下）不达标，合计总共 23 个（约占全市 69.7%）图书馆的千人馆舍建筑面积低于国家《公共图书馆建设标准》的相关最低标准。本次被评估的 100 个村（社区）图书馆（室）当中，将近一半（49 个）小型图书馆（服务人口 20 万及以下）的千人馆舍建筑面积低于国家《公共图书馆建设标准》的相关最低标准。

2. 部分村（社区）公共图书馆数字服务网络尚未联通

尚有 217 个（此为评估时数据，至 2020 年 6 月底该数据为 182 个）村（社区）图书馆（室）未联通全市公共图书馆数字服务网络。

3. RFID 尚未在东莞市图书馆总分馆体系普及使用

目前国内已有超过 70% 的公共图书馆应用了 RFID，广州图书馆、深圳图书馆、中山图书馆、珠海图书馆、清远图书馆、韶关图书馆等都已实现了 RFID 图书文献全流通服务，相比之下，东莞图书馆在此方面显得技术落后，这直接影响了东莞市公共图书馆服务的快捷和便利程度。

（三）基层图书馆发展面临困境

评估组发现，除了上述的存在的问题外，基层图书馆发展面临的困境是当前东莞市公共图书馆事业在持续发展道路上遇到的突出问题。主要体现在：

1. 基层图书馆经费保障不足

评估发现，基层图书馆缺乏可持续发展的经费保障是东莞市图书馆事业发展中的关键问题，经济发展较好的镇（街道）并未给予图书馆发展以相应的经费保障，而经济水平较差的镇（街道），无力保障图书馆的发展。

2. 基层图书馆文献等资源不足

《东莞市公共图书馆管理办法》规定“镇（街道）公共图书馆与村（社区）图书馆（室）人均图书藏书量合计达到 1 册以上”。2018 年，84.8% 的镇（街道、园区）图书馆（28 个）和 49% 的村（社区）图书馆（室）的该数据低于 1 册。

3. 基层图书馆人员配备不足

一是人数不足。近一半镇（街道、园区）图书馆（15 个，占比 45.5%）未达到《公共图书馆服务规范》中的要求，大部分村（社区）图书馆（室）只有 1 ～ 2 名管理员，且有很大一部分由文化管理员兼职管理图书馆（室），部分村（社区）图书馆（室）甚至无专门的工作人员。二是人员的专业化程度不高。镇（街道、园区）图书馆中超过一半（18 个，占比 54.5%）的图书馆员工资质未达到《东莞市公共图书馆管理办法》中“镇（街道）公共图书馆要求具备大专以上学历”的规定。镇（街道、园区）图书馆具有初级职称及以上的员工占比平均值仅为 37.24%，其中 6 个馆尚无具有初级职称以上的员工。

四、对策建议

为更好地适应东莞市建设“湾区都市、品质东莞”的城市发展需求，评估组借鉴国内外经验和广东省的成功实践，针对东莞市公共图书馆服务体系的现存问题提出以下对策建议：

（一）加强落实“三法”并启动立法后的监督机制

一是市人民代表大会牵头尽快启动立法后的检查监督机制；二是市人民政治协商会议牵头到基层调研；三是市人大定期对“三法”贯彻落实情况，以及全市公共图书馆服务体系的业务数据、服务效能等进行通报；四是将“三法”贯彻落实情况作为东莞市等各级行政管理部门及其管理人员的政绩职责和年度考核的重要指标。

（二）设立“东莞市公共图书馆服务体系建设专项资金”

评估组认为，东莞市公共图书馆服务体系建设遭遇瓶颈的症结在于相关保障不足，而保障不足的根源在于东莞市各级政府对公共图书馆经费供给不足。尤其应当引起关注的是，这种经费不足的情况不仅存在于东莞市各级公共图书馆，而且同时存在于经济发展水平较高和较低的区域。为了突破东莞市的市、镇（街道）二级财政分灶吃饭的体制，从根本上解决经费不足的难题，建议由东莞市政府牵头设立“东莞市公共图书馆服务体系建设专项资金”，并由东莞图书馆成立资金专职管理部门，使用该专项资金购买图书等文献和设备设施等资源。

（三）建立东莞市文献信息资源保障体系

建议利用“东莞市公共图书馆服务体系建设专项资金”，直接为镇级分馆及其辖区内的村级图书馆（室）购买文献信息资源，并通过图书物流的方式运送到各个镇级分馆及其辖区内的村级图书馆（室），解决基层图书馆的文献资源短缺的难题。

（四）确立多途径配备人员的管理模式

建议各级政府承担起发展公共图书馆的责任，根据所在镇（街道、园区）和村（社区）的实际情况配备相应数量的工作人员，完善考核和分配奖励等制度调动员工积极性，并积极探索购买或外包服务与图书馆工作社会化，广泛吸纳社会力量参与基层图书馆的建设与管理。

（五）拓展全市公共图书馆通借通还服务网络

建议督促各镇（街道、园区）尽快推动村（社区）图书室的全部联网，真正实现全市公共图书馆的通借通还，以提高各级图书馆文献信息资源的利用率，方便社区居民或村民使用不同图书馆的馆藏资源，同时加大通借通还服务的宣传推广，让更多的用户了解通借通还的便利性，从而吸引更多的社区居民或村民利用图书馆服务。

（六）重视数字服务和技术设施设备的更新换代

建议积极推进 RFID 技术在图书馆的应用、积极建设城市阅读驿站等新形态的服务空间、加强微信公众号等新媒体服务。

（李晓辉、顾盼如整理）

东莞市各镇（街道、园区）图书馆重点绩效指标年度报告（2019）

2019 年是《东莞市公共图书馆管理办法》全面实施后的第三年，是东莞市实施“十三五”战略规划的关键之年，也是谋划“十四五”发展大计的布局之年。在市委、市政府的高度重视与大力支持下，东莞市图书馆公共服务体系建设有序推进，截至 2019 年 12 月底，东莞图书馆通过总馆、分馆、服务站、图书流动车、24 小时自助图书馆、城市阅读驿站、绘本馆等三级网络、多种形态的布局，在全市范围内建立起 1 个总馆、52 个分馆、102 个服务站、400 个联网的村（社区）服务点、13 个城市阅读驿站和 16 个绘本馆，实现全市 33 个镇（街道、园区）24 小时自助借阅服务全覆盖的服务体系，并实现了“一馆办证，多馆借书；一馆借书，多馆还书”的服务模式，让广大群众享受到更加充分、快捷、方便的图书馆服务，形成了新时期公共图书馆全面创新服务的新形态。

一、服务效果显著提升，与各项标准的差距进一步缩短

（一）重点绩效指标数据情况

2019 年，全市图书馆总分馆共接待读者 1353.79 万人次，同比增长 5.50%；全市图书馆总分馆数字资源利用量为 3741.18 万次，同比增长 31.35%；东莞图书馆学习中心网站点击量达 111.68 万次，同比增长 28.37%；东莞图书馆 App 点击量 3524.82 万次，同比增长 18.88%；东莞图书馆微信公众号图文阅读量 60.34 万次，同比增长 2.31%；全市图书馆总分馆累计外借书刊文献 680.79 万册次。外借量排行前十的镇（街道、园区）分馆是虎门、长安、松山湖、塘厦、寮步、大朗、常平、道滘、凤岗和大岭山分馆。

2019 年全市图书馆总分馆新增读者证 98095 个，新增读者量排行前十的镇（街道、园区）分馆是虎门、大岭山、松山湖、长安、塘厦、大朗、东坑、樟木头、常平和茶山分馆。

2019 年各镇（街道、园区）分馆及村（社区）服务点共投入图书（含报刊）采购

经费 2194.34 万元，其中 18 个镇（街道、园区）的图书采购经费投入达 50 万元以上，达 100 万以上的镇（街道、园区）分馆有大岭山、塘厦、长安、厚街和大朗，有 6 个镇（街道）的人均购书经费不足 1 元。

2019 年 1—12 月，各镇（街道、园区）分馆共举办活动 2362 场，与 2018 年同期（1816 场）相比读者活动量增加 546 场，增幅 31.1%。2019 年 1—12 月举办活动量前五名的镇（街道、园区）分馆是松山湖、大朗、樟木头、常平和石碣分馆。

（二）与标准的差距

在硬件设施方面：根据《东莞统计年鉴（2019）》的统计数据，2018 年东莞市的常住人口约为 839.22 万人。全市共有 32 个镇（街道）、1 个园区，即平均每个镇（街道、园区）常住人口约为 25.4 万人；全市共有 592 个村（社区），即平均每个村（社区）常住人口约为 1.4 万人。2019 年，东莞市镇（街道、园区）与村（社区）图书馆（室）建筑面积为 19.32 万平方米，每千人拥有建筑面积为 23.02 平方米。从上述数据看出，东莞市镇（街道、园区）与村（社区）公共图书馆（室）建筑面积与《东莞市公共图书馆管理办法》的规定还有一些差距。据 2020 年 1 月全市各镇（街道、园区）分馆填报的“全市图书馆分馆（服务点）数据汇总表”数据显示，全市有 23 个镇（街道）未能达到“每千人建筑面积三十平方米以上”的要求。

在馆藏建设方面：东莞市镇（街道、园区）分馆与村（社区）服务点藏书量合计 556.94 万册，人均藏书量为 0.66 册（《东莞市公共图书馆管理办法》要求镇（街道、园区）与村（社区）公共图书馆人均藏书量合计达到 1 册以上）。2019 年，有 27 个镇（街道）未能达到人均藏书量 1 册以上。

在人员队伍方面：一是人员配备不达标。根据《公共图书馆服务规范》，公共图书馆工作人员数量的确定应以所在区域服务人口数为依据，每服务人口 10000 ～ 25000 人应配备 1 名工作人员。从人数上看，东莞市有 14 个镇（街道、园区）未能达到最低要求的“每 25000 人应配备 1 名工作人员”。二是人才专业性不足，专业技术人才紧缺。镇（街道、园区）分馆及村（社区）服务点从业人员中，仅 13.24% 的从业人员有图书馆行业专业职称，有 3 个镇（街道）图书馆从业人员均没有图书馆行业专业职称。

在服务效能方面：以年文献外借量指标为例，根据 2017 年第六次全国县级以上公共图书馆评估定级工作的“县级图书馆评估标准”，县级图书馆“年文献外借量（万册次）”为评选县一级图书馆和二级图书馆的必备条件，指标值均为 13 万册次。以 2019 年的数据情况来说，东莞市仍有 10 多个镇（街道）未能达到 13 万册次的要求。

二、扎实推进重点工作落实，完善图书馆公共服务体系建设

（一）开展公共文化服务保障法和图书馆法落实执行情况第三方评估

为切实推动“三法”等相关法律法规的落地实施，全面提升东莞市图书馆服务体系的服务水平，在市文化广电旅游体育局 2019 年 8 月下发的《关于开展公共文化服务保障法和图书馆法落实执行情况第三方评估工作的通知》的指导下，拟定《东莞市开展公共文化服务保障法和图书馆法落实执行情况第三方评估工作方案》，正式启动了公共文化服务保障法和图书馆法落实执行情况第三方评估工作。

（二）推进城市阅读驿站建设

2019 年建成“城市阅读驿站”8 个，分别是茶山分馆茶山镇综合文化服务中心城市阅读驿站、茶山分馆喜悦里书式空间城市阅读驿站、茶山分馆茶溪社区党群服务中心城市阅读驿站、万科金域华府城市阅读驿站、万科滨海大都会城市阅读驿站、松山湖分馆万科金地天空之城城市阅读驿站、塘厦分馆碧桂园天麓山城市阅读驿站和虎门分馆第五中学城市阅读驿站。2019 年，各城市阅读驿站共接待读者 566448 人次，开展读者活动 254 场，8274 人次参与活动。

（三）完善绘本馆服务网络

东莞图书馆于 2017 年 4 月启动“东莞图书馆绘本馆体系建设”项目，以绘本为切入点，依托总分馆体系联合分馆、社区、学校、幼儿园、企业等建立专业化绘本馆，逐步在全市范围内搭建绘本阅读服务网络，为儿童阅读构建良好的市域阅读生态环境，为儿童、亲子家庭阅读提供便捷、专业的服务，以培养儿童良好的阅读兴趣及终生阅读习惯，促进儿童健康成长。2019 年，为更好地对各类绘本馆进行规范管理，东莞图书馆制定了《东莞图书馆绘本馆建设标准及服务标准》，对绘本馆的场馆面积、标志、设施、文献资源、人员等进行规范，对开放时间、各类馆的职能定位、活动开展、服务内容等进行了明确规定。截至 2019 年，全市共建有 16 家绘本馆，其中有 10 家镇（街道、园区）绘本馆、4 家村（社区）绘本馆、2 家幼儿园绘本馆。2019 年共接待读者 315210 人次，绘本外借量 144729 册，开展绘本阅读推广活动 631 场，47757 人次参与活动。

（四）完成松山湖图书馆升级改造

2019 年 8 月，松山湖图书馆经升级改造后重新开放，馆内设有数字体验区、创意活

动区、文字图书馆、松湖书苑等多个特色专题服务区域，提供瀑布流电子书借阅机、电子听书机、朗读亭等数字化服务项目，在全市首先采用RFID技术实现通借通还，支持读者证、电子证、支付宝信用、手机扫码、刷脸等多样化借阅。在此基础上，推出了“享阅松湖”人文系列、“飞阅松湖”科普系列阅读推广活动，面向园区推广科技查新、信息素养培训等科技信息服务，为读者提供更好的服务。

（五）组织分馆参与东莞电台《城市的声音》

2018年，东莞图书馆与东莞广播电台联合推出《城市的声音》“共享阅读”专栏，借助电台的力量让市民了解图书馆，了解阅读推广。2018至2019年，大朗、莞城、万江、石龙、大岭山、麻涌、虎门和塘厦8个镇（街道）分馆分别参与了4期节目的录制，向广大听众朋友介绍全市图书馆公共服务体系构建的成效、各级图书馆的服务情况，并用生动的故事分享参与过程的感受与体会，让市民朋友能更进一步了解东莞市图书馆公共服务体系。

三、加强组织领导，深化图书馆体系提升

以党的十九大“完善公共文化服务体系，深入实施文化惠民工程，丰富群众性文化活动”精神为指引，按照持续抓好国家公共文化服务体系示范区后续建设的工作要求，开展了图书馆体系深化提升行动。

（一）促进业务交流

2019年4月和10月分别组织召开了2019年上半年和下半年东莞地区图书馆总分馆馆长例会。2019年上半年东莞地区图书馆总分馆馆长例会在总馆四楼报告厅召开，东莞图书馆相关人员、全市33个镇（街道、园区）图书馆馆长和业务骨干共106人参加了会议。会议交流结束后，全体参会人员前往万科金域华府城市阅读驿站及大朗分馆巷头社区服务点参观学习。2019年下半年东莞地区图书馆总分馆馆长例会在大岭山分馆（新馆）召开，东莞图书馆相关人员、全市33个镇（街道、园区）图书馆馆长和业务骨干共73人参加了会议。会议内容包括广东图书馆学会理事长刘洪辉主讲的学术报告会、镇（街道、园区）分馆优秀工作案例分享及大岭山分馆（新馆）的参观。定期组织的会议、参观等促进了总分馆间的相互交流及学习，拓宽了工作思路，提升了业务水平。

（二）创新队伍培训

2019 年，东莞图书馆继续开启“分馆点餐、总馆配餐——订制服务”的总分馆人员队伍培训模式。针对各镇（街道、园区）分馆的业务需求，制订了《2019 年东莞图书馆总分馆“点餐式 2.0”培训工作方案》，面向总馆各部门、各分馆招募了 19 名业务培训主讲老师，共开设 20 门课程，由各分馆参照课程表结合自身实际需要自主选择培训课程，总馆统筹、组织培训讲师团按照培训安排分片分批到各镇（街道、园区）开展现场培训，同时还组织策划一些非专业的培训课程以灵活互动的形式在城市阅读驿站等服务场所开展小型的培训课程。全年共完成培训 118 场，共 6250 人次参与了培训。

四、改进措施

东莞市实施的图书馆总分馆制，总馆对于基层图书馆的带动作用体现得非常明显，在很大程度上促进了东莞市图书馆事业的整体发展和市民基本文化需求的满足。但东莞市的图书馆总分馆服务体系仍存在一些共性的问题：管理机制与基层图书馆的发展需要不匹配、各镇（街道、园区）图书馆发展水平参差不齐、基层图书馆工作规范化和制度化比较薄弱、大部分镇（街道、园区）图书馆对全镇图书馆建设统筹不到位等。此外，在对 2019 年分馆业务数据核查中发现个别分馆存在外借量数据异常的情况，单月外借量增幅过大。因此，在 2020 年的工作中：各镇（街道、园区）应进一步加大政府保障力度，完善保障机制；加快推进本镇（街道、园区）图书馆服务体系建设，大力推进城市阅读驿站项目建设；做好各项业务工作，用实实在在的服务去提升体系服务效能，而不是在“做数据”上下功夫，这样才能真正实现东莞市图书馆公共服务体系建设的整体提升。

（顾盼如撰）

图书馆服务点覆盖面拓展情况分析报告（2021）

2021 年，为全力推进东莞市图书馆服务点覆盖面的拓展工作，在各镇（街道、园区）分馆的配合下，东莞图书馆积极推进村（社区）服务点、城市阅读驿站（粤书吧）、“我 + 书房”家庭图书馆的新建工作，探索总分馆活动联动的新模式，选择镇（街道）作为试点探索联合村（社区）推送图书馆数字资源的服务模式，并进一步推动分馆整合和利用属地资源扩大服务覆盖面，取得了较好成效。

一、引导镇（街道）分馆推进村（社区）服务点建设

加强镇统筹村（社区）图书馆体系建设，主动与全市服务体系联网率为 0 和联网率低的镇（街道）分馆保持密切联系，有针对性地开展业务指导，做好场地规划、人员培训和标志系统等相关业务指导工作，为村（社区）图书室的联网打下良好的基础。

2021 年新建联网的村（社区）图书服务点 40 个，顺利完成了年度预期指标。新增 40 个村（社区）图书服务点后，全市联网村（社区）服务点达 485 个，总覆盖率提升至 86.15%，增长 7.11%。

在推进村（社区）服务点建设过程中，东莞图书馆在各个镇（街道）跟进落实。东莞图书馆并没有对村社区工作人员的人事和财政管理权限，在推进过程中困难较多。接下来，要重点梳理联网率为 0 和联网率低的镇（街道），并明确列出需要加大力度建设村（社区）服务点的镇（街道），将建设任务细化落实到具体的镇（街道），积极争取各镇（街道）政府的重视和投入，有效推进村（社区）服务点建设。

二、推进城市阅读驿站建设

（一）措施与成效

2021 年，以“城市阅读驿站”项目为抓手，配合广东省“粤书吧”建设，积极调动社会力量参与公共图书馆建设，引导镇（街道、园区）开展双品牌建设。一是结合特色

有针对性地开展现场指导，并与有城市阅读驿站建设意向的分馆保持沟通，指导城市阅读驿站建设。二是结合“粤书吧”建设重点推进，参加局调研组，前往常平、石排、茶山等镇（街道）对 2021 年的 10 个“粤书吧”建设项目单位进行实地调研和督导建设。三是协助起草和制定城市阅读驿站（粤书吧）建设的政策文件。

2021 年城市阅读驿站新增 14 个（含粤书吧 1 个），指标完成率为 107.7%。2021 年 1 月至 12 月，全市城市阅读驿站进站人次约 116 万，借阅量近 12.4 万册次，举办活动 655 次，约 2.6 万人次参加活动，服务效果较好。

（二）特色与亮点

城市阅读驿站建设被东莞市文化广电旅游体育局列入 2021 年“我为群众办实事”清单，按时完成任务，成效较好，并形成自己的特色：

1. 类型丰富

有与小区合作建设的模式、由村（社区）服务点升级的模式、与政府机关事业单位合作共建的模式、与高品质餐饮店合作建设的模式、“粤书吧”与城市阅读驿站双品牌建设的模式等。

2. 以有限的财政投入盘活更多的社会资源

各镇（街道、园区）根据城市阅读驿站建设的统一要求，做好前期选址规划工作，重点选择受群众欢迎且易于改造升级的场所进行合作共建，利用有限的财政投入盘活更多社会资源。

3. 市镇联动，分级管理

按照“市管镇，镇管驿站”原则进行统一管理，总馆负责业务统筹，镇（街道）文广中心或分馆负责驿站日常管理和监督，合作方负责协助运营、常规管理和维护。

4. 凸现特色，共享资源

以东莞图书馆及其图书物流作为辅助，各驿站可以共享总馆数字资源、活动资源及有关文创资源，参与活动联动；同时各驿站也应根据各自条件和环境尽量提供特色文创服务和特色图书资源，或者在装修和空间布局上形成各自特色。

（三）问题与改进

城市阅读驿站建设工作缺乏专项统一经费，在推进过程中依赖各镇（街道、园区）的经费保障或是寻求热心阅读推广的社会力量进行合作，存在不确定性。因此，在下一步的工作中：图书馆要引导各镇（街道、园区）利用好政策文件，提早调研掌握建设计划；与各镇街（园区）加强联系，引导各镇（街道、园区）利用好政策文件，积极争取政府保障。同时，加强管理，提高已建成“城市阅读驿站”的服务效益，提高图书的更新频率，加强活动策划的指导，将总分馆联动活动推送至城市阅读驿站开展，利用新媒体平台进行宣传推广。

三、启动“我＋书房”家庭图书馆项目试点建设

（一）措施与效果

“我＋书房”家庭图书馆建设被列入东莞市文化广电旅游体育局列入2021年“我为群众办实事”清单，为此，东莞图书馆采取各种措施：一是策划和制订“我＋书房”家庭图书馆项目落实方案，年度任务分“总馆试点”和“分馆全面启动”两步走完成，以总馆带动分馆进行建设。二是在试点过程中进一步完善招募宣传、招募流程及技术支持，总结经验。三是整理试点过程容易产生的疑问，针对办证流程、移动总分馆转借功能进行整理，使分馆和读者更好地理解项目。四是加强指导和管理，协助分馆处理具体问题。五是对分馆提交的备案资料严格把关，及时整理备案资料，统计相关数据。六是组织家庭图书馆经验分享，指导和协助相关阅读活动开展。

2021年，在全市范围内共建成“我＋书房”家庭图书馆129个，超额完成指标，完成率为129%。129个成员馆覆盖29个镇（街道、园区），累计借阅量达2.7万册次，转借量达3700册次。东莞图书馆指导“我＋书房”家庭图书馆成员馆开展阅读推广活动，如“我＋书房”成员馆开展的拉杆箱借书、汽车书摊、家庭阅读分享会等，在新媒体平台上收获大量点赞，营造了良好的社会阅读氛围，让读者与图书馆形成更好的伙伴关系。

（二）问题与改进

“我＋书房”在技术支持方面还需进一步完善，如家庭图书馆读者证的开通流程环节较多，需要分馆、总馆多个部门以及业务系统开发商配合完成，从读者办证到正式开通转借功能等待时间较长。同时，在技术上统计家庭图书馆读者证相关的借阅、转借数据不够方便，难以自动统计各分馆的考核数据等。未来，我们拟从机制、活动等方面整体完善，推进“我＋书房”家庭图书馆品牌项目提升，进一步提高服务效果，如：对2021年度招募的家庭图书馆进行验收和开展优秀成员馆评选活动；从优秀成员馆中发展示范“我＋书房”，强化“我＋书房”的榜样力量；组织开展总分馆“我＋书房”交流学习和活动联动；设计统一活动旗帜、文化衫等活动标志用品，提升“我＋书房”品牌精神面貌等。

四、策划和组织开展总分馆联动活动

2021 年，东莞图书馆发挥服务体系优势，绘本馆项目组、学习中心推进部、读者服务中心、少儿馆、分馆发展部等多个部门策划和开展了内容丰富、形式多样的总分馆联动活动，如第二届儿童绘本创作大赛活动、庆祝中国共产党建党 100 周年——百年百部电子书阅读体验展、东莞市“城市阅读点灯人”少儿阅读推广培训班、“我讲书中的故事”儿童故事大王比赛，以及阅东莞・邂逅图书馆之美——城市阅读地图文创项目和东莞市“读绘经典”图像阅读与创作活动等。东莞图书馆通过搭建市、镇、村以及社会阅读力量四位一体的全民阅读活动平台，形成协调发展、资源共享、信息互通、品牌共创的有效机制，结合东莞图书馆“十四五”战略规划以及 2021 年东莞读书节工作方案的要求，发挥资源整合及统筹协调作用，带动各镇（街道、园区）分馆多层面联动，营造了总分馆良好的活动氛围，为优秀阅读活动的推广普及创造条件。

五、引导分馆利用属地资源，探索试点，成效初见

东莞图书馆积极引导和推动镇（街道、园区）分馆利用属地资源，加强与教育局、团市委、智网办等相关部门的合作，扩大服务覆盖面，不断探索属地资源的创新利用，让图书资源更贴近群众。

（一）引导镇（街道、园区）分馆积极与相关部门合作，开展数字阅读推广活动

疫情防控常态化的背景下，全市各镇（街道、园区）分馆通过在疫苗接种点张贴数字资源海报、开展线上故事会活动以及在公众号推荐数字资源等多种形式开展数字阅读推广活动，将数字资源推送给读者。

1. 投放数字资源进疫苗临时接种点

2021 年 4 月，在疫苗接种工作高峰，图书馆鼓励镇（街道、园区）分馆将数字资源投放到疫苗接种点，缓解市民等候焦虑，利用等候时间，享受阅读。谢岗、虎门、黄江等分馆先后将“抗疫有我，码上行动”的展架、海报和小册子等投放到临时接种点，服务受到读者好评，引起更多分馆纷纷效仿。

2. 在疫苗临时接种点设立流动图书服务点

鼓励镇街（园区）分馆采取多种形式将图书服务送进疫苗接种点。4 月 5 日，石龙分馆联合石龙镇疫情防控指挥办在疫苗接种点设立了流动图书服务点，大胆创新，在全市范围内首次推出这项公共文化服务举措，充分发挥了图书馆的阵地作用，加强图书馆

的服务延伸，提高了馆藏资源的利用率。

3. 跨部门合作打造品牌活动

引导镇（街道、园区）分馆积极开展镇内跨部门合作，打造数字阅读推广活动品牌。横沥分馆与镇内各部门加强沟通协调，适时整合数字阅读与公共场所等候区域融合，打造“等候阅读”品牌，投放数字资源到扫码宣传栏，定期安排馆员到等候区现场推广，把图书馆的图书资源“送到”群众手上，让群众在零散的时间里拿起手机扫二维码即能随时随地享受图书阅读，让碎片化的阅读集零为整，“拼凑”出群众线上阅读生态。横沥镇共有 38 个扫码点，分布在村（社区）、住宅小区、医院、银行、政务中心、疫苗注射点等区域，无缝链接的“等候阅读”图书扫码阅读服务让群众的等待时间变得更有意义，群众纷纷表示这种提供阅读服务很细致也很便民。

（二）选取镇（街道、园区）分馆试点，探索联合网格员推送资源进家庭服务

第一季度，与镇（街道）分馆积极沟通，选定大朗、大岭山等镇（街道）分馆作为试点。其中，大朗分馆已在春节期间和 4・23 世界读书日率先尝试，联合大朗镇派发年味书单，推送数字资源。大岭山分馆也于 9 月 11 日和 19 日，前往金地格林上院小区和低保户家庭派发数字阅读宣传单及推荐数字资源等。大岭山分馆、大朗分馆等试点分馆派发图书馆数字资源宣传单、海报共计 15000 份，试点经验将为全市范围推广打好基础。市“智网工程”指挥中心办表示支持图书馆活动宣传，并由各镇（街道、园区）与图书馆做好对接工作。

2021 年，东莞图书馆在积极拓展东莞市图书馆服务点覆盖面的同时，还支持和指导镇（街道、园区）分馆馆舍升级，万江、厚街、洪梅分馆新馆先后开放，麻涌、横沥、中堂、桥头、大朗、黄江等分馆启动新馆建设或规划工作，镇（街道）图书馆新馆的升级和建成有效提升了当地图书馆的服务质量与服务效能，提升了市民文化生活的获得感与幸福感。

图书馆服务体系的拓展和优化提高了服务人口的覆盖面。新型阅读空间的建设将图书馆的服务进一步延伸至街角巷尾、小区家庭，让阅读随手可及。从图书借阅到展览讲座，从推广全民阅读到地方文化策源，东莞市图书馆总分馆体系建设不仅打造出“图书馆之城”，更为整座城市公共文化服务联动搭建了广阔平台，让图书馆真正成为城市的文化福祉、精神食堂。

（李晓辉、杜若礼撰）

东莞读书节工作方案（2019）

一、目标要求

（一）总体目标

围绕全力打造“湾区都市、品质东莞”的战略任务，顺应人民对美好生活的新期待，深入贯彻《中华人民共和国公共文化服务保障法》《中华人民共和国公共图书馆法》《广东省全民阅读促进条例》以及《东莞市公共图书馆管理办法》，完善东莞市公共文化服务体系，进一步健全全民阅读体制机制，用琅琅书声、清新书香迎接中华人民共和国成立 70 周年，为东莞市实现高质量发展提供精神动力和文化支撑。

（二）基本要求

坚持“政府主导、广泛参与、公益共享、示范带动”的原则，完善阅读环境，培育阅读品牌，增强阅读氛围，大力推动全民阅读进农村、进社区、进家庭、进学校、进机关、进企业、进军营。加强对数字阅读引导，推动传统阅读和数字阅读融合，进一步展现全民阅读推广工作的新思想和新方法。

二、时间和地点

时间：集中活动时间为 2019 年 8 月至 9 月中下旬。

地点：东莞图书馆、各有关单位、各镇（街道、园区）。

三、主题

阅读·和谐·发展——提升文明素质　崇尚健康生活

四、口号

悦读·为祖国喝彩；品质东莞·悦读生活；同享读书乐，共建文明城；读经典　学新知　链接美好生活；服务全民阅读　共创美好生活；新时代·新阅读·新未来。

五、主要项目

（一）知识分享互动类

1. 南国书香节东莞分会场系列活动

牵头单位：东莞市委宣传部、东莞市文明办、东莞市文化广电旅游体育局

责任单位：东莞日报社、东莞广播电视台、东莞图书馆、东莞市文化馆、广东永正图书有限公司、东莞市新华书店、覔书店、东莞市博文图书有限公司、东莞市书香世家文化传播有限公司、市纸上谈兵书店、东莞市动漫协会

主要内容：一是展销习近平新时代中国特色社会主义思想、党的十九大精神、庆祝中华人民共和国成立 70 周年、推动粤港澳大湾区建设等主题出版物，反映东莞经济社会发展的优秀文献，以及各类精品图书、特色图书等；二是开展经典阅读、数字阅读等面向各群体的阅读推广活动，将南国书香节东莞书展办成深受东莞群众喜爱的阅读嘉年华。三是结合南国书香节东莞分会场活动启动、2019 东莞第十五届读书节启动，策划引入中国图书馆学会“公共图书馆在全民阅读中的领读与创新”峰会在松山湖图书馆举办，探讨新时代、新技术背景下的新需求、新阅读，将全民阅读推向深入。

2. 阅读推广公益行动之扫码阅读系列活动

牵头单位：东莞市委宣传部、东莞市文明办、东莞市文化广电旅游体育局、东莞市教育局

责任单位：东莞图书馆及各镇（街道）图书馆、松山湖图书馆

主要内容：拓展扫码阅读内容，除看书外，增加听书、杂志等内容的每月推送，发挥各图书馆活动主体职能，线上线下开展数字阅读推广，将扫码阅读活动海报深入学校、企业、社区、楼道、公交系统等，在全市范围内倡导和推进图书馆优质数字阅读资源服务和共享。

3. 完善阅读环境，推进 24 小时全民阅读系列活动

牵头单位：东莞市委宣传部、东莞市文明办、东莞市文化广电旅游体育局

责任单位：各镇（街道、园区）文化广电服务中心、东莞图书馆、广东永正图书有

限公司、东莞市新华书店、东莞市博文图书有限公司、东莞市纸上谈兵书店、东莞市书香世家文化传播有限公司等

主要内容：一是着力完善设施，各镇（街道、园区）图书馆结合实际情况及时进行24小时自助服务设施的完善。二是丰富阅读资源，定期做好自助服务点的图书更新工作，有条件的自助图书馆可增加报纸杂志、电子书阅览、社区信息服务内容展示，提供数字资源服务等功能。三是广泛开展活动，各镇（街道、园区）要围绕24小时阅读组织开展至少一次自助设施利用培训、一次阅读沙龙、一次媒体集中宣传，以总结、提升、推广东莞市全民阅读环境。同时，鼓励书商延长开放时间，积极开展24小时服务。

4.“悦读·在路上”系列活动

责任单位：东莞图书馆及各镇（街道）图书馆、松山湖图书馆

主要内容：结合新媒体阅读趋势，加强与社会力量合作，引导市民将阅读行为融入路途生活，宣扬健康环保和崇尚阅读、分享知识的生活理念，积极培育文明健康生活方式。

5.“幸福悦读　知识共享”捐赠换书系列活动

责任单位：东莞图书馆及市图书捐赠交换中心、各镇（街道）图书馆、松山湖图书馆

主要内容：围绕“阅读　分享　交流”的主题，通过策划组织系列活动，为广大市民提供读书、晒书、换书、捐书、以书会友的文化互动平台，推动全民阅读活动的深入开展，培育城市阅读，形成良好的学习氛围。

6.“书海导航”读书节阅读推荐书目

责任单位：东莞图书馆

主要内容：结合习近平新时代中国特色社会主义思想、党的十九大精神、庆祝中华人民共和国成立70周年、推动粤港澳大湾区建设、“湾区都市、品质东莞”建设等主题，立足广大市民和读者的阅读需要、阅读兴趣以及东莞的地方特点，选取各类热点图书、畅销图书以及广受社会好评的纸质书及电子书刊编制成2019年东莞读书节推荐书目。

7.“读书知识系列”巡展活动

责任单位：东莞图书馆

主要内容：选取各类优秀展览内容，统一制作成展板，深入全市各镇（街道、园区）、村（社区）、学校、企业开展系列巡展，传播知识、传承文化，丰富市民的精神文化生活，倡导读书风尚，营造全民阅读的学习氛围。

8.东莞市“书香之家”评选活动

责任单位：东莞市妇联

主要内容：通过开展“书香之家”创建活动，引导家庭创新阅读方式、活动载体，

弘扬书香四溢的家庭文化，调动家庭精神财富的积累，规制家庭文明的传承。同时，深入发掘宣传示范性和代表性较强的“书香之家”，推广读书经验、培养阅读兴趣、传播终身学习理念，充分发挥家庭读书活动在打造“湾区都市、品质东莞”中的基础性作用。

9.“书香飘万家”亲子阅读活动

责任单位：东莞市妇联

主要内容：开展“书香飘万家”家庭亲子阅读活动，传播科学家庭教育理念，为儿童的健康成长营造良好的家庭和社会环境；通过推荐家庭亲子阅读书目，引领广大家长、儿童读好书，满足不同家庭的阅读需求；面向全市开展家庭亲子阅读指导培训，提高指导家庭亲子阅读专业水平，切实推进家庭亲子阅读在全市各镇（街道）科学普及开展。

10.“阅读点亮梦想”东莞市青少年品读会系列活动

责任单位：共青团东莞市委

主要内容：结合五四运动100周年、少先队建队70周年等重大节点，以“阅读点亮梦想”为主题，在大、中、小各类学校中分别开展不同类型的活动。在组织学生阅读好书、撰写心得的基础上，邀请专家学者、文化名人、作家教授与青少年学生交流读书心得、分享生命感悟，帮助青少年培养阅读习惯，拓宽知识结构，引导青少年点亮人生梦想，树立正确的世界观、人生观和价值观，同时营造东莞浓厚的阅读氛围和人文气息。

11.“社科杯”全市征文演讲大赛

责任单位：东莞市社科联

主要内容：以逐梦“湾区都市、品质东莞”为主题，以东莞成长故事为主线，体裁不限，写出东莞情怀，讲好东莞故事。重点围绕精神文明建设、高品质文化城市等内容，在新时代、新机遇、新形势下，让市民通过征文和演讲的形式表达自己与东莞共成长、共同营造友善家园、共同为美丽东莞打拼的情怀。

12.“传承中华文化，诵读红色经典”朗诵会活动

责任单位：东莞市文联

主要内容：通过开展“传承中华文化，诵读红色经典”朗诵会活动，以大力讴歌革命先烈的光辉业绩为主题，并用青少年舞台朗诵等形式弘扬红色革命精神、增强红色文化自信，推动全民广泛诵读红色经典作品。

13.慧教育·慧读书·校长读书交流活动

责任单位：东莞市教育局

主要内容：通过组织校长开展读书活动、撰写和分享读书心得、共享读书成果和专题讲座等活动，发挥校长读书引领作用，进一步引领教师、学生和家长开展读书活动，形成书香校园品牌。

14. 经典美文微信公众号、微博书评活动

责任单位：广东永正图书有限公司

主要内容：通过上传优秀书目、经典美文等内容到微信公众号和微博平台，引导广大市民和读者对优秀书目和经典美文进行互动，同时撰写书评，表达思想和阅读感悟，从而营造新媒体阅读的良好氛围。

（二）阅读求知竞赛类

1. “梦·阅读”全市中小学生现场作文比赛

责任单位：东莞市教育局

主要内容：以“梦·阅读”为主题，在全市中小学生中开展现场作文竞赛，展现中小学生热爱读书、热爱学习、昂扬向上的精神，同时提高中小学生写作能力和综合素质。

2. 中国税务精神之悦读分享活动

责任单位：国家税务总局东莞市税务局

主要内容：同读一本书的同时以朗诵、撰写读后感、现场阅读分享等形式丰富税务系统干部职工的知识面，提高综合素质，展现税务情怀。

3. “我讲书中的故事”儿童故事大王比赛

责任单位：东莞图书馆及各镇（街道）图书馆、松山湖图书馆

主要内容：以“阅读，链接美好生活”为主题，鼓励青少年透过书籍游历世界各地，感受世界的美好，引导他们透过一个个故事来诠释优秀传统文化的印记，展现阅读带来的幸福和愉悦，实现中华文化的传承。

4. “阅读，链接美好生活”小学生手抄报、儿童绘画大赛

责任单位：东莞图书馆及各镇（街道）图书馆、松山湖图书馆

主要内容：以“阅读，链接美好生活”为主题，引导少儿拿起手中的笔记录学习及生活中所见所闻，绘出心中的美好图景，展现阅读带来的幸福和愉悦。

5. “中国梦·职工情”东莞市职工书画创作大赛

责任单位：东莞市总工会

主要内容：通过在全市范围内组织职工书画爱好者进行书画创作，培育和践行社会主义核心价值观，传承中华优秀传统文化，形成“劳动最光荣、劳动最崇高、劳动最伟

大、劳动最美丽”的社会风气，同时展示职工的精神文化生活。

6.“新城市、大湾区，东莞我的家”掌上动漫、3D 动漫创作大赛

责任单位：东莞市教育局

主要内容：通过掌上动漫、3D 动漫创作大赛，为青少年提供一个创新、实践、展现和交流的平台。加强青少年的信息素养和互联网思维，提高青少年的想象力、创造力和动手能力，促进东莞市中小学信息技术教育创新发展。

7.“菡萏吐秀”读书心得展示比赛

责任单位：东莞理工学院

主要内容：比赛中学生阅读优秀书籍，从作者简介、全书梗概、书籍特点、阅读感受等方面展示读书报告。选手们在展示过程中深度解读书籍的现实意义，并自主撰写书评、心得，登台讲演，发展和锻炼自身综合能力，旨在提高学生的综合人文素养，营造浓厚的校园阅读文化氛围。

8. 师生家长同读同写活动

责任单位：东莞市教育局、东莞中学初中部

主要内容：师生家长共同阅读书籍并撰写读书随笔，通过家的长参与以及教师的指导激发学生的阅读热情并养成自学阅读的良好习惯，同时培育良好的家庭阅读氛围。

9.“我与科幻有个约会”活动

责任单位：东莞理工学院莞城校区

主要内容：人类的科幻是科技与人性的交融，是有限世界与无限世界的碰撞，也是科学与艺术的结合。通过让市民讲述自己对科幻这一主题的理解和相关故事，开拓市民视野及想象力。

10. 东莞市“莞香花开”幼儿绘画比赛

责任单位：东莞市邮政公司

主要内容：以“莞香花开”为主题开展第四届幼儿绘画比赛活动，借助幼儿绘画的形式，帮助儿童借助五颜六色的画笔来认知世界和发觉个人意识，进而培养儿童创造性，促进儿童综合发展。

11. 东莞市中小学生书信大赛

责任单位：东莞市教育局、东莞市文化广电旅游体育局

主要内容：以“致祖国母亲的一封信”书信活动为主题，通过阅读新中国成立 70 年以来社会发展变化相关图书、报刊、连环画、挂图等宣传资料，了解中国取得的举世瞩目的辉煌成就，引导学生发挥想象，用手中的笔描绘中国的新时代，进行书信创作。书信将邮寄给父母、师长、同学或者海外友人。

（三）学习品牌引领类

1. 市领导“月读 2 本书”

责任单位：东莞市委宣传部

主要内容：发挥领导干部的示范带动作用，推动全民阅读。根据中央、省委、市委的决策部署，每两个月向市领导推荐月读 2 本书，每年至少推荐阅读 24 本书，推动全市上下形成爱读书、善读书、读好书的浓厚氛围。

2. 周日党课

责任单位：东莞市委党校

主要内容：紧紧围绕党建、经济、法学、文化及社科理论方面的专题宣传党的路线方针政策，着力提高基层党员的党性修养和综合素质。

3. 悦读沙龙

责任单位：国家税务总局东莞市税务局

主要内容：通过举办悦读分享会的形式，将共读一本书、好书推荐、税法知识宣传、志愿服务、捐书助学等集为一体，大力推广全民阅读，并将该活动推进至企业商圈、中小学校园、机关单位等，营造出“读好书　爱读书”的良好氛围。

4. 市民学堂

责任单位：东莞图书馆

主要内容：细分读者类型，开展公益讲座、公益生活课堂、公益技能学堂以及东莞学习中心平台等实体与虚拟相结合的讲座、培训、交流等活动，满足读者多元的阅读需求。

5. 文化周末大讲坛

责任单位：莞城街道办事处

主要内容：围绕读书节的主题开展文化周末大讲坛活动，丰富市民业余文化生活，提升市民综合素质。

6. 选堂大讲堂

责任单位：长安镇人民政府

主要内容：围绕做好决策咨询、加强党员干部教育以及提升市民素质的目标，邀请国内文化名家到长安授课，为广大党员干部群众提供思想碰撞交流的公共学习平台。

7. 检察书友会读系列活动

责任单位：东莞市检察院

主要内容：以读书沙龙方式定期组织读书交流，通过品书、写书评、“检察长荐书”

等活动，不断提升检察队伍文化底蕴和综合素质。

除以上主要活动外，各有关单位和部门、各镇（街道、园区）结合实际，配合读书节工作协调小组的总体部署组织相应活动，并将有关活动方案及时报东莞图书馆统筹、整合和协调。

六、组织机构

（一）主办、承办、协办单位

1. 主办单位

东莞市委宣传部、东莞市文明办、东莞市文化广电旅游体育局、东莞市教育局

2. 承办单位

东莞理工学院、国家税务总局东莞市税务局、东莞日报社、东莞广播电视台、东莞市总工会、共青团东莞市委、东莞市妇联、东莞市文联、东莞市社科联、东莞市邮政公司、东莞图书馆

3. 协办单位

各镇（街道、园区）宣传文体局及文化广电服务中心、市内各书店等

（二）协调小组

成立东莞市读书节协调小组（具体成员名单略）。

协调小组日常工作由东莞图书馆承担。

七、工作要求

（一）加强领导，明确分工

东莞读书节是提升东莞市民文化素养、推进创新驱动、增强全市人民的文化获得感的一项重要工作。各有关单位和部门、镇（街道、园区）要高度重视全民阅读推广工作，制订工作方案，明确责任分工。紧紧围绕庆祝新中国成立 70 周年主题，立足“湾区都市，品质东莞”建设，突显本地特色，发扬优势资源，保障活动经费，并向市读书节工作协调小组定期反馈工作进度和活动动态。

（二）精心组织，合力推进

各有关单位和部门，各镇（街道、园区）要不断发掘、创造、推广全民阅读新模式和新特点，注重资源共享和活动联动，扩大阅读活动的普及面和影响力。

（三）加大宣传，营造氛围

各有关单位和部门，各镇（街道、园区）要整合各类社会力量扩大宣传面。特别是在保证传统媒体宣传基础上，结合新媒体宣传优势，做好活动预告、现场报道、深度提炼。此外，各级单位还应通过发文、派发宣传单、张贴宣传海报、设立路政广告牌、户外标语横幅、背景墙、灯箱等方法，营造浓厚的阅读学习氛围。

（四）强化保障，安全有序

各有关单位和部门，各镇（街道）要严格落实安全责任制，按照公安、消防等部门的工作制度和要求，尽早将重大活动安排报公安部门核准，提前制定好安全预案，认真细致做好活动组织过程中的各项安全、保卫工作，确保各项活动安全、有序开展。

（莫启仪起草）

总分馆点餐式培训案例

为深入贯彻《中华人民共和国公共文化服务保障法》《中华人民共和国公共图书馆法》《东莞市公共图书馆管理办法》（上述三部法律法规以下简称“三法”），结合东莞图书馆“十三五”战略规划的具体任务，东莞图书馆针对各镇（街道、园区）分馆的业务需求，探索实施总分馆上岗资格评定新制度，自 2018 年开始连续开展“点餐式”系列培训，其中 2019 年为“点餐式 2.0”培训，2020 年为“点餐式 3.0”培训，开启“分馆点餐、总馆配餐——订制服务”新模式。

一、培训方式

（一）招募主讲老师，组建图书馆业务培训讲师团

根据总分馆业务培训课程内容的需要，面向东莞图书馆各部门及各镇（街道、园区）分馆，招募总分馆业务培训讲师团成员。凡有意加入讲师团的人员可参照“东莞市图书馆总分馆业务培训课程表”，填写“东莞市图书馆总分馆业务培训讲师团招募报名表”，审核通过后将成为总分馆业务培训讲师团的主讲老师，由东莞图书馆组织安排到各镇（街道）分馆现场开展有针对性的培训。

（二）分馆按需“点餐”，开启基层培训新模式

首先，由东莞图书馆分馆发展部根据年度工作目标及分馆培训需要初拟培训课程，如 2019 年培训课程主要包括 RFID 技术培训、智能化服务培训、活动下基层示范等相关培训课程。其次，各镇（街道）分馆再根据本馆岗位及工作人员需求进行统一申报，除了课程列表中制所列的课程外，各镇（街道、园区）图书馆可针对自身的不足与弱项“点餐”新的课程，在“东莞市图书馆总分馆业务培训课程申报表”中新增所需“点餐”的课程，东莞图书馆将统筹主讲老师安排相应的培训课程。

（三）总馆汇总统筹，分片分批安排现场培训

东莞图书馆汇总各分馆上报的“东莞市图书馆总分馆业务培训课程申报表”后，根据报名人数和就近原则统筹协调，选择有条件的镇（街道）作为培训点开展培训。针对每场培训原则上各分馆可安排 3 人参加，各联网村（社区）服务点安排 1 人参加，作为培训点的镇（街道）分馆可适当增加培训人数。当个别镇（街道）分馆因工作人员较多未能安排，或某课程由于参加人数不多未能在某地安排学习时，东莞图书馆将根据实际情况统筹安排。如 2019 年，各类型培训除了安排在镇（街道）分馆开展外，个别课程将作为小型培训以工作坊等形式安排在已建成的城市阅读驿站或村（社区）服务点内开展。

（四）创新培训模式，集中培训与网络学习相结合

一方面，邀请专家学者开展专业技术讲座。东莞图书馆将继续发挥总馆的职能优势，邀请国内外著名专家学者不定期开设图书馆专业技术讲座，组织总馆全体员工及各分馆工作人员参与学习，提高工作人员的专业技术水平。此外，还针对培训内容多方聘请培训讲师，组合优化，组建高质量的师资队伍。另一方面，利用东莞学习中心平台开展网络培训，依托东莞学习中心平台开展网络培训。由东莞图书馆学习中心挑选学习内容课件，各镇（街道）组织所属的村（社区）服务点和公共电子阅览室工作人员按要求组织学习。

由于疫情的影响，为了减少大量人员聚集，避免病毒传播风险，2020 年本馆对东莞市图书馆总分馆“点餐式”培训进行了适当的调整：招募主讲老师、根据分馆需要开设培训课程都不变，但在培训形式进行了适当的调整，由原来的总馆组织主讲老师前往培训点开展分片培训改为线上培训，即主讲老师通过腾讯会议、钉钉等软件远程开展线上培训，各分馆通过组织本馆及各村（社区）服务点工作人员集中观看培训直播，通过视频和音频等与主讲老师进行交流。

二、课程设置

培训课程由两部分组成，一部分由东莞图书馆分馆发展部根据年度工作目标及分馆培训需要初拟培训课程，另一部分由各分馆根据自身的不足与弱项，通过“点餐”在培训课程表里新增所需培训课程。如 2019 年总分馆业务培训课程包括 7 个方面，每个方面又包括多项培训内容，详见表 4–1。

表 4-1　东莞市图书馆总分馆业务培训课程表

编号	课程	简介
1	集中培训课程	
1.1	RFID 技术培训	介绍 RFID 技术相关知识以及东莞市在推广 RIFD 技术过程中要注意的事项。
1.2	东莞图书馆 App 升级使用技能培训	针对东莞图书馆 App 将全面升级，馆内自建的音频、视频等数字资源进一步整合，统一在网站、微信公众号、App 呈现。
2	业务基础培训课程	
2.1	城市阅读驿站建设	外地相关情况介绍、东莞市城市阅读驿站建设要求和工作步骤等。
2.2	业务系统 3.0	图书借还、办证、统计、典藏、调拨等。
2.3	读者服务	读者服务技巧、投诉处理等。
2.4	读者活动组织	读者活动策划、组织和效果反馈工作技巧。
3	业务提升培训课程	
3.1	PPT 制作	PPT 制作技巧。
3.2	微信服务	微信公众号推文撰写 \ 微信公众号平台使用技巧等。
3.3	摄影及图片处理	摄影原理及图片加工处理，PS 等图片处理软件的应用。
3.4	Excel 表格处理	数据快速统计。
3.5	演讲与口才培训	读者活动主持人培训、演讲与口才等。
4	智能化服务培训课程	
4.1	手机借阅	支付宝信用借书、微信绑定读者证、微信支付滞纳金等服务。
4.2	图书快递到家	了解快递借书相关规则和流程。
4.3	智能机器人	智能机器人在图书馆的应用。
4.4	人脸识别技术	了解自助设备人脸识别技术的应用。
5	数字阅读推广培训课程	
5.1	数字阅读推广培训	结合数字阅读资源与平台，让基层图书馆员工学习使用各数字阅读服务平台、了解并使用扫码阅读新方式，以更好地开展数字阅读推广服务。
6	绘本阅读推广培训课程	

续表

编号	课程	简介
6.1	绘本阅读推广人培训	依托全市各绘本馆以及少儿活动室开展绘本阅读服务。
6.2	绘本分馆建设与服务	绘本分馆建设、服务与活动组织。
7	活动下基层示范培训课程	
7.1	活动下基层示范培训	将总馆优秀的读者活动送到各镇（街道）分馆，以示范活动促进全市各镇（街道）分馆工作人员读者活动组织策划能力的提升。

三、反馈

在开展培训课程过程中，要注重培训效果的收集和反馈，通过“东莞市图书馆总分馆基层培训意见调查表”征集参训人员对培训课程、培训安排以及下一年度培训工作三方面内容的意见和建议。如：

希望能更细致地讲述一下针对不同分馆实际情况的操作方法。

希望培训的主题更多，而每一个主题不需要太长时间，这样可以学习到更丰富的内容，也希望能请一些做得好的分馆来分享一下，与切身条件相近一些比较容易理解和学习。

目前我馆比较急需一些读者活动类的专业知识或是缺乏各种专业的志愿者老师，如美术、医学讲座、心理讲座这些，希望能得到总馆的帮助。

讲授操作性强的课程时，尽量安排有相关的器材供学员边上课边操作，例如，讲 Office 相关应用时应安排在有电脑的教室。

有些课程内容对于非专业的学员来说过于深奥了，建议讲课过程再细化或者着重在基础知识层面。

建议调查基层工作人员对课程需求时尽量落实到个人，再作统筹。

……

四、改进

结合“东莞市图书馆总分馆基层培训意见调查表”中征集的各分馆参训人员的意见

和建议，有针对性地对下一阶段的培训工作进行调整。如：

对于操作性较强的课程，如 Excel 表格处理，我们会在课程开始前提醒参与培训的分馆，尤其具体负责报表报送的同事，携带笔记本电脑，安装最新版本的 Office 办公软件，在上课过程中与主讲老师同步操作，进一步提升培训的效果。

在分馆对培训课程“点餐”过程中，我们要求分馆充分做好培训需求的收集工作，了解镇村两级图书馆（室）工作人员的培训需求，结合本镇（街道）图书馆工作的实际，综合报送培训课程需求。

（张贺春撰）

总分馆图书物流管理样例

一、馆际图书物流流程

（一）提出需求

各分馆或总馆各部门可通过电话、QQ、微信向分馆发展部提出具体运输需求。收到需求信息后，分馆发展部在两个工作日内回复行程安排，并做好馆际图书相关信息的收集、整合，合理规划运输行程，制作馆际图书物流行程安排表。如表 4–2 所示：

表 4–2　馆际图书物流行程安排表

序号	日期		单位	送达	收回	备注
1	8 月 28 日	星期五	东莞市驾驶员培训中心	1621 册		
2			沙田分馆	248 册	1006 册	送预约书 2 册
3			总馆分拣中心	1006 册	1621 册	
4						
5						
	合计			2875 册	2627 册	

（二）图书交接准备

分馆发展部至少提前一天通知各分馆做好图书交接的准备工作。

（三）运送图书

物流承运商出车前由分馆发展部提前联系所到馆，沟通确定运送安排：如送达时间、地点等。运送当天，物流承运商根据行程安排从东莞图书馆辅助书库取出馆际图书，登记后搬运上车，根据当天的计划路线出车将馆际图书运输到目的分馆。

（四）图书交接

各分馆应提前做好馆际图书处理工作，将馆际图书运到约定的移交地点，由物流承运商负责馆际图书上下车搬运工作，填写馆际物流登记表并签收确认。如表 4–3 所示：

表 4–3　馆际图书物流登记表

年份：2020

序号	日期	发货地点	收货地点	册数	发货人	承运人	接收人	经办人	备注
1	8 月 28 日	总馆	东莞市驾驶员培训中心	1621	陈 **	余 **	李 **	林 **	
2		总馆	沙田分馆	248	梁 **	余 **	陈 **	林 **	送预约书 2 册
3		沙田分馆	总馆	1006	陈 **	余 **	何 **	林 **	
4									
5									
合计				2875					

注：本表为纸质版手工填写，由物流承运商随车携带，在每次进行图书交接过程必须填写，作为图书交接的凭证，由双方手写签名确认。

（五）分类登记

物流承运商将馆际图书运回总馆后本馆进行图书分类，将总馆图书运送到总馆分拣中心，将分馆图书放置在辅助书库的指定书架上。最后，总馆工作人员在馆际物图书流登记表确认签名。

（六）系统调拨

为保证馆际图书系统数据与到馆信息一致，各分馆在收到馆际图书时，需在业务系统中进行“调拨回所属馆”操作，然后再将图书上架。

（七）读者预约图书的接送

分馆发展部接收适合行程的预约图书，转交物流承运商运送。分馆收到预约书后，再联系读者前来借阅，如表 4–4 所示：

表 4-4 预约图书登记卡

送达馆 / 地		沙田分馆
读者	证号	310101100065**
	姓名	钟 * 玉
	电话	15119311***
图书	送出馆	总馆
	书名	非常妈妈
	条码	00013191248700
是否告知读者：		日期：
经办人：陈 **		日期：2020 年 8 月 27 日
备注：		

注：读者预约的馆际图书，由图书所在馆的工作人员负责填写“馆际读者预约图书登记卡”，并将跨馆预约的图书交至物流车或图书流动车，再转送到读者指定的图书馆，预约图书到馆后由图书馆工作人员联系读者来馆取书借阅。

二、馆际图书物流操作要求

1. 制作馆际图书调拨报表，如表 4-5 所示。

表 4-5 馆际调拨清单

序号	1	2	3
条码	00013180878863	00013190734981	00013110105973
题名	在人生的更高处相见	新时代金句	手到自除病
ISBN	978-7-5596-2291-4	978-7-5115-5767-4	978-7-5113-0462-9
著者	俞敏洪著	秦强主编	陈泰先编著
主题	在人生的更高处相见	新时代金句	手到自除病
分类号	I267	D630.3	R244.1
索书号	I267/9362	D630.3/461	R244.1/492
所属馆	0001	0001	0001
所属馆藏	0001_PTJY| 市馆普通图书借阅室（三楼）1	0001_PTJY| 市馆普通图书借阅室（三楼）1	0001_PTJY| 市馆普通图书借阅室（三楼）1

续表

所在馆	0001	0001	0001
所在馆藏	0001_PTJY| 市馆普通图书借阅室（三楼）1	0001_PTJY| 市馆普通图书借阅室（三楼）1	0001_PTJY| 市馆普通图书借阅室（三楼）1
出版社	北京联合出版公司	人民日报出版社	中国华侨出版社
价格	49.8	48	39.8
去向	2| 在馆	2| 在馆	2| 在馆
卷册信息	1	1	1
操作人员	3101liuxiujuan	3101liuxiujuan	3101liuxiujuan

注：各分馆将按照图书所属馆分别导出的调拨报表汇总到一个 Excel 文件中，文件命名为：日期＋操作馆＋图书总册数。日期是馆际图书交接给流动车的当天日期，如沙田分馆 2020 年 8 月 28 日交给运输车的馆际图书共 389 册，则该 Excel 命名为“20200828 沙田分馆 389 册”。工作表内命名为：所属馆 + 册数，如“东城馆 100 册”。

2. 馆际图书馆自行分类和包装，每捆馆际图书按照 30 册左右的数量进行打包。

3. 每件图书以馆名或总馆部门名称进行标识，方便图书分类辨别，物流工作更快捷高效。

三、馆际图书物流数据收集整合

各分馆或总馆各部门对馆际图书在业务系统中进行馆际调拨操作后，需及时导出馆际图书调拨报表，发到分馆发展部指定邮箱，分馆发展部将根据各分馆或总馆各部门的馆际图书数量、所在馆藏点合理安排运输计划。

（林翔宇、张贺春撰）

村（社区）基层服务点建设案例

——大朗分馆巷头服务点

一、背景

2004年以来，市委、市政府先后下发了《东莞地区图书馆总分馆制实施方案》《东莞市建设图书馆之城实施方案》以及《关于贯彻落实〈东莞市建设图书馆之城实施方案〉的意见》等全市性文件，对图书馆之城建设做出整体部署和具体安排。东莞市在2004年开始推行图书馆总分馆制，确立了市、镇、村三级管理架构；2007年开始实施的《东莞市公共图书馆管理办法》也进一步明确了东莞市建立市、镇（街道）、村（社区）三级架构的公共图书馆总分馆体系。镇人民政府（街道办事处、园区管委会）应当统筹本行政区域内村（社区）图书馆（室）或者服务网点的建设，可以在学校、企业、地铁站、火车站、汽车站等人口密集区域设立图书馆（室）或者服务网点。为进一步强化了镇街分馆的统筹职能，《东莞市公共图书馆管理办法》在指标设定上，从"每千人建筑面积""人均图书藏书量""年人均入藏文献"等方面分市、镇两级设定目标值，有效促进镇级图书馆带动村（社区）图书馆的发展。

二、服务点建设的条件与要求

（一）选址和规划布局

（1）村（社区）服务点应选择位置适中、交通方便、环境安静、工程地质及水文地质条件较有利的地段，为方便人员流动和残障人士使用图书馆，应优先选择低层作为馆舍。设在首层的馆舍，馆内地面应与馆外地面有一定的高度差，室外排水系统要通畅。村（社区）服务点的建设可结合村（社区）综合性文化服务中心建设进行统一规划，原来独立的村（社区）服务点、公共电子阅览室与村（社区）综合文化服务中心合并建设、开展服务。

（2）村（社区）服务点的规划应总体布局合理、功能分区明确、各区联系方便、互不干扰并留有发展空间。主通道和走火通道的门宽不少于 1.8 米，以方便突发事件时人员的疏散。采光应以自然光为主、人工灯光为辅，通风以自然风为主。应做好绿化设计，绿化与建筑物、构筑物、道路和管线之间的距离应符合有关规定。

（3）村（社区）服务点的楼层荷载 450 ～ 500 公斤 / 平方米，有空调的馆舍层高为 3.5 ～ 4 米，没有空调的馆舍层高 4 ～ 4.5 米，柱网尺寸应为 1.2 米或 1.25 米的倍数。

（4）消防是图书馆的重要工作，在馆舍的设计中，应考虑有效的、独立的消防系统，并配备足够的灭火器材、自动应急灯、通道指示灯，馆内的电线应入线管，要有独立的总开关和分开关。

（二）馆舍面积

依据《东莞市公共图书馆管理办法》中“公共图书馆每千人建筑面积”的相关要求，镇（街道）与村（社区）公共图书馆面积合计应达到 30 平方米以上；村（社区）服务点的馆舍面积须满足藏书量和读者阅览的需求，馆舍面积应不少于 50 平方米。

（三）馆藏数量

《东莞市公共图书馆管理办法》要求，镇（街道）与村（社区）公共图书馆人均藏书量应达到 1 册以上，村（社区）服务点的馆藏数量中图书应不少于 2000 册，报纸不少于 10 种，期刊不少于 20 种。

（四）人员配置

根据《公共图书馆服务规范》，公共图书馆工作人员数量的确定应以所在区域服务人口数为依据，每服务人口 10000 人至 25000 人应配备 1 名工作人员。村（社区）服务点至少配置 1 名专职的图书管理员。

三、大朗分馆巷头服务点建设过程

（一）申请

根据大朗分馆统筹本行政区域内村（社区）服务点的建设计划，大朗分馆积极推进村（社区）服务点联网建设，经对巷头村图书室进行初步的考察，大朗分馆认为巷头村图书室基本符合加入东莞市图书馆总分馆体系的要求。大朗分馆对下辖的巷头村委会进行村（社区）服务点建设工作动员，双方经协商取得一致意见，由大朗分馆牵头，巷头村委配合建设大朗分馆巷头服务点。大朗分馆以正式文件形式向总馆提交《关于建设大朗分馆巷头服务点的申请》。

（二）条件审核

接到大朗分馆提交的《关于建设大朗分馆巷头服务点的申请》后，总馆分馆发展部前往大朗分馆巷头村图书室实地察看，对照村（社区）服务点的建设条件和要求，逐项对巷头村图书室进行审核，判定是否符合村（社区）服务点的各项要求。对于不满足条件的地方现场提出整改意见，待整改完毕后再进行复审，直至审核通过。

（三）筹备建设服务点

大朗分馆巷头图书室的现场检查审核通过后，经东莞图书馆同意开展筹建服务点工作。根据《分馆（服务点）建设标准》，村（社区）服务点建设项目参照分馆建设标准，建设项目包括村（社区）服务点标识、村（社区）服务点建筑、专用设备、文献和工作人员等组成。对于巷头服务点的建设工作，大朗分馆负责统筹巷头服务点建设各项工作，并指导巷头村按照建设要求逐项落实和实施，具体包括以下内容：

1. 标志制作

总馆分馆发展部将总分馆统一的标志文件发到大朗分馆，大朗分馆指导巷头服务点按照标志文件要求进行标志制作以及上墙。标志制作的要求如下：

标志由“e”字标志、总分馆、服务点中英文名称、标准字体与颜色、规范组合等组成，具体内容包括：

（1）标志：总分馆统一采用“e”字标志。

（2）中英文名称：村（社区）服务点以“东莞图书馆 ×× 分馆 ×× 服务点 / DONGGUAN LIBRARY ×××× BRANCH”命名，涉及中文地名的以国家公布的《汉语拼音方案》进行命名。如大朗分馆巷头服务点为“东莞图书馆大朗分馆巷头服务点 / DONGGUAN LIBRARY DALANG BRANCH”。

（3）标志字体：使用总分馆规定的中英文专用字体。

（4）标志颜色：标准色为蓝色，主要辅助色为橙色。

（5）标志与标准字按照总分馆统一的整体模式进行组合，严禁随意组合。

（6）总分馆统一标志的应用范围包括：读者证、挂牌（包括门面招牌、营业牌、灯箱挂牌等）、馆内标志、宣传用品、办公用品（包括名片、工作证等）。

2. 村（社区）服务点建筑

村（社区）服务点建筑由书库、图书馆阅览室、公共电子阅览室等主要功能室

（区）组成。由大朗分馆指导巷头服务点按照审核条件的要求做好建筑主体和室内装修等工作。大朗分馆指导巷头服务点建设过程中务必对建筑的各方面进行跟踪督导，具体包括巷头服务点的选址和功能布局、面积、楼层荷载和消防等方面。

3. 专用设备

村（社区）服务点的专用设备由书刊报架、阅览桌椅、计算机、图书防盗设备等组成。书刊报架和阅览桌椅应根据设计藏书量和设计阅读座席数配置，计算机配置不得低于 Interlib 集群系统所要求的最低配置，图书防盗设备应采用与总馆和其他分馆兼容的品牌和型号。有条件的村（社区）服务点可购置图书自助借还设备，设备应采用与总馆及其他分馆兼容的品牌和型号。

巷头服务点的专用设备采购在大朗分馆指导下进行。

4. 文献

文献由图书、期刊、报纸和电子资源、网络资源等组成。图书需要根据《中国图书馆分类法（第五版）》进行编目，并录入总分馆“Interlib 图书馆集群网络管理系统”；期刊和报纸应有供读者查询的目录表；电子资源包括光盘资源、硬盘资源等，是购买、刻录、拷贝至本地的资源；网络资源包括全国文化信息资源共享工程的网络资源、东莞图书馆的网络资源、其他分馆共享的资源和自行购买的网络资源等。

巷头服务点按要求与图书供应商签订图书采购协议，购置不少于 2000 册的图书。

（四）人员培训

巷头服务点在正式开馆前，要做好工作人员的培训工作，大朗分馆负责统筹巷头服务点的工作人员培训，组织工作人员参与全市的基层图书馆培训。新入职人员必须参与业务系统、读者服务、分类法等基础课程的培训，经过参加总馆开展的业务系统培训且考核通过后才能获得相应的业务系统账号权限。

（五）开通系统账号

大朗分馆向总馆分馆发展部提交巷头服务点新增系统馆藏点的申请，巷头服务点的系统馆藏点开通后，方可新增该馆藏点的工作人员账号以及进行图书加工等工作。

（六）图书入库

巷头服务点的图书采购工作由大朗分馆按照图书采购要求和工作流程向总馆提交图书采购的备案资料，做好巷头服务点与图书供应商、加工商之间沟通和协调，保证图书按照《图书馆之城图书加工标准》加工入库。

（七）现场复查

总馆分馆发展部前往新建成的大朗分馆巷头服务点进行现场复查，与大朗分馆一起对照审核条件逐项检查，当面指出不符合规范的内容，并要求大朗分馆督促巷头服务点限期整改，整改合格后方可验收通过和对外服务。

（八）对外服务

大朗分馆巷头服务点在各项建设工作都符合《分馆（服务点）建设标准》后，由东莞图书馆授权大朗分馆为巷头服务点进行挂牌，向社会宣布其正式加入总分馆体系，也可试运行一段时期再进行挂牌。根据《东莞市公共图书馆管理办法》，村（社区）图书馆（室）每周的开放时间不少于36小时，正式对外服务后，村（社区）服务点须有专人管理，定期开展读者活动。

图4-1　大朗分馆巷头服务点

四、基层服务点建设的问题

（一）问题

村（社区）服务点建设需要镇（街道、园区）统筹，合理规划布局，稳步推进。建设村（社区）服务点过程中还存在着一些问题，妨碍了工作的正常进展：

1. 镇（街道、园区）分馆的统筹能力不强

各镇（街道、园区）经济实力悬殊，导致有些经济实力较强的镇（街道、园区）较早就完成全镇（街道）所有村（社区）服务点全覆盖，如：长安镇 2008 年在全市率先实现社区图书馆全覆盖，荣获东莞首个“图书馆之镇”称号；莞城也在 2012 年实现了 8 个村（社区）服务点的全覆盖。另外一些镇（街道、园区）经济实力较弱，对村（社区）服务点建设的统筹能力不强，如企石、石排这些镇（街道）到 2020 年也分别只建成了 1 个和 3 个村（社区）服务点。

2. 村（社区）积极性不高

市镇两级在村（社区）服务点建设中的政策性投入偏少，大部分的投入由村（社区）承担，这种一次性的投入对于一些经济实力不强的村（社区）来说可谓是一笔不小的开销，加上村（社区）领导的不重视，导致村（社区）的积极性不高，这严重影响了村（社区）服务点建设的工作进度。

（二）思考

在推进全市村（社区）服务点建设工作中，村（社区）图书室可结合村（社区）综合性文化服务中心建设作适当调整，在镇（街道）图书馆的统筹管理下保证规范服务：一是全盘综合考虑，原来独立的村（社区）服务点、公共电子阅览室可以考虑与村（社区）综合文化服务中心合并建设、开展服务；二是联入总分馆系统网络，各镇（街道、园区）应以促进基本公共文化服务标准化、均等化为原则，努力实现村（社区）图书室与全市图书馆总分馆体系联网，参与图书通借通还大流通服务。截至 2020 年，各镇须保证联网的村（社区）图书服务点不少于 80%。三是加强横向合作，如加强和文化馆总分馆体系、社工、文化志愿者、读书小组等单位或团体之间的沟通和互动，提高服务成效。

（张贺春撰）

24 小时自助图书馆建设与服务案例

2005 年 9 月，东莞图书馆推出全国首个自助图书馆，2007 年 12 月又推出全国首台装有图书的自助借还设备，并建立图书馆 24 小时自助服务系统，实现图书馆无人值守、全天候服务。2008 年美国图书馆协会（ALA）授予东莞图书馆“国际创新奖”，称之为“永不关闭的图书馆”（Never-Closed-Library）。

一、背景

2005 年，建筑面积为 4.5 万平方米的东莞图书馆新馆建成，镇（街道）、村（社区）图书馆建设也得到很大的发展，初步形成总分馆联合服务、图书文献通借通还的城市图书馆服务体系。然而，广大读者对图书馆的服务提出更高要求，很多读者要求图书馆延长开放时间，更有读者明确提出：希望无论任何时候到图书馆都不用“吃闭门羹”。相对于东莞经济发展情况，东莞的城市公共文化服务站点明显不足，社区图书馆发展薄弱。受银行 24 小时自助服务、ATM 取款机以及自助售卖机等自助服务的启发，东莞图书馆转向技术提升服务效益思维，筹划在图书馆实现无人值守的 24 小时自助图书借阅服务。用户需求与城市发展催生了 24 小时自助图书馆服务形态。

二、实施

以现代化的网络技术、自动化技术和总分馆业务系统为支撑，在管理模式、服务方式、新技术应用上进行探索和创新，建成由自助服务点、监控管理中心、图书服务中心、设备维护中心组成的图书馆 24 小时自助服务系统，使 24 小时图书自助借阅服务成为现实。

（一）两种模式自助服务点的实现

自助服务点包括 24 小时自助图书馆和 24 小时图书馆自助借还设备两种形态，可满足不同场合与不同空间环境的需要，并纳入城乡结合的图书馆总分馆体系，参与东莞区域图书馆集群通借通还服务。

一是 24 小时自助图书馆，具备“馆”的形态，读者可入内阅览书刊、自助办理图书借还手续，实现实体图书馆真正意义的 24 小时开放服务。利用自助借还设备以及门禁控制、视频监控、自动检测与防盗、门禁控制等成熟技术，整合开发多个接口程序并接入图书馆业务系统，将独立的各部分设备合成一个有机体，实现读者身份验证、门禁放行、图书自助借还、图书检测与防盗等功能。

自助图书馆应选择出入方便、可 24 小时开放、有物业管理的地点，面积 80 ～ 100 平方米，可容纳 8000 ～ 10000 册图书。建议设置于镇（街道）、村（社区）图书馆或文化馆的一楼，或镇（街道）、村（社区）行政办公大楼或商贸大楼的一楼。

二是 24 小时图书馆自助借还设备。具有“机”的形态，可将读者要借的书自动送出，归还的书自动上架，可容纳 500 ～ 1000 册图书，可放置在城市的任何一个角落。引入高性能坐标系统，结合智能机械手技术，解决图书抓取、传送、上架等一系列技术难点，解决了借书自动送出和还书自动上架的技术难关，通过机械手上的压力传感器反馈图书厚度等信息，精确地控制马达，产生合适的动力，使图书受力均匀解决了图书厚薄不同带来的问题，安装防滑带和减震装置解决了图书容易脱落的问题。

图书馆自助借还设备应选择交通便利、有物业管理的地点，占地面积在 15 平方米以上，有较好的供电和网络通信条件、有遮风挡雨设施的地方。

（二）远程监控和集中管理的实现

在东莞图书馆建立实时监控管理中心，通过网络和视频摄像系统对分布各镇（街道）的 24 小时自助服务点进行监管，实时监测各服务点的网络连接、设备运行、图书存量等情况，为保障各自助服务点的正常运作提供技术支持。

开发自助服务系统集中管理平台：一是利用现代网络视频监控技术，东莞图书馆可以远程查看各自助服务点的服务现场，各镇（街道）分馆也可以查看自己所建的自助服务点的服务现场及视频记录；二是通过接口开发对自助服务点设备进行监控，实现自动报警、服务日志记录、图书上下架操作、各类统计、故障处理流程化等功能，为 24 小时图书自助借阅服务提供更好的技术支持。

（三）图书服务中心和设备维护中心的建立

以外包服务的方式建立专业快捷的图书服务中心和设备维护中心。图书服务中心负责图书馆自助借还设备的图书上架和轮换、设备检查和清洁、预约图书物流服务等工作，并负责所有自助服务点的24小时电话咨询等；设备维护中心则负责定期对设备进行检查维护，提供24小时故障抢修服务。

（四）管理机制的探索与完善

在管理体制和机制上，24小时自助图书馆依托于城乡结合的图书馆总分馆体系，纳入图书馆公共服务体系的统一管理。在日常管理与服务上，重点做好以下工作：一是制定统一的24小时自助服务点建设标准，保证由各镇（街道）建成的自助服务点能够统一标志、联合服务；二是制定覆盖设备供应商、设备维护商、专业图书服务商、各镇（街道）分馆等负责人在内的管理规范和服务规范，形成协调统一的服务系统；三是依托总分馆体系，强化监控管理中心的统筹与技术支撑能力，使由市镇两级组成的全市自助服务系统实现统一服务。

三、成效

自助图书馆建成投入运营后，服务效益和经济效益显著。2011年，东莞市委市政府将“全市镇（街道）24小时自助图书借阅全覆盖”作为东莞市政府十件实事中“文化惠民”工程的重要项目之一，当年全市共建了40个自助服务点，实现32个镇（街道）全覆盖。同时，自助图书馆在运作和服务过程中，不断完善功能和提升服务，让读者得到满意加惊喜：2009年在自助图书馆门外附近开辟了“休闲小站”，增设了12个休闲座位供读者使用；2014年底对自助图书馆进行改建扩容，扩容后的自助图书馆可以允许读者免证进入，面积达到680平方米，藏书4万册，阅览座位近100个，2015年春节假期的10天时间内就吸引了4万多人次市民，外借图书1万多册，自助图书馆被媒体称为市民的“自助书房”“深夜书房”。图书馆自助借还设备的功能不断完善，经历了两次升级换代，改进了控制面板的细节，增强了机械手控制稳定性等。近年自助图书馆还引入了RFID技术以及手机借书、人脸识别、二维识别等技术，向智能化、智慧化发展。

四、发展

在理念和技术上创新，东莞图书馆打造出更具地方特色的服务模式。24小时自助图书馆于2005年在东图书馆推出后，经过了直接复制的阶段后，跟随技术的发展、城市阅读空间的需求、功能的提升，以24小时自助服务理念和技术为基础，各地出现了图书馆与社会机构合建，集图书馆服务、餐饮、网吧、文创销售于一体的“城市书吧”“城市阅读驿站”，如温州的“城市书房”、沧州“城市书吧”、江阴市“三味书咖”、佛山南海的“读书驿站”、铜陵市“文投阅读点”、深圳“简·阅书吧”等。自助服务融入当前更多的城市图书馆服务体系，各地建设模式各具特色，如：温州“城市书房”是以24小时自助实体图书馆为馆舍基础创建的；沧州“城市书吧”采用图书馆和书吧合作的模式；江阴市“三味书咖”、深圳“简·阅书吧”采取“公共图书馆＋咖啡馆”的合作模式；佛山南海采取与学校、小区合作共建独立玻璃屋形态的“读书驿站”模式，铜陵市将文创产品推广和销售融合在阅读服务中。

图4-2　东莞图书馆自助图书馆门口休闲小站

图4-3　东莞图书馆自助图书馆内部环境

图4-4　图书馆自助借还设备

（叶少青撰）

绘本馆服务体系建设案例

东莞图书馆绘本馆体系建设是全国首创依托总分馆模式建立的专题文献馆服务体系，以养成并强化儿童早期阅读习惯，构建东莞市域良好的儿童阅读生态环境为目标，建立融亲子阅读、活动交互、智能辅助阅读、课题研究为一体的绘本馆体系。项目于2017年初启动，到2021年已合作共建26家绘本馆，其中13家分馆绘本馆、5家社区绘本馆、4家幼儿园绘本馆、1家小学绘本馆、2家民营绘本馆、1家医院绘本馆。该项目获评2019年广东省公共文化服务优秀案例。

一、背景

新时代全民阅读的根基要从儿童起步，伍新春教授的《中国儿童阅读研究报告》显示，中国儿童的开始阅读时间比西方儿童晚2年，独立阅读时间晚4年，6岁前的阅读量只有西方儿童的1/6。我国现有0～14岁儿童2.3亿，占全国总人口16.6%。

绘本专为低龄儿童创作，是发达国家家庭首选的儿童读物。儿童阅读绘本不仅培养了阅读兴趣，也促进儿童的语言能力、思维能力、审美能力及心理健康发展。绘本17世纪诞生于欧洲，20世纪30年代传向美国，并迎来了黄金时代，20世纪末到21世纪初才进入中国大陆。当今，绘本已成为全世界儿童阅读的热点。

2005—2015年，由于公众阅读意识的提升、儿童阅读推广人的兴起、民间阅读机构服务的灵活性和我国重视儿童阅读的传统等因素，国内民间绘本馆迎来了蓬勃发展，绘本馆数量从无到有，达到2800余家。然而，由于绘本阅读服务核心理念缺失、专业人才和管理人才缺乏、经营模式和盈利模式单一、政策支持力度不够等原因，民间绘本阅读服务机构的变动大，至2015年8月，2800余家民间绘本阅读服务机构中的1/3已闭馆。

东莞位处经济发达的珠三角，《东莞市2010年第六次全国人口普查》数据显示全市常住人口为8220237人，其中0～14岁的儿童人口为678085人，占总人口的1/10。东莞市5年中儿童绘本的借阅量一直位居儿童类图书首位。因此，东莞图书馆实施绘本馆体系化建设项目既发挥了绘本对儿童发展的价值，也适应了当前儿童阅读、亲子阅读的迫切需要。

二、实施过程

（一）设计 VI 统一标志

VI 设计采用"形象 +VI"组合。图像由著名图画书作家九儿老师设计，与东莞图书馆的 Logo 进行应用、组合，成为绘本馆体系的 VI。

图4–5　绘本馆标志（1）

图4-6　绘本馆标志（2）

绘本馆的标志由三部分构成。一部分是东莞图书馆的标志，一部分是“中英文文字的绘本馆 +@ 成员馆名”，表示绘本馆是东莞图书馆总分馆体系之下的专题图书馆，“@”后是绘本馆体系内的各个成员馆。绘本馆是充满儿童情趣和活力的阅读场所，“绘本馆”3 个字用儿童喜爱的绿、黄、橙三色。图像部分采用儿童易懂的图画，用佩戴蝴蝶结的小兔子表示小女孩、小鳄鱼表示小男孩，绘本馆呼唤所有儿童都来阅读，为儿童构建良好阅读生态环境。

各绘本馆统一标志的应用范围包括：门面招牌、馆内标志、统一书标、绘本馆借阅规则、宣传用品等。

（二）制定标准　规范服务

本馆制定《东莞图书馆绘本馆体系化建设项目工作方案》，明确绘本体系建设的目标、原则、实施步骤、实施方式及合作共建双方的职责；制定《东莞图书馆绘本馆建设标准》《东莞图书馆绘本馆服务标准》，对不同类型绘本馆的场馆面积、标志、设施、文献资源、人员等进行规范，对开放时间、各类馆的职能定位、活动开展、服务内容等进行了明确规定。

（三）分批推进　体系加盟

2017 年本馆鼓励条件好的单位先行先试，联合分馆、社区、幼儿园合作共建 5 家绘本馆；2018 年第一批绘本馆开馆，发挥较好的效应。之后，有 9 家意向单位主动提出申请建设，经考察后，5 家绘本馆建立起来。2019 年之后，申报制度实行。各绘本馆建设完成并达到体系标准后，即可申请加盟体系。

图4-7　大朗长塘绘本馆

图4-8　南城中心幼儿园绘本馆

图4-9　万江绘本馆

（四）人员培训　提升服务

本馆建立多层级培训制度。第一层级是培养“绘本阅读推广人”种子，培养绘本馆体系内的馆员，邀其参加东莞图书馆举办的“绘本阅读推广人”种子培训班或参加广东省图书馆学会举办的广东省“少儿阅读推广人”培训，向其颁发“阅读推广人”证书，使其成为具有一定理论基础和实践能力的专职绘本阅读推广人；第二层级是组织体系内的绘本阅读研讨会；第三层级是实行“点餐制”，面向全市各镇（街道）分馆馆员，提高其理论认知水平，推动绘本阅读、儿童阅读。

图4–10　“绘本阅读推广人”种子培训班结业

（五）全市联动　推广阅读

本馆每年策划、组织 4 次全市联动活动。以总馆为中心，以各个绘本馆为主阵地，依托总分馆体系，绘本活动向 33 个镇（街道、园区）、51 个分馆、102 个服务站延伸。例如通过策划“绘本创作大赛”“为爱朗读”“全城共读一本书”以及“绘本 2019：开启儿童悦读之旅”巡展等活动，促进资源共享，扩大活动效果，取得了良好的社会效益和宣传效果。

本馆以“阵地 + 品牌”“线上 + 线下”的方式开展绘本阅读推广。各绘本馆创立自己的品牌，如：大朗的“智朗团”、石龙的“爱绘本　I 悦读”、万江的“悦绘”等，依托绘本馆服务体系，提升社会影响力，培养和固化忠实读者。

图4-11　南城中心幼儿园绘本馆的亲子阅读活动

（六）加强宣传　扩大影响

1. 走进电台直播间，传播早期阅读理念

2018 年，东莞图书馆与市电台合作举办“城市的声音 · 共享阅读”节目，绘本阅读专题共推出 4 期，向社会大众普及早期阅读理念。图书馆馆长、馆员，阅读推广人，爱阅读的家长、儿童一同走进电台直播间，向大众传播儿童早期阅读的重要性、绘本对儿童发展的价值、家长如何指导儿童阅读、绘本阅读方法、图书馆举办的亲子阅读活动等，并解答听众问题。

2. 每周一期，为爱朗读

为 0 ～ 6 岁亲子定制的“为爱朗读”活动发挥了极好的宣传效果。2018 年 1 月绘本馆启动绘本配乐朗读——“为爱朗读”节目，节目通过朗读经典的绘本故事，让孩子从小感受朗诵的韵律、节奏，感受语言的温度和色彩，从而爱上阅读。本项目每周一期，从读者朋友们中选聘小朋友或成人朗读爱好者朗读中英文配乐绘本故事，定期在本馆微信公众号上推送。到 2019 年 6 月止，共推送 65 期。李东来馆长在 2018 年 4 · 23 读书日，亲自为孩子们朗读《为爱朗读》，号召大小朋友走进图书馆、与书交朋友，引起读者们的强烈反响。

3. 联合宣传，共同营造阅读氛围

绘本馆体系的重点阅读活动一般通过市一级媒体，总馆、各绘本馆、社区的微信公众号、微博以及体系内的工作群组等推广，形成了“联合宣传，共推阅读”的模式，扩大了社会影响，提高了体系知名度。

三、项目成效

（1）发挥了图书馆的社会作用，提高了图书馆体系的公共服务能力。绘本馆体系建设实行统筹管理、统一运作、资源共享、上下联动，突破原有专题馆的单馆服务模式，充分发挥体系整体优势，形成规模效应，也带动基层图书馆服务效果的全面提升。以2019年12月为例，16个绘本馆当月举办活动80余场，参与人数近5万人次，借阅绘本近3万册。

（2）实施精准服务，增强图书馆公共服务体系的辐射作用。绘本馆体系建设是在普适服务基础上面向用户个性化需求而建立的以用户需求为导向的精准服务模式，有效实现读者需求与图书馆资源高效投放的双向融合。总馆发挥中心引领作用，通过统筹管理、资源配置及活动组织，为基层图书馆积极创新服务方式和服务内容提供了思路，增强图书馆公共服务体系的辐射作用，进一步实现公共图书馆服务效益。

（3）丰富未成年人服务内容，提升未成年人的整体素养，为书香城市建设打下坚实基础，为实现城市未来的可持续发展提供生力军。

（4）多家媒体，如南方网、金羊网、《东莞时报》、东莞阳光网、《东莞日报》、文艺莞微信公众号等对东莞图书馆绘本馆的资源、绘本阅读活动、亲子阅读等给予了密切关注和报道，提高了图书馆的社会知名度，取得了良好的社会宣传效果。

（陈香撰）

绘本馆服务体系全市联动活动案例
——儿童绘本创作大赛

自 2017 年以来，东莞图书馆建设绘本馆阅读服务体系，致力于绘本阅读推广。除推广经典国外绘本外，更重视普及原创绘本，期望透过中国文化的浸润，培养儿童的文化认同感。为此，从 2020 年起，东莞图书馆绘本馆连续策划、举办儿童绘本创作大赛，鼓励读者讲身边故事，传递中国声音。

一、活动设计

儿童绘本创作大赛旨在“推广绘本阅读、搭建交流平台、培养原创力量、传承中华文明”。活动由东莞图书馆联合绘本馆体系以及 33 个镇（街道、园区）分馆举办，面向社会广泛征集作品，三年中连续推出了“我和春天肩并肩”“我们的中国节”“多姿的万物生灵”主题。第一、二届均持续了一个季度，第三届于 2022 年 4 月启动，9 月公布结果，10 月举办获奖作品展，时间跨度更长，活动流程更完善，给读者交流和创作的空间更大。活动主要分 4 个阶段。

（一）活动筹备

1. 确定活动内容

主办方确定活动主题、创作要求、评分标准、奖项设置、起始日期、参与方式、组织单位、作品投递方式以及活动预算等，确保活动流程完整、细节清晰、便于实现。

2. 明确责任分工

活动由总馆牵头，联合各绘本馆和镇（街道、园区）分馆共同举办。其中，总馆发挥引领作用，制定活动细则，推动活动运行；各级参与单位负责开展阵地宣传、组织读者参赛、收集作品以及活动资料等。

3. 联合开展宣传

活动全程联合市一级媒体，总馆、分馆和社区的微信公众号、微博、视频号、工作群组等以及电子屏、海报、宣传栏等方式同步宣传。

图4-12　第一届儿童绘本创作大赛宣传海报

图4-13 第二届儿童绘本创作大赛宣传海报

www.dglib.cn

东莞图书馆
DONGGUAN
LIBRARY

东莞市
第三届
儿童绘本
创作大赛

▌创作主题

多姿的万物生灵

▌作品提交

08.01至
08.31

▌参与方式

详见东莞图书馆
微信公众号
4月6日推文

DUO
ZI
DE
WAN
WU
SHENG
LING

▌创作要求

保证原创、作品完整
有封面、封底
内页9页以上

题材不限、画风不限
形式不限
独创、合作
亲子创作均可

以图画为主
文字简洁
情节完整
适合儿童阅读

▌组别／奖项设置

幼儿亲子组／3-8岁
小学组／9-12岁
中学组／13-17岁
成人组／18岁及以上

特等奖4名
一等奖12名
二等奖20名
三等奖60名
优秀奖若干

▌获奖名单公布

9月14日
在东莞图书馆
微信公众号
公布

主办单位
东莞图书馆
承办单位
东莞市各镇街（园区）图书馆分馆

请留意
东莞图书馆
微信公众号

P I C T U R E　B O O K　L I B R A R Y

图4-14　第三届儿童绘本创作大赛宣传海报

（二）作品征集

1. 搭建交流平台

主办方组建大赛活动群，邀请各参与单位工作人员及读者加入，在群内答疑解惑、分享资源，引导和鼓励读者积极投稿。

2. 明确创作要求

为了让读者更好地把握创作方向，对作品主题、风格、形式给予最大限度的创作空间，对作品完整性、原创性、合法性做出硬性要求。

3. 提供多种作品提交渠道

大赛要求参赛者提交实物，并附上创作说明。为方便参赛者，规定可就近选择图书馆或绘本馆，直接递交或邮寄，并附上各馆地址及联系方式。

（三）作品评选

1. 馆员初评 / 分馆预赛

馆员依据作品的完整性、主题性进行初选，筛选出符合绘本形态和主题的作品。第三届将此阶段升级为分馆预赛，各分馆根据征集到的作品情况评选出 4 个组别的优秀作品提交到总馆。

2. 专家终评 / 总馆决赛

总馆邀请专家组成评审小组，按评选标准对入围作品进行评选。评审小组综合作品的图画、文字、创意以及整体设计，最终决定获奖作品及其等级。

图4-15　邀请专家组成评审小组

图4-16　大赛作品终评

（四）结果公布

1. 结果公布

主办方对获奖作品拍照或扫描、制作视频、撰文介绍，通过线上宣传渠道向社会公布评选结果，并为获奖者及优秀组织单位颁发证书及奖品。

2. 延伸活动

为进一步提高公众参与感，主办方举办获奖作品展。线下邀请专业设计公司制作精美的实物及图片在总馆及分馆巡展；线上依托数字网络和融媒体技术提供云展览。

图4-17　第一届绘本创作大赛获奖作品展

图4-18　大赛获奖作品展现场

二、实施要点

（一）确定合适主题

主题是绘本创作大赛的灵魂所在，好的主题可以提升活动魅力、吸引读者参与。深刻的主题能激发创作者的真情实感，又能与每个人的生活接近；宏大的主题有发挥空间，又有内核和深度。主办方每年综合考量社会热点、读者喜好和推广意义，设计新主题，让创作者有故事可讲、有画面可描绘。

（二）健全组织机构

活动推进需多方合作，在开展前要确定合作单位、范围、方式，明确权责。第一届绘本创作大赛由绘本馆体系组织，范围相对小。为进一步扩展参与度和受益面，从第二届起，大赛依托本馆总分馆体系，将各镇（街道、园区）分馆纳入，规范组织形式。由总馆统筹，各分馆配合，层层推进，并设置激励机制对优秀组织单位进行奖励。

（三）融合多项活动

从读者的互动感、体验感、获得感入手，本馆打造多元、持续的阅读推广活动，提高读者黏度。一是结合馆藏进行主题书目推荐，为读者提供了解绘本的渠道；二是结合活动开展主题绘本故事会、读书会、分享会等，强化读者对主题的认知；三是开展培训，邀请专家讲授绘本创作经验，加强读者的创作技能；四是举办延伸活动，每年大赛后主办方会举办获奖作品巡展，延续活动影响力。历年大赛也会及时收集读者反馈，适当调整，以期满足读者核心需求。

（四）制定评价标准

在作品评选方面，大赛制定公开的评选标准，邀请专家评委组建评审团，以公平公正的态度和科学合理的方法对作品进行专业评选。邀请的专家囊括绘画、写作、绘本创作和儿童阅读推广等方面，保证作品评选的艺术性、原创性、专业性以及思想性。

（五）加大宣传力度

宣传贯穿活动始终，直接影响活动成效。组织单位需要在各个阶段采用不同的宣传策略，尽可能扩展宣传渠道、丰富宣传内容。将传统媒体和新媒体结合，线上和线下双轨并行，及时更新内容，采用图文、短视频等多种方式宣传。

二、创新与特色

（一）以公共图书馆为组织主体

在国际绘本大奖的评比中图书馆都发挥了重要作用，而国内已举办的原创绘本评比或比赛中，图书馆的参与程度还比较低。东莞图书馆基于总分馆体系和绘本馆阅读服务体系，以公共图书馆为组织主体举办儿童绘本创作比赛，是图书馆参与原创绘本发展的实践，是对儿童阅读推广的创新探索。

（二）以“儿童本位”为指导思想

好的绘本一定是以孩子的视角创作的，但很多作品是成人认为的儿童视角，我们更需要知道孩子真正的想法。大赛鼓励所有人参加，创作具有儿童性的作品。尤其鼓励儿童参与创作，让父母跟随孩子的思维，以亲子合作的方式去实现，这样的作品更能体现童心、童真，引发广大儿童的共鸣。

（三）以立体化绘本阅读推广为模式

绘本馆阅读服务体系每年依据绘本共读季、绘本创作季、绘本巡展季、绘本分享季组织四次联动活动，从“听、说、读、写、看”各方位推进绘本阅读，促进儿童五感培养，给儿童立体化体验。绘本创作是重要的一环，让孩子在经过优秀绘本的熏陶后发挥想象力、创作力，表达自我、展示自我。

（四）以传承与发扬中华文化为目标

中华文化博大精深，是文艺创作取之不尽、用之不竭的宝库。我们引进绘本后，更应当理性地思考如何将自己的文化特色融入创作，推动原创绘本“走出去”。原创绘本大赛的举办，加深了孩子对中华文化的认知和认同，为本土文化发展提供了平台，为文化的传承与传播积蓄了力量。

四、成效及评价

（一）成效

1. 激发读者绘本创作的热情，助力绘本阅读推广

大赛吸引了众多读者参与，第一届作品数量 221 件，第二届跃升到 995 件。这些作品风格多元、媒材多样、手法各异，体现了读者的创作热情。大赛还带动了更多读者参与其他绘本阅读推广活动，提升了绘本馆体系的流量。

2. 充分发挥图书馆的社会职能，彰显体系化服务的优势

全市绘本馆和镇（街道、园区）分馆参与组织活动，有效实现了上下联动、资源共享。活动还拉动了社区、学校的图书馆服务，吸引了佛山、深圳等地的读者参与，取得了良好的社会效益。

3. 发掘和培育创新力量，展现少年儿童的精神风貌和美育成果

大赛加深了读者对儿童绘本的认知和热爱，提高了读者创作绘本的水平，为中国原创绘本培养了新生力量。大赛作品展现了当代儿童的生活状态，引发了关于儿童审美培养和精神培育的讨论，助力了少年儿童多元智能培养。

（二）评价

截至 2022 年 4 月，东莞图书馆公众号与儿童绘本创作大赛相关的推文浏览量达 33690 人次。新浪网、搜狐网、澎湃新闻、“南方 +”、《羊城晚报》、东莞阳光网、东莞

时间网、《东莞日报》、“i 东莞”等媒体，对活动进行了密切关注和报道，肯定了活动的价值和意义。有评委评价：“东莞图书馆提供了这么好的平台，大家对绘本创作有这么高涨的热情，相信假以时日，东莞本土的绘本创作一定会涌现出精品。”

（熊剑锐撰）

儿童故事大王比赛全市总分馆联动案例

一、背景

“我讲书中的故事”儿童故事大王比赛是东莞读书节的品牌活动，自2008年立项以来已成功举办14届。活动自2009年开始实行总分馆联动的活动模式，通过“镇街初赛，全市决赛”的方式，将活动推广至全市32个镇（街道）和松山湖高新科技园区的幼儿园和小学。经过十多年的探索与发展，活动在组织形式上已从单一的讲故事比赛延伸到系列活动；系列活动不仅是对当届主题的扩展，还丰富了阅读的形式，让更多喜爱阅读的少儿参与到该活动中。

活动由总馆统一对活动主题、赛程安排、活动要求、评分标准和评奖办法等方面进行详细规定，并推出相应的儿童阅读指导书目和儿童阅读活动范例，对各分馆开展镇（街道）初赛和阅读推广活动进行业务支持和交流统筹，从而形成“总馆统筹，镇街联动，经验和资源共享”的活动组织模式。

通过总分馆的一起努力，该活动直接参与人数已累计超10万，广获媒体关注，社会反响良好，且多次获得国家级或省级的“优秀组织奖”“阅读活动优秀项目”和“创意创新优秀奖”等荣誉。

二、活动流程

该活动从2009年开始实行总分馆联动的形式，已形成一套运作有序、操作性强的阅读活动组织模式。现以2018年“‘我讲书中的故事’儿童故事大王比赛暨‘e书·达礼’系列活动”为例，详述比赛的具体实施过程。

（一）筹备

总馆于年初（一、二月份）设立该活动本年度的工作小组，并在总结上届活动经验和听取各镇（街道）分馆建议的基础上，开始策划并撰写新一届活动的计划与方案。

活动包括儿童故事大王讲故事比赛及相应的系列活动。方案详细规定了活动的时间安排、活动要求、奖项设置、协作分工和联络方式等内容，为建构起总分馆互联机制，保障镇（街道）初赛和市决赛顺利开展打下坚实基础。

（二）启动

三月份，活动方案经东莞市文化广电新闻出版局（后更改为“东莞市文化广电旅游体育局”）审核通过后，由该局下发至各镇（街道）图书馆及文化广电服务中心，正式在全市启动。

活动启动后，总馆与各镇（街道）分馆广泛利用各种媒体形式对全市幼儿园和小学进行活动宣传。各镇（街道）在活动方案的框架下，结合各自的实际情况，确定本镇（街道）的初赛报名方式、联系人员、评选方式等事项，并填写和上报“通知收取确认回执表”给总馆。

（三）实施

1. 讲故事比赛初赛及决赛

各镇（街道）分馆根据本镇街的实际情况，确定评选优秀选手参加市决赛的方式。其中，举行初赛的镇（街道）通过公开的比赛评选出该镇（街道）讲故事的优秀选手，并推荐参加市决赛；而不举行初赛的镇（街道）则直接推荐讲故事的优秀选手参加市决赛。

对于举行公开初赛的镇（街道）来说，在收到局发文后至五月中旬，为其自行组织故事大王讲故事比赛的初赛时间。各镇（街道）分馆依照“通知收取确认回执表”上的比赛方式、比赛进度等内容，在规定时间内开展初赛，并将“‘我讲书中的故事’儿童故事大王决赛推荐表”（以下简称“决赛推荐表”）及初赛的相关资料上报总馆。而不举行公开初赛的镇（街道），也应在规定时间内将“决赛推荐表”上报总馆。

总馆与各镇（街道）分馆一直保持紧密的联系、沟通。总馆通过“总分馆三三连线”QQ 群和邮箱发布关于比赛的重要通知，并利用 QQ、微信、电话等方式解答各镇（街道）分馆的疑问。

总馆收到各镇（街道）分馆的决赛材料后，整理成“决赛选手资料汇总表”，并根据当年的实际情况撰写及向各镇（街道）分馆发布《决赛注意事项》。各镇（街道）分馆收到《决赛注意事项》后，指导、协助该镇（街道）参与市决赛的选手备战，参与市决赛。

五月底，故事大王讲故事比赛的总决赛在总馆举行。赛果出来后，总馆将通过“东莞图书馆少儿分馆”微信公众号、“东莞少年儿童图书馆”网站、“儿童故事大王比赛联络”QQ 群和邮箱等方式对外公布获奖名单。总馆按照获奖名单印制奖状和奖品，并主要通过邮寄的方式把奖状、奖品寄送给各镇（街道）分馆，由各镇（街道）分馆向获奖者发放。

2. 系列活动的初评及全市评选

比赛的决赛结束后至九月中下旬，为系列活动的开展与报送阶段。各镇（街道）分馆在活动方案的框架下，根据本镇（街道）的实际情况，积极发动学校、幼儿园举办该年度的系列活动。

系列活动一般包括绘画、手抄报、心意卡创作、PPT 制作、明信片设计、征文、摄影、知识闯关和案例征集等形式。

其中，知识闯关和案例征集（2018 年的系列活动为“‘e 书・达礼’礼仪知识大闯关”和“‘e 书・达礼’阅读推广活动案例征集”）由各镇（街道）分馆通过宣传、自行组织或号召辖区内的学校、幼儿园和机构组织相应活动的方式，让更多读者通过参与阅读活动，感受到阅读形式的多样性和有趣性。镇（街道）分馆在活动结束后，挑选典型活动案例或优秀活动组织者上报总馆参与市级评选。

除知识闯关和案例征集以外的其他形式的系列活动，一般由各镇（街道）分馆积极发动辖区内的学校、幼儿园和机构等参赛，并以此为单位收集、预选参赛作品，在规定期限前择优报送至总馆参与市级评选。

总馆收到各镇（街道）上报的参赛作品和案例后，对其进行整理、汇总，并邀请相关专家进行评审，最后按照作品总数的一定比例评选出市级奖项。

3. 组织奖及优秀组织者评选

在包括讲故事比赛和系列活动在内的所有奖项出来后，总馆将对各镇（街道）分馆进行打分和评选，最后根据条件的筛选和评分的高低确定“组织奖”和“优秀组织奖”的名单。评选标准包括：是否有举行讲故事比赛的初赛，是否有提交初赛的相片和稿件，镇（街道）初赛的规模，讲故事比赛市决赛的获奖情况，系列活动的参与情况、作品提交情况，系列活动市评选的获奖情况等。

为肯定和鼓励各镇街分馆在开展活动中表现突出的人员，总馆对提交上来的“优秀组织者推荐表”进行评审，确定最后的获奖名单并予以表彰。

（四）成果展示

每年暑假至年底，总馆联合各镇（街道）分馆一起对本年度活动的成果进行展示。

对于讲故事比赛的获奖作品，本馆通过“东莞图书馆少儿分馆”微信公众号、“东莞少年儿童图书馆”网站进行展播；暑假期间，如条件合适，也会组织获奖选手参与更高级别的讲故事比赛或在图书馆内进行展演。总馆在镇（街道）分馆的协助下，于 2018 年组织讲故事比赛市决赛前六名的选手参与了当年的“‘礼行天下’全国少年儿童礼仪故事大赛”，取得了一个全国一等奖、一个全国二等奖和两个全国三等奖的优异成绩。

总馆为系列活动中获奖的作品在全市范围内进行巡展。2018 年的系列活动中，总馆把活动案例征集中的优秀案例在“东莞少年儿童图书馆”网站进行了展示，把获奖分馆的活动亮点在全市进行宣传、推广。

三、改进措施

（一）新增“优秀组织者”的评审与表彰

在 2018 年前，本活动仅有“组织奖”的奖项，并没有设立“优秀组织者”奖项。但在实际工作中，活动能在全市有序开展与有效推广均离不开每个镇（街道）具体负责人员的落实、配合与执行。为肯定分馆同事的辛勤付出，也为提升参与该项工作的人员的荣誉感，2018 年活动新增了“优秀组织者”奖项，对在整个活动中表现突出的人员予以表彰，也为其他人树立榜样。

（二）增加高效沟通渠道，提升沟通效率

在整个活动的实施阶段，总馆主要通过“总分馆三三连线”QQ 群向各镇（街道）分馆发布关于活动的重要信息，并通过 QQ、微信私聊的方式解答各镇（街道）分馆的疑问。但是，“总分馆三三连线”QQ 群每天都会有大量关于全市总分馆的业务信息发布，并不仅限于本活动。所以，关于本活动的信息很容易被其他信息淹没，分馆人员稍不注意就会遗漏里面的重要信息。而 QQ、微信私聊的方式效率低下，不同镇（街道）分馆会提出相似的问题，而总馆的工作人员则需要分别向他们做出回答。因此，从 2020 年开始，总馆专门建立了一个“儿童故事大王比赛联络”QQ 群。该 QQ 群只发布、交流关于儿童故事大王的事宜，不会被其他信息淹没，分馆同事也不会遗漏重要信息，信息上传下达的时效性与准确度得以提升；对于大家都有疑问的问题，总馆工作人员统一在该群里进行解答，无需再重复解答相似的问题，工作效率得到提高。

四、经验与启示

（1）通过总分馆管理体制，实现少儿活动“总馆统筹，镇街联动，经验和资源共

享”，为今后开展全市少儿活动提供借鉴。各镇（街道）文广中心和图书馆的大力支持与协助是活动取得成功的基础，依据总馆制订的活动方案，深入各小学、幼儿园进行广泛宣传，积极组织选手参加各种层次的比赛，力争将本镇（街道）最好的选手和作品选拔到全市参加决赛，推动全社会对少儿阅读的关注。

活动对各种成果、素材进行梳理、整合，汇集成一系列的成果展示和推广资源，有利于大家相互学习和借鉴，扩大品牌效应，也为其他少儿阅读推广活动提供参考和借鉴。

（2）通过总分馆联动的模式，将活动推广到镇（街道）学校和幼儿园，不仅有班级赛、年级赛、校级赛，还有镇（街道）初赛、全市总决赛，从单一的讲故事延伸到丰富多彩的系列活动，包括亲子故事会、绘画大赛、摄影比赛、征文、心意卡设计大赛、手抄报大赛、PPT 制作比赛等，充分发挥每一个孩子的特长，吸引更多的孩子参与到活动中来，提升了该活动的广度和深度，满足不同读者的需求与喜好。

（3）通过活动的开展，图书馆员在阅读指导、组织活动和宣传推广等方面的业务水平都得到了很大的提升。

（郑文君撰）

第五章　科研管理

业务组织和研究是图书馆的一项重要工作内容，通过学习与培训、项目管理、业务研究考核、业务能手建设等方式，提高员工的学习能力、业务技能和科研水平，从而提升图书馆整体业务水平和工作效率。本章以分析报告和样例的形式，介绍图书馆应该如何组织开展科研管理和项目管理，并对业务研究成果开展分析。

《区域图书馆整体协同发展模式及路径研究》[①]成果简介

区域图书馆整体协同发展是我国图书馆事业发展的重要的现实课题。该成果从国内外区域图书馆协同发展的案例出发，分析影响区域图书馆整体协同发展的因素，研究现阶段区域图书馆整体协同发展模式，探讨区域图书馆整体协同发展的实现路径，并进行模式的推广、辐射效应分析等研究。在研究中我们引入协同学的理论和观点，试图从协同视角探析新信息环境中图书馆协同发展的构成要素和基本特征，从典型案例的分析研究中构建其组织模型，提出了区域图书馆整体协同发展观，探析了区域图书馆整体协同发展的理论基础及内涵，研究的侧重点在于解决在我国现行体制和目前的发展水平下，实现图书馆协同发展的模式及路径，为不同区域特征的地区提供模式借鉴的决策参考，具有较强的现实意义和指导作用，对图书馆学理论研究也有较强的实证价值。

一、总结我国图书馆事业从协作、协调到协同的发展历程

该成果总结了20世纪以来我国图书馆事业从协作、协调到协同的发展历程。回顾20世纪以来我国图书馆事业的发展，我国图书馆人一直致力于馆际合作、协作发展，在长期的发展中积累了丰富的经验。20世纪50年代在“全国图书协调方案”的指导和带动下，全国各类型图书馆开展了一次声势大、范围广、时间长的全国性图书馆协作协调活动，极大改变了过去我国图书馆之间分散经营、缺乏联系和合作的局面，推动我国图书馆界通过编制联合目录、馆际互借、图书协调采购等协作协调活动为科学研究服务。到20世纪80年代末，我国图书馆开展了史上规模最大的文献资源共建共享活动——全国文献资源布局活动，提出全国文献资源三级布局方案。但由于当时经济、技术等方面的障碍而实施困难，人们尝试从系统和地区范围获得突破，如高校图书馆的CALIS系

① 《区域图书馆整体协同发展模式及路径研究》为国家社会科学基金项目（批准号为08BTQ013），于2008年立项，2010年12月结项，主持人为东莞图书馆馆长、研究馆员李东来。最终成果是专著《区域图书馆整体协同发展模式及路径研究》及研究报告《区域图书馆整体协同发展网络技术支撑研究》。课题组主要成员有：冯玲、黄文镝、王素芳、廖小梅、刘磊、韩继章等。

统、中国科学院系统的文献情报共建共享体系等。21世纪以来，受国外图书馆先进管理模式的启发，我国各地尤其在东部经济、文化比较发达的地区的图书馆，积极探索和实践区域图书馆协同发展道路，各种合作形态不断涌现出来，图书馆之间的各种资源有了不同程度的共享和整合，如上海中心图书馆、深圳图书馆之城建设、东莞集群图书馆、佛山联合图书馆、嘉兴图书馆乡镇分馆建设、苏州城乡一体的联合服务等。这些新模式的出现推动了21世纪图书馆事业的崛起，表明我国图书馆事业的发展经过从协作、协调到协同的发展演进，正在进入整体协同发展新时期，也标志着我国区域图书馆从业务协作到联合服务迈上了一个新台阶。

二、提出了区域图书馆整体协同发展观

区域图书馆整体协同发展反映了从以单个图书馆为中心视点向区域图书馆整体发展的思维变化，强调体系化建设和集群化管理。具体是指一定区域内的众多具有分工合作关系的不同规模等级的图书馆（包括公共图书馆、学校图书馆、科研图书馆等）通过网络联系在一起，形成联系紧密、组织有序、功能清晰、管理规范的图书馆资源共享与服务的有机体系，其结构具有多层次性和多形态（主从结构、平等对称结构、混合结构）。区域内各图书馆通过相互合作和协作形成联系更加紧密的图书馆有机整体，这是充分发挥各图书馆功能效应，整体功能大于各孤立的图书馆功能之和的一种发展状态。

区域图书馆整体协同发展是现阶段我国图书馆人文精神和现代信息技术完美结合的体现。区域图书馆协同发展体现了为科学研究服务和为大众服务的新的价值观念，以图书馆集群为核心的信息网络技术为新价值观念的实现提供了有力的科学技术支持。

三、揭示了区域图书馆协同工作关系的内在特点

（一）重视图书馆主体的主动行为

考察我国图书馆协同发展的历程及现阶段各区域图书馆的做法可知，大多数协同关系的建立来自图书馆主体的主动行为，图书馆自身积极、自主、创造性的工作给我国图书馆事业带来了前所未有的进步和发展。在现行体制框架下，区域图书馆整体协同发展主要是从建立区域图书馆自身内部的协同工作机制入手，而自主、内在的行为选择将产生有效的内在驱动力，对创造高质量的协同行为、促使区域图书馆系统的形成具有重要

的作用，并将产生良好的协同效应。因而我们强调要特别注重区域图书馆内部的协同作用，重视图书馆主体的主动行为，在此基础上争取外部环境的支持。

（二）不断增加区域图书馆间的同一要素

一个区域图书馆的各组成部分紧密程度取决于整合程度的高低和协同要素的“同一性”。在区域图书馆协同发展模式中，协同的同一要素越多，其协同发展的业务集成度就越高，协同的紧密程度也就越强。

（三）实现协同发展的协同效应

区域图书馆整体协同发展的目的是实现协同发展的协同效应，为保证协同效应的最大化，要对区域图书馆的各种要素进行整合，并综合运用各种不同的方法、手段促使区域图书馆内部各子系统或要素充分发挥作用，相互合作和协调而实现一致和互补。同时，经过对不同方法、手段的应用，以一种能充分发挥各子系统或要素的优势最终实现整体优势、整体优化的目的。协同，可以完成单馆无法完成的大规模的工作和提供更广泛的服务范围。

四、深入探究区域图书馆整体协同发展网络技术支撑的重要作用

（一）网络信息技术支撑是图书馆整体协同发展的重要支撑

在网络时代和科技发展的今天，网络技术的支撑对于图书馆事业的整体发展来说是不可或缺的。网络（通信技术）和区域图书馆整体性以及技术（计算机技术）与区域图书馆协同性是紧密联系在一起的。网络信息技术不仅是一种工具，实践证明通过软件系统传播新的理念是网络时代的一种突出特征，更是以信息处理为基础的图书馆事业发展的优选路径。借助网络技术建立区域图书馆协同发展的良好局面是当今信息化环境下图书馆事业发展的趋势和要求。

从某种程度上讲，网络信息技术的应用程度决定了实现区域图书馆协同发展的难易程度。在信息化时代，为适应社会发展、满足读者需求，图书馆界必须充分理解区域图书馆协同发展的阶段性进程，高度重视网络技术在协同进程中发挥的重要支撑作用。而以图书馆集群管理系统为表现形式的网络信息技术，不仅能够成为推动区域图书馆协同发展的重要工具，从长远来看，还提供了冲破现有体制制约的重要发展路径。

（二）网络信息新技术的进步和突破持续推动着区域图书馆协同的长期进步和发展

不仅已有的网络技术对区域图书馆协同发展起到重要支撑作用，而且网络技术的进步和突破同样也持续推动着区域图书馆协同的长期进步和发展，从而导致新一轮协同的发展或升级。网络技术除影响网络传输速率的提升及应用成本的降低外，还能够陆续应用到图书馆数字化、网络化、自动化以及移动服务和业务管理系统等方面，促使区域图书馆之间的协同特征更加明显。网络信息新技术支撑图书馆协同的特征和成效，主要表现在以下 4 个层面：一是图书馆之间的联系更加紧密；二是图书馆的服务区域更加广泛；三是资源整合和揭示更加充分；四是资源获取渠道更加便捷。

五、分析了区域图书馆整体协同发展的路径

在当前图书馆建设体制框架下，如何去推动区域图书馆整体协同发展？本研究对其实现路径和方法进行了探讨，以期在掌握其发展规律的基础上进行提升和推广。

根据协同理论，一个协同系统的建立需要协同要素的带动，在现有体制下人、财、物的协同无法成为主导因素，图书馆间业务环节的协同更为切实可行。如果将区域内的所有图书馆看成一个整体系统，构成这个系统的要素可被划分为“环境”“需求”“理念”等区域外部因素和动力因素以及“资源”“技术”“管理”等作为协同发展路径依据的主导因素。从国内现有的实践看，区域内各图书馆资源、技术和管理上的协同推动了各图书馆在业务流程和环节上的联系，从而使区域图书馆紧密联系，带动图书馆的协同活动迅速发展，在很大程度上优化了图书馆之间的关系和结构。

路径就是研究对象运动的方向和轨迹，区域图书馆整体协同的过程表现为“起步—发展—目标实现”。“起步”往往选择“资源”“技术”“管理”要素作为主导因素开展协同活动。一是“资源主导型”路径。从整合文献资源要素入手，带动管理、技术、服务等要素的运行，促使各个子系统之间的协同。同时，资源共享的范围也从文献扩大到业务、人力等其他方面。二是“技术主导型”路径。技术要素带动区域图书馆系统的资源、管理、服务、人才的整合，将业务建设、服务要求等纳入技术化处理程序中，促使各个子系统之间的协同发展，由量的积累实现质的突破。三是“管理主导型”路径。利用管理要素带动计划、组织、指挥、协调和控制等行动，促进人财物、文献资源、技术、服务等要素运行，以实现区域图书馆的整体协同发展的预期目标。

结合区域的现实条件选择以某一要素主导起步后，必须综合统筹，综合运用资源、管理、技术等各种要素，并争取各种外部要素支持，通过各要素之间的相互配合及相互

作用形成新的整体状态和趋势。

从结构、组织机制和体制角度，不断提高一个地区图书馆之间的协同效能，推动协同发展进入有序和稳定状态，使图书馆发挥的整体功能不断提升。

在区域图书馆整体协同发展的进程中，评估和选取协同要素对路径选择和模式形成起关键作用。

六、探讨了我国区域图书馆整体协同发展模式和路径的现实选择

区域图书馆整体协同发展在很大程度上受到客观环境的制约，我国图书馆的设置对行政架构的依赖所形成的层级管理、中心集聚特点使得区域图书馆整体协同发展呈现出鲜明的中心特征，各区域发展上的差别主要体现在中心馆与其他馆实力强弱不同而形成的关系紧密程度的差异。因此，区域图书馆整体协同发展中，对区域环境和区域图书馆系统状况的正确认识所形成的区域中心图书馆的合理定位具有非常重要的意义，是区域图书馆整体协同发展目标树立和组织实施的关键。

要突破现有区域层级分隔体制障碍、实现图书馆整体协同发展，有两种方式：一是图书馆外部为主的以行政手段强力推进，一是图书馆内部为主的“技术＋管理”的综合统筹建设。从全国来看，经过十年来的区域图书馆整体协同的探索与发展，先期进行的实践探索已经基本完成，几种主要的建设模式和实现路径已有比较典型的案例，为日后开展区域图书馆体系化建设与协同发展的地区提供了范本样例。

以网络技术为先导和依托，将整体协同理念、群体规范管理内含在业务管理系统之中，是技术＋管理的综合统筹发展模式和路径的主要特点，有具体可操控落实的实现形态。Interlib 图书馆集群管理系统在短短 5 年时间内，被全国的不同区域（东、中、西部）、不同规模［省、市、县（区）、镇］、不同系统（公共、院校、企业等）的 2000 多家图书馆选用，并取得突出的整体服务成效，节约了规模效益成本，已经充分证明了其现实价值。对于普遍缺乏运行经费的欠发达地区更具有实用价值。尚未进行整体协同建设的地区可以充分发挥后发优势，以借鉴、引进为主可以大大缩短建设周期，尽早、尽快地展现出整体协同的优势。从我国的现实可以看出，“技术＋管理”的综合统筹发展具有普遍的示范意义和辐射效应，是我国区域图书馆整体协同发展的一种现实选择。

七、提出了我国区域图书馆整体协同发展实施的关键点

区域图书馆整体协同发展路径的选择既依赖于图书馆自身发展属性，也依赖于外部的社会、经济、政治和技术环境，综合各种因素并结合我国国情，现阶段我国区域图书馆协同发展路径选择应注意以下几点：①区域图书馆整体协同发展过程要符合实际情况、符合科学发展规律，符合某一地区发展方向和长远利益；②应注重区域图书馆规模的适度性；③既要突破现有体制的束缚，也要善于利用现有体制的资源；④在推进区域图书馆整体协同发展的过程中，要注重运用新技术；⑤有效的管理组织是区域图书馆整体协同发展的关键；⑥区域图书馆整体协同发展应积极争取政策和法律保障。

（黄文镝整理）

《图书馆服务体系层级结构与效能优化研究》[①] 成果简介

自《区域图书馆整体协同发展模式及路径研究》课题结项已十年，进入第二个十年，我国图书馆服务体系面临的现实环境、研究与实践发生了深刻的变化。该成果以新阶段图书馆服务体系的业务功能层级与结构关系为对象，旨在从图书馆业务功能层级的角度切入，分析并提炼体系结构存在的共性问题，确立图书馆服务体系的业务功能层级，进行业务功能层级系统效能的优化研究，深化图书馆体系化服务的理论认知并促进理论与实践的紧密结合。成果创新性地从业务功能层级的角度对图书馆服务体系的结构进行研究，从分析层次结构入手关注效能，寻找新阶段图书馆高质量发展路径，具有较强的现实意义和指导作用，对图书馆学理论研究也有较强的实证价值，产生一定的社会影响。

一、提出图书馆服务体系具有不同阶段特征

图书馆服务体系发展从围绕专项合作为主的 1.0 阶段，进入以技术为基础、图书馆自主探索为主的 2.0 阶段，并逐渐驶向体系建设全面铺开、量质并重、追求效能的 3.0 阶段。其中，1.0 阶段是指 2000 年之前的图书馆协作、协调发展阶段，它主要围绕专项合作、组织网络体系建设、项目开发协作等进行。2.0 阶段是指 2000 年开始的图书馆服务体系化建设阶段，它以技术为基础、图书馆自主探索为主，逐步形成各地特色模式。3.0 阶段是指从 2015 年起，政策推动下图书馆总分馆制全面推进，全国广泛开展图书馆体系化建设，开启以“全面推进、提升效能、促进均等”为标志的图书馆服务体系发展新阶段。新时代，图书馆事业发展更需要重视行业整体效益，需要突破原有行政层级的局限，聚焦图书馆行业的共性问题，实现体系与体系的互通互联，以服务品质提升和社会资源协同为主要目标，促进图书馆服务体系新阶段的发展。

---

① 《图书馆服务体系层级结构与效能优化研究》为国家社会科学基金项目（批准号为17BTQ035），于2017年立项，2021年8月结项，主持人为东莞图书馆馆长、研究馆员李东来。最终成果是研究报告《图书馆服务体系层级结构与效能优化研究》。课题组主要成员有：冯玲、杜燕翔、李晓辉、张利娜、温慧仪、麦志杰、宫平、李世娟。

二、提出图书馆服务体系具有共性的业务功能层级

图书馆服务体系业务功能层级，包括 7 层和 2 个通层。7 层具体分为网络环境层、技术平台层、业务管理层、组织管理层、统筹协同层、用户层、理念层。其中，网络环境层和技术平台层是图书馆服务体系层级结构的基础性层级，发挥支撑作用，提供运转基础；业务管理层和组织管理层是图书馆服务体系层级结构的核心层级，主要指图书馆服务体系内部的业务内容和功能；统筹协同层是图书馆服务体系层级结构的协调层级，主要指图书馆服务体系外部支持与合作的功能；用户层是图书馆服务体系层级结构的需求导向层级，主要是指图书馆服务体系的用户群体；理念层是图书馆服务体系层级结构的理性支撑性层级，其他六层的功能发挥都是在理念层的引领下来进行的。2 个通层为标准规范和安全管理，贯穿了图书馆服务体系的各个层级。图书馆服务体系业务功能层级的每一层都具有清晰的特征和明确的功能作用，层与层之间相互支持，标准规范和安全管理则保证了体系内各项工作的规范性、兼容性和安全性，揭示了各层在图书馆服务体系中的功能及其概念框架。不同的业务功能层级在图书馆服务体系业务功能层级结构中发挥着不同的作用，但在具体的工作中，常有业务功能层级的叠加形态出现。研究选取国家公共文化服务体系建设专家委员会专家，国家公共文化管理部门代表，长期从事图书馆服务体系政策、管理、技术等领域研究与实践的学者进行深度访谈，以验证和完善该层级结构的合理性与适用性，阐释业务功能层级结构的内在关系并丰富其内容。

三、提出行政管理层级和业务功能层级互相依存、互相促进

从行政管理和业务管理两个维度对图书馆服务体系进行层级结构的对比分析，对两者的互助关系进行理论分析。图书馆服务体系的行政管理层级和业务功能层级两种结构相互依赖、相互促进、互相影响、互相作用。它们不是替代、对立的关系，而是互补、并存的。图书馆服务体系内是行政组织的强联系，这是图书馆服务体系的基础保障和生存基础；而体系与体系之间是行业共性的弱联系，这是行业共性的业务要求，包括图书馆的规则、业务规范、合作关系、联盟等，图书馆服务体系发展需要两种层级结构互助发展。行政架构下的图书馆服务体系较好地理清了组织管理的职责与权限，有利于落实责任、贯彻执行。在图书馆服务体系建设过程中行政管理层级结构在一直发挥着非常重要的作用，并将继续发挥其不可替代的保障作用。在全面推进、提升效能、促进均等的图书馆服务体系发展新阶段，在完善现有行政管理层级的基础上，图书馆界应该重视具有共性的业务功能层级，以实现图书馆服务体系及其资源的深度融合和效能最大化。

四、提出图书馆服务体系效能优化路径

协同和共生是数字时代发展和效率的本质。研究基于对图书馆服务体系层级结构的思考，深入分析图书馆服务体系效能的影响因素和条件，进而提出以用户为导向的业务运营、以阅读为核心的业务工作、以科技为支撑的业务创新、以绩效为基准的业务评测、以辐射促提效的业务模式的五位一体的图书馆服务体系效能优化业务路径。政府主导的经费保障、社会参与带来的活力为图书馆服务体系的建设和发展提供了支持，效能的优化主要通过提升图书馆服务、提升图书馆的专业核心能力来体现，行政化、社会化和专业化的关系是值得注意的问题。要立足图书馆行业的专业性深化业务建设，在图书馆服务体系效能优化中发挥出更大作用，以专业化发展推动图书馆事业的创新发展与高质量发展。

五、开展图书馆服务体系的风险分析，提出应对策略

从图书馆服务体系业务功能层级结构剖析绘本专题图书馆服务体系、图书馆服务到户工程和城市阅读驿站 3 个实践案例的建设内容和过程，以案例理解各项工作的内容和边界，对图书馆服务体系的业务功能层级所面临的风险进行分析。随着专题型拓展、基层建设延伸及社会合作等方面的加强，图书馆服务体系业务的功能流程要素和关联方式正发生明显变化，各业务功能层级也面临着不同的风险。在网络环境、统筹协同、组织管理、业务管理等方面不同业务层级面临着不同的问题，对于图书馆原有服务体系的资源配置、组织架构、人员素养与能力等方面均提出了更高的要求，由此也带来一定的风险。研究认为应当加强稳定的技术及网络条件支撑，建立约束性合作框架及创新运营激励机制，建立学科馆员和人力资源制度，重视资源采集共享和资源有效整合，应对图书馆服务体系拓展带来的风险。

（张利娜整理）

员工合理化建议分析报告

——"向得到学什么"工作建议

一、基本概况

2020年东莞图书馆组织中层干部开展"得到"学习活动，结合图书馆书目推介实践进行讨论，并开展了4场学习交流分享会。7月9日至7月30日，图书馆向全体中层干部征集图书馆"向得到学什么"的工作建议，分为对其所属部门的可行性措施和对全馆的合理化提议两个部分，合计收到有效建议共45项。

二、建议内容

从数量上看，建议主要集中于图书馆组织推出听书服务（10项）、优化资源推荐方式（9项）与建立完善图书馆激励机制（5项）3个方面，分别占22%、20%和11%，其他建议则较为单一，难以总结归纳为统一的主题。

（一）组织推出听书服务

有6项建议提出图书馆可以推出听书栏目，其中3项为精选图书并组织人员提供朗读服务，如"儿童学中国传统文化""为爱朗读"与"E口童声"；2项为将馆内已有的品牌资源（如《易读》与《伦明评传》）模仿"得到"进行文本分析与内容提炼，制作相应的听书音频。

有2项建议图书馆搭建免费听书平台：由馆员或志愿者开展图书拆读活动，并制作图书拆读音频或视频，上传到听书平台；或是设置相关经费，向社会上专业的个人或机构购置听书产品或服务。

在其他方面，图书馆还可以开展馆员说书服务并建立绩效机制，联合残联等社会服务机构，开展针对老人、盲人的专属听书资源服务。

（二）优化资源推荐方式

有6项建议图书馆优化现有的馆藏资源推荐方式：根据节日、社会热点等进行选题并进行推荐解读，设置长期调查专栏以分析用户需求；在界面交互上，优化学习中心平台、微信微服务大厅和东莞图书馆网站的资源推荐界面，如“每日一书”栏目模块下可以增设 5 ～ 6 个细分类目。

有 3 项建议图书馆可以通过线上直播、线上活动或视频演示等方式进行资源推荐。

（三）建立完善图书馆激励机制

有 3 项建议通过积分制建立完善图书馆激励机制，在读者服务方面，使读者可以通过借阅书册与参与活动获得积分，使用积分可以兑换新书、讲座的优先入场券、活动的优先报名机会等。在总分馆培训管理方面，总馆可以依据各分馆的培训场次与参与人次给予积分，并以此为据给予表扬。

有 2 项建议图书馆相关的微信小程序推出勋章制度与“学习计划”功能，用户可以通过达到不同的目标获取勋章、用户可以制订个人的学习计划并收到进度提醒等。

总而言之，多项建议认为图书馆可以借鉴“得到”的知识服务模式，推出新型听书服务，形式上其既可以是朗读，也可以是图书拆读式的解读。从长远发展来看，图书馆可以搭建免费听书平台，以汇集各种各样的听书产品及服务。此外，目前图书馆网站和微信公众号平台的交互界面存在进一步优化的空间。在图书馆与用户的关系上，图书馆可以将积分制的思维引入服务与管理当中，通过各种技术与设计将用户行为转化为阅读次数、阅读时长、活动参与次数等可以量化描述的数据，并据此设置相关的激励机制。

三、工作建议所涉及部门

从具体建议的执行主体上看，涉及的责任部门或支援部门主要为读者服务中心（12 项）、学习中心（11 项）、网络中心（6 项）。从整体上看，有 12 项建议是针对全馆的总体规划发展，即由多个部门协调、合作推出新型阅读推广服务。从其中可以看出，建议倾向于由读者服务中心为主导，联合学习中心、网络中心等多个部门，通过新型技术的不断改进与探索，提供更匹配用户需求的信息资源，丰富图书馆的服务形式。

四、建议内容的可行性分析

从人员成本的角度看，其中较为突出的是设立“儿童学中国传统文化”听书栏目的建议，因为其主张向社会招收接受过专业培训的读者、指导老师、录制人员、配音师等组成录音制作团队，可以吸纳社会各界的优秀人士加入图书馆服务的行列当中，馆员也可以从中学习专业的听书文稿撰写与音频录制技能，能较快地推出听书成品及服务。但不足之处在于社会人员的专业程度难以考证且不一定契合图书馆用户的需求；其次是人员流动性大，若是需要发展成长期的固定栏目，这具有一定难度。

从技术成本的角度看，其中较为突出的是在微信上推出仁仁阅小程序“学习计划”功能的建议，其具体为让用户可以通过微信小程序按月设定学习计划和目标，定时接收相关提醒以及在计划目标结束后查看完成情况。由图书馆提出功能需求，由第三方合作机构提供技术支持。该建议的优点在于，图书馆与专业技术机构合作，能够向用户提供稳定、便捷与维护及时的功能服务，而且大众对于微信的认知度较高，宣传推广较为容易。但不足之处在于存在用户信息泄露的风险。

从资源整合的角度看，其中较为突出的是设立“易读专题阅读推荐”听书栏目的建议，其具体为结合本馆的品牌出版物《易读》，通过微信公众号将每期的卷首语和关注内容进行提取整合，根据一定的话术组织语言，进行图文、语音解读的推送。该建议的优点在于将听书形式与馆内资源相结合，能够提高相关资源的利用率，并有利于相关的宣传推广。但这项建议的实施需要馆员学习如何进行文献信息资源的拆解和提炼、如何以听书的话术进行知识重组、如何录制音频文件等技能。

从可操作性的角度看，其中较为容易实施的是向读者征集原创内容用以设计活动或展览的建议，其具体为向用户征集读书笔记、观后感、文章等并颁发收藏证书，这可以增强图书馆与用户之间的互动，培养用户的忠诚度，促进图书馆用户激励机制建设的多元化。但这项建议的实施需要具有一定设计能力的策划人或策展人，以平衡不同的作品内容与风格，并制定相关的征稿标准与活动方案。

从整体规划的角度看，其中较有代表性的是建立图书馆年度知识日历的建议，其具体为结合国家、省、市各级主管部门、学会、图书馆的计划等，制定出全年的知识日历，以项目的形式进行管理，并根据年度和季度进行发布与宣传。该建议的优点在于让用户可以从宏观上了解图书馆的活动与服务的具体状况，有利于建立图书馆的品牌形象。但这项建议的实施需要在前期做好相关的统筹工作，统一对外宣传的频率，并针对各种突发情况提前准备好应对方案。

（黄诗莹撰）

业务研究成果分析报告（2017—2019）

东莞图书馆自新馆开馆以来，不断加强业务建设，夯实业务基础，并积极应用现代新技术来创新服务手段、提升服务能力，推动了图书馆业务工作、服务水平和管理能力的全面发展。同时，还高度重视员工理论水平和研究能力的培养，将其纳入组织文化、发展战略以及专业技术人员业务研究考核管理体系中，并采取各种措施（业务学习与学术交流、科研项目管理、科研合作、研究基地创建、业务研究管理制度的制定与完善等）打造一支有较好专业素养和研究水平的队伍，员工的业务研究能力得到不断提升，并取得了一系列研究成果。

一、业务研究成果类型

东莞图书馆的研究成果主要体现在三个方面，即著作、科研课题、学术论文。

（一）著作

2017—2019年，东莞图书馆正式出版各种著作8种，共17册，其中包括《市民学堂》第12～14辑和《伦明全集》《图书馆绘本阅读推广》《漫画文献总览（2014/2015）》《绘本文献总览》《粤剧文献总览》。

（二）科研课题

科研课题是衡量一个图书馆发展能力和业务水平的重要因素。东莞图书馆十分重视科研的力量，通过科研推动业务工作水平不断提升，促进业务创新，并达到提高员工的科研能力、促进员工自我完善与发展的目的。2017—2019年间，由东莞图书馆员工主持或参与的市级以上科研课题11个，其中国家级课题1个、省（部）级课题3个、市（厅）级课题7个。面向总分馆员工的“东莞市图书馆公共文化服务体系建设研究项目”立项91个，其中总馆研究项目62个、分馆研究项目29个。另外，东莞图书馆工作项目由部门或员工进行申报，通过工作项目解决业务工作和服务工作中的实际问题，有21个工作项目立项。

（三）学术论文

东莞图书馆努力创建学习型组织，营造学习与研究氛围，促进员工不断进步。在浓厚的学习氛围中，广大员工结合工作实践，积极思考，积极撰写专业学术论文。2017—2019 年，东莞图书馆员工公开发表专业学术论文 105 篇，其中发表在核心期刊上的论文有 19 篇。东莞图书馆还鼓励员工撰写学术论文参加各类学术会议，并制定了《东莞图书馆关于员工参加学术会议的管理办法》，规范员工的学术活动，同时也鼓励广大员工积极撰稿参加学术会议，所提交的论文获得各种奖励。2017—2019 年，在中国图书馆学会学术年会征文活动中，有 3 篇论文分别获一、二、三等奖；在广东图书馆学会学术年会征文活动中，有 1 篇论文获二等奖，2 篇论文获三等奖；在第一届全国灰色文献年会征文活动中，有 1 篇论文获二等奖。

二、业务研究成果分析

2017—2019 年，本馆编撰出版的著作呈以下特点：一是对馆藏文献资源进行整理与开发，如《漫画文献总览（2014/2015）》《绘本文献总览》《粤剧文献总览》《伦明全集》（1～5 册）；二是将服务品牌资源的成果进行转化，如市民学堂作为一个公益讲座，是东莞图书馆的主要服务品牌，也是东莞市的十大学习品牌之一，具有得天独厚的讲座资源，围绕这个服务品牌，东莞图书馆整理出版了《市民学堂》系列著作，已出版 14 辑；三是与中国图书馆学会合作，共同开展研究，出版“阅读推广人教材”第二辑《图书馆绘本阅读推广》。

综观本馆员工 3 年中公开发表的论文，从数量（见表 5–1）上看，2017 年发表数量最多，2018 年和 2019 年基本持平。从研究主题（见表 5–2）上看，大家能围绕自身的业务工作实践开展研究，研究方向多集中在“图书馆阅读推广”“读者活动与服务”以及“数字阅读”这 3 个方面，而 2019 年出现了“灰色文献”“图书馆委托管理模式”和“阅读主题公园规划”等主题论文，这些主题是东莞图书馆新近开辟的业务工作。

核心期刊论文数量是衡量论文整体质量的一个重要指标。本馆每年核心期刊发表量为 5 ～ 7 篇，相对当年公开发表的论文总量来说，核心期刊论文偏少，一方面说明论文总体质量有待提高，另一方面也印证了核心期刊发表论文的难度。提高研究能力和写作水平，仍然是专业技术人员需要进一步思考和努力的方向。

从表 5–1 看，3 年中本馆员工在专业期刊发表论文量占公开发表论文总数量的 57.2%，说明大家还是比较重视论文的专业水准，并努力提高所撰写论文的质量。但是，仍然有一定数量的论文发表在非专业期刊上，不过其数量逐年下降，这与本馆业务研究考核的导向和对论文质量的重视有一定的关系。

表 5-1 2017—2019 年东莞图书馆员工公开发表论文数量

年份	论文数量 / 篇	核心期刊发文量 / 篇	专业期刊发文量 / 篇	非专业期刊发文量 / 篇
2017	46	7	18	21
2018	29	7	7	15
2019	30	5	16	9

表 5-2 2017—2019 年东莞图书馆员工论文研究主题一览

研究主题	发文量 / 篇	研究主题	发文量 / 篇
图书馆阅读推广	16	图书馆阅读空间	3
图书馆读者活动与服务	16	灰色文献	3
图书馆数字阅读	11	国外图书馆读者服务、活动推广	2
图书馆少儿活动与服务	6	国外图书馆标准规范、战略规划	2
图书馆文献服务	5	图书馆资源建设与推广	2
图书馆服务体系	5	专题图书馆建设	2
图书馆绩效评估	5	基层图书馆服务	2
移动阅读、阅读平台	5	图书馆委托管理模式	1
图书馆城市服务	4	图书馆志愿者	1
图书馆法制和业务规范	4	阅读主题公园规划	1
图书馆员职业	4	图书馆职能	1
图书馆书库管理	3	图书馆业务外包	1

三、深化业务研究的建议

图书馆开展业务研究工作具有积极的意义。从图书馆角度来看：对外可提高图书馆服务的质量和层次，有利于提高图书馆的地位；对内可提高图书馆的管理水平，培养锻炼人才。从图书馆员工提升的角度来看，便于图书馆员工追踪研究领域前沿，有助于员工职务、职称的晋升，帮助其更好地实现个人价值。

如何更好地促进业务研究工作的开展，并取得较好的研究成果？应该从以下几个方面着手。

（一）建立健全管理制度

为了巩固业务研究成果，进一步加强业务研究的组织与管理，东莞图书馆编制了《东莞图书馆业务研究工作流程》《东莞图书馆业务学习和培训管理办法》《东莞图书馆项目管理办法》《东莞图书馆专业技术人员业务研究考核办法》等规章条例。业务部作为业务研究工作的职能部门，依据相关制度负责项目业务研究的组织、联络、实施和考核，以确保工作的顺利开展。业务部可每年根据东莞图书馆业务研究工作的实际情况，修订原有的制度或新增相关的规章条例，增加科研促进管理办法，以更好地推动员工科研内驱力。

（二）开展论文写作与投稿指引

一方面，为了提升图书馆员科研素养，提高学术论文写作水平和各类申报质量，图书馆可定期邀请图书馆界专家、学者开展讲座或进行指导，辅导内容可涉及研究方法、研究思路、投稿须知等多个方面。另一方面，业务部可向全市总分馆提供科研信息咨询服务，如：汇总并及时更新图书馆学期刊投稿信息，帮助馆员投稿图书馆专业期刊以及辨别其他期刊的真实性；搜集与论文写作相关的视频资源，供有需求的馆员自行学习；解答科研信息咨询，做好常见问题的汇总与指引等。

（三）引导结合岗位工作开展业务研究

图书馆鼓励员工结合自身工作实践开展业务研究，思考与分析工作中遇到的问题，提出可行性工作建议，做到理论与实践并重，既提高了研究成果的质量，又对岗位工作有一定的提升。特别是要明确树立在专业期刊上发表专业论文的指导思想，并在奖励机制、业务研究考核制度上进行引导，让员工对自己的业务研究负责，通过思考和研究来带动工作的提升。

（黄诗莹撰）

季度学习方案和员工学习成果样例

一、季度学习方案

（一）学习目的

20 世纪以来，各级、各类图书馆专业组织、专业期刊和大众传媒所设置的图书馆奖项林林总总，评出的图书馆榜样人物群星璀璨。其中非常令人瞩目的是创刊于 1876 年的、由著名的图书馆学家麦维尔·杜威担任首任主编的美国图书馆期刊《图书馆杂志》（*Library Journal*）设立的以年度图书馆员奖为代表的一系列图书馆年度奖项。

图书馆作为一个与社会需求不断调适的动态多面组织机构，其功能形态在不断演变。自第三次科技革命以来，图书馆用户的使用习惯与偏好在不断发生变化。如何在既考虑到社会诸多因素对图书馆的影响，又顾及图书馆的历史发展脉络的前提下，把握图书馆的未来发展方向?

2020 年第二季度本馆学习型小组精心挑选了《应对变革——30 年来美国图书馆楷模人物撷英》一书，希望大家通过阅读与学习，了解 30 年来美国图书馆员的优秀事迹，认识图书馆事业发展不同阶段的特点，从中借鉴工作理念和服务创新思维等，为自我赋能，提升业务能力水平。

（二）书籍介绍

《应对变革——30 年来美国图书馆楷模人物撷英》

肖燕　编著

国家图书馆出版社

2019 年 9 月

内容简介：美国《图书馆杂志》设立“年度图书馆员”和“年度辅助图书馆员”奖。肖燕博士对历届获奖馆员进行深入研究，从个人特质、教育背景、职业生涯、主要业绩、获奖原因等方面讲述他们的故事，展现了 30 年来美国图书馆事业发展的轨迹以及图书馆社会职能的演变。这些故事洋溢着对专业的热爱，富有管理与服务创新的启发，有助于图书馆工作者理清思路，减少路径选择的茫然、困惑与盲动，为推动图书馆事业发展找到行之有效的解决方案。本书可供广大图书馆工作者、图书馆管理者、图书馆学教学研究人员、学生以及其他相关机构、团体与个人参考。

作者简介：肖燕，毕业于北京大学图书馆学系，后考入中国科学院文献情报中心，获管理学博士学位，先后就职于山东社会科学院图书馆、山东大学信息管理系、清华大学图书馆。主持并参加过多项国家社科基金、国家自然科学基金、科技部软科学项目的研究工作，出版《信息揭示组织原理与方法》《网络环境下的著作权与数字图书馆》《网络教育资源的传播与合理使用》《图书馆职业英语阅读》等著作，在国内外专业期刊发表学术论文50余篇。

（三）学习要求

（1）每位员工通读全书并理解书中所阐述的问题、观点。

（2）各部门组织一次集体学习或讨论，并做好学习情况总结和会议纪要。

（3）鼓励和提倡开展跨部门的形式多样的学习活动。

（4）每个员工均须提交个人学习成果，无学习成果者将不计入个人年度培训学时。

（5）以部门为单位集中上交学习成果，包括个人学习成果、部门学习情况总结、会议讨论记录、集体学习讨论的照片等，其中个人学习成果以员工个人姓名为文件名。

（6）于2020年6月25日前将学习成果发至指定邮箱。

（四）时间安排

2020年4月25日至6月25日。

（五）学习成果

1. 个人成果（共2题）

（1）通读全文后，结合个人观点，选做其中一题

①编著者在书中提及，希望通过对于《图书馆杂志》设立的年度图书馆员奖和年度辅助图书馆员奖的研究，为图书馆从业者在关于图书馆发展路径的问题上进行解惑释疑。请问您是否认同“在传统服务与数字服务的复合模式中，图书馆正在遭遇发展的瓶颈”这种观点？可以以自身体验为例，谈谈您的看法。

②程焕文认为，图书馆的核心价值有平等、自由和共享。请问书中是否有哪位

获奖者的事例，能让您体会到“平等”“自由”或“共享”的价值精神？

③编著者在论述设立年度图书馆员奖的背景原因时，提及20世纪80年代美国图书馆保护用户隐私权利的历史和意义。近年来，国际图联也发布了《图书馆环境下的隐私声明》《被遗忘权声明》等保护隐私权的相关文件。图书馆在制定阅读报告或用户调研中，常常涉及用户隐私，请结合工作实际，谈谈您如何做好用户隐私信息的保护工作。

④书中对《图书馆杂志》30年以来评选的美国图书馆楷模人物进行评介，内容包括其个人特质、教育背景、创新管理与服务举措等。请您从中选取一位楷模人物，谈谈您觉得其在服务理念、工作方法或管理风格等方面上的优秀之处，以及从中获得的在工作上的启发。

（2）个人学习感想或书评一篇

编著者认为，图书馆的未来很大程度与包括领军人物在内的从业者群体的职业素养、核心价值追寻、个人品格、行为规范、领导力、执行力、沟通互动方式、服务实效等相关。而树立职业标杆则是增加团队凝聚力、向社会公众展示图书馆人的风貌、增加图书馆行业的认知度和美誉度的重要举措。通过阅读《应对变革——30年来美国图书馆楷模人物撷英》一书，历数30年来美国图书馆事业的发展历程，其中是否有哪位获奖者的事迹，给您留下深刻的印象或是启发？也可以结合个人的生活和工作实际，谈谈自己阅读之后的感想，内容不限，但必须是发自内心的感受，要求语言简练、条例清楚，字数不低于400字。

2. 部门成果

（1）部门学习情况总结一份；

（2）会议讨论记录一份；

（3）集体学习讨论的照片若干张等。

（六）学习总结

（1）根据各部门提交的学习成果，精选部分优秀学习成果，拟编《东莞图书馆2020学习型小组专刊（二）》。

（2）举办第二季度学习成果分享会。

（3）学习成果的数量、质量和提交的时效性，将成为部门学习型组织建设和个人学习效果的考核依据。

二、员工学习成果样例

（一）个人成果（张＊娜）

1. 选做题

问：程焕文认为，图书馆的核心价值有平等、自由和共享。请问书中是否有哪位获奖者的事例，能让您体会到“平等”“自由”或“共享”的价值精神？

书中第十一届年度辅助图书馆员艾莉森·斯隆的实例让我体会到“平等”“自由”或“共享”的价值精神。艾莉森·斯隆“具有奉献精神，竭尽所能为用户提供服务”，她不仅在图书馆的学习和实践中掌握了许多专业技能，还因为母亲视力受损更为关注有声读物的加工录制。我觉得这能体现她“平等”“共享”的精神，因为图书馆的核心服务是为读者服务，对每一位读者都应该给予尊重，竭尽所能来解决读者的需求。平等地对待每一位读者，共享图书馆所拥有的资源。艾莉森·斯隆坚持尊重差异，尊重图书馆专业人员以及致力突显辅助图书馆员诸多价值的才华和对图书馆界的贡献。该图书馆员不仅对读者选择了“平等”，也呼吁图书馆员之间也要互相“平等”。

2. 学习感想

给本人留下最深印象的图书馆员是托尼·加维，她是美国亚利桑那州首府凤凰城公共图书馆的馆长。她的服务理念、管理风格与特质是了解民众需求，为每一个人提供平等服务；她热心参与专业服务；她善于沟通，对凤凰城市的市政管理模式盛赞有加；她恪守职业操守，理性阔达。她说：“最令我自豪的是图书馆对那些到访者的影响，这是我的驱动力。当我正经历糟糕的一天时，走进青少年中心或者走进一所分馆，看到人们在利用图书馆，就会使我非常从容地处理其余的工作。”作为一名优秀的图书馆员，她认为图书馆效用不仅是工作的动力，还是她保持内心稳定强大的因素。我自己作为图书馆员也应该向托尼·加维学习，必须要有服务他人的奉献精神。我馆在疫情防控期间也是战“疫”不停歇，学习中心的资源小组分享更多的电子资源给读者，还提供了邮寄借书的服务，这些都得到了读者的赞赏。图书馆人就是为了读者能享受到图书资源，充分享受到读书带来的快乐，这也是我们每一个图书馆人的使命要求。

（二）部门成果（读者服务中心窗口服务组）

1. 部门学习情况总结

根据《应对变革——30 年来美国图书馆楷模人物撷英》学习方案的要求，以“个人学习为主，部门讨论为辅”的原则，读者服务中心窗口服务（含图书流动车）组织开展了学习活动。每个人认真自学《应对变革——30 年来美国图书馆楷模人物撷英》这本书，对书的内容有一个基本的理解和认识。

2020 年 4 月 27 日下午，本馆在市民空间组织开展了集体学习讨论会。会上大家发言踊跃，各抒己见，谈出了自己的感想，从不同方面阐述了自己对这本书的理解和看法。大家一致表示，通过这本书的学习，了解了 30 年来美国图书馆员的优秀事迹，认识了图书馆事业发展不同阶段的特点。借鉴先进的工作理念和服务创新思维，有助于业务能力的提升。

本次学习中读者服务中心窗口服务组（含图书流动车）应提交个人学习成果 31 份，实交个人学习成果 31 份，并撰写部门学习总结、部门会议记录各 1 篇，拍摄部门学习照片 3 张。

2. 集体学习讨论记录

时间：2020 年 4 月 27 日 14：30—15：30

地点：市民空间

主持：马英

出席人员：读者服务中心窗口服务组（含图书流动车）人员

学习形式：自由讨论与发言

陈晓琪：图书馆的未来趋势很大程度上与职业标杆息息相关。作为一名普通馆员，我尽可能从多个视角了解《图书馆杂志》评选的年度图书馆员与年度辅助图书馆员，期望这有助于减少路径选择的茫然与困惑，从而加入知识共享的行列之中。

王艳君：我有个很直接的感觉，就是平凡中的伟大，优秀的积累。在每一个图书馆员的介绍中，你会发现，其实每一个人的工作都是平凡的，他们在平凡的岗位中，坚持着一种理念，即让用户自由地追求知识。

王钰晶：布伦达·沃格尔的成就与她的人文素养和教育学理论的学习与应用密不可分。作为社会工作者，图书馆员仅仅掌握本专业的理论和技术方法是不够的，还需要掌握并应用哲学与社会科学的理论与方法，分析专业问题、设计项目并提供服务。我觉得这也是每一名图书馆员要具备的能力。

莫子钊：图书馆员应摆正作为公益单位工作人员的心态，不过分计较个人得失，贯彻为人民服务的理念，坦诚而平等地面对读者需求，积极投身服务行业中去。

彭康通：书里面提及的加利福尼亚州圣何塞市公共图书馆馆长吉尔·伯恩女士，她开展的流动创客空间，是图书馆的一种创新服务模式，很值得参考。因此，我们的图书流动车服务应该借鉴此模式，在实际的工作中，创新服务方式，拓展以往单一的图书借阅工作，例如，在图书流动车服务过程中，强化数字资源的推广，增加服务内容范围等。

余玉霞：数字图书馆在给读者带来信息查询方便的同时，也存在着其信息查询的瓶颈，那就是信息数字化还处在一个起步阶段。目前，数字图书馆信息资源“海量”，而非“全部”。因此加大优秀资源的采集，推进优秀图书和地方文献的数字化，是进一步充实数字图书馆资源含量，加大数字图书馆数字化的重中之重。

叶倩睛：让我印象深刻的就是1999年度图书馆员获奖者——坎伯兰县图书馆与信息中心负责人杰里·思雷舍先生。他指出，保卫坎伯兰县图书馆与信息中心的秘密武器是客户服务，图书馆每做一件事都聚焦于满足本地用户的需求。我深以为然，我们图书馆存在的意义就是要尽可能利用一切资源为读者提供最高质量、最高水准的服务。

（黄诗莹、李正祥撰）

员工学习培训工作样例

员工继续教育是提高员工素养和技能的重要手段，也是对专业技术人员的基本要求。东莞图书馆重视员工学习与培训，将其纳入业务部年度工作范畴，并由专人负责。每年策划和组织开展20多场学习、培训活动，每月开展2～3场讲座，每季度学习一本书，人均培训100多个学时，形成了较为系统、完善的培训流程和工作机制。

一、员工学习与培训需求调查

年初，业务部在全馆范围发放当年学习培训意向调查表，了解员工学习需求和培训建议，然后根据调查结果，结合主题年发展要求，制订当年的学习培训计划。调查内容主要包括：

（1）您认为自己目前工作中最需要学习或接受培训的技能是什么？

（2）您更喜欢阅读与学习哪一类的书籍？

（3）您比较喜欢哪种学习和培训方式？

（4）您认为最佳的学习和培训频率是什么样的？

（5）对于××××年的学习和培训活动，您是否满意？

（6）请您推荐几种学习用书。

（7）您对我馆开展员工学习与培训工作的建议。

二、需求分析

对调查表进行统计和分析，形成分析报告，为制订年度的学习和培训工作计划提供参考。

比如2014年底，我们开展了2015年学习与培训工作的需求调查，收回调查表153份，并对调查结果进行了分析。结果显示：希望接受图书馆专业知识技能和服务技能培训的分别为69人和51人，占比45%和33%；希望学习现代科学新理念、新技术和与人交往的技巧的分别为 85 人和 46 人，占比 56% 和 30%。在书籍类型方面：喜欢历史等人文类的人居多，占比 56%；其次为心理励志类、技术类和管理类，分别占比 38.6%、26.7% 和 24%；图书馆类和散文类接近，分别为 20% 和 21%。培训方式上，选择“外出学习”的员工占 68.6%，其次为体验参与和讲座授课，各占 48.4% 和 41%。而对于上一年的学习培训活动，员工的满意度达到 90.8%。

同时，大家也提出了不少建议，如：学习形式可以更多样化，包括分小组到户外体验教学、外出参观实践教学，提高员工学习积极性；根据岗位进行特殊的学习培训，包括印刷技术、最新的设计动态与展示；增加非对外部门员工外出学习的机会；适度安排，自主学习；多开展电脑操作技能方面的培训，包括 Excel、Word 等办公软件使用以及电脑故障的处理等；组织一线服务员工学习其他图书馆的优秀服务经验；多利用网络学习资源，在平台上共享，按需学习。此外，很多员工还根据自己岗位学习需要，推荐了一批年度学习用书，如《图书馆员英语选读》《影响力》《人性的弱点》《你就是最好的自己》《公共图书馆读者服务案例》《公共图书馆未成年人服务》《中国图书好图书馆史》《图书馆学概论》等。

三、制订学习培训计划

根据战略规划和主题年工作要求，结合员工学习与培训需求调查结果，制订当年的学习与培训工作计划。内容包括专业理论和业务技能培训、公需课学习、选修课程学习三个方面；形式上有讲座、培训、交流分享、外出参观学习、组织培训班等多种形式。

四、学习培训效果反馈

反馈是员工学习与培训工作的一部分，目的是提高下一场学习与培训的针对性、有效性。全年的学习与培训工作效果可通过年度培训工作调查来检验，如 2015 年的开展的一项调查结果显示，员工对 2014 学习培训活动组织感到非常满意的占 22.2%，感到满意的占 68.8%。

某一次学习培训活动的效果也可通过专项调查进行评估，专项调查主要是以问卷形式对参加培训的全馆员工进行培训反馈意见调查。

五、学习培训实施

在落实开展每一场讲座或学习活动时，业务部学习与培训负责人会预先联系好老师和主讲人，提前 3 ～ 5 天向全体员工的邮箱发布讲座通知。业务部工作人员要提前布置会场，并向办公室和网络中心申请照相和录像协助。讲座开始前，到场人员需要签到。讲座结束后，业务部会根据需要设计学习培训反馈调查表，了解该场学习与培训讲座的效果，以便下次改进。最后，业务部统计参加讲座的人数，并向所有参与学习培训的人授予培训证书。

2015 年 11 月，本馆举办了一场主题为“信息素质教育游戏研究”的业务讲座，其实施过程如下：

（一）发布讲座通知

在确定讲座主题、落实主讲嘉宾之后，业务部草拟讲座通知，以邮件的形式向全体员工发布。学习与培训活动一般安排在周五上午，利用闭馆整理内务的时间，以便所有员工有机会参加。“信息素质教育游戏研究”讲座的通知内容如下：

各位同事：

信息技术发展带来的媒体形态变化对图书馆的影响很大，数字游戏作为一种新媒体已引起图书馆学界及业界的密切关注。数字游戏不仅是图书馆重要的服务内容，也是图书馆开展信息素质教育的重要手段，如何利用游戏开展信息素质教育已成为图书馆学的重要研究课题。为了让员工了解信息素质教育游戏的相关知识以及最新的研究进展，我馆定于 11 月 27 日（本周五）邀请华中师范大学信息管理学院教授、英国拉夫堡大学访问学者、中国教育技术协会教育游戏专业委员会委员吴建华博士给大家做一场关于信息素质教育游戏的讲座，解读信息素质教育游戏的最新趋势及研究成果。具体如下：

主题：信息素质教育游戏研究

主讲：吴建华

时间：2015 年 11 月 27 日上午 9：10—11：10

地点：东莞图书馆四楼报告厅

本次讲座作为 2015 年继续教育的课程计入学时，要求全体员工参加。

业务部

2015 年 11 月 25 日

（二）签到

为了更好地掌握员工参与学习培训活动情况，业务部设计了“东莞图书馆学习与培训记录表”，记录本次讲座的时间、主讲人、主题等信息，并供员工签到使用。

（三）讲座内容介绍

吴教授从数字游戏的兴起谈起，用图表数据说明了我国网络游戏用户特别是手机网络用户和网络游戏市场规模正呈逐年上升的趋势，同时网络游戏市场中移动端游戏的比重在不断加大。数字游戏的风靡促进了教育游戏的发展，人们对教育游戏的研究与开发也在迅速发展。

美国图书馆学会于 2007 年召开首届主题为“游戏、学习与图书馆”的学术研讨会，探讨图书馆如何适应游戏与数字化学习方式，议题之一就是信息素质教育游戏。该学会还开发了游戏工具包，指导馆员开展游戏服务，并组织开展一年一度的国际游戏日活动。清华大学图书馆于 2011 年推出游戏《排架也疯狂》，武汉大学图书馆的《拯救小布之消失的经典》于 2014 年上线。可见各国图书馆对发展信息素养游戏的重视程度。

吴教授结合数字化学习对图书馆的影响，阐述如何利用游戏开展信息素养教育。她从游戏教育性与游戏性的平衡兼顾、游戏主题类型的确定、问题导向的设计、问题解决能否促进学习等几个方面进行深入剖析，并通过探讨《启航》《智慧小镇》《知识工厂》这 3 款游戏的设计开发过程和游戏效果评价等值得关注的因素，让大家了解如何建立信息素养教育模型，更好地将数字游戏与信息素养教育相融合，达到最好的学习效果。此外，吴教授还向大家介绍正在研究开发中的其他小游戏，提到一些关键的设计要素包括如何融入检索策略、如何接入图书馆服务网站等。

（四）影像资料制作与保存

办公室负责拍照工作，网络中心对讲座全程进行了录像。讲座结束后，办公室将照片发送给业务部，网络中心将录像资料制作成光盘提交给业务部。

（五）效果调查

信息技术发展带来的媒体形态变化对图书馆影响很大，数字游戏作为一种新媒体已引起图书馆学界及业界的密切关注。为进一步增进员工对信息素质教育游戏的认识，了解本次讲座的效果，业务部在讲座之后开展了一次调查。调查内容包括 5 个方面：

（1）在参加本次讲座之前，您对本讲座的相关内容了解吗？

（2）通过本次培训讲座，您对信息素质教育游戏知识是否有了了解？

（3）参加本次培训讲座，您是否有收获？

（4）您对本次培训讲座的内容感到满意吗？

（5）您对培训老师的学识与讲课水平感到满意吗？

本馆员工 143 人参加了本次讲座，组织者发放了 143 份调查问卷并全部收回。调查统计结果显示，很多员工在参加本次讲座之前对讲座的相关内容有所了解，通过本次培训他们对信息素质教育游戏知识了解程度均有所提高，仅有 8 人认为自己的“仍然不清楚”，占比 5.6%。多数参与培训的员工对本次讲座表示“有收获”，甚至“很有收获”，对培训老师的学识与讲课水平感到很满意，如果还有类似的培训，将很愿意参加。最后在回答“您对本次培训讲座的内容是否满意”时，大多数参与员工表示“满意”，有部分员工表示“很满意”，只有 3 人选择“不满意”，满意度近 98%。

调查结果显示本次培训效果良好。

（六）制作与打印培训证书

本次培训为 4 个学时。参与本次讲座的员工可获得 4 个继续教育学时。业务部根据签到表制作并打印培训证书。

（黄诗莹、李正祥撰）

业务研究项目管理样例

东莞图书馆以项目管理为抓手，引导员工围绕业务工作开展业务研究，培育研究能力和创新能力，推动图书馆专业化发展。项目管理是东莞图书馆推出的一个员工申报科研课题、开展业务研究的科研平台和科研活动，包括“东莞图书馆工作项目”和“东莞市图书馆公共服务体系建设研究项目”。前者始于2006年，申报对象为东莞图书馆员工；后者始于2009年，对象为总分馆员工。自2006年实施以来，项目管理工作不断完善，本馆制定了《东莞图书馆项目管理办法》，形成了一套包括课题指南、立项、中期管理、经费资助、结项、成果交流及资料汇编的工作流程，为广大员工课题申报和项目实施提供规范管理和精准服务。

一、编撰课题指南

为指导和帮助员工开展研究工作与申报项目，业务部每年编写《东莞市图书馆公共服务体系建设研究课题指南》以供参考。如《2019年度东莞市图书馆公共服务体系建设研究课题指南》目录如下：

（1）《公共图书馆法》与公共图书馆发展
（2）“粤港澳大湾区”背景下图书馆合作与发展
（3）图书馆业务流程设计与研究
（4）图书馆灰色文献资源建设与服务
（5）图书馆专题文献资源建设的现状与开发策略研究
（6）图书馆阅读推广联盟模式探索与研究
（7）图书馆阅读推广影响力与绩效评价研究
（8）图书馆阅读推广规范与标准化研究
（9）图书馆移动阅读创新与管理
（10）图书馆特殊群体与重点人群服务研究
（11）社会参与图书馆发展的合作模式与路径

（12）公共图书馆绘本阅读推广的创新与研究

（13）现代新技术在绘本阅读推广中的应用研究

（14）图书馆少儿活动新形态探索与研究

（15）声音图书馆内容与推广模式研究

（16）公共图书馆服务深入社区的新路径与新手段

（17）微信在图书馆管理中的应用研究

（18）基层图书馆服务延伸研究——城市阅读驿站建设

（19）新媒体背景下图书馆内涵深化及服务拓展研究

（20）国外图书馆阅读推广服务实践案例研究

二、项目申报

东莞市图书馆公共服务体系建设研究项目申报工作于上一年年底启动，主要对象为东莞市公共图书馆体系的总分馆员工以及学校图书馆的专业人员。2019 年东莞市图书馆公共服务体系建设研究项目申报通知的内容如下：

各分馆，东莞图书馆各部室、管理单元：

2019 年度东莞市图书馆公共服务体系建设研究项目申报工作正式启动，欢迎总分馆员工踊跃申报。现将申报注意事项通知如下：

一、研究项目应着力于图书馆业务工作的理论与实践的探讨与研究，并紧扣图书馆业务工作的实践与未来发展，同时，鼓励围绕东莞图书馆年度主题工作和工作重点来进行思考与研究。

二、为更好地指导大家开展研究工作和进行申报项目，特编写《2019 年度东莞市图书馆公共服务体系建设研究课题指南》（附件 1）供大家参考。本指南只是一个研究方向，不是指定课题名称。此外，大家也可以申报课题指南以外的其他课题。

三、项目申请人限报一项及参加一项；课题组成员限参加两项。每个项目课题组成员不得超过 6 名（含项目申请人）。关于申报的具体要求，请详细阅读《东莞图书馆项目管理暂行办法》（附件 2）。

四、申报人须提交《项目申报书》（附件 3）和《课题论证》活页（附件 4）纸质版及电子版各一份，《项目申报书》须有申报人亲笔签名，《课题论证》活页则不允许透露申请人相关信息。

自本通知发布起接受申报研究项目，截止日期为2019年1月31日。申报人须在此日期前将纸质版和电子版申报材料送至业务部。

业务部

2018年12月28日

三、立项评审

业务部对申报材料进行整理和汇总，组织东莞图书馆业务研究委员会从项目的可行性、研究价值和经费成本等方面对申报项目进行评审，确定立项项目。其后，发布立项通知，各项目负责人开始进行研究的实施阶段。立项通知的内容如下：

各部室、管理单元：

2019年度东莞市图书馆公共服务体系建设研究项目申报通知自发布以来，得到全市图书馆总分馆体系和有关学校图书馆的积极响应，大家围绕东莞图书馆2019年主题年工作要求及自身业务工作实践，认真思考，踊跃申报研究项目。截至2月初，收到各类申报书56份。经东莞图书馆业务研究委员会评审，共有29个项目获准立项（具体名单见附件）。

自本通知发布之日起，请各项目负责人按照项目申报方案和《东莞图书馆项目管理办法》认真组织项目实施，开展项目管理，并于2019年10月15日前填报《项目结项审批书》，提交项目成果至东莞图书馆业务部。业务部将组织专家对项目成果进行评审鉴定，对获准结项的项目颁发结项证书。

附件：《2019年度东莞图书馆公共服务体系建设研究项目立项名单》

业务部

2019年2月27日

四、中期管理与资助

为加强对项目进程管理，确保各个项目研究工作顺利开展，业务部对项目进行中期管理，要求各项目负责人提交《东莞图书馆研究项目中期检查报告书》，并以此为据发放项目第一期资助经费。中期检查报告书的内容如表5-3所示：

表 5-3　研究项目中期检查报告书

<table>
<tr><td>项目名称</td><td colspan="3">东莞图书馆构建荣誉体系的实践与探索</td></tr>
<tr><td>项目责任人</td><td>张 **</td><td>分馆（部室）</td><td>办公室</td></tr>
<tr><td>最终成果形式</td><td>论文</td><td>项目批准号</td><td>2020TX08</td></tr>
<tr><td colspan="4">研究工作进展情况（实施情况、存在的问题，能否按时完成研究计划等）
实施情况：
2020 年 2 月：查阅相关书籍和网络了解荣誉体系定义和构建荣誉体系的意义，为撰写全文提供理论支持。
2020 年 3 月：查阅相关书籍和网络了解荣誉体系的定义和构建过程中存在的问题。
2020 年 4 月：根据我馆实际情况，查阅相关档案和文件资料，进一步梳理近三年来我馆荣誉体系建设情况。
2020 年 5 月：项目组成员召开小组会议，筛查、整理目前手头上的资料，并提出构建和完善我馆荣誉体系建议。
存在问题：
图书馆荣誉体系是我国 2017 年公共图书馆评估定级工作中提出的全新概念，目前对图书馆荣誉体系的研究资料和可供借鉴的材料较少。
能否按时完成研究计划：
能按时完成研究计划。从六月上旬开始，将开始论文的撰写工作。预计于七月下旬完成论文的初稿。接下来将寻求专业意见，进行论文修改。</td></tr>
</table>

注：1. 如项目研究工作需推迟结项时间、调整研究方向、变更课题组成员等，需另填报“项目变更审批表”。

2. 如有阶段性成果，请附后提交。

五、成果提交与初审

每年 10 月中旬为项目结项的时间，各项目负责人向业务部提交项目成果（论文或研究报告），并同时提交《东莞市图书馆公共服务体系建设研究项目结项审批书》和《东莞市图书馆公共服务体系建设研究项目〈成果简介〉活页》。业务部在收齐结项材料后，统一对项目成果进行学术不端检测，重点对论文或研究报告的重复率进行检测，要求复制比（重复率）不得超过 30%。检测不符合要求的需重新提交研究成果，直至符合要求为止。

六、结项评审

初审结束后，业务部组织图书馆界专家组成评审委员会，对项目成果进行结项评审。专家根据学术价值、创新程度、完成情况等多项标准，依照一定比例，评选出优秀项目、良好项目与合格项目。评审结果报馆长办公会议审批。审批通过后，业务部发布结项的通知，并依照评审等级发放第二期资助经费与结项证书。结项通知的内容如下：

各部门、管理单元：

2019 年度东莞市图书馆公共服务体系建设研究项目结项评审工作已经结束，经专家评审鉴定，共计 29 个项目准予结项，其中 7 个项目评为优秀等级，19 个项目评为良好等级，3 个项目评为合格等级，现予公布。

附件:《关于 2019 年度东莞市图书馆公共服务体系建设研究项目结项的通知》

业务部

2019 年 11 月 5 日

七、成果交流与汇编

为推广项目研究成果，交流业务研究经验，研究项目工作结束后，业务部组织开展优秀成果交流会，由获优秀等级的项目负责人介绍其项目研究成果，分享研究经验，并由本馆专家进行点评。

此外，为宣传展示东莞市图书馆公共服务体系建设研究项目的研究成果，更好地促进研究成果的转化和应用，自 2009 年始，业务部先后编辑出版了《2009 年研究年项目研究成果选编》《东莞市图书馆公共服务体系建设研究项目优秀成果汇编（2010—2013）》《东莞市图书馆公共服务体系建设研究项目优秀成果汇编（2014—2017）》。它们主要汇录了 2009 年至 2017 年间获得优秀等级的项目研究成果，并逐渐完善增加各年度研究项目立项信息与东莞图书馆员工公开出版、发表的著作与论文信息，以更好地推动业务学习和交流。

八、资料归档

每年第一季度，业务部整理上一年的项目资料（含立项申报书、立项通知、中期检查报告书、项目成果、结项审批书、《成果简介》活页、结项通知），并全部移交档案室。

（黄诗莹、李正祥撰）

业务研究成果考核样例

一、业务研究考核要求

为增强本馆专业技术人员的业务研究意识，提高业务研究能力，多出成果、出好成果，推动本馆业务研究工作的发展，东莞图书馆制定《东莞图书馆专业技术人员业务研究考核办法》（以下简称《考核办法》），由业务部对具有专业技术职称的在岗员工组织实施业务研究考核。

依据《考核办法》的要求，专业技术人员在完成岗位工作的同时，每年应积极参与业务研究，取得一定数量的研究成果，包括承担各类研究项目，参与编撰或翻译学术专著，发表期刊论文、学术交流论文、调研报告等。具体要求如下：

表 5-4 业务研究考核要求

考核对象	年度考核指标
高级职称人员	具备下列条件之一： 1. 公开出版独立或与人合作撰写专业学术专著 1 部； 2. 公开发表独立（或以第一作者）撰写的专业学术论文 1 篇以上； 3. 在省级以上学会获得学术论文征文三等奖以上或在省级以上学术会议上作专题报告； 4. 主持或主要参与市级以上科研课题或专业工作项目的研究 1 项，取得阶段性成果，独立或以第一责任者身份提交研究成果 1 篇； 5. 主持馆级项目 1 项以上，且项目成果达到优秀等级； 6. 承领并在东莞市图书馆公共服务体系内举办专业讲座 1 场以上。
中级职称人员	具备下列条件之一： 1. 公开发表、出版独立或与人合作撰写学术专著 1 部； 2. 公开发表独立（或以第一作者）撰写的专业学术论文 1 篇以上；在省级以上学会获得学术论文征文三等奖以上或在省级以上学术会议上作专题报告； 3. 在省级以上学会获得学术论文征文优秀奖以上或在省级以上学术会议上作专题发言； 4. 主持或主要参与馆级以上科研课题或专业工作项目的研究 1 项，取得阶段性成果，独立或以第一责任者身份提交研究成果 1 篇；以合作者提交的研究成果，必须注明本人所独立完成的部分；

续表

考核对象	年度考核指标
	5. 独立完成或合作第一作者撰写的专业论文、调研报告、绩效分析报告或工作案例 1 篇以上（字数在 2500 字以上）； 6. 本馆认定的其他研究成果 1 项以上。
初级职称人员	具备下列条件之一： 1. 公开发表独立（或合作第一作者）撰写专业学术论文 1 篇以上； 2. 在省级以上学会获得学术论文征文优秀奖以上； 3. 参与馆级以上科研课题或专业工作项目的研究 1 项，取得阶段性成果，独立或以第一责任者身份提交研究成果 1 篇；以合作者提交的研究成果，必须注明本人所独立完成的部分； 4. 独立完成或第一责任者身份提交专业论文、调研报告、岗位绩效分析报告或工作案例 1 篇以上（字数在 1000 字以上）； 5. 本馆认定的其他研究成果 1 项以上。

二、业务研究考核流程

业务研究考核工作于每年 11 月开展，考核范围为上年度 12 月至当年 11 月之间的各类研究成果。主要流程如下：

（1）参与考核的专业技术人员填报“东莞图书馆业务研究工作年度考核评估表”，并提供相关的研究成果材料；

（2）业务部收集、整理专业技术人员提交的业务研究成果材料，并按照《考核办法》的考核要求对每一个专业技术人员的成果进行初步考核。对中、初级专业技术人员所提交的未公开发表的业务研究成果进行查重，重复率不得超过 30%；

（3）业务部将考核的初步结果和建议提交业务研究委员会审核和评议，并根据业务研究委员会的审核意见发布考核结果，考核资料存档并通知被考核人。

三、考核结果

业务研究成果是对专业技术人员进行评价和奖励的重要依据。考核结果按年度分为达标和不达标两种情况。对业务研究考核不达标者，当年不推荐申报各级各类科研成果奖励，不推荐申报高一级专业技术职务；对连续两次业务研究考核不达标者，视情况给予高职低聘或解除聘用等处理；对业务研究成果、成绩突出的个人给予表彰奖励。

四、结果通报

业务研究考核结束后，业务部整理和汇总各项资料，统计著作、论文和科研项目数量，总结和分析当年业务研究成果情况，并对重要的业务研究资料部门存档或提交档案室保存。同时，发布业务研究考核结果通报，表彰优秀研究成果，指出问题，提出要求。关于通报的格式与内容，参见 2019 年的考核结果通报：

关于 2019 年度东莞图书馆专业技术人员业务研究考核情况的通报

一年一度的专业技术人员业务研究成果考核工作已于 2019 年 12 月上旬结束。现将考核情况通报如下：

本次考核依据《东莞图书馆专业技术人员业务研究考核办法》（2019 年修订版）（以下简称《考核办法》），考核范围为 2018 年 12 月至 2019 年 11 月出版、发表和撰写的各项业务研究成果。东莞图书馆 139 名在岗专业技术人员参与了考核。经审核，97% 的专业技术人员达到《考核办法》要求，考核合格。其中，麦 * 杰、温 * 仪、吴 *、张 * 路等人或在图书馆学核心期刊上发表了论文，或主持市厅级项目，或获征文奖、书评奖等荣誉，研究成果相对突出，质量较好。郑 * 萍、马 *、杨 * 强、邓 * 峰、施 * 唐等人结合自身工作实践开展业务研究，分析与思考较为深刻，提交的业务成果具有一定的学术水平，值得肯定。

经统计，2019 年我馆主编或参与编写著作 3 部，公开发表的专业学术论文 30 篇，其中核心期刊论文 5 篇（详见附件）。另有 41 项科研课题获得立项。

本次考核工作得到了各部门、管理单元的大力支持与配合，其中，学习中心推进部、灰色文献项目组、绘本馆、文献保障中心、网络中心、采编中心、地方文献开发部、读者服务中心、少儿分馆、松山湖图书馆等督促得力，按时按要求提交本部门的业务研究成果，在此提出表扬。

2019 年业务研究考核中存在以下问题：

1. 少部分同志对《考核办法》理解不到位，所提交的研究成果在字数、重复率等方面未能一次性达到要求，或达到相应职称级别的考核要求；

2. 仍有少部分同志以个人岗位工作总结作为业务研究成果，缺乏分析与思考，未能一次性达到要求；

3. 公开发表的专业学术论文整体质量还有待进一步提高，为数不少的论文发表在非图书情报专业期刊上。

2019 年东莞图书馆业务研究工作有成绩，也有不足。希望大家在今后的工作中高度重视业务研究，努力提升研究水平。同时，要进一步认真学习和执行《考核办法》要求，严肃对待年度业务研究考核工作，多出成果，出好成果。

附：2019 年度东莞图书馆公开出版著作与发表学术论文一览表

东莞图书馆

2019 年 12 月 24 日

（黄诗莹撰）

第六章　行政管理

日常工作检查与考核是图书馆行政管理的重要内容。规范工作检查流程，记录检查结果，建立检查考核制度，这些都是改进和提高行政管理效果的重要措施。本章以样例的形式，提供关于工作检查、季度考核、档案管理、网络安全管理、物业检查与考核、疫情防控等方面的范本，供大家参考。

东莞图书馆理事会会议纪要样例

2015年4月22日，东莞图书馆召开理事会第一届理事会第二次会议开。会议听取了东莞图书馆馆长李东来同志对近半年工作情况的汇报，审议了《东莞图书馆第十一届读书节活动方案》，审阅了2015年预算经费批复，讨论了《东莞图书馆“十三五”战略规划》草案。有关事项记录如下：

一、东莞图书馆近半年工作情况

（一）基础业务方面

2014年10月至2015年3月，本馆共接待读者60.2万人，书刊文献外借达109.6万册，举办各类读者活动300余场，吸引读者5.5万余人参与；春节期间举办文化活动12项，受到市民广泛欢迎；2015年1月，对24小时自助图书馆重新进行了调整改建，面积扩大至近700平方米，藏书增加到5万册，自助借还设备增加至5台，有效迎合了阅读需求；阅读推广热潮涌动，本馆阅读推广活动先后受到《人民日报》《东莞日报》等媒体报道关注；《关于审定〈2015东莞第十一届读书节工作方案〉的请示》（东文广新请〔2015〕16号）已发往市政府，读书节筹备进展顺利；围绕4·23世界读书日在4月先后推出第二届“悦生活　从图书馆出发”骑行文化活动，第三届“幸福悦读　知识共享”晒书、换书、捐书活动，首届“悦生活　从图书馆出发”茶文化活动等阅读推广活动；依托于阅读推广内刊《易读》组建易读书友会，共举办8期，《易读》荣获2014年中国图书馆阅读推广类“十佳内刊内报”称号。

（二）科研情况

2013年5月，东莞图书馆承担了国家文化科技提升计划项目“公共电子阅览室的新形态实现研究”，研究工作已完成，申请项目验收。2012年11月，东莞图书馆承担了广东省哲学社会科学“十二五”规划项目“公共图书馆卓越绩效管理模式研究”，项目从2012年11月开始，于2015年提交结项报告，正在结项审批中。

（三）下一阶段重点工作

本馆参加2015年广东省政府质量奖申报；2014年10月与南开大学确立合作关系，联合柯平教授团队开展“十三五”规划制定工作。经过大量前期调研、读者访谈、中层及馆员交流、战略方向研讨等工作后，初步形成《东莞图书馆“十三五”战略目标体系（草案）》。

二、审议《东莞图书馆第十一届读书节活动方案》

会议审议并通过了《东莞图书馆第十一届读书节活动方案》。

三、审阅东莞图书馆2015年预算经费批复

东莞图书馆2015年预算经费基本与上一年度持平。会议提出在购书经费方面应考虑东莞市公共文化服务标准化试点建设工作需求，实现均衡发展、年度稳定、加强基层。

四、讨论《东莞图书馆“十三五”战略规划》草案

会议听取了《东莞图书馆“十三五”战略规划（草案）》有关情况介绍，“完善提升体系化公共服务能力、全面促进城市阅读、助推东莞社会建设、丰富资源创新服务、规范管理专业成长”五个战略方向及框架设置得到与会理事认同。同时，会议也提出了若干意见：一是规划中数据指标设定应与东莞市公共文化服务标准化试点建设工作结合，有一定的经费测算，以便争取支持；二是规划应统筹考虑基层因素，为推动基层图书馆在发展指标、考核标准设定方面提供指导和参考。

五、参会人员

王*辉　许*龙　吴*　王*武　苏*玲　赵*平　李*来　冯*　张*娜
请假人员：刘*中、杨*龙
记录：麦*杰

工作检查记录表样例

为提高工作效率，确保各业务岗位工作质量和读者服务质量，东莞图书馆实行每周工作检查制度。工作检查由部门副主任以上中层干部和馆领导轮流带队，与办公室和综合服务部相关人员组成检查小组，每周一次对馆内员工形象、劳动纪律、服务环境、业务工作等方面进行检查并督导。

表 6-1　工作检查记录表

检查时间：2020 年 6 月 15 日		检查人：李 * 嫦；记录员：莫 * 婷		
序号	存在问题	责任部门	整改结果	处理结果
1	读者服务中心及综合服务部都能在读者到馆时引导签到，告知读者填写健康告知书，协助读者完成整个签到流程，综合服务部还及时收集好读者的健康告知书。	读者服务中心、综合服务部	—	—
2	五楼辅助书库北面上架率已提升，书库整改已有很大的改善；辅助书库东面请按工作计划继续进行整改。	文献保障中心	按整改计划，在完成流转书库图书清理同时，抽空整理细分总馆辅助书库堆积图书，尽量填满架上空余位置或细分排放在相应架位旁边，力求减少图书堆积，便于读者查阅。努力将样本书上架。	已处理
3	五楼期刊书库经修复没有出现漏水的情况，请综合服务部及时整理好里面的遮盖物。	综合服务部	在 29 日下午、31 日的巡检过程中，还发现有漏水情况，暂不适宜撤离。	已处理
4	五楼期刊室内遮盖物使用时间较长，比较破旧，影响美观，建议对其进行更换。	综合服务部	还存在漏水情况，暂不适宜拆除。	已处理

续表

序号	存在问题	责任部门	整改结果	处理结果
5	南门堆放的快递较多，建议综合服务部及时提醒员工拿走快递，或者用层架摆放好快递。	综合服务部	现堆放快递由物业统一通知领取，同时鉴于目前一到三楼已开馆，即日起南门不再代领快递。	已处理
6	一楼儿童借阅室内堆放了一些炭包，综合服务部请核准全馆炭包的使用时间，建议对使用太久的炭包进行清理。	综合服务部	已安排物业跟进处理，拟将炭包处理后作花盆垫，装炭包藤萝改作花盆装饰品。	已处理
7	五楼馆员之家内“馆员风采展示墙”海报内容已久，建议办公室协调党支部或工会进行内容更新。	党支部、工会、办公室	已反馈给工会，由工会落实跟进。	已处理
8	三楼馆员之家靠南面区域之前摆放的折叠凳、床垫等已处理好，现该区域清洁整齐，环境焕然一新。	办公室	—	—
9	四楼市民学堂外的展板建议撤走，可开拓视野，或者换置有内容的展板；外墙的市民讲座专家展示板是2009—2010年的内容，建议对其内容进行更新。	读者服务中心	展板因原年会期间使用由展厅搬迁至此。已联系物业管理部门协作，拟搬迁至四楼展厅存放。对于市民学堂讲座相关宣传画，综合考虑相关因素，拟更新。	已反馈责任部门
10	三楼借阅区书架上，同一本书的复本在有空位的情况下，上架不同位置，建议连号情况下空置位置不超过五分之一。	读者服务中心	已按照建议进行了调整。	已处理
11	二楼电子阅览室内QQ阅读的“口袋阅”电子设备经检查发现有部分机器网络无法连接，请及时维护并修复。	读者服务中心	已反馈给网络部，及时进行了修复。	已处理
12	一楼大堂电子屏近期已损坏不能正常打开。	网络中心	网络中心反馈正与厂家联系并跟进中。	已反馈责任部门
13	一楼儿童借阅区内的柱子污迹明显，建议效仿24小时自助图书馆对柱子进行美化装饰。	读者服务中心	—	已反馈责任部门

值班馆长记录表样例

表 6-2　值班馆长记录表

日期：2020 年 7 月 18 日			值班馆长：李 * 嫦	
巡查时间	巡查地点	问题责任人	问题简述	问题反馈
9：30—10：00	南门	读者服务中心	南门摆放的市民空间活动信息海报已过时，建议撤回或更换其他活动海报。	经巡查，相关部门已更换或已撤回。
10：30—11：00	一楼儿童天地	办公室	儿童天地门外标志未更新，同时增加报刊阅览室门口的标志。	该部分标志内容未纳入 2019 年第一批标志升级改造内容中，需在各功能区域划分确定后纳入下次标志改造，办公室将继续跟进。
10：30—11：00	二楼北侧茶水间	综合服务部	二楼茶水间墙砖松动、脱落，瓷砖摆放窗旁，存在安全隐患。建议在修复前，设置安全提示，并将瓷砖转移到读者无法接触的地方。	综合服务部已安排落实和整改。
11：00—11：30	三楼	读者服务中心	在三楼普通图书借阅区发现《内蒙古财政年鉴（2002）》和《内蒙古财政年鉴（2003）》各 2 本，从内容和出版时间判断该图书应该为工具书，借阅率低，占用空间大。请检查是否误典藏至三楼借阅区，排查是否还有类似工具书。	年限较久，已做下架剔旧处理。

续表

巡查时间	巡查地点	问题责任人	问题简述	问题反馈
10：00—10：25；13：50—14：20	一楼大堂及少儿图书借阅室	读者服务中心	值班工作人员工作热情，主动服务，耐心细致。	
10：25—10：40；16：00—16：30	自修室及其他窗口	综合服务部	自修室存在占座情况，要多加提示和引导；建议各窗口补充免洗洗手液（清洁泡沫或者酒精凝胶）。	对外窗口免洗洗手液由办公室提供。
10：40—15：00	通道及洗手间	综合服务部	一楼及二楼洗手间气味太重，要及时进行清洁，定时用消毒水冲洗并加强通风。	因早期通风系统及便池防臭设计的缺陷，加上一、二楼洗手间节假日使用人员较多，致气味产生。已安排物业跟进处理。
14：00—15：15	二楼	综合服务部	二楼洗手间本已配备儿童洗手间及无障碍洗手间，可是此空间被保洁用具长期占用，门也已损坏。图书馆设儿童洗手间及母婴室是有一定的需求量的，建议二楼北面洗手间做好功能整改。	原改造计划因经费不足而搁浅。

注：值班日记应在值班后 2 个工作日内发送至馆班子、各部室主任和负责人馆内邮箱，“问题反馈”一栏请相关负责人于 5 天内填好发给当天值班馆长，值班馆长汇总整理后抄送至办公室记录。

季度考核情况通报样例（2019 年第四季度）

本馆结合每季度部门业务考核、每月值班馆长检查情况、业务工作检查、读者意见等情况，对全馆人员进行综合考核。根据考核情况，对在编人员和聘用人员发放季度绩效工资。第四季度考核情况通报如下：

一、员工考核情况

（1）自 2019 年 5 月接到建设东莞书房任务以来，余 * 嫦和王 * 丽同志在做好本职工作同时，承担了书房的建设工作。其中，王 * 丽先后发动 40 余家单位参与项目建设，并列出年代比较久远的东莞地方文献清单购买，负责与杭州城市研究中心对接，完成书目清单等工作，共筹集东莞特色文献约 3000 册，为后期东莞书房顺利揭牌奠定了重要基础。余 * 嫦同志先后两次奔赴杭州世界城市博物馆，主要负责前期调研，探索书房建设思路，完成后期书房上架整架及图片、非物质文化遗产展示等现场布置以及剪彩仪式各项前期准备工作等，顺利保障了书房揭牌仪式的成功进行。东莞城市书房是同期开馆的 4 个馆中效果最好的一个馆，深受杭州研究中心的高度肯定，广东省领导也对东莞地方文献的挑选工作给予了高度肯定。鉴于上述表现，东莞图书馆根据本馆考核管理办法的有关规定（符合第四条“临时性工作”加分条件），分别给予余 * 嫦、王 * 丽同志加 4 分、增加 200 元绩效工资的奖励。

（2）2018 年广东图书馆学会年会于 12 月 5—7 日在东莞图书馆召开，陈 * 华获得 2017—2018 年度“优秀通讯员”称号。鉴于上述工作表现，东莞图书馆根据本馆考核管理办法的有关规定（符合第三条“获得荣誉”加分条件），给予陈 * 华同志加 5 分、增加 250 元绩效工资的奖励。

（3）在 2019 年中国图书馆学会阅读推广委员会举办的馆员书评第七季征集活动中，张 * 路提交的书评文章《现代人眼中的老成都》荣获一等奖。本次征集活动共收到来自全国各地区各类型图书馆员来稿 419 篇，张 * 路同志的文章为其中之一，为本馆赢得荣誉。鉴于上述工作表现，东莞图书馆根据本馆考核管理办法的有关规定（符合第三条“获得荣誉”加分条件），给予张 * 路加 5 分、增加 250 元绩效工资的奖励。

（4）2019 年广东图书馆学会第十三次会员代表大会于 11 月 25—26 日在深圳盐田召开，本馆张 * 花、麦 * 杰、彭 * 通分别获得优秀学会工作者、优秀会员、优秀服务奖等荣誉。鉴于上述工作表现，东莞图书馆根据本馆考核管理办法的有关规定（符合第三条“获得荣誉”加分条件），分别给予张 * 花、麦 * 杰、彭 * 通加 5 分、增加 250 元绩效工资的奖励。

二、业务考核情况

第四季度本馆对各部门、管理单元全年的重点绩效指标进行考核，读者服务中心的“总流通人次”未达标，本馆决定对读者服务中心予以警示。望全馆工作人员立足岗位职责，部门做好工作计划落实，保质保量完成部门重点绩效指标工作。

三、《东莞图书馆工作》投稿情况

第四季度 10 月—11 月，各部门、管理单元踊跃向《东莞图书馆工作》投稿，积极交流工作信息，其中，读者服务中心、办公室、业务部、少年儿童图书馆、松山湖图书馆和分馆发展部等表现突出，投稿数量位居前列，较好地展现了部门的工作情况。另外，其他部门和管理单元也达到月均两篇的要求，希望各部门、管理单元继续踊跃投稿，做好信息交流工作。

特此通报。

东莞图书馆

2019 年 12 月 11 日

档案管理与服务样例

一、档案资料收集

每年 2 月 15 日前，各部门将上一年度各类有查考价值的档案资料移交档案室，包括文字、图表、声像、实物等。部门和档案室做好交接登记。针对某些特定重要档案资料，可随时移交给档案室。

二、档案整理与加工

档案整理的一般流程包括组件（卷）、分类、排列、编号和编目。档案员按照要求，将全年档案材料集中鉴定、分类、整理归档，包括文书档案、基建档案、会计档案、光盘档案、照片档案、业务（项目管理、图书馆评估）档案、实物档案等，以保证各门类档案整理标准规范、连续及完整。同时，将文书档案材料进行数字化处理，扫描收到的年度合同、协议、采购计划表等材料，形成电子文档。整理归档后上传到万维档案系统中，保证文书档案数字化管理的全面和完整。

三、档案管理

完成全年各门类档案整理后：一是编写本年度档案归档说明，反映全年档案管理工作，为下来工作作参考；二是延续上年度的纸质档案目录，重新装订立卷并更新信息；三是更新库房档案资料存放地点索引和档案柜指引卡信息；四是做好档案的编研（汇编）的续编工作，并做好档案日常的保管与保护工作。

四、档案服务

在档案管理过程中，档案室接受相关部门的档案查找需求，配合做好相关查档工作，提供相应的服务。

（一）接受服务请求与处理

例如，新芬路少年儿童图书馆左侧附属楼租赁给东莞青年旅行社做营业用房多年，2018 年 3 月租约到期需要续租。租约里面涉及押金的退回，由于东莞青年旅行社遗失了押金收据，核对起来相当困难，需要档案室协助查找相关的资料。

在万维数字化档案网上管理系统中通过关键字“国有资产”和“租赁”进行检索，查找到过去与东莞青年旅行社订立的所有合同，把所有租赁合同打印出来后，可以清楚查看到双方的权利和义务以及押金款项记录。

（二）服务记录

档案室配合完成查档后，同时做好相关记录工作。在“借阅档案登记簿”中对“日期”“案卷或者文件题名”“档案情况（档号）”“利用目的”“借阅人”“归还日期”“备注”这些情况进行登记。这既是档案部门对每一次利用的成效结果进行跟踪的一种登记文件，也是档案部门向利用者提供档案时履行交接手续的一种交接凭据。

（三）问题与改进

针对这一类档案，档案室可以对其租赁的时间，合同的订立、变更等内容进行梳理和记录，形成一定的管理专题资料，能实现更便捷的查找。

（黎芳芳撰）

网络安全管理检查记录样例

2020 年 8 月 × 日，网络中心组织检查小组对东莞图书馆机房和网络系统进行例行检查，对发现的问题及时改进。检查情况记录如下：

表 6-3　网络安全管理检查记录

项目	巡查内容		问题
机房巡查	环境	设备摆放	正常
		机房整洁情况	正常
		机房门禁及门锁	正常
	精密空调	空调运行情况	空调报警，气流不足
		温度情况（23℃ ±4℃）	正常
		湿度情况（50%Rh ± 10%Rh）	正常
		防静电地板下空调出风口有无漏水现象	正常
	UPS	UPS 主机组连接	正常
		UPS 工作状态显示	正常
	电源插座	插座电源线	正常
		插座是否有松动	正常
	网络设备	交换机运行情况	正常
		防火墙运行情况	正常
		应用交付 AD 运行情况	正常
		上网优化网关 SG 情况	正常
	服务器	服务器运行状态	正常
		电源指示灯状态	正常
		硬盘指示灯状态	正常
	存储设备	存储运行状态	正常
		电源指示灯状态	正常
		硬盘指示灯状态	正常

续表

项目	巡查内容		问题
应用系统巡检	防火墙 NGAF	CPU、内存、磁盘状态	正常
		系统状态	正常
		接口状态	正常
		运行状态	正常
		安全状况	正常
	上网优化网关 SG	CPU、内存、磁盘状态	正常
		流量状态	正常
		线路总流速	正常
		接口信息	正常
	应用交付 AD	CPU 占用率	正常
		网络吞吐量	正常
		连接数	正常
		网络接口状态	正常
	虚拟主机服务器	主机服务器内存、CPU、存储使用情况	192.168.×××.101 主机内存使用量过大
	360 天擎终端安全管理系统	服务器 CPU、内存、磁盘状态	正常
		病毒库更新	正常
		补丁库更新	正常
		终端状态	正常
		数据备份情况	正常
	Oracle 运行情况	服务器 CPU、内存、磁盘状态	正常
		Oracle 监听状态	正常
		Oracle 实例状态	正常
		Oracle 当前归档方式及状态	正常
		Oracle 控制文件状态	正常
		Oracle 在线日志状态	正常
		Oracle 数据文件状态	正常
		Oracle 表空间使用情况（单位为 GB）	正常
		数据备份情况	系统 G 盘容量过低

续表

项目	巡查内容	问题
反馈与改进	1. 精密空调：由于管道堵塞引起，对空调进行全面检查，堵塞现象已处理，对空调过滤网也进行了清洗，检查中还发现皮带有磨损现象，已更换。 2. 虚拟主机服务器：已将 192.168.××.101 主机内 3 台虚拟主机进行迁移，迁移后内存使用量正常，后续将对该服务器进行一次内存升级。 3.Oracle 运行情况：G 盘是备份盘，已将部分备份数据迁移到“Oracle 导出文件 expdp 集中存放服务器”E 盘。	
巡检员	叶 * 青，杨 * 璋	

物业管理考核检查记录样例

2020 年 3 月 28 日，东莞图书馆综合服务部组织人员对物业管理公司人员在岗、秩序维护、清洁绿化、设备运行等方面进行检查和考核。检查内容和结果记录如下：

表 6-4　物业管理考核检查记录

项目	检查结果
人员管理	电工岗位缺 2 人，暂未达到合同扣款时限，要求尽快配置到位。
秩序维护	上下班高峰期，东门停车场电子道闸车辆滞留时间较长，要求当值保安人员加强疏导。
清洁绿化	1 ～ 2 层男洗手间有异味，要求增加该区域楼洗手间的清洁频次。
设施设备	设备的维护、保养以及报修处理及时到位，定时、定期做好设备巡视工作及巡视记录。
档案资料	日常运行资料归类存档管理到位。
客服	按要求执行客户来电、来访登记制度，及时处理客户投诉，服务值班电话、监控中心电话能保持 24 小时畅通；报纸杂志、信件、包裹配送及时，按要求完成交办的临时性任务。
考核结果	各项物业服务基本达到合同要求，对存在问题及时整改到位，可按时支付该月管理费。
考核人：罗＊娜，陈＊东　　物业公司确认：	

物业服务检查记录样例

2020 年 8 月 15 日，综合服务部组织开展物业服务现场检查，发现问题，现场解决。检查结果记录如下：

表 6-5　物业服务检查记录

项目	内容
检查内容	1. 绿化、卫生：大堂、2 ～ 5 层过道绿化，馆舍外围、1 ～ 5 层等区域卫生； 2. 保安：南北门入口、东门停车场、地下室等区域保安着装、防疫措施，中控室目标活动轨迹查看等； 3. 设施设备运行与维护：消防、电梯以及地下室机房设备维保记录、巡视登记表等。
存在问题	1. 南门休闲小站玻璃外墙夹缝有少量蜘蛛网，二楼过道绿化盆栽摆放过于集中； 2. 中控室目标活动轨迹查看基本达到规定时限，但人员熟练程度仍需加强； 3. 消防、电梯等维保记录过于简单，地下室机房设备巡查登记缺细项。
反馈与改进	1.8 月 16 日已安排清洁人员进行清理，绿化工作人员对二楼过道绿化盆栽重新进行调配； 2. 中控室安保人员基本定岗，加强岗位人员的目标活动轨迹查看培训； 3. 要求维护供应商限时整改维保记录，增加巡查情况详细记录，地下室机房设备巡视登记增加问题描述细项。
检查人：罗 * 娜　陈 * 东　　　　　记录员：陈 * 东	

突发事件应急处理记录样例

表 6-6　突发事件应急处理记录

事件	少儿馆“5·22 水浸事件”应急处理
概况	2020 年 5 月 22 日凌晨，受特大暴雨影响，东莞市城区出现大面积水浸。莞城区科书博广场水位高达 90cm，地下设备房的配电、空调、消防等基础设施设备受损严重。位于科书博广场的少儿馆一楼被水淹，积水达 40cm，电梯、安检设备、空调、门禁系统、自助借还设备、电脑、家具、文献以及强弱电线路等受到影响。少儿馆无法正常开馆，临时闭馆。
解决过程	灾情发生后，少儿馆物业安保人员第一时间以图文形式上报综合服务部。获悉情况后，综合服务部首先组织物业人员开展应急抢险工作，要求当值人员在确保人身安全的前提下，对文献、设备等物资财产进行搬运转移。 接着，综合服务部向分管领导汇报水浸情况，并安排工作人员涉水到现场察看情况，向承保公司报案。待水位逐渐下降后，组织安保和清洁人员清理场地和实施消毒工作。随后，成立以分管领导为组长，综合服务部、少儿馆、办公室和网络中心人员为成员的应急小组，组织开展保险报案、现场清理消毒，统计整理设施设备、文献以及家具受损清单，协助保险公司定损理赔，撰写《关于东莞少年儿童图书馆申请灾后修复专项经费的请示》上报主管单位。
结果	应急处理及时，抢险措施到位，在保障人员安全的前提下，最大限度降低文献和设施等财产损失。同时，财产保险为少儿馆的修复提供了资金保障，最大限度减少了市财政负担。
启示	1. 日常管理中，要制定完善的应急预案，应对突发事件的发生； 2. 在保障人员安全的基础上，及时组织人员开展文献资源和物资财产抢救工作，并做好现场取证工作； 3. 要明确责任部门，并及时做好上报工作，通知相关责任部门或责任人； 4. 公共服务机构要树立保险意识，购买公共责任险，利用社会保险机构分担公共责任风险。
附录	照片 11 张（略）

疫情防控工作样例

2020 年 1 月下旬，国内突发新型冠状病毒肺炎疫情。根据国家以及省市疫情防控相关要求，东莞图书馆于 1 月 24 日停止所有线下服务，组织开展场馆清洁消毒、人员健康情况监测等应急防控措施，同时开展线上读者服务。根据文化和旅游部 2 月 25 日印发的《公共图书馆、文化馆（站）恢复开放工作指南》，3 月 18 日，本馆恢复部分线下服务。5 月 13 日全面恢复线下服务，疫情防控工作进入常态化。

一、按照政策要求开展防控工作

疫情发生后，东莞图书馆配合上级部门的防控行动，积极开展疫情防控工作。依据《中华人民共和国突发事件应对法》《突发公共卫生事件应急条例》《文化和旅游部公共服务司关于印发〈公共图书馆、文化馆（站）恢复开放工作指南〉的通知》《关于印发公共场所新型冠状病毒感染的肺炎卫生防护指南的通知》《关于印发新冠肺炎流行期间办公场所和公共场所空调通风系统运行管理指南的通知》《文化和旅游部公共服务司关于印发〈公共图书馆、文化馆（站）恢复开放疫情防控措施指南（第二版）〉的通知》的精神和要求，制定图书馆疫情防控措施。

二、成立疫情防控应急领导小组

成立以馆长为组长，分管副馆长为副组长，综合服务部主任及各部门主任（或负责人）、物业公司经理为成员的新冠疫情防控应急小组，统筹指挥防疫防控工作。组长、副组长是主要及次要责任人，负责防疫应急事件处理的统筹与组织协调；综合服务部主任是直接责任人，负责统筹落实全馆防疫工作及应急管理；物业公司经理负责应急事件处理执行；其余成员负责所属区域及部门相关工作的落实执行。

三、制定疫情防控应急预案

结合自身实际，本馆制定《东莞图书馆新型冠状病毒肺炎疫情防控应急预案》和《东莞图书馆消毒用品使用规范》等相关防控制度，有序开展日常疫情防控工作。

四、开展员工健康监测和管理

本馆对图书馆员工、物业人员每天检测体温，建立申报资料及检测体温数据台账，并要求到过疫情中高风险地区的员工实行居家隔离观察。

五、加强场馆防控和管理

（一）储备防护物资

做好口罩、胶手套、消毒液、免洗手消毒凝胶、红外线测温枪等防护物资的储备。

（二）保持场馆通风

打开阅读区、办公区等对外的窗户，增开一楼自修室及自助图书馆对外通风门，保持场馆自然通风。

（三）环境清洁消毒

对总馆及少儿馆（含 24 小时自助图书馆）的公共区域、阅览区、办公区、书库、家具设备、电梯、洗手间、外围绿化带以及垃圾池、中央空调机房滤网、场馆内各出风及回风口等进行彻底清洁和消毒，确保环境和供风的安全，并做好清洁、消毒管理台账。

（四）疫情防控知识宣传

通过设置提示牌、馆内外 LED 显示屏播放等多种方式宣传疫情防控知识，引导员工和到馆读者了解、掌握疫情防控知识，支持配合防控工作。

（五）线下读者活动管理

根据疫情发展状况，减少或暂停线下读者活动，控制线下活动人数，开展多种形式的线上阅读、导读、咨询、云上展览及线上活动等服务。

（六）人员出入管理

1. 人员进出管理

进入人员需出示健康码（绿码）、预约码（无智能手机的手工登记个人信息），佩戴口罩，在入口处接受体温检测，体温正常可进入。体温超过正常温度的禁止入内，在医学观察区隔离观察，静待 15 分钟后再用水银温度计测量，体温正常则允许入内，若体温仍异常图书馆应及时上报疫情防控部门。

2. 采取人员限流措施

采用实名预约方式的限时、限流服务，馆舍动态人数不超过最大承载人数的 75%，总馆每日入馆人数不超过 5000 人，少儿馆不超过 500 人。

3. 避免形成人员聚集

对到馆读者进行疏导、分流，在入口、服务台、阅览室、大堂等公共空间张贴一米间隔线、增加阅览座位间隔，保持人与人之间安全距离。

六、异常情况处置

若发现疑似或确诊病例，图书馆应立即配合疾控部门采取隔离措施，追踪密切接触者，对疫点进行消毒，并暂时关闭场馆。

七、开展疫情防控演练

图书馆开展模拟实际场景的疫情防控演练活动，发现存在的问题，规范疫情防控措施；建立疑似目标人员轨迹追踪日常演练、检查制度，提高工作人员快速锁定疑似目标活动轨迹及对交集人群的检索能力。

八、资料整理与归档

记录并保存日常防控活动，撰写工作总结，收集工作照片，撰写工作报道，并把重要工作资料（含 Word 文档、总结和工作照片）移交档案室。

（罗婉娜撰）

后 记

21 世纪东莞图书馆规范管理之路，在某种意义上就是图书馆制度体系建立、提升、完善之路。正如李东来馆长在前言中所说，进入 21 世纪以来，东莞图书馆先后开展了四次大规模的规章修订工作，每一次修订都带来一次制度体系的显著进步，制度日臻完善。

其中，2015 年的规章修订工作具有特别的意义，不仅使东莞图书馆制度体系达到一个新的高度，还在行业内产生广泛的影响。本次规章修订的成果——《东莞图书馆规范管理工作手册》（2015 版）受到国家图书馆出版社的关注，方自金社长认为其对图书馆行业很有借鉴意义，值得推广。于是，经过通用性处理，2016 年 4 月，国家图书馆出版社以《图书馆规范管理工作手册》为名出版该手册。《图书馆规范管理工作手册》的出版引起良好的反响，亚马逊网站图书馆管理类图书销售排行榜上，该书一度名列前茅，还获得 2016 年度东莞市文化精品社科优秀成果奖。而此时，第六次全国公共图书馆评估工作也即将拉开序幕，制度建设作为评估的一项重要内容引起各个图书馆的重视，《图书馆规范管理工作手册》就成为可资各图书馆规划和制度体系建设借鉴的范本。多个图书馆还打来电话交流制度建设的经验，并希望我们能给他们赠寄该书。经此，我们对制度建设和规范管理的价值又有了新的认识。因此，在 2020 年启动第四次制度修订工作之际，我们未雨绸缪，主动与国家图书馆出版社编审邓咏秋老师就《图书馆规范管理工作手册》的修订再版事宜进行沟通，得到认可，选题很快通过国家图书馆出版社审核，被纳入出版计划。

本次对《图书馆规范管理工作手册》的修订主要体现在三个方面。一是书名的变化，修订后的名称为《图书馆规范管理指南》。二是内容与结构的改变，保留原来规章制度方面的内容，增加东莞图书馆规范管理的实战案例，这是本次修订的重心所在。三是制度体系结构的变化与调整。首先是数量从 192 项增加到 205 项，删除 29 项，新增 42 项；其次是对原版各项制度的内容逐一修订，并按照《公共图书馆业务规范　第 2 部分：市级公共图书馆》（GB/T 40987.2—2021）的要求重新拟定有关制度名称，对各章之下制度的序列进行调整。

《图书馆规范管理指南（实战篇）》共 6 章 75 篇：第一章为“战略管理”，收录东莞图书馆发展指导性法规、战略管理等方面的条文、方案和案例，共4篇；第二章为“绩效管理”，从战略绩效、年度绩效、岗位绩效、个人绩效等方面，以分析报告和案例的形式呈现东莞图书馆开展和实施绩效管理的过程，共11篇；第三章为“业务管理”，以分析报告、样例、记录、案例等形式真实反映东莞图书馆业务建设与读者服务的内容和方法，内容最为丰富，共31篇；第四章为“体系管理”，以报告、方案、样例、案例等多种形式记录和呈现图书馆公共服务体系建设的过程，共11篇；第五章为“科研管理”，介绍图书馆应该如何组织开展科研管理和项目管理，并对业务研究成果开展分析，共8篇；第六章为“行政管理”，以样例的形式提供关于工作检查、季度考核、档案管理、网络安全管理、物业检查与考核、疫情防控等方面的范本，共11篇。

《图书馆规范管理工作手册》的出版及其在行业内产生的影响为我们增添了信心，成为我们进一步深入实施规范管理的动力，并让我们看到行业对制度建设的巨大需求，因此，在修订和再版之际，我们想把东莞图书馆规范管理的更多细节展示到同行面前，努力给行业提供规范管理实践案例和样本，于是就有《图书馆规范管理指南》之《实战篇》。有《图书馆规范管理工作手册》在前，各种制度文本初步得到大家认可，我们并不担心《规范篇》的编写；而《实战篇》则是第一次原汁原味地公开呈现东莞图书馆内部管理细节，甚至包括一些数据分析，因此在正式出版之际，我们不免有些忐忑。不过，规范管理作为东莞图书馆的一种管理手段，本来就还需要进一步在实践中加以锤炼，我们拿出这么多实战案例作为“靶子”让同行审视并提出批评意见，有助于我们更好地深化规范管理、提高管理绩效。

《图书馆规范管理指南》得以出版，是东莞图书馆与国家图书馆出版社集体智慧的结晶和共同努力的结果。东莞图书馆参与编撰和修订的工作人员达数十人，我们对部分稿件进行了反复、多次的修改；国家图书馆出版社对文稿的审定和完善倾注了大量的心血。在此，感谢所有参与本书编撰及资料提供工作的东莞图书馆员工，感谢为本书付出辛勤汗水的国家图书馆出版社邓咏秋、王炳乾等编辑。本书编撰工作历时两年，东莞图书馆冯玲副馆长统筹全程，并草拟《实战篇》的结构和目录，业务部李正祥、邱建恒等审核、校订每一篇文稿，投入了大量的时间和精力，在此一并致谢！

本书是数十人共同写作的成果，各自风格不同，加之编者水平局限，在编写过程中难免会有疏漏不当之处，敬请同行和读者批评指正。

编者

2022年9月